MINGCUNZHI　　SHUANGLONGCUN

双龙村志

张家港市名村志系列丛书

《双龙村志》编纂委员会　编

文匯出版社

图书在版编目(CIP)数据

双龙村志/《双龙村志》编纂委员会编. —上海:文汇出版社,2018.8
　ISBN 978-7-5496-2691-5
　Ⅰ.①双… Ⅱ.①双… Ⅲ.①村史–张家港 Ⅳ.①K295.35
　中国版本图书馆 CIP 数据核字(2018)第 170629 号

双龙村志

编　　者 /《双龙村志》编纂委员会
责任编辑 / 熊　勇

出版发行 / 文匯出版社
　　　　　上海市威海路 755 号
　　　　　(邮政编码 200041)
印刷装订 / 成都勤德印务有限公司
版　　次 / 2018 年 8 月第 1 版
印　　次 / 2018 年 8 月第 1 次印刷
开　　本 / 787×1092　1/16
字　　数 / 392 千字
印　　张 / 22

ISBN 978-7-5496-2691-5
定　　价 / 158.00 元

《双龙村志》编纂委员会

（2015.8-2016.5）

主　　任：章建新
副主任：郭永康　许建江　姚世良
委　　员：钱正刚　沈亚新　平月生

（2015.8-2016.5）

主　　任：许建江
副主任：姚世良　陆寅龙　钱正刚
委　　员：郭永康　沈亚新　平月生
顾　　问：方天闪　曹乾石

《双龙村志》编纂人员

主　　编：周小友
编　　纂：徐忠良　钱金华
摄　　影：龚晓东　沈耀平

审定单位

中共张家港市委党史地方志办公室
张家港市凤凰镇人民政府

《双龙村志》主要资料员

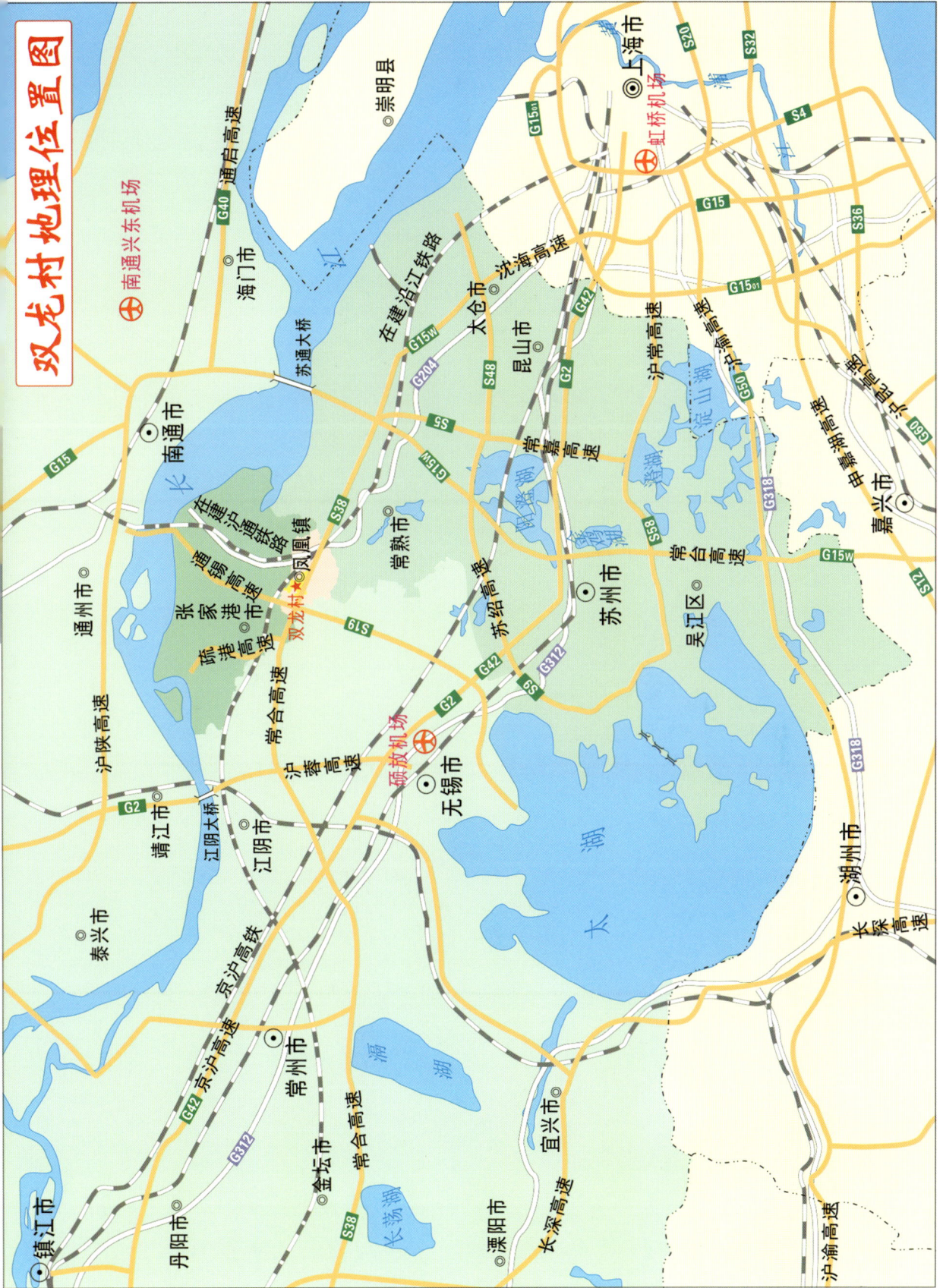

⊕ 南通兴东机场

崇明县

海门市

苏通大桥

长江

南通市

通州市

张家港市

在建沪通铁路

通锡高速

疏港高速

常合高速

沪陕高速

泰兴市

靖江市

江阴大桥

江阴市

沪蓉高速

G2

G15

G40 通启高速

在建沿江铁路

太仓市

昆山市

G15W

G204

S48

S5

常熟市

凤凰镇

★ 双龙村

S38

S19

苏绍高速

G42

S9

G312

硕放机场 ⊕

无锡市

京沪高铁

京沪高速

常州市

金坛市

常合高速 S38

溧阳市

宜兴市

长深高速

镇江市

丹阳市

洮湖

长荡湖

太湖

沈海高速

G42

G2

常嘉高速

沪常高速

沪渝高速

淀山湖

澄湖

阳澄湖

苏州市

吴江区

常台高速

S58

G318

G50

申嘉湖高速

嘉兴市

G15W

S12

湖州市

长深高速

沪渝高速

上海市

S20

S32

虹桥机场 ⊕

G15

G15W

G15n1

G15n1

S4

S36

G318

G60

G50

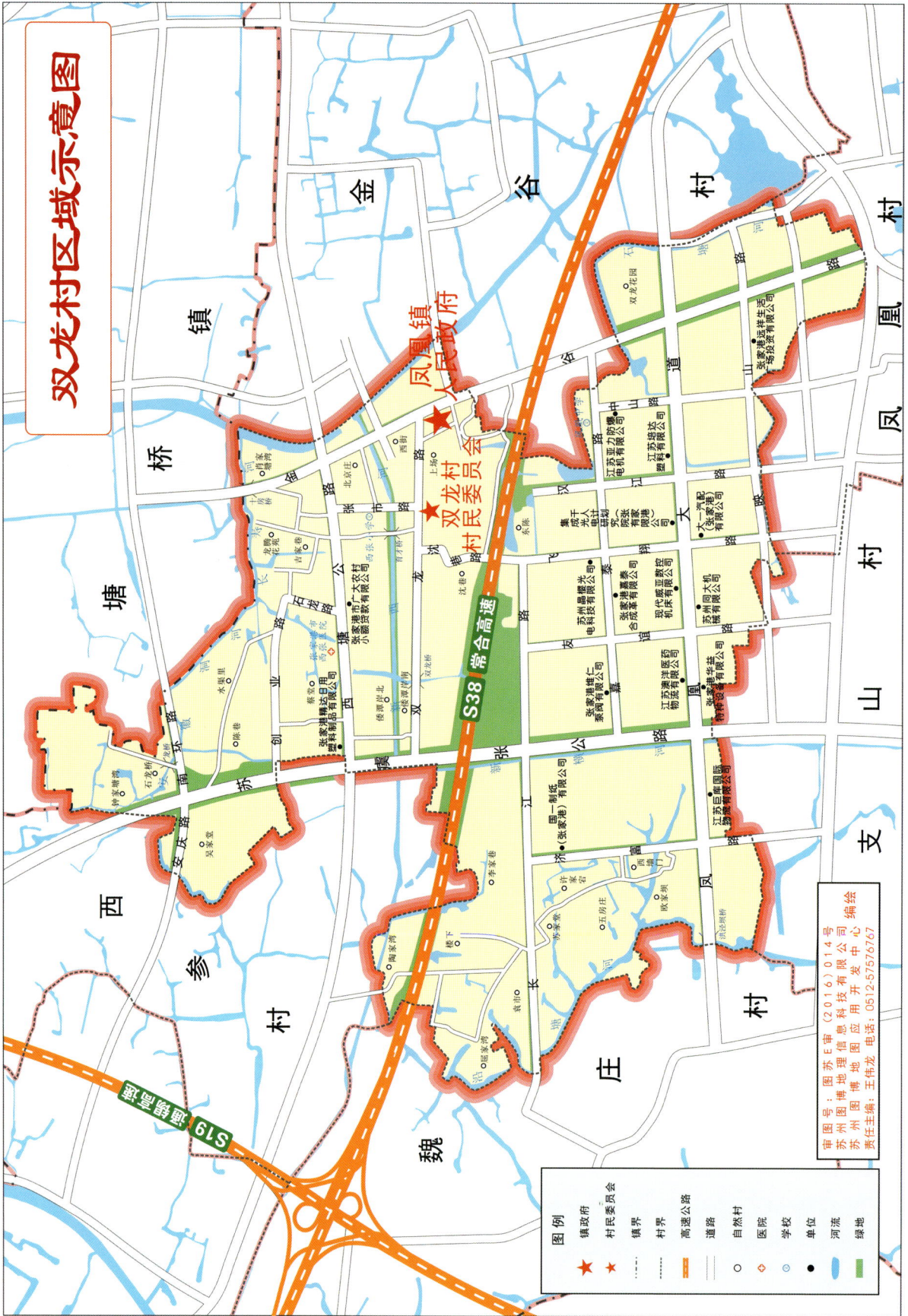

双龙村区域示意图

双龙腾飞

韩培信

一九八八年十一月十三日

1988 年 11 月 13 日，时任江苏省委书记韩培信视察双龙村并题词

20 世纪 50 年代农民住宅

20 世纪 70 年代农民住宅

20 世纪 90 年代农民住宅

村容村貌优美、干净、整洁

2014 年龙腾花园联体别墅

2006 年 11 月，北京庄小区别墅群

2014 年，双龙花园西区村民居住小区

2004 年曹庄新村别墅群

2006 年双龙花园一期

2012 年双龙花园二期

2005 年 11 月，新西河双龙段

鸳塘河

始建于清代光绪年间的石龙桥（1978年拆除）

凤凰大道双龙段

常合高速（沿江高速）公路双龙村大桥

西凤公路双龙段

拉线定点插秧

水稻田机喷农药

丰产方机械收割

林木基地

水产养殖场

水产养殖场

家禽养殖场

家禽养殖场

张家港大裕橡胶制品有限公司全景

双龙工业集中区

大裕乳胶手套生产流水线

元和包装有限公司

华兴橡塑制品有限公司

双龙实业总公司

江苏澳洋医药物流有限公司

双龙民营工业园

思淇手套厂

双龙路商业街街貌

凤凰缘酒店

都市 118 连锁酒店

沈巷路商业街街貌

长江路袁市社区商业街一角

2004 年 4 月中共双龙村委员会挂牌

2004 年 10 月，双龙村党员先进性教育培训班

2008 年 7 月，双龙村党委"公推直选"选举大会

2009 年 12 月"两委"班子成员述职述廉

2011 年 7 月双龙村"七一"大党课

2010年冬，双龙村党委书记章建新（左一）访贫问苦

2013年8月，双龙村干部现场办公龙腾花园建设

2015年6月，双龙村干部带领群众抗灾自救

2008 年 6 月，双龙村"我为百姓做了什么"回头看活动党群代表座谈会

2017 年 9 月 20 日，《双龙村志》终审会在双龙村村部会议室召开

2009 年 10 月, 趣味运动会举办

2011 年 11 月, 体育运动会篮球比赛

2009 年 10 月, 象棋比赛举办

龙腾花园健身设施

双龙书场（2013 年摄）

2013年5月，双龙村文明村创建工作会议

2014年5月，双龙村环境保护宣传标语

青年志愿者为绿化带保洁

双龙社区卫生服务中心（2015 年 摄）

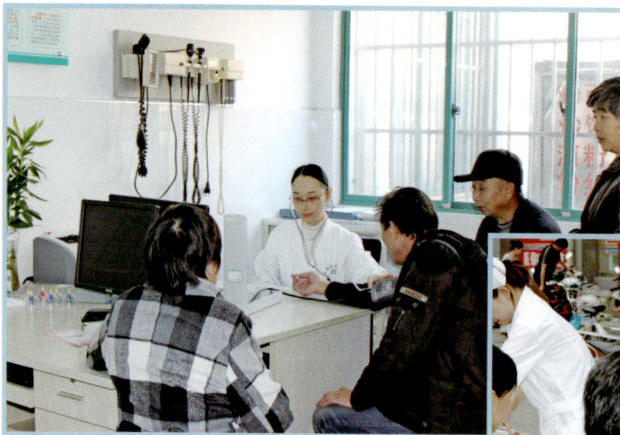

就诊

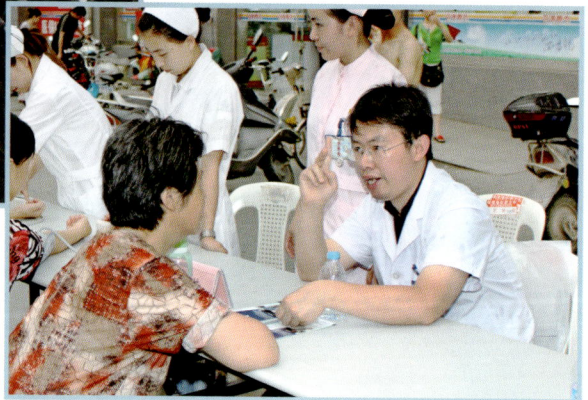

义诊

农家灶台

八仙枱与圆櫈

茶桶及果斗

汤婆子与脚炉

饭山

石臼与舂柱

撑门葱

全国出口创汇

先进乡镇企业

中华人民共和国农业部
中华人民共和国对外贸易经济合作部
二〇〇一年七月

2001 年 7 月，全国出口创汇先进乡镇企业

全国出口创汇乡镇企业青龙奖

全国出口创汇乡镇企业飞龙奖

江苏省卫生村

江苏省爱国卫生运动委员会
一九九六年九月

江苏省文明村

江苏省精神文明建设指导委员会
2016年9月

实践"三个代表"实现"两个率先"
先锋村
中共苏州市委员会
二〇〇六年五月

2006 2008
文明村
苏州市精神文明建设指导委员会

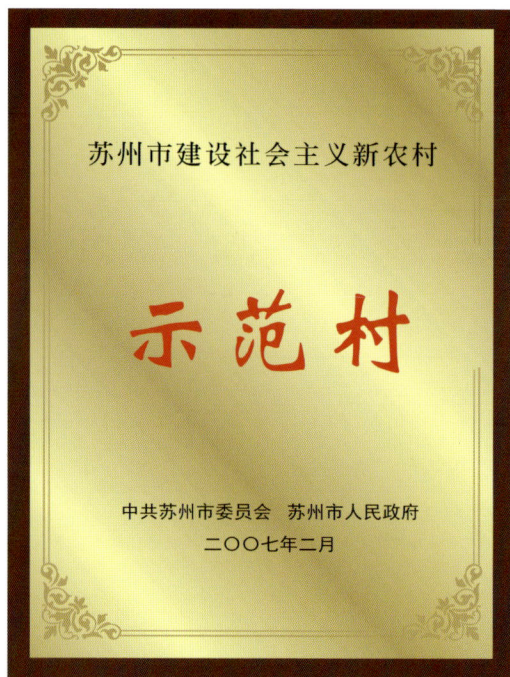

苏州市建设社会主义新农村
示范村
中共苏州市委员会　苏州市人民政府
二〇〇七年二月

苏州市村级经济发展
百强村
中共苏州市委员会
苏州市人民政府
二〇一一年二月

序 一

徐仲高

家乡双龙村的第一部方志的文稿，摆在我的案头。村里的同志嘱我为之作序，情意深厚，我欣然从命。

读完文稿，我深深感到，《双龙村志》的付梓出版，是一件十分有意义的事。《双龙村志》以方志体例，比较全面地勾勒出了这个地区千百年来的沧桑历程，记述了这个地区解放后政治、经济、文化和社会风土、民俗风情、礼仪风尚、民间风韵等各方面的发展史实；尤其是记述了中共十一届三中全会以来"四村合一"后的双龙村取得的累累硕果及发生的巨大变化；记述了江南农村城乡一体化建设的特点、风貌。这是一部实实在在的村情书。志书中所叙述的自然环境、社会变迁、经济发展、风土人情、田园风光、村容村貌等，读来有一股浓郁醇厚的乡土气，又有一股青禾菜花般的清香味；记述的村办企业、公共设施、新村建设、商贸繁华等景象，至今我都历历在目，令人欣慰。这不仅反映的是家乡双龙村的巨变，同时也反映了中国农村在改革开放的伟大年代中乘风破浪，快速发展的辉煌历程。

我的家在双龙，我也是一名土著的双龙人。双龙村的兴衰荣枯，每每勾起我心潮的澎湃起伏。改革开放以来，双龙村的父老乡亲，在村领导的带领下，抢抓时代机遇，不断开拓进取，在两个文明建设中创出了辉煌业绩。昔日的贫穷落后已荡然无存，呈现在世人面前的是一个政治稳定，社会和谐，经济发展，人民生活水平不断提高，交通运输日益发达，文化、教育、卫生同步发展，村容村貌日新月异的一片社会主义现代化新农村景象，人们正意气风发、昂首阔步地紧跟党中央迈进在共圆瑰丽中国梦的伟大复兴之路上。

《双龙村志》这部书，是我家乡父老乡亲、兄弟姐妹们辛勤努力，建设家园，振兴桑梓的生活记录，也从一个地区反映了我国伟大社会主义建设的沸腾生活。《双龙村志》作为一部村情书，为我们提供了一面明镜，对于我们了解过去、认识当前、探知未来、寻求规律、正确决策，无疑有着十分重要的资治、教化作用。

读完文稿，掩卷长思，我不仅更加思念和眷恋正在建设家乡的双龙人民，也深深思考着我国的社会主义制度是多么的优越，中国共产党改革开放的政策是多么的英明！

2017 年 5 月

（作者为张家港市人大常委会主任）

序　二

章建新

《双龙村志》面世之际，双龙村的同志嘱我为之作序，这是一片厚意，我欣然从命。

作为生于斯，长于斯的双龙人，我们需要了解这片土地上多姿多彩的历史；需要知道这方土地上的黎民所干过的激动人心的、令人感慨的工作；需要记住这方土地上的人曾经经受的苦难和艰辛。《双龙村志》的出版，正是记述双龙这块热土古往今来其自然地理、建置沿革、人文历史及社会发展的史实和现状，可以让人清晰明了地认识双龙的一部古今总览。

《双龙村志》比较客观地、全面地记述了双龙地区有史以来的沧桑历程，记述了解放之后政治、经济、文化和社会风土等方面的发展史实。尤其是记述了双龙人在中共十一届三中全会之后，对"实践是检验真理的唯一标准"有了更加全面的认识。于是认真贯彻全会精神，坚持以经济建设为中心，坚持四项基本原则，坚持改革开放。同时依靠科技进步，发展商品经济，发展外向型经济，从而实现双龙腾飞的史实。

《双龙村志》中所记述的双龙村自改革开放以来，全村所有村情比之改革开放之前全方位地发生着的翻天覆地变化的情景，阅后更是令人心潮起伏，久久不能平静。因为那些辉煌业绩的取得，正是我们这一代双龙人亲身经历着的，亲手创造的，看得见、摸得着的客观事实。其间双龙村的历届领导抢抓时代机遇，带领全村党员、干部、群众在谋求率先实现小康生活水平的进程中，不畏艰辛、攻坚克难，以赤子之心，把全部精力奉献给双龙大地的壮举，至今历历在目，可圈可点。怎能不令人心潮澎湃，令人感慨，令人振奋！

　　《双龙村志》是一部村情书，是教育后代爱家乡、爱集体、爱祖国的乡土教材，也是向人民群众和青少年进行社会主义核心价值观和革命传统教育，进行家风家训教育的好教材。尤其是对于我们沐古风、览乡贤，聆听历史的足音，追溯文化的源流，追寻一份浓浓的乡愁，激发一种美好的情感，从而使我们全方面感受到家乡这片土地带给我们的心灵震撼，鼓舞我们铸造更加辉煌的未来，共圆瑰丽的中国梦将起到十分重要的激励作用。

　　盛世修志，是中华民族的优良传统。志书是保存政治、经济、文化、社会、民俗状况等资料的最佳载体。时代递嬗，流播不绝，一经入志，更将久远相传。《双龙村志》作为一部重要的文献，把双龙的过去和现在定格在一个历史的片断上，千秋万代之后依然能让人清晰地知道历史上的今天。《双龙村志》的出版，功在当代，利在千秋，让今人受到教育，让后人受到启迪。

　　今天，站在新的历史关口，总结双龙村走过的历程和回眸取得的成绩，首先应该归功于社会主义制度的优越性，归功于党的改革开放政策的英明正确，同时归功于历届村领导和全村干部群众同心同德、顽强拼搏、艰苦创业、勤劳致富的结果。从历史的长远观点看，双龙村已经取得的成绩还仅仅是起步，但通往美好生活的道路已经打开。我们有理由相信：勤劳、智慧的双龙人民，在中国共产党的领导下，必将会用自己的双手，谱写出更新更美的历史篇章，以载入新的史册。

2017 年 5 月

（作者为凤凰镇原人大副主席、中共双龙村委员会原书记）

序 三

许建江

双龙村有史以来的第一部村志——《双龙村志》在张家港市委党史地方志办公室领导及专家学者的热情关怀和指导下，在中共凤凰镇委员会、凤凰镇人民政府史志办的热情关心和帮助下，终于和大家见面了。这是全体双龙人民政治、经济、文化生活中的一件大事，也是双龙村经济强村、文化立村、和谐兴村的一件盛事，值得为之庆贺。

双龙村历史悠久，自然条件优越。千百年来，双龙人民世世代代在这块土地上繁衍生息。他们为谋求生存、为追求幸福、为获得自由平等而长期奋斗不息，历尽了种种艰苦曲折的斗争。然而，他们的聪明才智及拥有巨大的生产力被封建主义、官僚资本主义和帝国主义的长期统治扼杀了。历史发展的事实十分清楚地表明：只有在中国共产党领导下，建立了新中国以后，双龙人民才得以真正翻身当家做主人。特别是在党的十一届三中全会以后，改革开放的春风，使双龙这块土地更加生机勃勃，全村经济和社会事业发生了翻天覆地的变化，昔日的贫穷落后已荡然无存，代之而起的是一个繁荣兴旺、文明和谐、全面小康的社会主义新农村。这不能不使人为之振奋，为之感叹！

《双龙村志》以辩证唯物主义和历史唯物主义观点，坚持实事求是的原则，按方志体例，比较全面客观地科学记述了四村合一后的双龙村有史以来的自然和社会状况，特别是解放以后双龙人民在中国共产党建设社会主义事业中走过的艰难历程和取得的伟大业绩。这是一部双龙村实实在在的村情书，为我们提供了一面明镜，对于我们进一步了解过去，认识当前，探知未来，不忘初心，继续前进有着不可替代的昭示和激励作用。《双龙村志》既富有强烈的时代特点，又具有鲜明的地方特色，对于人民群众，特别是青少年来说，是一部不可多得的爱我祖国、爱我家乡的乡土教材，对于客居在外的双龙籍儿女来说，是一座沟通信息、加强联系的桥梁，将激励他们把对故乡的思念之情，化为振兴桑梓的内在动力；对于曾经在这块热土上战斗和工作过的前辈来说，可重温昔日的峥嵘岁月，激起美好的回忆和深切的怀念，并从双龙发生的巨大变化中得到慰藉；对于这块土地上的子孙后代来说，又是一份珍贵的研究家乡自然地理、人文历史和社会发展的客观翔实的史料。《双龙村志》能对双龙的后来人起到一定的资治、教化、育人、存史的作用。

古人云："盛世修志。"《双龙村志》的面世，正是今日双龙地区万象更新、安定祥和大好局面的生动体现。修志是一项浩大的社会工程。这部小小的村志，有着重重的分量，只缘此间凝结着编纂人员很多心血的缘故。在此文化工程完成之际，我谨代表中共双龙村委员会、双龙村村民委员会，衷心感谢曾经参与修志的全体编纂人员，为双龙村办了件上慰列祖列宗，下惠子孙万代的好事、实事；同时向对《双龙村志》编纂工作给予亲切指导和鼎力相助的各级领导、社会贤达及兄弟镇村各有关单位的领导和同行，表示诚挚的谢忱，并致以崇高的敬意！

是为序。

2017 年 5 月

（作者为中共双龙村委员会书记、双龙村村民委员会主任）

凡　例

一、本志遵循辩证唯物主义和历史唯物主义的原则，系统记述张家港市凤凰镇双龙村建置、经济、政治、文化、社会发展的历史和现状，力求做到思想性、科学性和资料性相统一，体现时代特点和地方特色。

二、本志横排门类，纵述史实。概述列于志首，次列编年体（结合纪事本末体）大事记，理其发展脉络。正文共 14 编计 47 章 157 节，志尾设志余。按照详今略古的原则，全面记述双龙村的变迁历程，述而不议。

三、本志记述地域范围，以 2015 年末双龙村行政区划为准。由于历史上建置变化较大，为反映出村之全貌，有些内容可能会涉及邻近区域，因此凡与双龙村相关的内容也有所记述。

四、本志上限，尽量追溯，下限迄于 2015 年 12 月末。大事记、人物简介及彩页延伸至 2016 年。

五、本志以现代汉语语体文撰写，述、记、志、传、图、表、录诸体并用，以志为主。

六、本志对建国后历次政治运动的记述，贯彻宜粗不宜细的原则，分述于大事记及正文的有关章节中，不单独设编记述。

七、本志地名、机构及职务名称均采用当时称谓，必要时加注现名。行文中涉及的专用名词，在第一次出现时用全称，其后用简称。如"中国共产党"简称"中共"，"中华人民共和国"简称"新中国"等。凡未用全称的"省""市""县""镇（乡、公社）"均分别指江苏省、张家港市、沙洲县、西张镇（乡、公社）。

八、本志民国前的纪年，同时括注公元纪年，民国后一律用公元纪年。本志所称"解放前""解放后"的界限，以 1949 年 4 月 22 日张家港市全境解放为准；所称"新中国成立前、后"的界限，以 1949 年 10 月 1 日中华人民共和国成立为界；所称

"建县前、后"的界限，以 1962 年 1 月 1 日沙洲建县为界；所称"建市前、后"的界限，以 1986 年 9 月 16 日张家港撤县设市为界。所列年代，除标明者外，其余均为 20 世纪。

九、本志记述的双龙村是由鸳塘村、双龙村、石龙村及袁市村等四村合并而成的。由于历史上建置变化等因素，且撤并时间不一，也不单独设编记述，分述于大事记、建置区划、党政群团及有关章节中。为行文方便，除根据史实，以鸳塘社区（第四生产大队、四大队）、双龙社区（第五生产大队、五大队）、石龙社区（第六生产大队、六大队）、袁市社区（第七生产大队、七大队）为主词分别进行记述外，还用双龙境内、双龙地区等词语来记述发生在区域内的史实。

十、本志"人物·荣誉"编中人物的收录，设人物传记、人物简介和人物名录三栏，主要收录双龙籍各界知名人士以及在双龙工作或定居并有重要贡献的客籍人士。人物传记遵循生不立传之原则，收录在地方上有重大影响或在社会发展等方面有较大贡献的双龙籍或客籍人士，以生年为序；人物简介收录在世的双龙籍担任副处级以上领导职务的人士及在社会主义物质文明和精神文明建设中创有显著成绩的知名人士，以生年为序；人物名录中收录双龙籍革命烈士、苏州市级以上先进人物、中级技术职称以上知识分子、副镇（乡）级以上干部、张家港市级以上劳动模范等人士，列表入志，以生年为序。

十一、本志资料采自各种历史文献、档案、口碑和实地调查所得，均经考证核实，除存疑的加注出处外，一般不注明出处。

目 录

概　述 …………………………………………………………………………………………… 1

大事记 ……………………………………………………………………………………… 6

第一编　建置区划·自然环境

第一章　建置区划 …………………………………………………………………… 27

　第一节　建　置 …………………………………………………………………… 27

　第二节　境　界 …………………………………………………………………… 31

　第三节　行政区划 ………………………………………………………………… 32

　第四节　自然村 …………………………………………………………………… 36

第二章　自然环境 …………………………………………………………………… 49

　第一节　成　陆 …………………………………………………………………… 49

　第二节　地质·地貌 …………………………………………………………… 49

　第三节　气　候 …………………………………………………………………… 50

　第四节　水　系 …………………………………………………………………… 54

　第五节　土　壤 …………………………………………………………………… 54

　第六节　自然灾害 ………………………………………………………………… 55

第三章　自然资源 …………………………………………………………………… 60

　第一节　土地资源 ………………………………………………………………… 60

　第二节　水资源 …………………………………………………………………… 61

　第三节　矿产资源 ………………………………………………………………… 61

　第四节　常见野生植物 …………………………………………………………… 61

　第五节　常见野生动物 …………………………………………………………… 62

第六节　地产中药材……………………………………………… 62

第四章　土特产…………………………………………………… 62

第一节　老白酒……………………………………………………… 62

第二节　水红菱……………………………………………………… 63

第三节　凹　菱……………………………………………………… 63

第四节　西　瓜……………………………………………………… 63

第五节　香　瓜……………………………………………………… 63

第六节　麦芽糖……………………………………………………… 64

第二编　居　民

第一章　人　口…………………………………………………… 66

第一节　人口总量…………………………………………………… 66

第二节　人口构成…………………………………………………… 68

第三节　人口控制…………………………………………………… 72

第四节　外来人口管理……………………………………………… 74

第二章　婚姻·家庭……………………………………………… 75

第一节　婚　姻……………………………………………………… 75

第二节　家　庭……………………………………………………… 75

第三章　姓氏·宗谱……………………………………………… 76

第一节　姓　氏……………………………………………………… 76

第二节　宗　谱……………………………………………………… 87

第四章　人民生活………………………………………………… 87

第一节　收入消费…………………………………………………… 88

第二节　住　房……………………………………………………… 90

第三节　饮　食……………………………………………………… 91

第四节　服　饰……………………………………………………… 91

第五节　出　行……………………………………………………… 93

第六节　社会保障…………………………………………………… 93

第三编　农村建设

第一章　农民住宅………………………………………………… 97

第一节　农房建设…………………………………………………… 97

第二节　村（居）民居住小区……………………………………… 99

第三节　拆迁安置…………………………………………………… 99

第二章　公共事业 ……………………………………………… 101

　第一节　用水用电 …………………………………………… 101

　第二节　沼气利用 …………………………………………… 104

　第三节　油气供应 …………………………………………… 104

　第四节　电　话 ……………………………………………… 105

　第五节　公共设施 …………………………………………… 106

第四编　交通·水利

第一章　交　通 ………………………………………………… 108

　第一节　公　路 ……………………………………………… 108

　第二节　航　道 ……………………………………………… 110

　第三节　桥　梁 ……………………………………………… 110

　第四节　交通运输 …………………………………………… 111

第二章　农田水利 ……………………………………………… 114

　第一节　河道整治 …………………………………………… 114

　第二节　田间沟渠 …………………………………………… 114

　第三节　灌　溉 ……………………………………………… 116

第五编　经济综情

第一章　经济总量 ……………………………………………… 119

　第一节　总产值 ……………………………………………… 119

　第二节　产业结构 …………………………………………… 122

　第三节　经济效益 …………………………………………… 123

第二章　经济综合管理 ………………………………………… 124

　第一节　管理机构 …………………………………………… 124

　第二节　土地管理 …………………………………………… 125

　第三节　统计·审计 ………………………………………… 129

第六编　农　业

第一章　农村生产关系变革 …………………………………… 131

　第一节　封建土地私有制 …………………………………… 131

　第二节　土地改革 …………………………………………… 132

　第三节　农业合作化 ………………………………………… 135

　第四节　人民公社化 ………………………………………… 136

第五节　家庭联产承包责任制 …………………………………… 138

第六节　土地规模经营 ……………………………………………… 141

第七节　社区股份合作社 …………………………………………… 142

第二章　耕作制度与作物布局 ………………………………………… 145

第一节　耕地面积 …………………………………………………… 145

第二节　耕作制度 …………………………………………………… 145

第三节　种植布局 …………………………………………………… 146

第三章　作物栽培与植保 ……………………………………………… 148

第一节　作物栽培 …………………………………………………… 148

第二节　作物保护 …………………………………………………… 153

第三节　肥　料 ……………………………………………………… 158

第四章　林牧副渔业 …………………………………………………… 160

第一节　林　业 ……………………………………………………… 160

第二节　畜牧业 ……………………………………………………… 160

第三节　副　业 ……………………………………………………… 163

第四节　渔业（含水产养殖业） …………………………………… 166

第五章　农机具 ………………………………………………………… 168

第一节　农　具 ……………………………………………………… 168

第二节　农　机 ……………………………………………………… 168

第六章　良田建设 ……………………………………………………… 170

第一节　平整土地 …………………………………………………… 170

第二节　丰产方建设 ………………………………………………… 170

第七编　工　业

第一章　工业体制 ……………………………………………………… 173

第一节　个体手工业 ………………………………………………… 173

第二节　个体私营企业 ……………………………………………… 175

第三节　村（大队）办工业 ………………………………………… 176

第二章　工业小区、工业园区和骨干企业 ………………………… 178

第一节　工业小区 …………………………………………………… 178

第二节　韩国工业园区（凤凰工业集中区） ……………………… 182

第三节　骨干企业 …………………………………………………… 185

第三章　企业管理 ……………………………………………………… 189

第一节　企业内部管理 ……………………………………………… 189

第二节 职工招聘与培训 190
第三节 工资福利 191

第八编 商贸服务业

第一章 商 业 193
第一节 商业街区 193
第二节 商业网点 195
第二章 餐饮服务业 195
第一节 餐饮业 195
第二节 生活服务业 196
第三章 庙会与集贸市场 197
第一节 庙 会 197
第二节 集贸市场 197
第四章 房东经济 198
第一节 村民房东经济 198
第二节 集体房东经济 199

第九编 党政群团

第一章 中国共产党 201
第一节 党 员 201
第二节 党的组织 213
第三节 党务工作 217
第二章 村行政组织 220
第一节 机构沿革 220
第二节 村民代表大会 220
第三节 村民委员会 221
第三章 群众团体 223
第一节 工 会 223
第二节 共青团 224
第三节 妇代会 226
第四节 农民协会与贫下中农协会 227
第五节 老年协会 228

第十编 治安·军事·民政

第一章 治 安 230

第一节 机 构 …………………………………………………… 230

第二节 治安管理 ……………………………………………… 231

第三节 户政管理 ……………………………………………… 232

第二章 调 解 ……………………………………………… 232

第一节 机 构 …………………………………………………… 232

第二节 民事调解 ……………………………………………… 233

第三章 民兵·兵役 ……………………………………… 233

第一节 民 兵 …………………………………………………… 233

第二节 兵 役 …………………………………………………… 235

第四章 社会救济 ………………………………………… 236

第一节 "五保户"保养 ……………………………………… 236

第二节 临时救助 ……………………………………………… 236

第三节 募捐 …………………………………………………… 237

第四节 结对帮扶 ……………………………………………… 237

第五节 老年人福利 …………………………………………… 238

第五章 优抚·安置 ……………………………………… 238

第一节 拥军优属 ……………………………………………… 238

第二节 复员退伍军人安置 …………………………………… 238

第三节 残疾人员安置 ………………………………………… 239

第四节 城镇插队知识青年安置 ……………………………… 239

第十一编 教育·文化·体育·卫生

第一章 教 育 …………………………………………… 241

第一节 旧 学 …………………………………………………… 241

第二节 学前教育 ……………………………………………… 241

第三节 小学教育 ……………………………………………… 242

第四节 中学教育 ……………………………………………… 243

第五节 成人教育 ……………………………………………… 244

第二章 文 化 …………………………………………… 245

第一节 群众文化 ……………………………………………… 245

第二节 文化设施 ……………………………………………… 247

第三节 电 影 …………………………………………………… 248

第四节 民间娱乐 ……………………………………………… 248

第五节 古文化遗址 …………………………………………… 256

第三章 体 育 ……………………………………………………… 256
　第一节 体育设施 ………………………………………………… 256
　第二节 体育活动 ………………………………………………… 257
第四章 卫 生 ……………………………………………………… 259
　第一节 医疗卫生 ………………………………………………… 259
　第二节 妇幼保健 ………………………………………………… 261
　第三节 疾病防治 ………………………………………………… 262
　第四节 爱国卫生运动 …………………………………………… 263
　第五节 省级卫生村创建 ………………………………………… 264

第十二编　精神文明建设

第一章 宣传教育 …………………………………………………… 268
　第一节 宣传活动 ………………………………………………… 268
　第二节 道德建设 ………………………………………………… 270
第二章 创建活动 …………………………………………………… 272
　第一节 文明新风户、星级文明家庭评选 ……………………… 272
　第二节 文明村创建 ……………………………………………… 274

第十三编　社会风土

第一章 方 言 ……………………………………………………… 275
　第一节 主要常用词 ……………………………………………… 275
　第二节 俗语俚语 ………………………………………………… 281
　第三节 谚 语 …………………………………………………… 283
　第四节 歇后语 …………………………………………………… 288
第二章 风俗习惯 …………………………………………………… 289
　第一节 岁时习俗 ………………………………………………… 289
　第二节 婚嫁习俗 ………………………………………………… 292
　第三节 丧葬习俗 ………………………………………………… 295
　第四节 交往习俗 ………………………………………………… 297
　第五节 生活习俗 ………………………………………………… 298
　第六节 宗教习俗 ………………………………………………… 301
　第七节 历史陋习 ………………………………………………… 303

第十四编　人物·荣誉

第一章 人物传记 …………………………………………………… 304

第二章　人物简介 ⋯⋯⋯⋯⋯⋯⋯⋯⋯⋯⋯⋯⋯⋯⋯⋯ 307

第三章　人物名录 ⋯⋯⋯⋯⋯⋯⋯⋯⋯⋯⋯⋯⋯⋯⋯⋯ 309

　第一节　革命烈士 ⋯⋯⋯⋯⋯⋯⋯⋯⋯⋯⋯⋯⋯⋯⋯ 309

　第二节　先进人物 ⋯⋯⋯⋯⋯⋯⋯⋯⋯⋯⋯⋯⋯⋯⋯ 310

　第三节　知名人士 ⋯⋯⋯⋯⋯⋯⋯⋯⋯⋯⋯⋯⋯⋯⋯ 311

第四章　集体荣誉 ⋯⋯⋯⋯⋯⋯⋯⋯⋯⋯⋯⋯⋯⋯⋯⋯ 315

志　余

一、文件辑录 ⋯⋯⋯⋯⋯⋯⋯⋯⋯⋯⋯⋯⋯⋯⋯⋯⋯⋯ 317

二、文章选录 ⋯⋯⋯⋯⋯⋯⋯⋯⋯⋯⋯⋯⋯⋯⋯⋯⋯⋯ 320

三、民间歌谣 ⋯⋯⋯⋯⋯⋯⋯⋯⋯⋯⋯⋯⋯⋯⋯⋯⋯⋯ 327

四、侵华日军在双龙境内暴行录 ⋯⋯⋯⋯⋯⋯⋯⋯⋯⋯ 330

五、杂记 ⋯⋯⋯⋯⋯⋯⋯⋯⋯⋯⋯⋯⋯⋯⋯⋯⋯⋯⋯⋯ 331

六、"双龙"村村名由来的考证 ⋯⋯⋯⋯⋯⋯⋯⋯⋯⋯⋯ 332

七、村规民约 ⋯⋯⋯⋯⋯⋯⋯⋯⋯⋯⋯⋯⋯⋯⋯⋯⋯⋯ 333

编后记 ⋯⋯⋯⋯⋯⋯⋯⋯⋯⋯⋯⋯⋯⋯⋯⋯⋯⋯⋯⋯⋯ 335

概　述

双龙村位于张家港市南部，凤凰镇西北部，距张家港主城区 11 千米。东与金谷村接壤，南与凤凰村、鸷山村为邻，西与魏庄村、西参村交界，北与塘桥镇何桥村毗邻。凤凰镇政府驻地位于境内双龙西路之东端，金谷路交汇处。村委会设在双龙西路 164 号（张市路口）。境内地势平坦，河道纵横，属典型的江南水乡。2015 年末，全村区域面积 8.36 平方千米，辖 58 个村民小组，在籍居民 2109 户，总人口6938 人。

（一）

双龙村历史久远。1975 年，在境内五大队第 1 生产队的老河道庵浜之南岸处，发现有一块东西长约 500 米，南北长约 1000 米的古文化遗址。经沙洲县文化馆和苏州市博物馆发掘，文化层厚约 1 米。出土有陶、罐、石斧、石镞、石钺等器物，经专家鉴定，确定为距今四五千年的一处新石器时代聚落遗址。

由此可知，在远古时代即有人类开始在境内活动。唐宋以后，境内长期属常熟县管辖。自清代至民国时期，属常熟县崇素乡。新中国成立后，境内分属常熟县长寿乡、翻身乡。1958 年成立人民公社，境内属常熟县西张人民公社。1962 年沙洲县成立，境内属沙洲县西张人民公社。设有第四生产大队、第五生产大队、第六生产大队和第七生产大队。1983 年，第四生产大队改称为鸷塘村，第五生产大队改称为姚塘村（1987 年更名为双龙村），第六生产大队改称为石龙村，第七生产大队改称为袁市村。1986 年 10 月，撤销沙洲县，改设张家港市，境内属张家港市西张镇管辖。2002 年 10 月，鸷塘村、袁市村并入双龙村。2004 年 5 月，石龙村并入双龙村。至此，双龙村为四村合一的行政村。2003 年 8 月，西张、凤凰、港口三镇合并，建立凤凰镇，双龙村隶属于张家港市凤凰镇管辖。

（二）

双龙村属北亚热带气候近海地区，四季分明，雨量充沛，全年无霜期长达242天。境内地处江南水乡，地势平坦，土地肥沃，宜于农耕。境内池塘星罗棋布，河道纵横交错，为农田灌溉、淡水养殖、交通运输和人民生活提供了优越的条件。历史上的双龙村，世代以农耕传承，种植作物以水稻、小麦、元麦、油菜为主，也利用高垾地或洼地种植蔬菜、瓜果、水芹等经济作物。尽管有得天独厚的自然条件，惜在旧时，落后的生产关系和农业技术，制约了生产的发展，正常年景，水稻亩产250千克左右，小麦亩产70千克上下。遇上灾年，则大幅减产甚至颗粒无收。

中华人民共和国成立后，政府派遣工作队，到村里发动群众，进行土地改革，农民有了自己的土地。之后，双龙地区农民响应党中央关于农业合作化的号召，走合作化的道路，增强了农户抗击自然灾害的能力。同时推广农业耕作技术，合理安排作物布局，确保农业增产，农作物产量得到提高。

1957年，双龙高级社水稻亩产275千克，麦子亩产为80千克，取得了本地区农业生产有史以来的最大丰收。可时隔不久，在"大跃进"、"人民公社化"运动中，由于受"左"倾思潮的冲击，农村生产力受到严重损害，致使粮食大幅减产，造成了自1959～1961年的连续三年经济困难，境内农民生活质量下降。"文化大革命"期间，境内农民出早工、开夜工，劳动强度，辛苦程度大幅增加。但收获的稻谷大多是籼稻。不仅出米率低，且米质差，售价低下，而农本却直线上升，农民收益相对减少。1983年，实行家庭联产承包责任制，承包户有了农作物种植布局自主安排的权利。农民的经营所得，除缴足国家集体应承担的粮食、经费外，剩余部分全部归承包者所有。农民的劳动时间，由自己安排。在种好承包田外，富余劳动力向第二、第三产业转移，突破了单一农业经济的格局。

2000年以后，随着改革开放的深入和城镇建设进程的加快，双龙村土地被大量征用。2002～2015年，全村有19个自然村落（23个村民小组）被整体拆除，村民异地安置。2015年，全村仅有耕地673亩，由6家外地来村的种田大户承包经营，本村农户种地成为历史。

（三）

境内工业，历史上以小加工业和小手工业为主，主要以满足域内自给之需，基本上没有商品经济。解放以后，虽然进行土地改革和农业合作化等生产关系的巨大变革，但仍未能改变单一农业的状况，经济发展仍然较慢。农民人均年收入长期在百元上下徘徊，1970年，境内农民人均年收入120.30元。

20世纪70年代后，境内4个大队陆续建办集体企业。从土窑、粮饲加工、针纺工业等科技含量不高的工业起步，逐步向高、精、尖的技术密集型产品发展。但队办工业的发展并非一帆风顺，在计划经济阶段，原料采购、电力使用、产品销售等诸多方面还受到种种制约，发展比较困难。双龙村领导坚持必须发展商品经济的信念，教育企业干部、供销人员、技术骨干等发扬过去革命老前辈艰苦创业的革命精神，以"苦不苦，想想长征二万五；累不累，想想革命老前辈"为精神动力，以"走尽千山万水，吃尽千辛万苦，说尽千言万语，历尽千难万险"的"四千四万"吃苦耐劳精神，不断攻坚克难，一步一步让企业在夹缝中获得生存。

中共十一届三中全会以后，全党工作重点转移到以经济建设为中心上来。社队工业在改革开放中迅速崛起，呈现出一派蒸蒸日上的态势。境内各大队先后办起了双龙乳胶手套厂、石龙无线电厂、鸳塘育红日用品厂、袁市静电植绒厂等骨干企业，时有职工980余人，队办企业初具规模。为克服企业在发展过程中出现的设备陈旧，产品落后，资金周转困难，原辅材料短缺，市场销售疲软，经济滑坡等情况，村领导经过周密筹划，创新思路，发挥乡村企业"船小掉头快"的优势，将企业实施转产重组。同时加强企业之间的横向合作建办联营企业，以联营来改造企业，提高产品质量，打开市场销路，使企业走出低谷，跳出困境，迈上健康发展的轨道。1985年，双龙村多家企业与上海、新疆、广东等地企业合作联营，扩大了企业规模，提高了产品质量，提升了企业知名度，在国内市场打开销路，从而盘活了村办企业。

双龙人从实践中认识到：要摆脱贫困，必须调整产业结构，发展商品经济；必须依靠科技进步，形成企业规模，发展外向型经济。1986年，双龙村以39万美元租赁台湾生产的PVC手套生产流水线1条，其产品PVC手套全部销往国际市场。1988年，双龙村建办合资企业——张家港光龙塑胶制品有限公司，年生产PE手套8000万支，全部出口欧美国际市场。是年，双龙村成立双龙实业总公司，出口创汇达500万美元，年末被国家农牧渔业部、对外经贸部评为全国乡镇企业出口创汇先进企业，并获农牧渔业部授予的出口大户"飞龙奖"、产品出口"青龙奖"及江苏省颁发的橡胶医用手套"金牛奖"。是年江苏省委书记韩培信视察双龙村，亲笔题词"双龙腾飞"。是年，双龙村国民生产总值2207.6万元，比1978年单一农业时全村总收入43.12万元增长50.2倍，其中工业收入占村国民生产总收入比例为90.6%，农业及第三产业收入占9.4%，商品经济生产率达90%以上。是年，农民人均年收入561.10元，比1978年人均年收入130元增长3.32倍。20世纪90年代，双龙村加快发展外向型经济的步伐。双龙实业总公司以生产乳胶手套设备优、产量高、质量好的优势，与美国生惠公司合资，生产系列乳胶手套，销往美国、日本、德国、瑞士等国际市场，参与国际经济竞争，双龙农民从田岸走向口岸，从家门走出国门，让双龙走向世界，让世界了解双龙，从而开辟了农村工业化的创举。

（四）

中华人民共和国成立前，由于受半封建，半殖民地社会制度的长期统治，生产关系落后，生产力水平低下，境内地理条件虽然优越，但农民的生活状况普遍处于贫困状态，不少家庭连温饱也不能维持。特别是无地、少地的贫、雇农，更是缺吃少穿，个别的甚至只能外出靠讨饭度日。

中华人民共和国成立以后，废除封建土地制度，实行土地改革，农民有了自己的土地，农村生产力得到解放，境内农业生产有了较大发展，农民生活得到了改善。1955～1957年，境内成立农业生产合作社，特别是成立高级农业生产合作社以后，农民个人拥有的土地入社归集体所有，土地得以连片经营，生产力得到进一步发展，双龙地区农民的生产、生活状况逐步得到提高。1957年，境内农民人均分配收入达46元，人均口粮（原粮）225千克，是1949年的2倍和1.49倍，温饱问题初步得到解决，而且有一部分农户开始摆脱贫穷。农民从短短几年的实际效果中看到了社会主义制度的优越性，看到了社会主义的光明前途。

然而，1958年开始的"大跃进"和"人民公社化"运动，以高指标、瞎指挥、浮夸风和"共产风"等多种违背客观经济规律办事的"左"倾方式指令农业生产，农村生产力受到严重破坏，农民赖以生存的农业遭遇连续三年大幅减产，境内农民经历了1959～1961年的连续三年经济困难时期，家家户户缺钱少食，以瓜菜代粮，勉强维持温饱。1961年，全境农民人均口粮为原粮187公斤，年人均分配为65.50元。据《常熟市志》载：1961年农民人均口粮仅有178.5公斤，是建国以来口粮标准最低的一年（上海人民出版社1990年11月第1版，第1039页）。1962年春，因营养严重不足，境内有25人患上"浮肿病"。病人在公社卫生院作短期临时疗养，以清糠、食糖、黄豆、食油等实物作营养品补养身体，并予休息，到夏收时全部治愈。

1962年开始，在生产关系上改为以生产队为核算单位，恢复按劳分配制度。同时划给社员自留地，鼓励发展农村家庭副业，开放集市贸易等有利于农业生产发展的举措。经过三年对生产关系和国民经济的调整，1965年，境内农民生活水平有所提高，人均年收入91.25元，人均口粮为原粮270千克。

"文化大革命"期间，对农业生产片面强调以粮为纲，不适当地扩种双季稻、三熟制。虽然粮食略有增产，但农本却大幅增加，产值下降。社员人均年收入得不到提高，一直在百元上下徘徊。

中共十一届三中全会以后，境内干部群众思想大解放，集中精力把工作重点转移到经济建设上来。1983年，农村体制改革，人民公社被撤销，恢复乡村建制，农村全面推行家庭联产承包责任制，农民有了生产经营的自主权和劳动支配权，境内农村经济全面振兴，农业生产稳产高产。农户除种好承包田外，还发展家庭多种经营或从事其他劳务收入。社员生活水平不断提高，以往"高产穷村"的状况得以改变。1984年，全境农民人均年收入441.72元，比1977年增长3.5倍，农民口粮人均301千克，不必再为粮食不够吃发愁。

进入20世纪90年代，村民人均年收入出现了持续大幅提升。1990年，人均年收入1063.75元，1995年2556元，2000年6587元，2005年9339元，2010年15901元，2015年24227元。

进入21世纪，村民的吃、穿、住、行都发生了翻天覆地的变化。居住条件从20世纪50年代住草房、平房到90年代住楼房，发展到2000年以后住公寓房、庭院式楼房、别墅房等，2015年，境内人均居住面积62.75平方米。食物结构中肉类食品人均年消费量上升到33千克，占食物总量的十分之一强。服装结束了"新三年、旧三年，缝缝补补又三年"的景况，代之以"夏有丝、冬有皮，春秋有呢绒"的时装新风貌。村民消费水平迅速提高，2015年，80%以上的农家出行有私家汽车，家家有空调、彩电、冰箱、洗衣机等家用电器。手机、电脑、电瓶车等消费品已遍及寻常百姓。双龙人民的生活已全面步入小康。

大事记

南北朝

南朝梁武帝大同六年（540）　于南沙地置常熟县。县治设南沙城（今福山镇）是为常熟县名之始，境内属之。

隋

开皇年间（581~600）　海虞县并入常熟县，县治设南沙城，隶于苏州，境内属之。

唐

武德七年（624）　常熟县治移至海虞城（今虞山镇），境内属之。

宋

县以下设乡，乡以下设都、里，境内属常熟县崇素乡八都之山阳里，元阳里。

元

境内属常熟县管辖的隶属关系未变。

明

境内属常熟县管辖的隶属关系未变。

正德年间（1506～1521）　吴越钱氏二十三世祖钱洽，字鸣治，号爱溪，以孝友著，别居张市。公力穑溉田，卤地均成上腴，家大起，遂割二千亩为义田。在张市创"钱仓厅"。其后建宅上场（属今双龙村）。洽父钱鲋，嘉靖三十三年（1554）正月寿终，葬姚塘垄（地处双龙村）。

清

顺治年间（1644～1661）　钱洽长兄泮之后裔钱昉，为供其祖明光禄寺卿钱泮之神主奉祀，舍宅建西林寺，并捐田173亩。

同治元年（1862）　太平军拆毁西林寺，取木材运往福山港建瞭望台。

宣统元年（1909）正月　里人庞鸿涵、钱名琛在西林寺遗址创办西林小学。

宣统三年（1911）　推行地方自治，常熟县划分为35个市、乡，境内属塘桥乡西张市。

中华民国

1911年11月7日　常熟县民署告示民众剪除发辫。境内应之。

1922年　里人王金宝购买8马力火油机，在境内首次以机械为动力，拖带龙骨水车戽水灌溉。

1934年6～8月　大旱，70天无雨，河塘干涸，农田龟裂，秋熟歉收。

1937年11月20日（农历十月十八）夜　侵华日军由常熟福山开往无锡（市）过境。次日上午，在西张地区杀戮无辜平民19人，烧毁房屋68间，烧毁收割成垛的稻垒300多亩。其中双龙村西街居民唐永章、章庆庆、宋某（哑巴）等3人被迫为日军带路，至今下落不明。

1939年8月　伪常熟县公署强迫居民领取"良民证"。

1939年夏秋之际　境内自然村石塘发生霍乱疫情，9户发病，病13人，死10人，其中1户死3人，2户各死2人。

1941年　日伪发动大规模"清乡"，搜捕抗日干部，历时2个月。

1944年　境内自然村石龙桥建石龙小学。

1945年8月15日　日本宣布无条件投降。

1945 年 8 月 16 日　《常熟时报》即发《号外》，中共苏常太工委在乡区散发传单，同时报道日本无条件投降消息。城乡人民奔走相告，境内一片欢腾。

1947 年　境内自然村石塘、北彭家建石塘小学、鸢北小学。

1948 年　境内自然村五房庄建房庄小学。

1949 年

4 月 22 日　中共塘桥区地下党、虞西武工队派员占领长寿乡公所，收缴枪支、弹药、档案等，西张地区宣告解放。

5 月 5 日　常熟县军管会通知，自 13 日起禁止使用金圆券。

7 月 25 日（农历六月卅）　强台风过境，暴风雨历时两昼夜，河水暴涨，部分房屋倒塌，农田被淹。是月，境内石塘自然村建立农会组织，张掌福任农会主任。

中华人民共和国

1949 年

10 月 1 日　境内人民群众集会，庆祝中华人民共和国、中央人民政府成立。

11 月　境内农民首次向国家交售公粮，不再向地主交租。

12 月　境内各自然村创办冬学，组织农民学政治、文化和教唱革命歌曲。

1950 年

6 月　中央人民政府颁布土地改革法。

10 月　土地改革工作全面展开，至 1951 年 4 月圆满完成。

是月　常熟县抗美援朝公会成立，境内开展抗美援朝、保家卫国的宣传教育，境内有 8 名青年批准赴朝参战。

11 月　废除保甲制度，划建乡、村、组建置。境域属长寿乡和翻身乡。新建石塘、鸢塘、沈巷、街村、吉巷、新塘、新龙、新民、新庄、袁市等 10 个行政村，设 54 个居民小组。

12 月　开展镇压反革命运动。

1951 年

3 月　境内又有 7 名青年批准参加志愿军，抗美援朝。

5 月　根据群众揭发、控诉，境内有 3 名罪大恶极的反革命分子被人民政府镇压。

7月　开展爱国增产、捐献飞机大炮运动，支援抗美援朝战争。

10月　完成颁发"土地证"工作。

11月　农民自愿入股，筹建西张供销合作社。

1952 年

春　全民普种牛痘。

春　境内陆续建立农业生产互助组。

9月　开展反对封建婚姻制度的宣传教育。

是年　翻身乡河湾里新民互助组组长邓忠（宗）保获苏南区农业劳动模范荣誉。

1953 年

2月　开展贯彻《婚姻法》运动。

5月　开展第一次全国人口普查，并进行普选，历时 9 个月。

8月　长寿乡、翻身乡建立中共联合支部。

11月　贯彻落实国家实行的粮油统购统销政策，境内对粮食、油料实行计划收购和计划供应。

1954 年

春　境内鸳塘村建立双龙初级社，新塘村建立新塘初级社。

春　开展肃反运动。

8月25日　境内大雨、雨量超 100 毫米，部分农田被淹。

9月15日　棉布实行凭票供应，每人每年计划布票 2 米。

是年　长寿乡信用合作社成立。

1955 年

1月　超低温寒潮袭击，境内河道封冻达 15 天。

3月　开展粮食"三定"（定产、定购、定销）到户。

是月　新版人民币发行，1 万元旧币换 1 元新币。

12月　对资本主义工商业进行社会主义改造，私营商店、米厂等实行公私合营，同时先后组织手工业生产合作社和合作商店。

冬　贯彻毛泽东主席《关于农业合作社问题的报告》，境内 95％以上的农户参加初级农业生产合作社。

1956 年

春　境内所有初级社合并成 8 个高级农业生产合作社。

3 月　常熟县调整乡、村设置，长寿乡、翻身乡、栏杆乡合并，以西参桥（含桥下垮塘）为界，东为长寿乡、西为栏杆乡。乡以下取消行政村，代之以合作社联社。

是月　境内所有初级社合并成 8 个高级农业生产合作社。

8 月 1 日～3 日　强台风过境，最大风力达 10 级，境内草房毁坏严重。

1957 年

8 月　境内在乡任职的机关干部黄永涛（乡第二支部书记）、徐进生（民兵中队长）、沈世金（乡生产委员）、庄冠飞（副乡长）、张凤林（乡妇联主任）等响应中共中央"增产节约"的号召，转业回社务农。

9 月　县实行撤区并乡，长寿、栏杆两个乡合并成西张乡。境内原属长寿乡的新龙合作社联社划入塘桥乡。

秋　高级社正副职干部集中乡政府，参加整风运动，大鸣大放。紧接着转入反右斗争。

12 月　贯彻全国农业发展纲要修正草案，首次提出农业"大跃进"。乡召开社会主义建设活动积极分子大会，动员全乡人民投入农业生产大跃进运动。

1958 年

2 月 4 日　常熟县委召开广播大会，动员全县人民参加除四害（蚊子、苍蝇、老鼠、麻雀）活动。

3 月　西张及其他 23 个乡联名向全省发出 1958 年实现"三麦赶水稻，水稻翻一番"的倡议书，提出了"十分指标，十二分措施，二十四分干劲"的口号。

10 月 1 日　西张人民公社成立，境内设第四、第五、第六、第七等 4 个生产大队，50 个生产队。以大队为单位，建立党支部。

11 月　农村大办公共食堂，实行吃饭不要钱，大刮"一平二调"的共产风。全境共建有公共食堂 42 个。

是月　境内大搞土地深翻，深耕标准 1 市尺以上。

是月　公社召开向钢铁进军誓师大会，成立钢铁指挥部，境内全民大炼钢铁，不久相继停止。

12 月　境内主要青壮劳动力参加望虞河开凿工程。

1959 年

1 月 28～30 日 全境开展除"四害"（蚊、蝇、鼠、雀）全民大会战。

4 月 贯彻中共中央郑州会议精神，纠正"一平二调"的平均主义及管理过分集中的倾向，停止军事化体制。实行分级核算，将由公社一级核算改为以大队为核算单位。

5 月下旬 望虞河开凿工程竣工，境内参挖农民工回生产队生产。

12 月中旬 社队两级干部开展反右倾整风，继续高举"总路线、大跃进、人民公社"三面红旗。

是月 西张公社在境内自然村野朱家宕建办畜禽水产养殖场。

1960 年

3 月 境内 23 名社员（含未成年子女）响应国家号召，赴新疆支援边疆建设（1965 年以后部分支边人员陆续返乡）。

5 月 上海著名沪剧表演艺术家丁是娥深入西张农村体验生活，吃住在境内的石塘自然村上农户周月妹家里，了解农民的生产、生活情况。

秋 传达贯彻中共中央"全党动手，大办农业，大办粮食"的方针。境内集中劳力大办农业。

是年 口粮不足，以瓜菜充饥（称"瓜菜代"）市场每千克大米（黑市）6 元，胡萝卜每千克 1 元，山芋每千克 4 元。

1961 年

3 月 公社召开全体党员和三级干部会议，贯彻中共中央《关于农村人民公社当前政策问题的紧急指示信》（简称十二条）。境内党员、干部参加整风整社，重点检讨工作中出现的五风（共产风、命令风、浮夸风、特殊风，瞎指挥风）问题。

4 月 对"大跃进"以来平调社员的住房、家具和其他财物开始算账退赔，境内有 66 户社员获得了赔偿。

7 月 公社召开会议，全面贯彻落实中央《农村人民公社工作条例（草案）》（简称《农业六十条》）。实行公社、大队、生产队三级所有，以生产队为基本核算单位的农村经济管理体制。

8 月 境内先后停办食堂。

是年 境内补划社员自留地。

是年 粮食继续歉收，口粮紧缺，境内社员以瓜菜充饥，不少社员因营养严重不足患上浮肿病。

是年 境内糖果、食糖、糕饼实行高价。

1962 年

1 月 1 日　沙洲县正式成立，西张公社属沙洲县管辖，双龙全境属沙洲县西张公社管辖。

春　对浮肿病人给予休息，增发清糠、食糖、鸡蛋等营养品。夏收前全部治愈。

7 月 1 日　对棉布、鞋帽、食盐、豆制品、搪瓷制品、橡胶制品等 14 类商品实行平价定量供应。

9 月 5～6 日　14 号强台风过境，连续降雨 36 小时，雨量达 280 毫米以上，境内部分房屋倒塌，农田受涝。

1963 年

4 月　境内各生产队试种双季稻，品种矮脚南特号。

6 月　境内各生产队开始建账，实行"三级所有，队为基础"的分配方案。

9 月　公社召开三级干部大会，动员开展学大寨，赶先进运动。

是年　公社和境内各大队建立贫下中农协会。

1964 年

4 月　社会主义教育运动开始，工作队进驻大队，全面开展"四清"（清政治、清经济、清思想、清组织）运动。

7 月　境内开始进行全国第二次人口普查。

9 月　全公社贯彻计划生育工作，境内有多名村、队干部率先响应节育。

是年　掀起学习毛泽东思想高潮。

1965 年

2 月 6 日　境内全面学习贯彻中共中央《农村社会主义教育运动中目前提出的一些问题》（简称二十三条）。

7 月　市场形势好转，商业部门取消 1961 年以后实行的糖果、食糖、糕点高价，改为全部平价敞开供应。

是年　境内各大队大搞绿萍放养，以绿萍作水稻肥料。放养绿萍在境内达 10 年之久。

是年　境内大搞样板田、试验田、丰产田。

1966 年

4 月　境内各生产队建立毛泽东思想学习小组。

5 月下旬　传达中共中央《五一六通知》精神。

8月 境内红卫兵走上社会，掀起破"四旧"（旧思想、旧文化、旧风俗、旧习惯）高潮，随后学校"停课闹革命"。中学生外出串连，境内学校和社会秩序混乱。

9月 对地、富、反、坏、右、工商、小土地出租等部分家庭进行查抄"四旧"，境内有60余户家庭被查抄。

10月 境内各大队张贴大字报，内容以"打倒走资派"、"打倒保皇派"为主。

是月 在"踢开党委闹革命"风暴中，公社党政机关停止办公，一批干部被揪斗靠边，境内各大队主要干部也被炮轰批斗。

冬 红卫兵和造反派组织，在"横扫一切牛鬼蛇神"的号召下，开始批斗"四类分子"和所谓牛鬼蛇神。

是年 西张公社建立广播站。境内4个大队均接通有线广播并各配备1名线路维护员。

1967年

2月 境内"造反派"进行夺权，党支部组织瘫痪。

3月 沙洲县人民武装部成立生产办公室，随后西张公社人武部建立"抓革命、促生产"办公室，设生产指挥组、政治工作组，主持日常工作。

4月 公社广播站在境内上场安装全社第一只田头高音喇叭，随后各家各户安装广播喇叭，宣传"抓革命、促生产"。

5月 境内组织大小队干部、贫协组长赴太仓县沙溪公社洪泾大队学习顾阿桃活学活用毛泽东思想经验。

8月 推行大寨式评工记分。

1968年

4月27日 西张公社革命委员会成立。

是月 境内各大队建立革命领导小组。

是月 公社建立"清队专案组"，境内4个大队都建立专案小组，开始清理阶级队伍。

5~6月 在清理阶级队伍中出现乱揪乱斗现象，审查部分党员、干部、教师及社员群众中"有历史问题"的人。境内4个大队被审查的有80余人，其中非正常伤亡9人。

7月 境内开展忠于毛主席、忠于毛泽东思想、忠于毛主席的革命路线的"三忠于"活动。

8月7日 县革命委员会发出学生重返学校"复课闹革命"的通知，境内学校在停课一年多后复课。

10月　开展知识青年"上山下乡"运动，境内接收来自杨舍、后塍、塘桥等城镇知识青年39人来村插队落户（1979年全部回城）。

是年　境内到处用红漆书写毛主席语录，实现一片红。

1969 年

3月　整党建党工作开始。按照毛泽东主席"五十字建党方针"的指示，实行"吐故纳新"。境内各大队以"吐故纳新"的要求，各培养入党积极分子2人。

4月　境内各大队成立大队革命委员会，各生产队成立革命领导小组。

是月　中国共产党第九次全国代表大会在北京召开，境内举行庆祝活动。

是月　境内实行贫下中农管理学校。

是月　培训赤脚医生，境内各大队各培训2人，时间半年。各大队办起医务室，实行农村合作医疗制度。

秋　公办小学下放给大队办，境内四大队小学"戴帽"办初中。

1970 年

2月　境内响应中央号召，开展"一打三反"（打击现行反革命的破坏活动，反对贪污盗窃，反对投机倒把，反对铺张浪费）运动。

4月　西张卫生院驻境内四大队医生张某某，诱奸女青年致怀孕，猛药堕胎致死人命，被判死刑处决。

7月12～18日　持续特大暴雨，境内部分农田受淹。

8月21日　《人民苏州报》刊发五大队"斗、批、改"运动经验的文章《批字上下功夫，改字上结硕果》。

是年　境内各大队全面推广双季稻、三熟制。

1971 年

2月　境内深挖"五一六"分子，历时2年，未发现有"五一六"分子。

4月　境内贯彻"深挖洞，广积粮"方针，队队户户存放储备粮。

7月　境内红眼病流行，经防治，8月下旬得到控制。

是年　境内传达中央专案组整理的《粉碎林彪反党集团反革命政变的斗争》材料，开展批林批孔整风运动。

是年　境内建成南塘梢电灌站。

1972 年

3 月　改革丧葬制度，推行火葬。

12 月 9 日　《新华日报》第三版刊登五大队党支部依靠群众落实党的政策经验的文章《把党的政策变为群众的行动》。

是年　扩大双季稻、三熟制种植面积，种植比例占水稻总面积 60％以上。

是年　单季稻移栽提倡"拉线定点"莳秧。

是年　境内学校受"马振扶事件"影响，反对"复辟回潮"和反对"师道尊严"，教育秩序再次陷入混乱。

1973 年

1 月 25 日　《新华日报》第三版刊登五大队党支部书记陆德元《坚持群言堂，不搞一言堂》的长篇通讯。

春　境内全面推行火葬。

5 月 9 日　《新华日报》刊发五大队党支部书记陆德元坚持参加集体生产劳动的通讯：《两手老茧一身泥》。

9 月　境内组织学习中共十大《中国共产党章程》，进行开门整风，10 月底告一段落。

11 月　西张公社决定开挖"新西河"，分三年实施，是年起，连续三年冬天，全境每年抽调 400 余劳动力挑河塘。

是年　境内普及革命样板戏，五大队、六大队排练《智取威虎山》和《红灯记》参加公社会演，并到各自然村巡回演出。

1974 年

2 月　全面开展批林批孔运动，境内各大队以政治夜校为阵地，开展大批判活动。

7 月 26～31 日　境内连续大雨并刮大风，累计雨量 450 毫米以上，境内七大队小学一教室倒塌，因事发夜间，未造成人员伤亡。

12 月　贯彻中共中央文件精神，实行"晚、稀、少"的计划生育政策，把节育措施落到实处。

1975 年

春　境内整顿大小队领导班子，批判重副轻农、重钱轻线（路线）思想，要求端正社会主义方向，防止资本主义"复辟"。

11 月　新西河开挖工程进入第三期，境内组织 600 余农民上河塘，圆满完成新西河开挖及张市塘拓浚任务。

　　是年　西张街区扩建双龙路（东段）。

　　是年　境内开展"苦战一年变大寨"运动。

　　是年　境内各大队通电。

　　是年　在境内五大队第1生产队农田中修建西张卫生院时发现新石器时代古文化遗迹。

1976 年

　　1月8日　国务院总理周恩来逝世，境内干部群众自动佩戴黑纱，沉痛哀悼。

　　4月　境内开展"反击右倾翻案风"运动。

　　7月6日　全国人大常委会委员长朱德逝世，境内干部群众佩戴黑纱悼念。

　　8月　唐山大地震后，省、地、县发布临震紧急警报，全境普遍搭简易防震棚，绝大多数社员夜宿露天防震棚内，历时1月有余。

　　9月9日　毛泽东主席逝世，境内干部群众以多种方式举行十分隆重的悼念活动。

　　11月　境内开展揭批"江青反革命集团"的群众运动。

　　12月　开工建设西凤公路，途经境内四大队自牛腾桥至三角场路段，长约1.5千米（1978年12月通车）。

1977 年

　　春　西张公社召开"农业学大寨"誓师大会，提出向高标准大寨式公社（大队）进军。

　　3月　境内强化大队干部实行参加集体生产劳动的制度，要求大队干部每人每年参加集体生产劳动要达到300天（公社干部200天，县级干部100天）。

　　夏　境内各大队试种杂交水稻。

　　是年　境内建石龙路。

1978 年

　　夏　连续高温干旱，70天无雨，农作物减产。

　　12月　调整提高农副产品收购价格。

　　是年　境内对7岁以下儿童实行计划免疫。

　　是年　境内复查"文化大革命"中冤假错案，落实有关政策，同时对"文化大革命"之前历次运动中处理的案件也进行了复查。

　　是年　对承诺终生只生一个孩子的夫妇颁发《独生子女光荣证》。

1979 年

1 月　境内干部参加公社冬训，学习中共十一届三中全会公报。

2 月　境内对"四类分子"（地、富、反、坏）进行摘帽纠错和对地主富农子女新定成分工作，4 月全部结束。

3 月　境内在实行计划生育中，提倡一对夫妇只生一胎。

7 月　城镇插队知识青年全部回城安置工作。

1980 年

1 月　境内干部参加公社冬训，坚持实事求是，树立敢于带领群众治穷致富思想。

是年　境内开始使用化学除草剂。

1981 年

1 月底　境内普降大雪，最低气温零下 10 摄氏度，道路河道封冻，电话线被积雪压断，境内通讯、交通中断一星期。

10 月　根据上级部署，境内开展"五讲，四美，三热爱"（讲文明、讲礼貌、讲卫生、讲秩序、讲道德；心灵美、语言美、行为美、环境美；热爱祖国、热爱社会主义、热爱中国共产党）活动。

11 月　境内开展评选"文明新风户"活动。

1982 年

4 月　境内开展打击经济领域中严重犯罪活动的斗争。

7 月　境内进行全国第三次人口普查工作，历时 1 年 5 个月。

9 月　境内全面推行家庭联产承包责任制。

是年　境内停止种植双季稻、三熟制。

是年　西张镇区扩建双龙西路。

1983 年

7 月　撤销人民公社建置，恢复西张乡人民政府机构，生产大队改为行政村，生产队为村民小组。境内各大队依次更名为鸳塘村、姚塘村、石龙村、袁市村。

10 月　取消棉布凭票供应。年末，境内农民开始在市镇设摊售货，后称个体工商户。

1984 年

5 月 21 日　夜 23 时 03 分，南黄海勿南沙发生 6.2 级地震，境内有明显震感。

9 月　普及初中教育，境内 93％的小学毕业生升入初中。

秋　姚塘小学并入西张中心小学。

11 月　西张派出所成立，境内各村设治安保卫委员会。

是年　全境独生子女领证率为 92.3％，人口自然增长率为 0.2％。

是年　撤销贫下中农协会。

1985 年

1 月　水产品收购和销售价格全面放开。

4 月　生猪收购和销售价格全面放开。

9 月 10 日　乡政府举行庆祝第一届教师节大会。

冬　西张乡建水产场，在境内姚塘开挖鱼塘 300 余亩，境内组织 300 余民工参加开挖鱼塘工程。

是年　开始征收农村中、小学教育事业附加费。

1986 年

2 月　境内开展整党，重新登记党员，历时 3 个月。

9 月 16 日　经国务院批准，撤销沙洲县，成立张家港市。

12 月 12 日　经江苏省人民政府批准，西张乡撤乡建镇，实行镇管村体制。境内各村隶属于西张镇。

是年　境内各村分别于 11 月 5 日至 11 月 15 日召开第一届村民委员会代表大会，选举村民委员会。

1987 年

春　农业生产由指令性计划改为指导性计划。

9 月 23 日　上午 10 时 53 分左右，出现日环食天象。

9 月 25 日　姚塘村更名为双龙村。

1988 年

4 月 10 日　《苏州日报》头版刊发双龙村党总支书记钱关伦的长篇通讯：《舞龙头的人》。

5 月　双龙村和香港德盛塑胶原料公司合资建办张家港光龙塑胶制品有限公司，生产 PE 手套，产品销往国际市场。

6月　全境发放居民身份证。

11月13日　江苏省委书记韩培信视察双龙村，并题词"双龙腾飞"。

是年　双龙村成立双龙实业总公司，年出口创汇达500万美元。

是年　该村乳胶医用手套获省"金牛奖"，被国家农林部授予出口大户"飞龙奖"和产品出口"青龙奖"。

是年冬　境内连续70多天未雨，出现严重冬旱。

1989年

2月　西张镇老龄协会成立，境内各村陆续建老龄协会组织，各村民委员会主任兼任村老龄协会主任。

7月　双龙村加快发展外向型经济。双龙村和香港佳丽仕塑胶实业公司合资，建办张家港佳丽仕塑胶有限公司，投资总额55万美元。

12月　开展扫除"六害"（卖淫、嫖娼；赌博；吸毒、贩毒；传播淫秽录音和淫秽物品；封建迷信；拐卖妇女、儿童）斗争。

是年　开展"五好"文明家庭评选活动。

1990年

春　境内各村加快发展村办工业。

3月1日　双龙村和香港佳丽仕公司合资建办的垃圾袋生产项目，香港佳丽仕公司副总经理洪基谋到双龙村技术指导，试产成功。

7月1日　开展全国第四次人口普查，历时1年3个月。

是月　境域推行划定基本农田保护区工作，年底结束。

是年　全境人均年收入超千元。

1991年

6月30日～7月3日　境内遭遇建国以来雨量最大的一个梅雨时段，遭受历史上罕见的特大暴雨袭击，累计降雨量超过300毫米，部分农田和工厂车间、仓库被淹，损失严重。村干部组织群众开展抗洪排涝，生产自救。

是年　境内各村党支部换届选举。

1992年

4月　响应市委提出的"三超一争"的号召，境内各村制订发展村级经济三年规划。

5月　加强三农服务，境内各村添购大型农机具。

11 月 8 日　西张镇筹资 50 万元，在双龙西街建造的农贸市场开业，结束了"马路市场"的历史。

是年　境内开通程控电话、村民安装电话机 200 余部。

1993 年

3 月　光龙塑胶制品有限公司发展壮大，兼并张家港港联塑料制品有限公司。

7 月　双龙村和美国生惠公司合资建办张家港大裕橡胶制品有限公司。

是年　双龙村建造水塔，钻挖深井，向村民提供深井自来水。

是年　境内居民开始使用瓶装液化气。

是年　境内开通有线电视。

是年　境内各村开设文明市民学校，开展文明教育活动。

1994 年

4 月　双龙村筹建热电厂。

5 月　双龙村建办富利来橡胶制品有限公司。

是年　境内鸳塘、石龙、袁市等村均建水塔，向村民提供自来水。

1995 年

10 月　境内实行两田分离制，农民只种口粮田，责任田另有种田大户承包，实行土地规模经营，全境有种田大户 43 户。

是年　境内 70％的村民用上液化气。

1996 年

春　全境各村开展大环境整治、争创省级卫生村活动。

是年　境内各村鼓励村民改水改厕，作适当经济补贴。取缔露天粪坑 1500 余座。

是年　境内各村对村民小组内主要通道铺设混凝土硬化。

是年　移动通讯开始在境内使用，双龙村建成电话村。

是年　双龙村被江苏省爱国卫生运动委员会授予江苏省卫生村。

1997 年

3～6 月　境内各村加快农田基本建设力度，全境建成高标准稻麦丰产方 580 亩，列入国家农业综合开发计划三高（高标准、高产出、高效益）农业示范区。

7 月　双龙村率先开展村务公开、民主管理活动。

是年　镇政府在境内拓建张市路。

1998 年

4 月　根据《张家港市股份合作制企业试行办法》，境内村级企业开始实施转制。

7 月　实行土地二轮承包。

8 月　颁发集体土地经营承包权证书，境内农户 2257 户，农业人口 6865 人，承包耕地 4755.69 亩。

9 月 18 日　依照双龙实业总公司出口乳胶检查手套的品质管理要求，国家首部由国家商检局制订的《出口乳胶检查手套检验规程》通过审定。

1999 年

1 月　农村宅基地换发新证书。

7 月　境内石龙村、袁市村建成省级卫生村。

秋　鸯塘小学并入西张中心小学。

是年　双龙村乳胶手套生产流水线发展到 15 条，年生产乳胶医用手套、乳胶检查手套、PVC、PE 手套总量达 5 亿双，覆盖四分之一的美国市场，年出口创汇 1100 万美元，人均创汇 8500 美元，成为中国乳胶手套出口第一村。

是年　全境村民饮用张家港市给排水公司西张分公司提供的标准水质自来水。

2000 年

春　境内各村加大筑巢引凤力度，新引进个体企业 15 家。

4 月　境内开始进行全国第五次人口普查，历时 1 年 4 个月。

是年　境内开展"三个代表"教育活动。

是年　袁市小学、石龙小学并入西张中心小学。

是年　境内农民人均年收入超 6500 元。

2001 年

2 月　境内各村以文明市民学校为阵地，开展以诚实守信为重点内容的公民基本道德教育。

4 月　境内鸯塘村获得省级卫生村称号。

是年　境内各自然村组出行巷道全部修筑成混凝土道路。

是年　全境无害化卫生户厕入户率达 100%。

是年　沿江高速公路西张镇段启动修建。

2002 年

10 月 14 日　张家港市人民政府"同意西张镇撤并鸳塘村、袁市村的批复"下发,同意行政区域相邻的鸳塘村、袁市村和双龙村合并,建立新的双龙村。

10 月 24 日上午　西张镇党委、政府、农工商总公司在双龙村召开新双龙村成立大会。三村合并后的双龙村,全境面积 6.41 平方千米,有 32 个自然村,设 44 个村民小组,村民 1708 户 4471 人。

是月　镇党委研究决定:建立新的双龙村党总支部,章建新任双龙村党总支部书记,郑兴、许建江任党总支部副书记。

是年　建苏虞张一级公路西张段,时属石龙村的 7 组、9 组、14 组的部分农户因建路用地需要而动员拆迁,异地安置。

是年　实施村、组财务由镇级统一代理制度。

2003 年

3 月　双龙村由 132 名村民代表选举产生三村合并后的双龙村村民委员会,郭永康任村民委员会主任,朱根良、肖耀良、沈亚新、钱金良、彭建龙为村民委员会委员。

4 月　非典型肺炎病毒性传染病在国内发生并蔓延,西张镇成立防"非典"指挥部,双龙村建立防"非典"办公室。对来自疫区的人员采取送医院检测体温并须隔离居宿 3 天的有力措施,历时 1 个月,全境未见该疫病感染病例。

8 月　西张、凤凰、港口三镇合并建立新的凤凰镇,双龙村属凤凰镇管辖。

是年　为扩大韩国工业集中区建设用地需要,境内自然村王家巷(21 组)、北彭家(22 组)、南京庄(23 组)整体拆迁,拆迁户安置于曹庄新村。

2004 年

1 月　根据市政府《关于〈张家港市农民养老保险办法〉补充意见》规定,是月起,全境 2003 年 12 月 31 日前男性年满 60 周岁、女性年满 55 周岁无固定收入,同时其直系亲属参加养老保险和农村合作医疗的老年农(居)民,每月享受 80 元养老补贴。

3 月　全境广泛开展以清洁家园、清洁村庄、清洁河道为主体的大环境整治,并列入为民办实事工程。

4 月 20 日　双龙村标准型厂房开工奠基仪式在双龙民营工业园区举行。

5 月　石龙村并入双龙村。建立中国共产党凤凰镇双龙村委员会,章建新任村党委书记,郭永康、许建江任党委副书记。

6 月　袁市社区村民陶卫文报名参加捐献骨髓志愿者队伍,并提供了血样。

8月　沿江高速公路苏州段通车，东西向穿越境内 2.6 千米。

是月　苏南第一口地热井"苏南 1 号"在双龙村诞生。该井日出水量 700 立方米，井口出水温度 42 摄氏度。

12月　双龙村第七届村民委员会换届选举，产生四村合并的双龙村村民委员会，郭永康任村民委员会主任，许建江、钱正刚任村民委员会副主任，钱金良、沈亚新、朱根良、蔡惠明为村民委员会委员。

是年　苏虞张一级公路通车，南北向穿越境内 4 千米。

是年　因韩国工业集中区建设用地需要，境内自然村南彭家（20 组）、姚塘岸（24 组）整体拆除，安置于金谷小区。

2005 年

春　境内开展慰问老党员、困难户活动。

3月　双龙村着力打造民营工业园，规划建设标准型厂房 45000 平方米，供私营企业租用。

5月　境内自然村郑家巷（5 组）徐家巷（6 组）整体拆迁，安置于双龙花园。

是月　双龙村建成 17000 余平方米宿舍公寓，供拆迁户作为临时安置过渡房。

8月17日　袁市社区村民陶卫文在苏州大学附属第一人民医院为一名大学生白血病患者捐献造血干细胞，成为我市非血缘捐赠骨髓第一人。

10月　村举行党委会、村民委员会换届选举。

11月21日　双龙花园安置小区奠基。

2006 年

1月1日　国家取消农业税。

春　境内开展以访贫问苦送温暖为主要内容的村干部下访活动。

3月　境内自然宅基三家村因工业园区建设用地需要而整体拆迁，安置于双龙花园。

6月　境内开展第三批党员先进性教育活动。

10月　双龙花园安置小区一期建成。

是年　双龙村获评苏州市文明村称号。

2007 年

春　双龙村开展慰问老干部、老党员、困难户活动。

6月　双龙村预防职务犯罪领导小组成立。

9月　中秋节对全村 60 周岁以上老人进行慰问。

10 月   双龙村社区股份合作社成立。

是月   双龙村新办公大楼奠基。

是月   双龙村第八届村民委员会换届选举，郭永康任村民委员会主任，许建江、钱正刚任村民委员会副主任，沈亚新、平月生、张瑞娟任委员。

是年   苏州市委、市政府授予双龙村为苏州市建设社会主义新农村示范村。

2008 年

1 月   双龙村老年协会成立。

春   全境开展大环境整治，取缔乱搭乱建，杂物乱堆乱放等脏、乱、差场景。

5 月 17～20 日   为四川汶川大地震灾区捐款 32.8 万元。其中 82 家私营企业捐款 22.8 万元，村民自愿捐款 7.2 万元，共产党员交纳特殊党费 2.8 万元。

7 月   双龙村党委会换届选举，章建新当选村党委书记，郭永康、许建江为副书记，钱正刚、沈亚新、平月生、陈静康、邓龙兴、郑刚为委员。

冬   境内雪灾，党员干部开展抗灾自救活动。

2009 年

春   村委会对全村 32 户低保户、特困户开展访贫问苦送温暖活动。支付扶贫及慰问金 10.8 万元。

夏   双龙村加强党建工作，开展"党员中心户"活动。

6 月   双龙村新办公大楼落成，村党委会、村民委员会搬迁至新办公大楼办公。

是年   双龙村开展学习实践科学发展观活动。

是年   中共苏州市委员会授予双龙村实践"三个代表"，实现"两个率先"先锋村称号。

2010 年

春   村委会慰问全村老干部、老党员、困难户。

4 月   因城乡一体化建设及工业集中区建设用地的需要，境内自然村小墩头（12 组）、新宅基（37 组）、祁村头（38 组、42 组）整体拆除，安置于双龙花园。

秋   全村耕地全部由外地来村种田大户承包，本村农户不再种地。

10～11 月   双龙举行村党委会、村民委员会换届选举。

是年   双龙村人均年收入 15901 元。

2011 年

春   村干部给全村贫困户，困难老党员送温暖。

5月 因城乡一体化建设及凤凰工业集中区建设用地之需要，境内自然村石塘（13组、14组、15组、26组）、棒槌巷、窑墩头（16组、17组）、鸳塘里（18组、19组）、西巷（7组、10组）等整体拆除，安置于双龙花园。

6月29日 双龙村党员、干部参加纪念中共建党90周年暨"以人为本，执政为民"为主题的大党课学习活动。

8月 双龙村在北京庄小区新建合作医疗卫生室和老年活动室。

是年 苏州市委、市政府授予双龙村苏州市村级经济发展百强村称号。

2012 年

春 双龙村开展访贫问苦送温暖活动。

2月 双龙村招录大学生村官3人，充实村干部队伍。

10月 双龙村成立双龙文化艺术团，为村民演出当地民众喜闻乐见的传统锡剧地方戏，剧目有《珍珠塔》《玉蜻蜓》等。

2013 年

春 村委会开展访贫问苦活动。

3月 双龙村组织党员干部开展社会主义核心价值观及践行中国梦的学习活动。

夏 晴热高温少雨，截至8月21日，出现高温日（气温35摄氏度以上）47天，超历史最高值24天，其中40摄氏度以上高温日5天，极端最高气温达41摄氏度。

8月 中共双龙村委员会换届选举，章建新当选村党委书记，许建江、姚世良当选村党委副书记，委员由钱正刚、平月生、徐正丰、沈亚新、邓龙兴、郑刚等组成。

11月 双龙村举行第十届村民委员会换届选举，郭永康当选为村民委员会主任，钱正刚、陆寅龙当选为村民委员会副主任，委员由徐利芳、钱德明、章龙虎等组成。

2014 年

3月 双龙村召开党的路线教育实践活动动员大会。活动为期半年，至9月底结束。

5月 双龙村邀请苏州市评弹演员到村老年活动室演唱评弹半个月。演出费用由境内私营企业赞助。

是年 双龙村对年满80岁的老年人，给予全年发放100千克大米、5千克食用油。

2015 年

春　双龙村两委领导慰问老党员、老干部及困难户。

6 月　境内遭梅雨汛期强降雨袭击，曹庄新村受淹，村干部组织人员排涝抗洪。

7 月　凤凰镇号召全镇党员干部开展远学汪明如，近学章建新的学习活动。

8 月，双龙村组织人员编纂《双龙村志》，是月全面启动。

11 月　第四次中国——中东欧国家领导人会晤（简称"16＋1"）在苏州举行，在上级安保部门的严密组织下，境内选派 20 名村干部及民兵，会议期间昼夜在镇域内车站、码头巡逻执勤，并自始至终随公交车一路巡防，确保排除区域内任何安全隐患。

12 月　双龙村第三届社区股份合作社成立。

12 月 27 日　全国人大常委会表决通过人口与计划生育修正法案，确定自 2016 年 1 月 1 日起全面实施一对夫妇可生育两个孩子的政策。

是年　境内 60 周岁以上老年人数占总人口的比例为 27.5％，老龄化状况显现。

是年　双龙村人均年收入 24227 元。

2016 年

春　双龙村两委开展访贫问苦活动，给全村贫困户、老党员送温暖。

2 月　双龙社区股份合作社发放股民股权红利 35 万元。

3 月　该村党委组织全村共产党员开展"两学一做"（学党章党规，学系列讲话，做合格党员）学习教育活动。

4 月　双龙村投入 14 多万元，为全体村民购买港城惠民商业保险。

6 月 2 日　中共凤凰镇委员会发文通知：许建江任双龙村党委书记；免去章建新双龙村党委书记职务（退休）。

9 月　江苏省精神文明建设指导委员会授予双龙村为江苏省文明村称号。

10 月　双龙村党委换届选举，许建江任新一届双龙村党委书记；姚世良任双龙村党委副书记；陆寅龙、钱正刚、沈亚新、钱德明、郑刚任党委委员。

12 月　双龙村第十一届村民委员会换届选举，许建江当选为双龙村村民委员会主任；陆寅龙、钱正刚、沈亚新当选为村民委员会副主任；章龙虎、徐利芳、邓斌当选为村民委员会委员。

是月　双龙村对全村原 80 虚岁以上的农民享受供给大米及食用油的年龄标准调整为 78 虚岁以上。

是年　双龙村实现工业开票销售收入 53.76 亿元。

是年　双龙村农民人均年收入 3.4 万元。

第一编　建置区划·自然环境

梁大同六年（283）以后，境域属常熟县（州），直至1962年沙洲县成立，境域属沙洲县西张人民公社（乡）。1986年，沙洲县撤县建市，西张乡撤乡建镇，境域属张家港市西张镇。2003年，西张、港口、凤凰三镇合并成立新的凤凰镇，境域属凤凰镇管辖。

1958年，境域属常熟县西张人民公社第四、第五、第六、第七生产大队。1983年，境内各大队分别改为鸳塘村、姚塘村、石龙村、袁市村。1987年，姚塘村更名为双龙村。2002年，鸳塘村、袁市村、双龙村合并成立新的双龙村。2004年，石龙村并入双龙村。

2002年，双龙村成为党总支村。2004年，该村升格为党委村。

2015年末，全村区域面积8.36平方千米，辖58个村民小组。

境内气候温和，雨量充沛。地处亚热带南部湿润气候区。春夏秋冬四季分明，是典型的亚热带季风气候。

第一章　建置区划

第一节　建　置

商末，周太王之子泰伯、仲雍（虞仲）自陕北周原让国南来，建勾吴，境内属勾吴。西周时属吴国。公元前473年，越灭吴，地入越，公元前333年，楚灭越，归属楚。公元前223年，秦灭楚，属秦。

公元前221年，秦始皇统一中国，建郡县，境内属会稽郡吴县，西汉属吴县虞乡；东汉属吴县南沙乡。

西晋太康四年（283）置海虞县，境内属海虞县。东晋咸康七年（341）置南沙县，境内属之。

梁大同六年（540），于南沙之地建常熟县，境内属常熟县，隋唐因之。

五代时，境内属吴越钱镠封地，宋时仍属常熟县。

元元贞元年（1295），升常熟县为常熟州，境内属常熟州。

明洪武二年（1369）常熟州仍降为县，境内属常熟县崇素乡，清因之。

民国初，推行市乡制，常熟县划为35个市乡，境内属常熟县塘桥乡。1929年，废市乡制，设区乡制，境内属第五区塘桥乡管辖。

1937～1945年，境内属常熟县第九区张市镇管辖。

1946年，实行并乡，境内属常熟县塘桥区长寿乡。

1949年4月22日，境内解放，仍属常熟县长寿乡。

1950年2月，废除保甲制，建立新乡村，境内分属长寿乡及翻身乡。其中石塘自然宅基之小墩头划入凤凰乡北徐中村，1956年划入长寿乡；南彭家自然宅基划入鸷山乡东陆村，1956年划入长寿乡。

1956年，并区并乡，境内属塘桥区长寿乡。

1958年，成立西张人民公社，境内属常熟县西张人民公社第四、第五、第六、第七大队。

1962年，沙洲县成立，境内改属沙洲县西张人民公社。

1983年5月，撤销人民公社建置，恢复西张乡人民政府。各大队改为行政村，境内四大队改名鸷塘村，五大队改名姚塘村（1987年更名为双龙村），六大队改名为石龙村，七大队改名为袁市村。生产队改为村民小组。境内原4个行政村均属沙洲县西张乡人民政府。

1986年，撤乡建镇，境内鸷塘村、姚塘村（双龙前身）、石龙村、袁市村均属于沙洲县西张镇。

1986年，撤县建市，境内鸷塘村、双龙村、石龙村、袁市村均属于张家港市西张镇。

2002年10月，经张家港市人民政府批准，鸷塘村、袁市村和双龙村合并，建立新的双龙村。

2003年8月，西张、港口、凤凰三镇合并，建立新的凤凰镇，境内属之。至2015年未变。

2004年5月，经张家港市人民政府批准，石龙村并入双龙村，建立新的双龙村，双龙村成为四村合一的行政村。

四村合一前境内各行政村简介：

双龙村　原为西张公社五大队，位于西张集镇之西侧，东邻金谷村、南靠鸷塘村,西与袁市村接壤,北与石龙村交界。全村面积 1.66 平方千米,村民委员会驻地双龙西路、张市路口。该村创办工业较早,以乳胶、塑料工业为主。1999 年生产各类乳胶手套达 5 亿双,覆盖四分之一美国市场,年出口创汇 1100 万美元,人均创汇 8500 美元,成为中国乳胶手套出口第一村。2001 年,该村辖 11 个村民小组,有 405 户 1583 人。人均年分配水平 6873 元。

1965 年,该村有耕地 1678 亩。1990 年,拥有农业机械总动力 141 匹马力,大中型拖拉机 2 台(100 匹马力)。

1980 年,全村工农业总产值 52.0569 万元。1990 年全村工农业总产值 3889 万元。2001 年全村工农业总产值 15532 万元。

鸳塘村 原为西张公社四大队,位于西张集镇之南部,东与五联村为邻,北与双龙村接壤,南与凤凰镇、小市村交界,西与袁市村毗邻。全村面积 2.31 平方千米,村民委员会驻地鸳塘里自然村。2001 年,该村辖 15 个村民小组,有 461 户 1670 人,人均年分配水平 6553 元。

1965 年,该村有耕地 2153 亩。1990 年,拥有农机总动力 630 匹马力,大中型拖拉机 2 台(100 匹马力)。

1980 年,全村工农业总产值 48.5832 万元。1990 年,全村工农业总产值 1925 万元。2001 年,全村工农业总产值 2412 万元。

袁市村 原为西张公社七大队,位于西张集镇之西南侧。东与鸳塘村接壤,南与凤凰镇鸳山村交界,西与魏庄村为邻,北与西参村相连。全村总面积 2.44 平方千米。村民委员会驻地李家巷自然村。2001 年,该村辖 18 个村民小组,有 632 户 1875 人,人均年分配水平 6521 元。

1965 年,该村有耕地 2286 亩。1990 年,有农机总动力 822 匹马力,大中型拖拉机 3 台(150 匹马力)。

1980 年,全村工农业总产值 56.259 万元。1990 年,全村工农业总产值 2780.63 万元。2001 年,全村工农业总产值 3342 万元。

石龙村 原为西张公社六大队,位于西张集镇之北部,东与金谷村交界,西与西参村接壤,南与双龙村相连,北与塘桥镇何桥村毗邻。全村总面积 1.95 平方千米。村民委员会驻地庄家水池自然村。2003 年,该村辖 14 个村民小组,有 538 户 1702 人,人均年分配水平 7188 元。

1965 年,该村有耕地 2185 亩,1990 年,拥有农机总动力 685 匹马力,大中型拖拉机 2 台(100 匹马力)。

1980 年,全村工农业总产值 56.03 万元。1990 年,全村工农业总产值 2600 万元。2000 年,全村工农业总产值 3382 万元。

1950年至1961年境内隶属常熟县期间行政区划沿革一览表

表1—1

1958年10月至1961年12月		1957年至1958年高级社名	1956年高级社名	1956年3月至1957年9月	1950年2月至1956年3月		
公社	生产大队				乡名	行政村名	自然宅基
常熟县西张人民公社	第四	石塘四社	石塘	长寿乡	凤凰	北徐中	小墩头
						石塘	石塘、棒槌巷、窑墩头
		双龙五社	双龙		长寿	大巷	三家村
						鸳塘	鸳塘里、南京庄、姚塘岸、王家巷、北彭家
					鸳山	东陆	南彭家
	第五		沈巷		长寿	鸳塘	西巷
						沈巷	前后沈巷、东陈、上场
						街村	张市西街
	第六	金丰六社	新联		翻身	新民	徐家巷、郑家巷
						新塘	野朱家宅
							陈巷、水池里、蔡塘里
						新龙	石龙桥、钟家塘湾、吴家宅
			吉巷		长寿	吉巷	吉家巷、肖家塘湾、北京庄、倭潭岸
	第七	联庄七社	新民		翻身	新民	李家巷
			新庄			新庄	五房庄、祁村头、欧家坝、新宅基、许家宅
			袁市			袁市	袁市、陶家湾、屈家湾、楼下、张家宅、苏家湾、东西墙门

1962 年至 2015 年境内隶属沙洲县、张家港市期间行政区划沿革一览表

表 1-2

2004年5月至2015年		2003年8月至2004年5月		2002年10月至2003年8月		1986年12月至2002年10月		1986年11月		1983年5月至1986年10月		1962年1月至1983年4月	
隶属	行政村	隶属	行政村	隶属	行政村	隶属	行政村	隶属	行政村	隶属	行政村	隶属	生产大队
张家港市凤凰镇	双龙村	张家港市凤凰镇	双龙村	张家港市西张镇	双龙村	张家港市西张镇	鸳塘村	沙洲县西张镇	鸳塘村	沙洲县西张乡	鸳塘村	沙洲县西张人民公社	第四
			石龙村		石龙村		双龙村		姚塘村		姚塘村		第五
			双龙村		双龙村		石龙村		石龙村		石龙村		第六
							袁市村		袁市村		袁市村		第七

第二节　境　界

双龙村位于张家港市南部，凤凰镇西北部，距张家港主城区 11 千米。2015 年全境区域面积 8.36 平方千米，辖 58 个村民小组。

清代至民国期间，境域境界已无从考证。

中华人民共和国成立以后，境域东接西张老街，南与凤凰乡北徐中村、鸳山乡东陆村、珠村接壤，西至沿塘河，与翻身乡翻身村隔河相望，西北部与民主乡（后改为栏杆乡）相连，北与塘桥乡南塘村毗邻。

1958 年 10 月，成立人民公社后，境内四大队境域东至石塘河，与三大队隔河相望，南与凤凰公社二大队交界，西与七大队接壤，北以横塘河为界，塘南为四大队，塘北为五大队。境内五大队境域东至张市塘，与二大队为邻，南以横塘河为界，塘北为五大队，塘南为四大队，西与七大队接壤，北与六大队相连。境内六大队境域东邻二大队，南与五大队接壤，西与八大队毗邻，北与塘桥公社三大队交界。境内七大队境域东与四大队接壤，南与凤凰公社四大队交界，西至沿塘河与十大队隔

河相望，北与八大队为邻。

1983 年，四大队改称鸳塘村，五大队改称姚塘村（1987 年更名为双龙村），六大队改称石龙村，七大队改称袁市村。

2004 年，4 个村合并成 1 个村——双龙村。

是年，双龙村境域境界东与金谷村接壤，南与凤凰村、鸳山村为邻。西与魏庄村、西参村交界，北与塘桥镇何桥村毗邻。

至 2015 年，该境界未变。

第三节　行政区划

自唐宋以后，境内一直属常熟县管辖。1949 年 4 月 22 日解放后，境内鸳塘、双龙属常熟县长寿乡，石龙、袁市属常熟县翻身乡。1956 年，并区并乡后，境内 4 个村均属长寿乡。1957 年，成立高级社，境内鸳塘改称石塘四社、双龙改称双龙五社，石龙改称金丰六社，袁市改称联庄七社。1958 年，成立西张人民公社，原高级社名称一律改称大队。石塘四社、双龙五社、金丰六社、联庄七社依次改称为四大队、五大队、六大队和七大队。大队以下设生产队。人民公社期间四大队辖 15 个生产队；五大队辖 11 个生产队；六大队辖 14 个生产队；七大队辖 18 个生产队。

1983 年 5 月，政社分设，公社改称乡，大队改称村。境内四大队改称鸳塘村，五大队改称姚塘村（1987 年更名为双龙村），六大队改称石龙村，七大队改称袁市村，生产队改称村民小组。鸳塘村辖 15 个村民小组；双龙村辖 11 个村民小组；石龙村辖 14 个村民小组；袁市村辖 18 个村民小组。

2002 年 10 月，鸳塘村、袁市村并入双龙村；2004 年 5 月，石龙村并入双龙村。四村合一后的双龙村，辖 58 个村民小组。

2004 年 5 月 8 日，根据中共张家港市凤凰镇委员会〔2004〕33 号文件精神，双龙村结合实际情况，决定成立社区组织。

社区即是在原有行政村区域范围内设置的分片管理组织。四村合并后的双龙村设有鸳塘社区、双龙社区、石龙社区和袁市社区等 4 个社区，各社区均设立基层党支部，配备社区主任等分管领导，协助村党委和村民委员会做好基层管理工作。

2004 年 5 月至 2015 年末，四村合并后的双龙村分设 4 个社区、管辖 58 个村民小组的建置未变。

2002～2015 年双龙村境内村民小组及自然村一览表

表 1-3

2001 年属		2002～2015 年属		自然宅基	备　注
村	组	村	组		
双龙村	1	双龙村	1	西街	—
双龙村	2	双龙村	2	上场	—
双龙村	3	双龙村	3	后沈巷、前糖坊	—
双龙村	4	双龙村	4	前沈巷、汪家宕、新宅基	—
龙村	5	双龙村	5	郑家巷、河湾里、后糖坊	2005 年拆迁
双龙村	6	双龙村	6	徐家巷	2005 年拆迁
双龙村	7	双龙村	7	西巷	2011 年拆迁
双龙村	8	双龙村	8	东陈、庞家堂	—
双龙村	9	双龙村	9	野朱家宕	—
双龙村	10	双龙村	10	西巷	2011 年拆迁
双龙村	11	双龙村	11	倭潭岸（南）	—

2002～2015 年双龙村境内村民小组及自然村一览表

表 1-4

2001 年属		2002～2015 年属		自然宅基	备　注
村	组	村	组		
鸳塘村	1	双龙村	12	小墩头、新宅基	2010 年拆迁
鸳塘村	2	双龙村	13	石塘前巷	2011 年拆迁
鸳塘村	3	双龙村	14	石塘前巷	2011 年拆迁
鸳塘村	4	双龙村	15	石塘中巷、后巷	2011 年拆迁
鸳塘村	5	双龙村	16	棒槌巷、窑墩头	2011 年拆迁
鸳塘村	6	双龙村	17	新宅基、窑墩头	2011 年拆迁
鸳塘村	7	双龙村	18	鸳塘里（东）	2011 年拆迁

续表 1—4

2001 年属		2002～2015 年属		自然宅基	备　注
村	组	村	组		
鸳塘村	8	双龙村	19	鸳塘里（西）	2011 年拆迁
鸳塘村	9	双龙村	20	南彭家	2004 年拆迁
鸳塘村	10	双龙村	21	王家巷	2003 年拆迁
鸳塘村	11	双龙村	22	北彭家、闵家堂	2003 年拆迁
鸳塘村	12	双龙村	23	南京庄	2003 年拆迁
鸳塘村	13	双龙村	24	姚塘岸	2004 年拆迁
鸳塘村	14	双龙村	25	北鸳塘、三家村	2006 年拆迁
鸳塘村	15	双龙村	26	石塘前巷	2011 年拆迁

2002～2015 年双龙村境内村民小组及自然村一览表

表 1—5

2001 年属		2002～2015 年属		自然宅基	备　注
村	组	村	组		
袁市村	1	双龙村	27	李家巷（东）	—
袁市村	2	双龙村	28	李家巷（中）	—
袁市村	3	双龙村	29	陶家湾	—
袁市村	4	双龙村	30	姚家宕、高头上、曲家湾、潘家宕	—
袁市村	5	双龙村	31	袁市、庄家沿塘、钱家	—
袁市村	6	双龙村	32	许家宕、毛家松	—
袁市村	7	双龙村	33	苏家宕、小湾里、老塘湾	—
袁市村	8	双龙村	34	西墙门、黄家宕	—
袁市村	9	双龙村	35	欧家坝、五房庄	—

续表1—5

2001 年属		2002～2015 年属		自然宅基	备 注
村	组	村	组		
袁市村	10	双龙村	36	五房庄	—
袁市村	11	双龙村	37	新宅基	2010 年拆迁
袁市村	12	双龙村	38	祁村（西）	2010 年拆迁
袁市村	13	双龙村	39	河东、河西、楼下	—
袁市村	14	双龙村	40	五房庄、梅家宕	—
袁市村	15	双龙村	41	五房庄、梅家宕	—
袁市村	16	双龙村	42	祁村头（东）	2010 年拆迁
袁市村	17	双龙村	43	张家宕、袁市	—
袁市村	18	双龙村	44	李家巷（西）	—

2003～2015 年双龙村境内村民小组及自然村一览表

表1—6

2003 年属		2004～2015 年属		自然宅基	备 注
村	组	村	组		
石龙村	1	双龙村	45	北京庄、北街	—
石龙村	2	双龙村	46	肖家塘湾、塘南、新宅基	—
石龙村	3	双龙村	47	吉家巷（河东）	—
石龙村	4	双龙村	48	倭潭岸（北）檀树园、薛家宕	—
石龙村	5	双龙村	49	前蔡塘	—
石龙村	6	双龙村	50	后蔡塘、庄家宕	—
石龙村	7	双龙村	51	陈巷（东）	—
石龙村	8	双龙村	52	吴家宕、陆家、许家宕	—
石龙村	9	双龙村	53	石龙桥南、石龙桥北、马家宕	—
石龙村	10	双龙村	54	钟家塘湾、陈家宕	—

续表1—6

2003 年属		2004～2015 年属		自然宅基	备注
村	组	村	组		
石龙村	11	双龙村	55	钟家塘湾、陈家宕	—
石龙村	12	双龙村	56	庄家水池、姚家宅基	—
石龙村	13	双龙村	57	吉家巷（河西）	—
石龙村	14	双龙村	58	陈巷（西）、徐家宕	2002 年拆迁

第四节　自然村

西街　位于村委会驻地东侧。东沿长寿路，北沿庵浜，南傍双龙西路，西靠工业园区。住宅占地面积有 2.53 万平方米。2015 年，建筑面积 1.25 万平方米。常住 69 户 189 人，人均居住 66.8 平方米。

西街原是旧张市老街坊西部的一条老街。

中华人民共和国成立前的西街，街道宽 3 米左右，石板路长百余米。南侧有宗家茶馆、马坊棚赌场、周姓布店、屠家米店、栈桥河端顾姓米店。其间夹杂着归家、唐家、周家、庞家、庄家等富户庄园，约计 100 余间砖瓦房，还有夏姓等平民住房 10 余间。栈桥西有费家铁匠店。北侧有高姓南货店、钱仓厅收租库、钱姓茶馆、高姓住房，火烧场、周姓住房等近 30 间。北有王君宜油车（厂）、高家墙门、周姓南货店。另有中巷，含宋家、顾家、郭家等住房。合计近 70 间。

1958 年，成立人民公社，西街划归五大队管理，定编为五大队第 1 生产队。

1974 年起，实施市镇改造，辖区内市政设施改建。镇机关、邮电所、广播站、医院等变迁。1983 年建成西张影剧院。1997 年建金谷北路，村民住房改为商居房；1999 年双龙东路改建，原有商业用房也改建为商居房。2015 年，西街成为西张镇闹市区。

20 世纪 80 年代前，西街仅有沈、石、宋、唐、屠、陶、王、张、周、顾、钱等 20 个姓氏，2015 年增加到 42 个姓氏。

2015 年，为双龙村第 1 村民小组。

上场　位于西张市镇富民路、双龙西路南侧，紧靠村委会驻地。东沿粉泾，南沿北窑塘，西靠村委会驻地。村民宅基占地面积 2.7 万平方米。2015 年，建筑面积 1.2 万平方米。常住 68 户 182 人。人均居住 68 平方米。

该庄由钱、徐、沈、陈等聚落成庄。其中，在清末，由鹿苑迁入的钱增焕，掌管钱仓厅，同时耕种近百亩田地，为收割和翻晒稻麦，置场地两块，一块在村庄前，另一块在浅水浜畔。庄前一块称上场，自然村由此得名。2015年，该庄户主有32个姓氏，钱、徐、陆、沈等4个姓氏的住户合占全庄住户数的66％。

2015年，为双龙村第2村民小组。

沈巷　位于西张市镇双龙西路南，紧靠村委会驻地。东挨双龙村村委会驻地和工业集中区、东陈，南沿五七新河，西邻倭潭岸南。北窑塘梢横贯庄中，将自然宅基分为南北两部分，分别称作前沈巷和后沈巷。居民住宅地面积5.2万平方米。2015年，建筑面积2.01万平方米。常住104户334人。人均居住面积60平方米。

该庄由沈姓始建得名。旧时，北窑塘梢南为南金里东陈保，塘梢北是南金里张市保。沈姓祖籍浙江省，清初迁入。始建宅于塘梢南，至三代在塘梢北扩建。至2004年仅在沈巷已繁衍到84户。之后，在鸳塘村、袁市村、港口镇河阳桥等地也有沈姓后裔。2015年，该庄有户主姓氏19个，沈姓占住户总数的65％。

2015年，后沈巷为双龙村第3村民小组，前沈巷为第4村民小组。

东陈　位于村委会驻地东南，相距约0.5千米。北沿北姚塘，南靠横塘，西依庞家大坟，东傍今凤凰中学。占地面积2万平方米，2015年，建筑面积8250平方米。常住38户132人。人均居住面积61平方米。

清末，塘桥庞家在庄西建墓地。墓东为东巷，墓西为西巷。因村庄由陈姓始建，称东陈。后有许姓迁入，汪、庞二姓并入。2015年，庄上陈姓住户数占总住户数的55％，庞、许二姓住户数合占总住户数的38％。

庄前，有横塘蓄水坝，名新筑坝，后因船只出入，改建为新筑坝桥。

2015年，为双龙村第8村民小组。

西巷　位于双龙村西南，距村委会驻地约1千米。前沿横塘，东邻东陈，北挨五七新河，西邻祁村头。占地面积2.5万平方米。2010年，建筑面积近1.25万平方米。常住59户201人。人均居住面积63平方米。

该巷处于庞家大坟西，故曰"西巷"。始建是章姓，章姓祖籍常熟虞山镇，先迁无锡，后落户西张市。太平天国时人散家破，灾后章姓寡妇与外乡小道士成家定居西巷。另有邓姓原籍无锡惠山旁，先在宜兴种客田、做零工，在拆宜兴城墙中获得财宝，隐居西巷建宅买地。因西巷地处偏僻，村庄前沿塘、后依河浜，大坟上大树参天，遇有战事，四周富户逃入避难。后有庄、张、奚等姓氏也迁往定居。今章、邓二个姓氏，仍占总住户数的67％。

2011年，因城乡一体化建设需要而整体拆迁。居民搬往湖滨社区居住。

2015年为双龙村第7、10村民小组。

郑家巷　位于村委会驻地之西，距村委会驻地约1千米。东靠前后糖坊里，南靠五七新河，西邻徐家巷，北挨河湾里。占地面积2.35万平方米。2002年，建筑面积 1.0 万平方米。常住 45 户，162 人。人均居住面积 62 平方米。

该巷由郑姓始建得名。郑姓祖籍宜兴，太平天国后移民入籍。其后有凤凰让塘畔的邓姓入籍。还有因亲属关系，从西参村钱家宕迁往的钱姓。合作化运动中有沈姓并入。2004 年，郑、邓、钱三个姓氏户主住户数占总住户数的 84%。2005 年该巷因规划苏虞张一级公路与沿江高速公路互通建设用地需要而整体拆迁。居民搬往双龙花园居住。

2015 年，为双龙村第 5 村民小组。

徐家巷　距村委会驻地约 1 千米。东靠郑家巷，南邻五七新河，西挨李家巷，北与野朱家宕相邻。占地面积 2.36 万平方米。2004 年，建筑面积约 1.1 万平方米。常住 50 户 160 人。人均居住面积 63 平方米。

该巷自太平天国后，由鹜山的徐姓迁往建宅。故曰徐家巷。后有袁市许姓后裔迁往。合作化运动中又迁入了一部分人家。2004 年，徐、许二个姓氏的农户数合占住户数的 82.3%。2005 年，该巷因苏虞张一级公路与沿江高速公路互通建设用地需要而整体拆迁。居民搬往双龙花园居住。

2015 年，为双龙村第 6 村民小组。

野朱家宕　位于西张镇双龙西路西端，双龙西路穿村而过，距村委会驻地不足 1 千米。东靠倭潭岸南，南接徐家巷，西沿苏虞张公路，北沿新西河。占地面积 2.4 万平方米。2015 年，建筑面积约 1.01 万平方米。常住 48 户 166 人。人均居住面积 61 平方米。

该庄清代属崇素乡河阳里蔡塘保，东有倭潭。旧时是强盗隐藏地。明初，黄河浦设巡检司，为军田，是养马场。后有朱姓建宅，众称野朱家宕。1958 年，西张公社在此办过畜禽养殖场。为此，从部分大队抽调劳动力，并搬迁入庄。2015 年，该庄有 15 个姓氏，朱姓有 14 户，占住户数的 32%。其中一姓独户的就有 8 户。

2015 年，为双龙村第 9 村民小组。

倭潭岸南　位于西张市镇双龙西路两侧，离村委会驻地 0.5 千米。东侧、南侧是工业区，西靠野朱家宕，北沿新西河。村民住宅占地面积 1.98 万平方米。2015 年，建筑面积 8000 平方米。常住 40 户 132 人。人均居住 60 平方米。

倭潭，自古是沼泽之地。1974 年拓浚新西河，挖出的泥土部分填入潭内，并以新西河将倭潭分为南、北而得名。

倭潭岸南，2015 年为双龙村第 11 村民小组。

小墩头　位于原西张镇南部，距村委会驻地约 2.5 千米。东邻马鞍山（凤凰山的西部余脉），南靠凤凰镇小市村之大墩，西与凤凰镇自然村徐岸毗邻，北与石塘接壤。该庄之北侧有一块面积约 1.4 万平方米，隆起地面约 10 米高的土石墩，当地人称该墩为小墩，自然村因之而得名。村民住宅占地面积 1.77 万平方米，2009 年建筑面积 6500 平方米，常住 30 户 108 人，人均居住面积 60 平方米。

该庄始有朱姓建庄，初时朱姓居多。解放后土地改革、农业合作化期间有石塘村的周、张、沈等姓氏的农户划入该庄，从事农业生产。2009 年，周、朱二个姓氏户主数占农户总数的 83％。2010 年该庄因城乡一体化建设而整体拆迁，居民搬往湖滨社区居住。

2015 年，为双龙村第 12 村民小组。

石塘 该巷是境内的一个大宅基，含有 4 个村民小组（生产队）。

位于西张镇南，在村委会驻地东南，距约 2 千米。东沿石塘河，南依马鞍山（凤凰山的余脉），西挨鹜塘里，北靠牛腾桥。占地面积 7.28 万平方米。2009 年，建筑面积 2.35 万平方米。常住 127 户 406 人。人均居住面积 61 平方米。

石塘，由村东河道得名。石塘河，古名宛山荡，位于宛山（又名马鞍山）之下得名。后称为石塘巷。村中有两个池塘，大小都在 1500～2000 平方米，前后排列把石塘分割成前、中、后三块，因此有前巷、中巷及后巷之分。村上人管这两个池塘叫做门前街西河及后头街西河。村上周姓始祖由河南省汝南迁入，又说，由无锡羊尖石塘的周姓迁入，至今已繁衍到 95 户，占住户总数的 74％；张姓，由杨舍南的包基埭迁入，沈姓由沈巷移入，朱姓由小墩头的朱姓入赘。庄上张、沈、朱等三个姓氏，合占住户总数的 14％。

中华人民共和国成立前，庄上讨饭、外出当长工、当奶妈的人较多。为了生存与反动统治作斗争的人，在西张境内也较突出。1938 年起，先后参加新四军的有周西保、周留德、周良保等，他们在抗击日本侵略军战斗中牺牲，成为烈士。解放前夕，还有一些青年参加虞西武工队外围组织，与国民党反动派作斗争。解放后，石塘在塘桥区范围内首先建立农会。20 世纪 50 年代，石塘人当区、乡干部的，在塘桥区较多。

2010 年，因城乡一体化建设而整体拆迁。居民搬往湖滨社区居住。

2015 年，为双龙村第 13、第 14、第 15、第 26 村民小组。

姚塘岸 位于南姚塘畔，距村委会驻地约 1 千米。东邻三家村，南靠鹜塘里，西与南京庄接壤，北沿南姚塘河。占地面积 1.45 万平方米。2002 年，建筑面积 6100 平方米。常住 30 户 99 人。人均居住面积 62 平方米。

该村由所在地得名，其中龚姓占住户数的 73％。相传清代建西林寺，建窑烧砖瓦，龚姓由今常熟城南镇元和村的白窑头迁往，专事制坯烧砖瓦。余外的邓姓从西巷迁往，赵姓由凤凰乡赵房巷迁往。

该庄在 2004 年因凤凰工业园区建设用地需要而整体拆迁。居民搬往金谷小区居住。

2015 年，为双龙村第 24 村民小组。

三家村　位于牛腾桥西，距村委会驻地约 1 千米。沿西林浜（鸳塘河的部分）建宅。东靠原西林寺，南邻鸳塘里，西邻姚塘岸，北挨今凤凰中学。占地面积 1.7 万平方米。2002 年，建筑面积 6850 平方米，常住 42 户 118 人，人均居住面积 58 平方米。

村上顾姓为主，始祖由无锡迁入，育有三个儿子，各建墙门，独户居住，称三顾家，后延称为三家村。以后，其余外姓陆续迁往。其中严姓本在鸳塘里，迁往旧时种田客户留下的简易房。黄姓由南京庄迁往。钱姓原籍居墩，寄名顾姓后迁入。还有的姓氏是合作化运动中并村迁往。

2006 年，因凤凰工业集中区建设用地需要而整体拆迁。居民搬往双龙花园居住。

2015 年，为双龙村第 25 村民小组。

窑墩头（棒槌巷）　位于牛腾桥西南，距村委会驻地约 1.5 千米。东邻石塘，南接鸳塘里，西北环鸳塘浜。占地面积 2.75 万平方米。2010 年，建筑面积 1.27 万平方米，常住 58 户 205 人，人均居住面积 62 平方米。

清代顺治中，为建西林寺，在该处建窑烧砖瓦，故名为窑墩头（又称棒槌巷）。

该巷由吴、周、顾、俞、许、严等姓氏，聚落成庄，占住户数的 90% 以上。

2011 年，因城乡一体化建设而整体拆迁。居民搬往湖滨社区居住。

2015 年，为双龙村第 16、第 17 村民小组。

鸳塘里　位于原西张镇南，距村委会驻地约 1.5 千米。庄坐落于鸳塘河西畔，东靠窑墩头，南邻凤凰镇徐岸，西邻南彭家，北接南京庄。占地面积 3.8 万平方米。2010 年，建筑面积 2.08 万平方米，常住 91 户 332 人，人均居住面积 64 平方米。

该庄得名于塘名。据《常昭合志》载：志塘（即志山塘、志山东、入山东塘。言《志》作鸳塘。卢《志》作至塘）古属崇素乡山阳里至塘保。清中叶为南二场八都三图。解放前，属西义乡。解放后属长寿乡。该庄由朱、顾、钱、肖、赵、张等姓氏，依鸳塘桥聚落成庄（其中张姓，祖籍杨舍包基。其后裔分迁在石塘、鸳塘、马四房巷、程家宕、孙王家宕等地）。如今，庄上六姓合占住户数的 87%。

2011 年，因城乡一体化建设而整体拆迁。居民搬往湖滨社区居住。

2015 年，为双龙村第 18、第 19 村民小组。

南京庄　位于鸳塘里西北，距村委会驻地约 1 千米。东连姚塘岸，南邻鸳塘里，西与北彭家接壤，北靠东陈。占地面积 1.9 万平方米。2002 年，建筑面积 7000 平方米，常住 38 户 116 人，人均居住面积 60 平方米。

该庄古属山阳里鸳塘保。其北是南金里东陈保。因处于南金里边外，故称南金庄，解放后定名为南京庄。又说，该庄由陈姓始建，其根在南金里东陈，为怀念祖籍而取名南金庄。后有黄姓迁往，还有从塘桥西资桥迁往的顾姓，及种客田落户的金姓。

2003年，因韩国工业园建设用地需要而整体拆迁。居民搬往曹庄新村居住。

2015年，为双龙村第23村民小组。

南彭家 原名东彭家，位于原西张镇南部边缘，距村委会驻地约2千米。东邻鸳塘里，南靠凤凰镇珠村，西与祁村毗邻，北连北彭家。占地面积2万余平方米。2002年，建筑面积7600平方米。常住34户115人，人均居住面积66平方米。

该庄于清嘉庆年间，始祖彭飞龙由黄村彭家宕迁入建庄。相传庄西有条河（后名西宅基河），河中有土墩形如鼋，庄前是驸马坝。是一方风水宝地。建宅名为东彭家（祖籍为"西彭家"）。其子中秀才（后辈只知名"七老相公"），家业丰厚。村庄四周筑围墙，挖护庄河。设东、西行门，还有打更楼。中有厅堂。内、外有花园。传说有凤凰稽留，出现了凤凰竹、凤凰树（说竹篾、木板上呈凤凰形）。园内还筑凤凰台，种田四百亩。大小长工吃饭鸣锣为号，坐在一起满六桌（众曰："彭六桌"）。庄东南有油车（今电灌站名"油车基"），庄后有碾坊。据说，是远近闻名的"常熟西门外东彭家"。清咸丰十年（1860），战乱被毁。灾后重建，一支迁庄北，后名北彭家。原址更名为南彭家。

1934年，南彭家属常熟县西义乡，解放后为鸳山乡东陆村。1956年，划入长寿乡。今庄上彭姓占住户数的88%，另有徐姓、陆姓等住户。

2004年，因凤凰工业园区建设用地需要而整体拆迁。居民搬往金谷小区居住。

2015年，为双龙村第20组村民小组。

北彭家 位于南彭家之北，距村委会驻地1.5千米。北靠西巷，西邻祁村，东邻南京庄。占地面积1.4万平方米。2002年，建筑面积约6300平方米。常住30户97人，人均居住面积65平方米。

该庄为彭飞龙后裔在清末由东彭家迁出建宅，因在老宅之北故名北彭家。后由鹿苑闵姓并往扩庄。如今彭、闵两姓各占其半。

2004年，因凤凰工业园区建设用地需要而整体拆迁。居民搬往曹庄新村居住。

2015为，双龙村第22村民小组。

王家巷 位于原鸳塘村西陲，距村委会驻地2千米。前倚鸳山，东邻北彭家，西靠祁村头，北与西巷毗邻，宅基地占地面积2.1万平方米。2002年，建筑面积7500平方米。常住38户130人，人均居住58平方米。

该庄由种田客户王姓始建。故曰王家巷。如今38户中，王姓有29户，占住户数的76%。另有合作化运动时期迁往的钱姓、唐姓计8户。

2003年，因凤凰工业园区建设用地需要而整体拆迁。居民搬往曹庄新村居住。

2015年，为双龙村第21村民小组。

李家巷 位于双龙村西部，距村委会驻地约1.5千米，曾为袁市村村委会所在地。东靠三里阳沟泾,北挨新西河,西接楼下,南邻许家宕。占地面积 4 万多平方米。2015 年,建筑面积近 1.5 万平方米。常住 78 户 241 人,人均居住面积 62 平方米。

该巷地处三里阳沟泾西,地高土瘦,粉底黄泥土,种麦难排水,种稻难取水。有不少人家是种客田落户于此,形成了以田建宅,陆姓建有小陆家、薛姓建有薛家宕、许姓建有许家宕等小宅基。因巷西开墩浜东畔,旧有李太堂。经协议,以庙得巷名李家巷。实际上,该巷没有李姓人家。以后有迁往的钱姓、奚姓。

2015 年,为双龙村第 27、第 28、第 44 村民小组。

陶家湾　位于新西河南畔,距村委会驻地约 3 千米。该庄东接楼下,南邻袁市,西邻魏庄村沿塘高头,北临新西河。占地面积 1.70 万平方米,建筑面积约 6500 平方米。常住 37 户 107 人,人均居住面积 61 平方米。

该庄由陶姓始建,西、北是塘河,故称陶家湾。后有泗港葛姓迁往。

2015 年,为双龙村第 29 村民小组。

姚家宕　位于双龙村西部,距双龙村村委驻地约 2.5 千米。东靠袁市埌,南临珠村塘,西靠沿塘河,北邻陶家湾。占地面积 1.8 万平方米。2002 年,建筑面积 7600 平方米,常住 42 户 128 人。人均居住面积 59 平方米。

该庄原由屈姓始建,因西、北面环水,称屈家湾。1946 年,屈姓遭霍乱病害,4 户人家得病 5 人,死亡 3 人,以后屈姓绝代,后有姚姓等九个姓氏迁往。20 世纪 90 年代地名补查时,因姚姓居多,改为姚家宕。

2015 年,为双龙村第 30 村民小组。

楼下　位于双龙村委会西部,距村委会驻地约 2 千米。东靠李家巷,南邻袁市,西靠屈家湾,北接陶家湾。占地面积 1.3 万平方米,2015 年,建筑面积 5300 平方米。常住 32 户 84 人,人均居住面积 63 平方米。

清咸丰前,由叶姓建庄,有高楼亭园。后有珠村徐姓迁入,太平军攻克塘桥后,庄园被毁,叶姓绝亡。部分徐姓迁至今五房庄重建家园,一些贫困的徐姓留下。因为原住的是叶姓楼边的平房,故称楼下。如今,除了后来迁往的 3 户钱姓外,80%的人家是徐姓后裔。

2015 年,为双龙村第 39 村民小组。

袁市　旧名圆墅,后称袁墅。再演化为今名。位于双龙村西南,距村委会驻地约 2 千米。东邻许家宕,南沿石家浜(大泾河部分),西沿珠村塘,北毗李家巷。占地面积 2.5 万平方米,2002 年建筑面积 1.01 万平方米。常住 68 户 198 人,人均居住面积 62 平方米。

该庄由许姓"圆木工"所建房屋得名,称圆墅,延呼为袁市(见《文化地名》)。1952 年,塘桥区利用土改中剩余的公房和耕地创办了国营农场。1957 年,撤区撤场。1958 年冬，西张农中迁往，利用国营农场的设施开展教学活动。1962 年，农业中学中止。在该过程中，村民增加了由外村迁入的农场工人，也有上岸定居务农的渔民。该庄住户中现有 11 个姓氏。

2015 年，为双龙村第 31、第 43 村民小组。

许家宕　位于双龙村村委会西南，距村委会驻地约 2 千米。东与徐家巷毗邻，南靠西墙门，西邻张家宕，北邻五七新河。占地面积 2.3 万平方米。2015 年，建筑面积 1.04 万平方米。常住 47 户 158 人，人均居住面积 66 平方米。

该庄由袁市许姓后裔所建，故名许家宕。旧时，村庄四周凿护庄河。庄北有茅家浜。今许姓占住户数的 90％以上。

2015 年，为双龙村第 32 村民小组。

苏家宕　位于双龙村委会驻地西南约 2.5 千米。东靠许家宕，南邻西墙门，西沿珠村塘，隔河是凤凰镇珠村，北沿大泾河。占地面积约 2 万平方米。2015 年，建筑面积 8000 平方米。常住 45 户 129 人，人均居住面积 62 平方米。

该庄由江阴市苏墅桥苏姓迁入始建，故名苏家宕。庄上以前是独姓。改革开放后迁入了两户异姓。

2015 年，为双龙村第 33 村民小组。

西墙门　位于双龙村委会西南，距村委会驻地约 2.5 千米。南靠五房庄，西邻黄家宕，西部沿庙泾，东部沿金家泾，北邻许家宕。占地面积约 1.8 万平方米，2015 年，建筑面积 7800 平方米。常住 42 户 116 人，人均居住面积 67 平方米。

该庄由徐、黄、苏等聚落成庄。旧时，徐姓有财势，称徐家西墙门。后村名以西墙门称呼。如今，徐姓占住户数的 43％，黄、苏两姓氏合占 43％。

2015 年，为双龙村第 34 村民小组。

五房庄　位于双龙村村委会驻地西南，距村委会驻地约 2.5 千米。庄前沿门前塘，庄后有庙泾，东邻祁村头，西沿珠村塘。占地面积 3.2 万平方米，2002 年，建筑面积 1.38 万平方米。常住 83 户 223 人，人均居住面积 62 平方米。

该庄由徐姓第五房后裔始建，称徐五房庄，简称五房庄。徐姓，于清初由鸳山迁至珠村，再到楼下。清咸丰末迁往该庄。以后由葛、钱、顾、庞等姓氏陆续迁往，该庄洪姓是徐姓之女婚嫁给上海洪姓，以前农村户口不能入沪所致。如今徐姓仍占住户数的 72％。

2015 年，为双龙村第 36、第 40、第 41 村民小组。

欧家坝　位于双龙村村委会驻地西南陲，距村委会约 3 千米。前有洪泾桥与凤凰珠村相邻，东、北与五房庄相接，西沿珠村塘。占地面积 1.9 万平方米。2015 年，建筑面积 7800 多平方米。常住 37 户 126 人，人均居住面积 62 平方米。

庄后有蓄水坝，欧姓始建宅，故名欧家坝。后有五房庄徐姓并入，还有魏庄村夹港里的顾姓招赘入籍。如今，徐姓占住户数的 54%，欧姓占 30%，顾姓占 8%。

2015 年，为双龙村第 35 村民小组。

新宅基　位于双龙村西南，离村委会驻地 3 千米。南与凤凰镇驸马坝相邻，北邻五房庄，东靠祁村头。占地面积 1.1 万平方米，建筑 5800 平方米。常住 32 户 84 人，人均居住面积 69 平方米。

该庄周姓，祖籍无锡南高山，为祁村许姓看守祖坟入籍，后独建住宅，由于封建伦理限制，只能取名为新宅基。今繁衍到 22 户。2009 年，庄后还有许姓墓地遗址。

2010 年，因凤凰工业园区建设用地需要而整体拆迁。居民搬往湖滨社区居住。

2015 年，为双龙村第 37 村民小组。

祁村头　位于双龙村西南陲，离村委会驻地近 2.5 千米。东与王家巷、西巷相邻，南靠驸马坝，西与新宅基相接。占地面积 2.8 万平方米。2009 年，建筑面积 1.24 万平方米。常住 59 户 201 人，人均居住面积 62 平方米。

据《常昭合志》载："明洪武八年定制，五土五谷之神西官七郎置祁村里"。众称为祁村头。

旧时，许姓、陆姓是墙门户。陆姓和周姓是姻亲，周姓招赘入陆氏。曰"陆周同堂"。后周复祖姓。何姓由江阴何塘桥迁往，其余的朱、徐、葛、黄等是聚落入藉。今陆（含周）、许、何等姓合占住户数的 50% 以上。

2010 年，因凤凰工业集中区建设用地需要而整体拆迁。居民搬往湖滨社区居住。

2015 年，为双龙村第 38、第 42 村民小组。

北京庄　位于西张市镇北端，距村委会驻地不足 0.5 千米。东邻西张市镇东街，南接西街，西连今"张市路"，北沿西塘公路。村民住宅占地面积 3.55 万平方米，2015 年，建面积 1.33 万平方米，常住 63 户 209 人，人均居住面积 63 平方米。

该庄由塘桥十房桥的徐姓后裔于清初迁入建庄。庄内有门前河、宅基河（注：均是建庄后得名）。因处于河浜北，称北经庄，后改为北金庄，解放后定名为北京庄。

徐家墙门，中有厅堂，后置花园。清咸丰期间"粤乱"时。太平军路过，徐家西墙门被烧毁。灾后，徐姓重建家园。庄上其余姓氏，均因经商落户该庄。2015 年全庄户主共有 18 个姓氏。其中徐姓占住户数的 44%。

2015 年，为双龙村第 45 村民小组。

吉家巷　位于双龙村村会驻地北侧，属西张市集镇区。西临蔡塘，东邻肖家塘湾，北沿长寿塘，南沿西塘公路。村民住宅占地面积近 4 万平方米。2015 年，建筑面积 1.44 万平方米。常住 82 户 241 人，人均居住面积 60 平方米。

清同治三年（1864），湘军吉字营攻克太平天国占据的天京（今南京）后，清廷为保祖业，责成汉人曾国藩遣返大部分湘军回乡归农。其中湘军吉字营头目吉刘先入迁该处落户建庄，故名吉家巷。后有钱姓、张姓、周姓、季姓陆续迁入该庄。改革开放后，又增加了一些姓氏。2015 年有 16 个姓氏。而吉姓只占住户数的 8%。钱、张、周、季四姓占住户数的 85%。

2015 年，为双龙村第 47、第 57 村民小组。

肖家塘湾　位于双龙村委会驻地东北，距村委会驻地不足 1.5 千米。东与张市塘相依，北沿长寿塘，西与吉家巷相邻，南挨西塘公路，占地面积 2.2 万平方米。2015 年建筑面积 9100 平方米。常住 48 户 152 人，人均居住面积 60 平方米。

该庄由交界桥肖氏家祠后裔迁入始建，处于长寿塘南，张市塘西，故名肖家塘湾，现包括塘南钱家宕。其中肖姓有 31 户，钱姓 12 户，合占住户数的 89%。庄前还有河浜，三面环水，又是乡镇交界之处。抗战胜利后，中共沙洲工委的武工队在此开展过活动。1948 年 12 月，武工队长杨民奇等借宿在肖留福家。伪长寿乡公所得悉，伪乡长许涛带领自卫队前往企图捕获。结果，伪乡长被武工队员打伤，自卫队逃走。

2015 年，为双龙村第 46 村民小组。

蔡塘里　位于双龙村委会驻地北边，东沿蔡塘，南沿西塘公路，西邻陈巷，北与庄家水池毗邻。占地面积 4.26 万平方米。2015 年建筑面积约 1.65 万平方米。常住 74 户 262 人，人均居住面积 63 平方米。

该庄，得名于庄旁河道蔡塘。支流蔡塘梢流经庄中，将该庄分割成前后两块，故有前蔡塘与后蔡塘之分。庄上住户以庄、钱、张等三姓氏为主。占住户数的 69%。

2015 年，为双龙村第 49、第 50 村民小组。

倭潭岸北　位于新西河北岸，离村委会驻地 0.8 千米。东邻原西张小学，南接新西河，北靠西塘公路，西邻苏虞张公路。占地面积 1.6 万平方米。2015 年，建筑面积 5700 平方米。常住 25 户 92 人，人均居住面积 62 平方米。

该自然村因处倭潭之北，故称倭潭岸北。旧时，河浜交错，荒坟丛杂，中心地是檀树园。1974 年，拓浚新西河时，填塞了部分河浜。整理为一片平地。该庄徐姓占半数，陶、平两姓氏计 10 户。还有 4 户是单姓。

2015 年，为双龙村第 48 村民小组。

陈巷　位于双龙村西北部，距村委会驻地 2 千米。东靠庄家水池里，南邻西塘公路，西邻吴家宕和西参村的杨家巷，北邻石龙桥。占地面积 2.7 万平方米。2015 年，建筑面积 1.2 万平方米。常住 60 户 193 人，人均居住面积 62 平方米。

该巷由许姓始建。南宋时，在袁市落户的许姓"圆木工"得了意外之财，先建家宅于袁墅，再造中宅基（西参村），剩余下的财物，最后择地建宅，曰剩巷，后称陈巷。然庄中没有陈姓居民。随着历史的变迁，钱、庄、宋、徐等姓氏迁往或并入。2015 年，该巷许姓占住户数的 20%。

2002年，因苏虞张一级公路建设用地需要，陈巷西侧的半个宅基（第58组）动员拆迁。居民搬往金谷小区、吉家巷小区居住。

2015年，为双龙村第51、第58村民小组。

石龙桥　位于双龙村北部，距村委会驻地约2千米。南邻陈巷，西靠吴家宕，北邻钟家塘湾，东沿长寿塘。占地面积1.9万平方米，2015年，建筑面积8000平方米。常住37户131人，人均居住面积61平方米。

该自然村得名于桥名。石龙桥原为古石桥，建于清光绪七年（1881），1978年，改建为水泥桥。

该庄有陈姓、黄姓、马姓等聚落成庄，庄、许两姓氏后来迁往。其中，陈姓约占住户数的58%。

2015年，为双龙村第53村民小组。

钟家塘湾　位于双龙村北部，距村委会驻地约3千米。西沿安晖洞，南接石龙桥，北、东与塘桥镇南塘村相邻，占地面积3.1万平方米。2015年建筑面积1.25万平方米。常住59户200人，人均居住面积62平方米。

该村西北有曹庄桥，东桥堍的曹家坟堂是清咸丰时江南团练的营房。清咸丰十年（1860）七月，太平军打败江南团练后，曹家坟堂四周夷为平地。该村也庄毁人亡。后由无锡的钟姓移迁入籍。该庄西、北环塘故称钟家塘湾。以后有陈、钱姓氏迁往。2015年，钟姓占住户数的64%。

2015年，为双龙村第54、第55村民小组。

水池里　位于双龙村委会驻地北，距村委会1千米。南邻蔡塘里，东靠塘桥镇邓家宕，西接陈巷，北邻石龙桥。占地面积1.3万平方米，2015年，建筑面积5000平方米。常住23户79人，人均居住面积63平方米。

水池里原称庄家水池，始建者为庄姓。祖籍苏北泰州，明初在京城南京当官，明末迁往境内建宅。四周有护庄河，有小桥出入。宅东是庄姓祖墓。20世纪60年代，改为土窑基地。后有姚姓入庄。庄家水池外，还有郭、庄、徐等姓氏。后改称为水池里。

2015年，为双龙村第56村民小组。

吴家宕　位于双龙村西北部，距村委会驻地约2.5千米。东靠石龙桥，南邻陈巷，西接西参村，北邻李庄村，庄后有长寿塘。占地面积2.1万平方米。2015年建筑面积7800平方米，常住41户126人，人均居住面积62平方米。

该庄由鹿苑马嘶桥迁入的吴姓始建而得名。庄上吴姓住户居多，2015年，占住户总数的48%。后来有陈、陆、钱、许等姓氏迁往入庄，四个姓氏的住户数合占总住户数的39%。

2015年，为双龙村第52村民小组。

双龙村 1962～2015 年各生产队（村民小组）历任队长（组长）一览表

表 1—7

组别	自然村	现任组长	历任队（组）长名录
1	西街	钱宝珍（女）	宋坤林、王祥、顾永熙、陶永才、张金保、王金才、陆翠英（女）钱正明、钱宝珍（女）
2	上场	徐金泉	陆益保、徐保全、徐金寿、徐金泉
3	后沈巷	沈光宇	沈关林、郑关云、沈光宇
4	前沈巷	沈月祥	沈利法、沈关岳、沈正良、沈关良、沈月祥、汪元保
5	郑家巷	邓福林	邓关林、邓福林、邓汉华、邓杭保、郑兴
6	徐家巷	徐月明	徐关元、郑金贵、许建清、徐月明
7	西巷	邓贤保	张和根、邓阿二、邓贤保
8	东陈	庞宗根	许根保、陈清保、庞宗根
9	野朱家宕	朱月明	朱根良、朱月保、朱月明、钱元生
10	西巷	奚炳元	章关明、奚炳元
11	倭潭岸南	徐金岳	徐利生、平惠根、平惠祥、徐金岳
12	小墩头	顾根保	周关培、周小德、周永兴、周金华、戴忠兰、顾根保
13	石塘前巷	顾根保	周耀庆、周福林、沈金郎、张伟根、周福明、顾根保
14	石塘前巷	周平江	朱桂元、周仁生、周文龙、周建明、徐月芬（女）、周平江
15	石塘中后巷	周建丰	周关根、周金保、周育兴、周建丰、周掌二、周建平、周小弟、周根保、周正龙
16	窑墩头、棒槌巷	吴国良	吴洪兴、周大才、钱炳良、俞小宝、吴国良
17	新宅基窑墩头	顾卫歧	顾金华、周青保、顾金祥、顾卫歧、周良根
18	鸳塘里	顾正石	朱堂保、赵保生、顾仁华、肖正芳、顾正石、钱卫林
19	鸳塘里	陆金元	缪金和、顾丁保、顾关保、顾根保、陆金元
20	南彭家	彭卫明	彭关福、彭德保、杨银娣（女）、彭仲贤、彭卫明
21	王家巷	王仁华	王阿兴、王金保、王良华、王仁华、王殿保
22	北彭家、闵家宕	肖卫英	彭叙兴、彭掌福、彭洪福、闵掌保、肖卫英（女）
23	南京庄	黄正良	王兴保、陈狗保、顾仁清、金坤保、顾克保、金和尚、顾正华、黄正良
24	姚塘岸	龚关保	龚根法、龚仁元、龚关保、许梅娣（女）、彭仁祥

续表1－7

组别	自然村	现任组长	历任队（组）长名录
25	北鸳塘、三家村	严桂元	顾永才、谭琴保（女）、王雪峰、严桂元、陆胜林、顾正方、张正明、严国祥
26	石塘前巷	周社达	周留庆、周小元、周世生、周社达
27	李家巷东	许岳良	钱爱生、薛洪兴、许岳良
28	李家巷中	许利保	许利法、许仁良、许仁才、许掌兴、许利保
29	陶家湾	王伯章	葛芹生、高金元、苏永昌、王伯章
30	曲家湾	沈建刚	高金祥、高顶保、沈伟江、沈建刚、徐根生
31	袁市	潘义根	许关安、钱森林、潘义根
32	许家宕	许卫同	许元法、许歧法、许卫庆、许满保、许卫同
33	苏家塘湾	苏炳根	苏仁保、苏根如、苏树生、苏忠良、苏炳根
34	西墙门	徐慧（女）	苏阿六、殷永法、苏瑞忠、徐慧（女）
35	欧家坝	徐建新	徐世良、欧关林、徐月良、欧福岐、徐关生、欧林根、徐耀宗、徐建新
36	五房庄	徐进才	葛阿炳、徐德华、徐元法、徐元富、徐进才
37	新宅基	周关龙	周元保、周飞保、周保兴、周洪春、周金书、周关龙
38	祁村西	周妙法	许根寿、陆积生、周妙生、周妙法
39	楼下	徐正保	徐关保、徐正保、徐影祥
40	五房庄	徐关祥	徐关虎、徐惠芳、徐关祥、徐仁龙、徐进岳
41	五房庄	徐正法	许长林、徐良保、徐元保、钱根保、徐正法
42	祁村东	陆忠良	许掌林、朱敖保、朱仁保、葛月兴、陆忠良
43	张家宕	张惠根	沈林生、张惠根、范仁元、张宗法、张二宝
44	李家巷西	钱仁林	钱仁林、许掌兴
45	北京庄	陈仁良	庞寿、徐德保、徐保忠、沈元虎、庄维成、陈永华、陈仁良
46	肖家塘湾	钱惠良	肖阿大、肖岳明、钱兰保、钱永清、肖忠英、肖留福、钱留千、钱惠良、肖仲英
47	吉家巷东	吉叶军	钱满保、钱金生、钱惠良、顾进法、钱仁保、吉叶军、钱建平、钱祥保、钱掌法
48	倭潭岸北	徐忠良	陶关明、徐金寿、陶进良、徐仁祥、徐仁元、徐忠良
49	前蔡塘	钱振华	张桂岳、钱玉庭、张法生、张建明、张仁才、钱关祥、钱全兴、钱振华

续表1-7

组别	自然村	现任组长	历任队（组）长名录
50	后蔡塘	庄掌福	庄炳生、庄保生、尹根乔、庄忠明、庄掌福、庄中伟
51	陈巷东	庄月兴	钱金保、钱阿留、宋永才、庄月兴、许祖兴、宋月良
52	吴家宕	钱瑞良	吴炳元、钱妙凡、吴明、吴满全、钱瑞良、吴正芳、吴永祥
53	石龙桥	陈月明	陈留法、陈炳法、陈保清、陈保根、陈坤林、陈关兴、陈月明、庄仁达、马云达
54	钟家塘湾	陈正庆	钟进才、钟耀良、钟进法、陈正庆、钟永保
55	钟家塘湾	钟德良	钱仁华、钟留保、钟德良
56	庄家水池里	郭惠度	徐坤元、姚文元、郭惠度、姚仁、郭惠明
57	吉家巷	钱永华	钱元保、张进才、钱月良、钱永华、高正环、张卫东
58	陈巷西	许文兴	许俊庆、庄永明、庄义凯、许锦智、许文兴、庄永清、徐仁元

第二章 自然环境

第一节 成 陆

双龙村位于张家港市南部，是长江三角洲的一个组成部分。

20世纪50年代，从张家港市西部的长山，经香山、山甲里、泗港，经杨舍、东莱、鹿苑至西旸一线附近，尚可依稀见到有一条时断时续的土高岗，这是长江的古南岸，也叫天然堤和海坝（旧时居民称长江为内海）。以该条古江岸线为界，双龙村属古江堤之南部，为长江三角洲的古代沙嘴区，成陆年代当在距今7000年以上，是海相、河相沉积平原。

第二节 地质·地貌

据《沙洲县志》记载，"沙洲境内主要是第四系沉积物覆盖，江苏省煤田钻探队在沙洲钻探结果表明，第四系覆盖层的厚度为90～240米，是全新统现代沉积"。又载"根据塘桥地区的钻探资料，第四系覆盖层的可耕层为2～3米，耕层下面是砂质黏土、黏土层隔水性能较好，厚度为50～70米。在地面140～240米以下，便是砂岩、砾石层。"双龙全境地质当属第四系沉积物覆盖。

　　境内地面高程（吴淞零点）5～8米。全境大部分地面地势高亢，南部有小山丘"小墩"高10米，占地面积约20亩。20世纪60年代前，小墩有裸石裸露地表，20世纪70年代时获准开采，20世纪80年代夷为平地，20世纪90年代采石挖坑深度达20米，2000年石坑填埋成平地复耕。西南部自然村袁市有高墩黄梅山，占地面积约3亩，地表有少量裸石，历来是村民墓葬之处。由于古代沙嘴区的不连接，境内也有低平田（高程4～5米）及许多不规则的池塘和弯曲的塘浦，这些低平田主要分布在塘河的沿岸一带。

第三节　气　候

　　境内属北亚热带南部季风性湿润气候区，季风环流是支配境内气候的主要因素。

　　境内四季分明，雨量充沛，气候温和，无霜期长（年平均达231天），是典型的海洋性气候。年平均日照2088小时，占可照时数的47%，年降水量平均1034.3毫米，年雨日平均122.3天，年平均温度15.2摄氏度，1月份平均温度2.5摄氏度，7月份平均温度27.5摄氏度，风向夏季多东南风，冬季多西北风，夏秋之交有台风过境，平均每年1.9次。

　　划分四季标准：现代科学以候（5天1候）平均温度的不同作为划分四季的标准。凡候温升到22摄氏度以上为夏季，候温降到10摄氏度以下为冬季，候温介于10～22摄氏度之间是春季或秋季。境内四季的具体时间为：每年4月3日至6月14日，日平均温度在10～22摄氏度之间为春季，长73天；6月15日～9月17日，日平均温度在22摄氏度以上为夏季，长95天；9月18日～11月17日，日平均温度在10～22摄氏度之间，为秋季，长61天，是四季中为期最短的一个季；11月18日至第二年的4月2日。日平均温度低于10摄氏度，是冬季，长136天。

　　双龙群众习惯的四季划分，是以农历的月份来划分的，从正月起作为春季的开始，每季3个月，依次分为春、夏、秋、冬四季，以气象学来划分四季，则以公历3、4、5月为春季，6、7、8月为夏季，9、10、11月为秋季，12月及次年的1、2月为冬季，四季等长。

一、四季气候特征

　　春季，是冬、夏季风交替的季节，温度逐步回升，但不稳定。进入春季后，仍常有冷空气侵袭，寒潮天气平均每10年有2～3次。立夏前后平均温度上升到15摄氏度以上。春季由于夏季风兴起，暖湿空气活跃，与北方来的冷气流相遇形成锋面雨。这期间、降雨日和雨量都显著增加。

　　夏季，炎热多雨。夏初又是梅雨期的开始。出梅（每年7月7日）后进入了盛夏，7月平均气温27.5摄氏度，夏季降水量约占年降水量的五分之二。夏季常出现两种截然不同的天气系统，即初夏的梅雨天气和盛夏的伏旱天气。梅雨天气云量多，日照少，温度和气压低，连续降雨，相对湿度大。梅雨天气每10年有7～8次。伏旱天气云量少，日照强，温度和气压迅速增高，偶有阵发性降水，相对湿度较小。伏旱天气每10年出现5～6次。枯梅连伏旱的天气每10年出现1～2次。

秋季，是冬季风取代夏季风的过渡季节。9月中旬寒潮开始南下，天气稳定少变，常形成风力微弱、阳光灿烂、秋高气爽的天气特征。但有些年份进入秋季后，夏季风未退，而冷气流频频南下，冷热空气争雄激荡及受台风影响，形成秋季连续阴雨。每10年出现2次左右。

冬季，由于受到冷空气的频繁侵袭，气温明显降低，在一次冷空气侵袭之后，往往有一个天气转晴、气温回升的过程，有"三日寒""四日暖"的交替变化。这种变化一般7天至10天就有一次，每交替一次，气温就要下降一次。24小时内降温大于10摄氏度，最低气温低于5摄氏度的寒潮天气，20年共发生54次，平均每年2.7次。双龙地区在冬季分别受到西北、正北、东北三个方面的冷空气侵袭，其中东北向冷空气南下，往往形成雨雪天气，西北、正北的冷空气侵袭，是干冷天气。冬季中，1月最冷，月平均温度约2.5摄氏度。

双龙地区二十四节气的气候特征一览表

表1—8

序号	节气	气候特征	序号	节气	气候特征	序号	节气	气候特征
1	立春	春风化雨 万物苏醒	9	芒种	芒类作物 成熟留种	17	寒露	气温降低 早晚添衣
2	雨水	细雨绵绵 滋润大地	10	夏至	夏天正至 夜短日长	18	霜降	开始降霜 四野茫茫
3	惊蛰	春雷惊醒 冬眠动物	11	小暑	初伏前后 开始炎热	19	立冬	冬季开始 北风乍起
4	春分	季节交替 昼夜各半	12	大暑	赤日炎炎 天如流火	20	小雪	初见雪花 山川秀丽
5	清明	气温回升 天气渐暖	13	立秋	秋季开始 气温下降	21	大雪	大雪纷飞 银装素裹
6	谷雨	雨量增多 谷类蹿长	14	处暑	炎热过去 天高气爽	22	冬至	数九严寒 日短夜长
7	立夏	夏季开始 天气渐热	15	白露	夜间较凉 水气凝露	23	小寒	已是寒冬 腊梅绽放
8	小满	夏熟作物 饱满渐熟	16	秋分	秋季中间 昼夜平分	24	大寒	最冷季节 天寒地冻

二、气温

1960～2013 年，境内年平均气温为 15.2 摄氏度，年际间变化不超过 1 摄氏度。夏季最高月平均温度与冬季最低月平均温度相差 25 摄氏度，7 月份最热，1 月份最冷。

春季平均气温为 13.7 摄氏度。3 月降温大于 10 摄氏度的强冷空气平均每年 1 次。4 月降温大于 7 摄氏度的中强冷空气平均每年 1.8 次。日平均温度稳定通过 10 摄氏度、12 摄氏度的初日分别是 4 月 5 日和 4 月 12 日。

夏季平均气温 26.1 摄氏度。7 月平均气温为全年最高，达 29.97 摄氏度。1971 年 7 月平均气温达 31.7 摄氏度，极端最高温度 39.4 摄氏度。1968 年、1988 年、1994 年持续高温 25 天以上，2013 年持续高温 47 天，极端最高气温达 41 摄氏度。一般年景高于 35 摄氏度的天数平均每年占 6.7 天，其中 7 月占 3.8 天，8 月占 2.9 天。

秋季平均温度 17 摄氏度。日平均温度稳定通过 12 摄氏度、10 摄氏度的终日分别是 11 月 9 日和 11 月 17 日。降温大于 10℃的强冷空气，平均每年在 11 月出现 1.1 次。

冬季平均温度 3.6 摄氏度。1 月是全年最冷的月份，最低气温低于零下 5 摄氏度的天数平均每年有 8 天，其中 12 月有 2.1 天。低于 0 摄氏度的，平均每年有 51 天，其中 12 月有 18 天，1 月有 18 天，2 月有 15 天。极端最低气温零下 11.3 摄氏度，出现在 1969 年 2 月 6 日。

每年 11 月至来年 4 月，境内往往会受到寒潮侵袭，24 小时内降温 10 摄氏度以上，并伴有偏北大风，最低温度在 5 摄氏度以下。平均每年发生 3 次。

三、降水

双龙地处亚热带季风性湿润气候，雨水充足。平均年雨日 122.3 天，降水量 1034.3 毫米。春季雨量占全年总量的 26％，夏季占 42％，秋季占 23％，冬季占 9％，其中 8 月最多，12 月最少。雨日最多达 159 天（1980 年），最少 91 天（1978 年），降水量最多达 1296.8 毫米（1979 年），最少为 640 毫米（1978 年）。4～9 月（从春播到秋收）的半年降水量为 742.7 毫米，占全年总降水量 71.5％。

夏初梅雨期，平均降水量 202.8 毫米，约占年降水量的五分之一。1960～1999 年平均梅雨期 22 天，雨日 14.8 天，约占年雨日的八分之一。入梅在 6 月 16 日，出梅在 7 月 7 日。21 年中正常梅雨年约占五分之三，丰梅年约占五分之一，最大梅雨量 502.4 毫米（1970）。枯梅年约占五分之一，梅雨量少于 100 毫米，其中空梅年 1 次，雨量 46.7 毫米（1978 年）。

1960～2013 年，冬季降雪天数平均每年为 6.3 天。其中 12 月为 0.3 天，1 月为

2.6 天，2 月为 2.7 天，3 月为 0.7 天。最多年份为 17 天（1968 年 12 月至 1969 年 3 月），最少的年份为 1 天（1976 年），1971 年为空白。积雪日数平均每年 3.5 天，最多 17 天（1977 年）。最大的雪是 1984 年 1 月 17～18 日，降雪量为 80.8 毫米，积雪厚度为 56.7 毫米。2008 年阴历年底，连续两场大雪，降雪量为 100.5 毫米，积雪厚度为 64.8 毫米。

1959～2015 年境内平均降水量一览表

表 1—9

月　份	1	2	3	4	5	6	7	8	9	10	11	12	全年合计
平均降水量（毫米）	33.5	49.2	61.8	96.5	100.9	151.8	167.1	126.9	101.7	60.3	56.7	33.4	1039.8

四、日照

1960～2015 年，年平均实际日照时数为 2088 小时，占可照时数的 47%。年最多日照 2429.2 小时（1967 年），年最少日照为 1804 小时（1970 年）。

1960～2015 年境内平均各月日照时数和日照百分率一览表

表 1—10

月　份	1	2	3	4	5	6	7	8	9	10	11	12	全年合计
平均日照小时	148.4	132.7	152.7	164.1	181.3	174.3	220.6	246.3	172.5	182.3	155.1	157.7	2088
占可照时数（%）	47	42	41	42	43	41	51	60	47	51	49	51	47

五、霜期

境内初霜期一般始于 11 月 9 日，于次年 4 月 4 日终霜。1960～2015 年初霜期最早的是 1972 年（10 月 22 日，刚进入霜降），终霜期最早的是 1976 年（3 月 21 日，进入春分）；初霜期最迟的是 1965 年（11 月 26 日，在小雪内），终霜期最迟的是 1962 年（4 月 18 日，在清明末期）。初霜早迟相差 35 天，终霜早迟相差 28 天。全年平均无霜期为 231 天，最短无霜期是 1972 年（共 195 天），最长的无霜期是 1977 年（共 257 天），最短与最长相差 62 天。

六、风

双龙地处于东部季风区，四季风向变化较大。春季和夏季是南方暖湿空气逐渐增强的季节，风自海洋向大陆吹来，故多东南风；秋季和冬季是北方冷空气逐渐增强的季节，风自大陆的西北方吹来，故多偏北风。全年以东南风为最多，西南风为最少。年平均风速每秒 3.9 米，寒潮和台风过境时间风速较大。过境台风，平均每年 1.9 次，1967、1968 年未出现台风。台风过境时，瞬时风速 25 米每秒。

第四节　水　系

双龙全境属长江流域太湖水系，河流纵横贯通，交织成网。境内有大小河流 10 条，其中县级河道 1 条，乡村级河道 9 条，全长 16 千米。

三干河　原名张市塘，是境内通往外埠的主要航道。北起塘桥华妙河经境内肖家塘湾，流经西张集镇往南进入山东塘（凤凰山东侧）至港口与张家港塘会合。2015 年张家港市作为市级河道整治。西张段河道重建桥梁，重修驳岸，清淤清障，堤坡绿化，改造成为一条既具排灌功能兼有航运及供游人休闲观光功能的高等级河道。双龙境内长 2.5 千米。

新西河　1973 年，由西张公社开凿，东起境内第 1 村民小组张市塘港湾处，西至栏杆桥与二干河接通，是西张镇域中一条东西走向的主航道，全长 5.8 千米，双龙境内长 1.6 千米。

双龙境内村级河道诸多，从古以来都是天然河道，有石塘河、鸳塘河、乌灰塘、沿塘河、横塘、姚塘、蔡塘、门前塘等。

第五节　土　壤

据 1983 年 10 月沙洲县第二次土壤普查资料记述，境内土壤属泻湖沉积母质水稻土类，经过人类长期耕作熟化，具有一个发育明显的犁底层和受水淋沉积的渗育层及淀积层。

双龙全境水稻土大致可分二种：

一、潴育型黄泥土

古老冲击土发育而成，质地较重，一般为重壤土，耕层黏粒含量大于 22%，下部黏粒含量更高些。耕地层熟化程度高。犁底层较为坚实，渗育层垂直节理比较明显，厚度大于 80 厘米，沉积层保水性能好。土体结构型 A－P－W－Bg，剖面分异度不大，一米内无障碍层次，结构面有灰色胶膜，并且布满了铁锰锈斑。生产性能较好，养分含量较高。

黄泥土土体在 70 厘米以下均有障碍层次，分别以有铁屑层、乌泥层、砂层、黏盘层面定为铁屑黄泥土、乌底黄泥土、沙底黄泥土，螺狮壳黄泥土则在耕层以下有螺狮壳存在，对土壤理化性状有一定的影响。种植水稻渗漏量过大，不利水稻生长，相反有利于小麦生长，属发麦不发稻类型。耕作层有机质含量较高，达到 2.88%，但有效磷含量低，仅 4.8PPM。堆叠土是人为平整土地挑高填低打乱土层而形成的，土类没有固定的剖面形态特征。

二、漂洗型水稻土

平田和高平田地区土体内黏粒和铁锰物质被漂洗，形成白土层，厚度大于 10 厘米。下层为黏土层，土体结构型为 A－P－E－W－Bg 型，它虽无白土层次，但全层粉砂含量高，是一种土体性状相近的白土的小粉土。它属低土壤，主要有机质低（平均量仅 6.1ppM），而且滞水严重，影响植物根系的生长发育，通过人们的长期培养，白土的理化性状有了一定的改变，部分土方的白土有机质含量超过 2.2%，水稻亩产量一季近 500 千克。

根据土壤普查资料说明，境内土壤出现三个方面的变化：

耕作层变浅　1983 年境内土壤剖面调查，耕作层厚度平均 12.88 厘米。1959 年第一次土壤普查资料，水稻土壤耕作层平均厚度为 17.86 厘米，大部分都在 17 厘米以上，相比之下 1983 年的耕作层比 1959 年减少 4.98 厘米。

土壤僵板、物理性状变差　双龙地区土壤质地偏粘。据对耕作层土壤测定，黄泥土、乌泥土的物理黏粒都在 50% 以上，均为重土壤。近几年来土壤僵板，物理性变差，突出表现通气孔隙不足 5%。由于土壤僵板，通透性差，土壤持水能力增强，超过三麦能容水量，使三麦迟发或僵苗，甚至萎缩死亡。

土壤养分偏低　总的趋势是：有机质含量低、缺磷、缺钾比较普遍。

低产土壤面积 1983 年普查统计：全境低产土壤面积 509 亩。共分几种类型，黏重发僵占低产因子 28.74%，田僵板结占低产因子 27.1%，漏水漏肥占低产因子 29.69%，白土层、铁屑占低产因子 5.57%，其他占低产因子 8.9%。到 2015 年，大片良田减少（工业、民用用地增加）。

80 年代开始，境内注重改良土壤，一是提倡秸秆还田，增加土壤透气性，增加土壤含氨量，增加土壤团粒结构。二是增施磷肥，钾肥及多元素复合肥，增施有机肥，让土壤保持优质性状。

第六节　自然灾害

由于自然的异常变化，主要是气候、海潮的变化，往往造成各种自然灾害。

一、旱灾

夏季只要连续三旬的旬雨量小于 20 毫米，便有旱象发生。秋季连续三旬以上旬雨量小于 10 毫米，就会形成秋旱。

高温干旱多发生在梅雨期后，这是在强副热带高压控制下形成的。从 1959～2003 年的 54 年中，发生夏旱的有 1959 年、1961 年、1966 年、1971 年、1978 年、1994 年共 6 次。1959 年、1978 年气温大于 35 摄氏度的日数都在 15 天以上，连续五旬的旬雨量不足 20 毫米。1971 年 6 月 6 日至 8 月 4 日，连续 40 天，每天最高气温都在 30 摄氏度以上，是 1934 年以来干旱时间最长的一次，高田旱情严重，农作物基本停止生长。

秋旱较夏旱为多，平均 2～3 年发生一次。据记载，发生秋旱的有 1959 年、1960 年、1962 年、1964 年、1966 年、1967 年、1969 年、1972 年、1978 年、1983 年。1988 年、1995 年。

1988 年 10 月下旬至 1989 年 1 月上旬连续 70 多天干旱，小麦，油菜播种后未下过雨，影响生长，是百年罕见的冬旱。

1994 年 5 月至 8 月 9 日，境内遭汛期特大干旱，超过 35℃的持续高温天气近 30 天。

2008 年 7 月 6 日，最高气温达到 38.5 摄氏度。

二、暴雨

日雨量大于 50 毫米的暴雨，多发生在梅雨期和台风季节。1949～2015 年，共出现过 111 次暴雨，平均每年 1.58 次。最早的出现在 4 月 8 日（1968 年），最迟的出现在 11 月 9 日（1972 年）。暴雨出现比较集中的是 6 月、7 月、8 月。日雨量超过 100 毫米以上的特大暴雨，近 20 年中共发生 8 次，其中 9 月份就有 4 次。

1949 年 6 月下旬起连续半月大雨。7 月 24 日，6 号台风过境，大风、暴雨相交一昼夜，境内淹没农田 2000 余亩，倒塌房屋百余间，牲畜死亡甚多。

1954 年 5～7 月，境内降雨 700 多毫米。8 月 25 日，台风袭击，降暴雨 100.6 毫米。境内抽水机船全部投入排涝。但阴雨不断，连绵数日，沿塘河之处不少平田受淹。

1962 年 9 月 5～6 日，14 号台风登陆北上，穿越太湖过境，6 日一天降雨 247.1 毫米，境内受淹农田 2000 多亩，其中 8 个生产队水淹过漆。

1963 年 5 月 7 日午夜到 9 日清晨 36 小时内，境内降雨 128.6 毫米。夏熟作物普遍受涝。

1974 年 7 月 26 日晚，遭大风暴雨袭击，风力 7～8 级，降雨量达 218.8 毫米。28～29 日又遭 10 级大风，降雨 124.1 毫米。30 日晚至 31 日上午再遇大雨，雨量 96.8 毫米。26～31 日累计雨量 457.7 毫米，受淹农田 1000 余亩。

1991 年 6 月 30 日深夜暴雨连续 6 个小时，全境内涝成灾。7 月 1～6 日持续暴雨，雨量 358.6 毫米，内河水暴涨至 5.1 米，超过正常水位 2 米，境内淹没农田 1100 余亩。双龙、鸳塘、石龙、袁市等工业区，部分车间仓库受淹，村办企业停产，全境鱼塘淹没，成鱼逃窜不计其数。

1994 年 10 月 9 日至 10 日，27 小时降水量达 264 毫米，境内农田受淹近 1000 亩。

1999 年 6 月 28 日至 30 日，两次暴雨，总降水量达 158.4 毫米。

2001 年 6 月 23 日至 24 日，受 2 号台风影响，36 小时雨量达 139.8 毫米。

2003 年 7 月 5 日至 7 日，降水量超过 200 毫米，部分农田受淹。

2005 年 8 月 6 日至 7 日，受 9 号台风"麦莎"外围影响，最大降水量 151.4 毫米，部分农田及居民小区受淹。

2015 年 6 月 26 日至 29 日特大暴雨连续 70 小时，降水量超过 240 毫米，低田地区农田及居民居住小区受淹，部分农户居室进水齐膝深。

三、阴雨

连续阴雨的天气主要发生在春季、初夏（梅雨）和秋季。这种雨日较长、雨量偏多的连续阴雨天气，对农作物的生长都有不同程度的危害。1960～2015 年，春季阴雨日超过 15 天、雨量超过 100 毫米的有 19 年。

1969 年 7 月初至 18 日，连续下雨，雨量 311 毫米，使秋熟作物受涝较重，有些田块重新改种，还诱发了稻瘟病。

1975 年秋季 3 个月中，出现 5 次连阴雨，其中 11 月 2～16 日，阴雨达 15 天，导致秋播湿耕烂种。

1980 年梅雨早到，夏收期间长时间阴雨，连续几十天，造成烂麦，损失严重。

据记载梅雨期雨量在 200 毫米以上的有 1960 年（236.5 毫米）、1967 年（221.7 毫米）、1969 年（351.7 毫米）、1970 年（502 毫米）、1971 年（258.7 毫米）、1974 年（316 毫米）、1975 年（453.7 毫米）、1979 年（227.8 毫米）、1980 年（328.2 毫米），几乎每两年就有一次。秋季雨量 1 次超过 100 毫米的有 1973 年，连续下雨 11 天，雨量 135.5 毫米；1977 年，连续下雨 6 天，雨量 173.7 毫米；1996 年连续阴雨半个月，雨量 130 毫米。1999 年 6 月 7 日至 7 月下旬，连续梅雨达 45 天，为历史少见。

四、台风、龙卷风

台风 6～10 月为台风季节，其中以 7～9 月为最多。影响境内的台风，大多数是从上海一带登陆或从沿海转向北上。境内平均每年有 1～2 次受台风影响，严重的伴有大雨和 10 级以上的大风。从 1960～2015 年共出现 69 次。其中成灾较大的有：1960 年的 7 号台风，最大风速为每秒 20 米，雨量 122.2 毫米。1962 年 9 月上旬（5

～6 日）的 14 号台风，最大风速为每秒 16 米，雨量达 247.1 毫米，秋熟作物被淹，有的民房、仓库遭受破坏，损失巨大。1977 年 9 月 10 日 8 号台风，从沿海转向北上危及境内，双龙遭受正面袭击，最大风力达 11 级，兼有暴雨，雨量 173.7 毫米，11 日下午风力由 8 级转为 10.5 级，连续 3 天降雨量达 130 毫米。台风使部分群众的房屋受损，同时造成公路交通、广播、邮电通信和供电一度中断。1987 年 7 月 26 日至 28 日，7 号台风最大风力 9 级，伴有暴雨，雨量 22 毫米。1989 年 8 月 4 日，14 号台风过境，最大风力 8～9 级，雨量 79.4 毫米。1997 年 8 月 19 日，11 号台风过境，最大风力 10～11 级，雨量 66 毫米。2005 年 8 月 6 日至 7 日，受 9 号台风"麦莎"外围影响，最大风力 9～10 级，最大降雨量 151.4 毫米。

龙卷风　龙卷风是一种小范围的强烈旋风，是从积雨云盘旋下垂的一个漏斗状云体，有时触及地面或水面，可造成严重破坏。至 2015 年，境内有记载的龙卷风发生 2 次分别发生在 1966 年 8 月 12 日傍晚和 1976 年 4 月 22 日。其中发生于 1966 年的龙卷风造成的灾害最为严重。当日傍晚 6 时许，龙卷风袭击。双龙地区有 130 多户的房屋不同程度受损，农作物受害。

五、冰雹

冰雹一般出现在春夏之际，由强烈的对流引起，常伴有雷暴、大风、暴雨及龙卷风等恶劣天气。据 1959～2015 年气象资料统计，平均每年发生一次冰雹。

1981 年 5 月 1 日晚 9 时 30 分左右，境内遭受暴风雨和冰雹的袭击，风力 7～8 级，前后共下 3～8 分钟，部分小麦倒伏，损失一成左右；油菜被打得折枝断茎，损失二成左右。这次冰雹大的如乒乓球，小的有蚕豆大，是历史上罕见的。

六、低温冻害

低温冻害，在春、秋、冬三季均有发生，而以冬春为多。每年秋冬、冬春之交，易受北方强冷空气的侵袭。据气象部门提供的 1959～2015 年资料表明，境内受强冷空气侵袭的有 75 次，其中秋季为 16 次，冬季为 37 次，春季为 22 次。多的年份（1970 年、1978 年）有 5～6 次，1964 年出现过 1 次，1973 年、1975 年均未出现。强冷空气第一次出现最早的是 1970 年（10 月 5 日），出现最晚的是 1969 年（4 月 15 日）。

秋季低温，是后季稻抽穗扬花时期的主要灾害。1972 年、1977 年、1980 年正遇上低于 20 摄氏度气温，影响灌浆，致使大面积瘪谷翘穗，产量锐减。

冬季寒潮冰害，对越冬作物的危害最大。1962 年 12 月 14 日至 1963 年 2 月初，50 多天未下雨，表土干达 6～7 厘米深，气温从 1963 年 1 月初下降到 0 摄氏度，直至 2 月初尚未回升，平均温度为零下 1 摄氏度左右，最低温度达零下 9 摄氏度，赤地冰冻，深 3～6 厘米，大风吹刮持续 20 天，使绿肥、油菜、蚕豆受害极重，冻死率为 15％～60％不等。1977 年 1 月 31 日的极端最低温度降到零下 11.2 摄氏度，前后积雪 14 天之久，麦子、油菜等越冬作物严重受害。

春季低温危害农作物的时段是 3 月下旬至 5 月上旬，主要影响水稻育苗。据 1959～2015 年气象资料记载，4 月下半月 24 小时降温 8 摄氏度以上的较强冷空气平均每年有 1 次。5 月上旬极端最低温度降至 3.8 摄氏度，对农作物影响很大。1979 年春寒低温，严重影响三麦返青春发，三麦亩产减收 30 千克左右。1980 年秋季，寒流袭击，低温造成水稻灌浆不足，瘪谷翘穗甚多，水稻减产一成以上。1998 年 3 月 19 日晚上，全境春雪，最低温度降到零下 0.26 摄氏度，夏熟严重减产。1999 年 3 月 16 日下午 4 时又是一场春雪，雪量中等，连续两年的春雪是少有的。2008 年 1 月 25 日至 28 日，境内遭强降雪，为历史上罕见的特大雪灾，地面积雪深度 30 厘米，树木断枝，境内双龙、石龙、鸳塘、袁市部分厂房及彩钢瓦棚屋倒塌，麦苗、禽畜棚舍和栽培设施受到较大损失。

七、地震

双龙地区地处长江下游，介于地质构造上的华北地台和华南地台之间的下扬子——钱塘褶皱带，是地震的过渡区域，没有出现过 5.5 级以上地震。

下面把近百年中震级 3 级以上，在双龙地区有一定震感的地震列表如下：

1913～2015 年双龙地区有感地震一览表

表 1—11

发生时间	震中位置	震级	烈度	震感
1913.4.3	镇江	5.5	4	较强
1917.1.24	霍山	6.25	4	普遍有震感
1927.2.3	南黄海	6.5	4～5	房屋晃动，震感强烈
1930.1.3	镇江	5.25	4	震感明显
1933.3.2	日本釜石东	8.9	3～4	普遍有震感
1937.7.7	常熟	3.25	4	震感明显
1964.12.19	太湖	4.25	3～4	普遍有震感
1971.12.30	长江口	4.75	4	震感明显
1974.4.22	溧阳上沛	5.5	4	震感明显
1975.9.2	黄海浪家沙	5.3	4	震感明显

续表1—11

发生时间	震中位置	震级	烈度	震感
1979.7.9	溧阳上沛东	6.0	4～5	震感较强
1982.4.22	东台弶港	4.6	3	震感较弱
1984.5.21	黄海勿南沙	6.2	4～5	室内家具晃动，震感强烈
1984.5.22	黄海勿南沙余震	3.8	3	震感弱
1985.4.30	西张金谷村许巷	1.2		部分人有震感
1986.5.23	黄海勿南沙	4.7	4	普遍有震感
1986.11.15	台湾花莲东海中	7.6	3	震感较弱
1990.2.10	常熟至太仓间	5.1	4～5	普遍有震感
1996.11.9	南黄海南	6.1	4～5	震感强烈
2000.5.19	昆山市	3.2	—	普遍有震感
2001.10.3	常熟市	3.7	—	普遍有震感
2002.6.14	常熟、张家港之间	3.5	—	普遍有震感
2008.5.12	四川汶川	8.0	—	境内楼宇高处有震感

第三章　自然资源

第一节　土地资源

　　1980年，全境4个村总面积为8.36平方千米，耕地面积8091亩，其中旱田515亩。1983年后，集镇建设用地、工业用地、交通用地等共征土地5104亩（其中大部分为耕地），农村农民住宅用地1925亩。2015年耕地面积为1062亩，其中集体耕地743亩，农民自留地319亩。

第二节　水资源

双龙全境地处江南水乡，位于太湖流域，又属长江水系，水资源十分丰富。2015 年，境内水面积为 1980 亩，其中外河面积 704 亩，池塘面积 1276 亩。据气象部门资料统计，近 20 年，年平均降水量为 1039.1 毫米，年平均水面蒸发量为 1395.7 毫米。8 月水蒸发量最大，为 185.2 毫米，占年平均蒸发量的 13.3%。1 月最小，为 54.1 毫米，占年平均蒸发量的 3.9%。20 年平均蒸发量是降水量的 134%。境内大小河塘成为天然水库，储水量丰富。境内有 3 条通江河道，长江潮水是境内地表水资源的重要组成部分。

境内地下水极为丰富。从 20 世纪开始，随着工业的发展，深层地下水开采量与日俱增，深井密度每平方公里 1 眼左右，导致地下水下降，水位埋深达 30 米至 45 米。境内出现不同程度的地面沉降，至 1997 年度，累计沉降 0.30 米至 0.50 米不等。1996 年起，张家港市开始加强地下水资源管理，至 2000 年，地下水累计上升 1.55 米，从 2001 年开始，全市开展地下水限产工作，至 2005 年末，全境 4 个村完成深井的封填停产工作，境内地下水位回升至 16.51 米。

第三节　矿产资源

境内的矿产资源主要为制作砖瓦用黏土。20 世纪 70 年代全境 4 个大队有小砖瓦窑 7 座，80 年代后期小砖瓦窑淘汰，由袁市村、鸳塘村各建办轮窑 1 座，主要生产机黄砖，至 2005 年，境内轮窑停办。

境内南部有"小墩"裸石。20 世纪 70 年代四大队组织社员开采，生产建筑石料，2000 年后停止开采。

第四节　常见野生植物

全境野生植物主要有：蟋蟀草、益母草、看麦娘、车前草、白茅草、野棍葱、米隆隆、金丝郎郎、鹅鹅头、麦粒珠、何首乌、芦苇、牛毛草、水葱、野茄棵、鸭舌草、蒲包草、石蒜、菖蒲、半夏、山药、山慈姑、野韭菜、矮慈姑、马齿苋（酱板头）、野菊花、白蓬头、老乌眼睛藤、蛇果果、艾草（青蓬头）、蒲公英、枸杞、马兰头、马板筋、水花生、水浮莲、水葫芦、浮萍、野菱、石榴、黄杨、苦蒿。

第五节　常见野生动物

全境野生动物主要有：窜条鱼、泥鳅、鳗鱼、鲤鱼、黄鳝、鳖（甲鱼）、黑鱼、鲫鱼、土婆鱼、郎鸡鱼、昂牛、鲈鱼、鳊鱼、子鱼、蟾蜍（癞蛤蟆）、青蛙（田鸡）、壁虎、蜈蚣、蜥蝎（四脚蛇）、青肖蛇、火赤链蛇、水火赤链蛇、水蛇、秤星蛇，时满蛇、竹叶青、蝮蛇、野鸭、雉（野鸡）、鹰、杜鹃（布谷鸟）、白头翁、家燕、画眉、麻雀、乌鸦、喜鹊、捉鱼鸟、鹌鹑、鹁鸪、猫头鹰、红白蜡嘴、黄鸟、黄鼬、野兔、刺猬、野猫、狗獾、水獭、蚯蚓、水蛭（蚂蟥）、田螺、蜗牛、河蚌、河蚬、沼虾、米虾、河蟹、蟋蟆、螳螂、蟋蟀、蝼蛄、地鳖虫、蜘蛛、瓢虫、屎壳郎、天牛、赤眼蜂、大红瓢虫、七星瓢虫、蝉、蚂蚱、黑蚁、白蚁、蜻蜓、河蜂、花蝶、粉蝶、纺织娘、苍蝇、蚊子。

第六节　地产中药材

境内分布在田间、岸堤旁、河边的野生植物类药材有蒲公英、白矛根、菖蒲、芦根、鱼腥草、马齿苋（酱瓣头）、益母草、接骨木（扦扦活）、车前草、地丁草、野桑枝、丝瓜筋、香橼、枇杷叶、橘皮、药瓜、野菊花、月季花、玫瑰花、茅针花、玉米须、桃仁、杏仁、凤仙子、枸橘梨、韭菜子等。动物类药材有龟甲、鳖甲、蜈蚣、蛇、蟾蜍（癞蛤蟆）、鸡内金、地鳖虫、水蛭、蝼蛄、蜂房、蝉衣等。

第四章　土特产

第一节　老白酒

秋后稻谷登场，境内农民家家有自酿米酒的传统。家酿米酒是独具风味的地方特色酒，长期饮服有理气活血、清胃助消化、强筋骨、补身体等功效，为江南一带人们喜爱的温性酒。品种有十月白（阴历十月酿制），色如玉液；冬酿酒（阴历十一月以后酿制），清冽醇厚；菜花黄（春天菜花盛开时酿制），略呈黄色。有的农家在酒中添加"红花"，其酒呈碧绿色，鲜艳悦目。有的农家在酒中添加精桂花，制成桂花白酒，于清冽醇厚中透出浓烈的桂香味，尤为可口。

第二节　水红菱

境内内河池塘多，农家普遍利用河面种植红菱。境内水红菱，色泽鲜艳夺目，呈大红色，俗称四角菱。肉嫩爽口，鲜甜水汁多，刚采摘的红菱煮熟吃，香甜细腻。红菱既可当水果，又可做菜，农家用红菱肉与肉类同煮，也有的用红菱肉与毛豆子同煮，别有风味。八月中秋是水红菱上市时节。

第三节　凹　菱

除水红菱外，境内还有部分农户，有利用河塘种植凹菱的习惯。凹菱茎蔓粗壮，叶面宽大，菱角形似元宝，两只角。菱体比红菱大，20 只凹菱称重可达 500 克左右。农历八月凹菱可采摘鲜菱上市，可生食也可煮熟吃。生菱肉质鲜甜爽口，熟菱细腻香酥。也有的菱农不去采摘鲜凹菱，任由老菱熟透蒂落，落入河泥之中，待农历十二月里再从河泥中将凹菱捞出，煮熟后食用，风味独特。到市场售卖，十分抢手。

第四节　西　瓜

境内农家历来有种植西瓜的传统，瓜农中不乏种瓜好手。农业合作化前私人种瓜，所产西瓜主要供自己享用，极少量上市。合作化以后集体也普遍种植，所产西瓜大部分分给社员食用，少量上市。境内种植西瓜，十分注重选择品种，追求以瓜形园正、汁多味甘、清脆爽口的优良品种种植。如"解放"西瓜，黑籽红瓤；"华东 6 号"西瓜，黑子黄瓤，"徐家青"枕头西瓜，花皮红瓤黑籽，均具瓜汁鲜洁、甘甜爽口、很能消暑解渴的优良品质。刀切西瓜时，刚下刀未过半，瓜已裂开。甚至西瓜长在田里未采摘，遇到雷电，也会被震裂。其爽脆程度由此可见一斑。

第五节　香　瓜

境内种香瓜也讲究注重瓜的品质，追求以瓜形园正、皮脆肉爽、味香清甜的品种种植。如"毛柴青"香瓜，瓜纹清晰，青皮绿肉，口感爽甜；"苹菓"香瓜，瓜形圆润，黄皮或白皮，肉质香甜。是境内享有盛名的香瓜优良品种。小暑前后成熟，单个瓜重 400～500 克，到市上去售卖，十分抢手。

第六节 麦芽糖

麦芽糖这一古老的制糖技艺，在境内出现较早，清末民初，境内就有制糖行业存在。现在的双龙村5组其自然宅基之名称作"糖坊里"，且有前糖坊和后糖坊两处，郑姓的祖先是当时制糖的高手。以后由于种种原因，糖坊停业，但"糖坊里"的宅名及制糖工艺却一直留存下来。20世纪60年代，境内六大队大队部及六大队第4生产队（倭潭岸）、五大队第4生产队（前沈巷）等处，延请掌握制糖工艺的老艺人，开办集体性质的糖坊，制作麦芽糖。"文化大革命"开始后，停止麦芽糖生产。

麦芽糖也叫饴糖，以粮食为原料，主要是大麦，通过浸泡、催芽后磨成大麦浆，拌以大米或秫，蒸煮、发酵后加工制成饴糖。生产工具有七石缸、蒸桶、吊锅、糖灶等。操作依靠手工人力。饴糖广泛用于食品行业，成吨批发，销往苏浙沪等地，少量零售给小贩。小贩挑担游走于大街小巷，用饴糖捏制成戏文中的脸谱、肖像、生肖动物及各类小玩意等工艺品招揽顾客。

第二编 居 民

双龙全境人口，由外地迁入者不多。中华人民共和国成立前夕，境内总人口4270人，有几十个姓氏。中华人民共和国成立后，境内人口有较大幅度增长。1982年，第三次全国人口普查，全境总人口6976人，全部是汉族。1990年，第四次全国人口普查，全境总人口7132人，其中有少数民族5人。2000年，第五次全国人口普查，全境总人口6794人，其中有少数民族11人。2015年，境内有在册居民2109户，合计6938人；其中有少数民族人口16人。有167个主要姓氏。境内人口性别男3457人、女3481人，男女性别比例为49.8∶50.2，女性略多于男性。

中华人民共和国成立前，境内大多数人不识字，为文盲或半文盲。中华人民共和国成立后，通过扫盲和大力发展教育事业，境内人口素质逐年提高。1990年，第四次全国人口普查，境内文化程度大专以上有117人，中专中技179人，高中742人，初中2118人，小学2253人；60岁以上文盲或半盲1220人。2015年末，境内有大学本科生292人，大专生348人，中等技校175人。中技以上学历人数计815人，占总人口数11.75%。

中华人民共和国成立前，境内除少数地主、富农外，广大人民群众生活贫困。中华人民共和国成立后，境内人民生活水平逐年提高。1949年，人均年收入仅30元，1958年70.50元。十一届三中全会后，人均收入迅速增长。1990年1063.35元，2011年18554元，2015年达24227元。

第一章 人 口

第一节 人口总量

境内历史上因行政区划不断变化，无确切的人口记载。自明清以来，境内人口逐渐增多，大多从事耕种。中华人民共和国成立初，全境总户数 986 户，人口 4270 人。土地改革时期，全境总户数 1009 户，人口 4275 人。1990 年，第四次全国人口普查，全境总户数 1969 户，人口 7132 人，其中男性 3687 人，女性 3445 人，人口比 20 世纪 50 年代增长近一倍。2015 年末统计，全境在册居民 2109 户，人口 6938 人，其中男性 3457 人，女性 3481 人。

历次全国人口普查双龙全境人口一览表

表 2—1

人口普查名称	年份	总人口数	其中	
			男性	女性
第一次全国人口普查	1953.05	4567	2348	2219
第二次全国人口普查	1964.07	5489	2804	2685
第三次全国人口普查	1982.07	6976	3558	3418
第四次全国人口普查	1990.07	7132	3687	3445
第五次全国人口普查	2000.07	6794	3502	3292

1962～2000 年境内 4 个大队（村）人口总量一览表

表 2—2

序号	年份	鹭塘	双龙	石龙	袁市
1	1962	1306	1093	1420	1338
2	1963	1364	1146	1512	1374
3	1964	1392	1176	1516	1405

续表2—2

序号	年份	鹅塘	双龙	石龙	袁市
4	1965	1423	1210	1532	1452
5	1966	1472	1237	1575	1497
6	1967	1500	1278	1600	1538
7	1968	1502	1287	1606	1534
8	1969	1589	1362	1662	1646
9	1970	1614	1422	1735	1708
10	1971	1641	1426	1748	1741
11	1972	1648	1438	1779	1759
12	1973	1686	1445	1784	1778
13	1974	1665	1442	1840	1778
14	1975	1676	1453	1854	1789
15	1976	1724	1455	1849	1802
16	1977	1745	1470	1845	1814
17	1978	1743	1478	1878	1831
18	1979	1735	1474	1861	1815
19	1980	1734	1558	1780	1835
20	1981	1720	1618	1786	1861
21	1982	1727	1618	1783	1848
22	1983	1714	1630	1778	1870
23	1984	1724	1640	1765	1856
24	1985	1736	1642	1780	1874
25	1986	1755	1659	1807	1912
26	1987	1716	1648	1777	1899
27	1988	1720	1618	1786	1861

续表 2—2

序号	年份	鹭塘	双龙	石龙	袁市
28	1989	1718	1653	1782	1880
29	1990	1735	1689	1807	1901
30	1991	1741	1706	1844	1945
31	1992	1760	1732	1884	1975
32	1993	1765	1752	1894	1982
33	1994	1707	1760	1777	1926
34	1995	1695	1630	1775	1876
35	1996	1698	1635	1780	1890
36	1997	1702	1639	1752	1882
37	1998	1662	1568	1686	1861
38	1999	1665	1573	1692	1865
39	2000	1661	1574	1693	1866

第二节　人口构成

民族构成　境内民族情况比较单一。1982 年，第三次全国人口普查，全境总人口为 6976 人，全部是汉族。1990 年，第四次全国人口普查，全境总人口为 7132 人，其中，少数民族 5 人（彝族 2 人、瑶族 1 人、苗族 1 人、回族 1 人）。2000 年，第五次全国人口普查，全境总人口 6794 人，其中，少数民族 11 人（彝族 4 人、瑶族 2 人、苗族 2 人、土家族 2 人、蒙古族 1 人）。2015 年，境内总人口 6938 人，其中，有少数民族人口 16 人（回族 1 人、苗族 2 人、土家族 3 人、瑶族 2 人、蒙古族 1 人、彝族 6 人、穿青人 1 人）。（注：穿青人是一个主要分布在贵州西北地区，人员相对集中的"未识别民族"。早期叫"土人"，是明朝征南将士与当地土族的后代，传统服饰尚青色。在云南镇雄一带也有人自称是穿青人，如今他们身份证上的民族栏标注的大多是白族。2000 年，第五次全国人口普查数据中，穿青人人口数量 67 万人。穿青人和其他少数民族享有同样的优惠待遇。）

性别结构　1953 年第一次全国人口普查，境内男性为 2348 人，女性为 2219

人，男女性别比为 51.5：48.5；1964 年第二次人口普查，境内男性为 2804，女性为 2685 人，男女性别比为 51：49；1982 年第三次人口普查，境内男性为 3558 人，女性为 3418 人，男女性别比为 51：49；1990 年第四次人口普查，境内男性为 3687人，女性为 3445 人，男女性别比为 51.7：48.3；2000 年，第五次人口普查，境内男性为 3502 人，女性为 3292 人，男女性别比为 51.5：48.5；2015 年末，境内总人口中，男性为 3457 人，女性为 3481 人，男女性别比为 49.8：50.2。

年龄结构 1990 年第四次人口普查结果，境内 65 岁以上老人中男性为 228 人，女性为 261 人，女性比男性多 33 人，老年女性增多，其他年龄段的女性减少。从25 岁到 30 岁的婚龄段看，男性为 919 人。女性为 823 人，男性比女性多 96 人。据2015 年末统计，境内人口的年龄结构是少年人口下降，老年人口增多的趋势。1～17 岁少年人口 832 人，占总人口的 12%；18～34 岁人口 1456 人，占总人口的21%，35～59 岁人口为 2742 人，占总人口的 39.5%。60 岁以上老人为 1908 人，占总人口的 27.5%。

2015 年双龙境内 90 岁以上高龄老人一览表

表 2—3

序号	姓名	性别	年龄	家庭住址（组别及自然宅基）
1	张梅保	女	91	双龙村 1 组（西街）
2	沈兰保	女	90	双龙村 1 组（西街）
3	沈关如	男	91	双龙村 3 组（后沈巷）
4	李全妹	女	91	双龙村 3 组（后沈巷）
5	沈和妹	女	90	双龙村 4 组（前沈巷）
6	汪和尚	男	99	双龙村 4 组（前沈巷）
7	汪关根	男	96	双龙村 4 组（前沈巷）
8	施勤妹	女	93	双龙村 5 组（原郑家巷）
9	陆球娣	女	93	双龙村 5 组（原郑家巷）
10	周六妹	女	94	双龙村 6 组（原徐家巷）
11	陈金囡	女	94	双龙村 6 组（原徐家巷）
12	陆六妹	女	92	双龙村 7 组（原西巷）

续表 2—3

序号	姓名	性别	年龄	家庭住址（组别及自然宅基）
13	庞翠保	女	90	双龙村 7 组（原西巷）
14	朱梅保	女	98	双龙村 8 组（东陈）
15	沈杏保	女	90	双龙村 9 组（野朱家宕）
16	高凤妹	女	90	双龙村 10 组（原西巷）
17	薛保妹	女	92	双龙村 11 组（倭潭岸南）
18	周金华	男	90	双龙村 12 组（原小墩头）
19	金大妹	女	99	双龙村 12 组（原小墩头）
20	陈二囡	女	92	双龙村 12 组（原小墩头）
21	张高伦	男	90	双龙村 12 组（原小墩头）
22	丁菊妹	女	90	双龙村 15 组（原石塘巷）
23	周满保	男	93	双龙村 16 组（原棒棋巷）
24	辛琴妹	女	98	双龙村 18 组（原鸶塘里）
25	方桂月	女	95	双龙村 18 组（原鸶塘里）
26	叶桂凤	女	90	双龙村 18 组（原鸶塘里）
27	肖二妹	女	90	双龙村 19 组（原鸶塘里）
28	陈金凤	女	93	双龙村 23 组（原南京庄）
29	石宝妹	女	99	双龙村 23 组（原南京庄）
30	高全英	女	92	双龙村 29 组（陶家湾）
31	薛福根	男	91	双龙村 29 组（陶家湾）
32	潘彩妹	女	92	双龙村 30 组（姚家宕、曲家湾）
33	高金祥	男	92	双龙村 30 组（曲家湾）
34	潘小妹	女	99	双龙村 31 组（袁市）
35	苏根和	男	99	双龙村 33 组（苏家塘湾）

续表 2—3

序号	姓名	性别	年龄	家庭住址（组别及自然宅基）
36	苏根娣	女	92	双龙村 33 组（苏家塘湾）
37	陶琴妹	女	90	双龙村 33 组（苏家塘湾）
38	苏标保	男	92	双龙村 33 组（苏家塘湾）
39	陆全妹	女	95	双龙村 37 组（原新宅基）
40	钱顺元	男	90	双龙村 41 组（五房庄）
41	王藕保	男	95	双龙村 41 组（五房庄）
42	俞小月	女	93	双龙村 45 组（北京庄）
43	赵新妹	女	91	双龙村 46 组（肖家塘湾）
44	辛小妹	女	92	双龙村 49 组（前蔡塘）
45	陈琴妹	女	90	双龙村 50 组（后蔡塘）
46	庄全保	男	91	双龙村 50 组（后蔡塘）
47	施保洪	女	91	双龙村 50 组（后蔡塘）
48	庄保生	男	90	双龙村 50 组（后蔡塘）
49	李莲姐	女	93	双龙村 51 组（陈巷东）
50	陈留保	男	90	双龙村 53 组（石龙桥）
51	李桂娣	女	96	双龙村 53 组（石龙桥）
52	金秀金	女	93	双龙村 54 组（钟家塘湾）
53	钟永保	男	91	双龙村 54 组（钟家塘湾）
54	姚金才	男	93	双龙村 56 组（庄家水渠）
55	钱顺保	男	92	双龙村 57 组（吉家巷）
56	张进元	男	91	双龙村 57 组（吉家巷）
57	黄桂保	女	95	双龙村 57 组（吉家巷）

文化结构 历史上境内文盲，半文盲占大多数。中华人民共和国成立后，人民政府重视人民群众文化生活水平的提高，组织开展了大规模的扫盲运动，普及义务教育，人口文化结构起了深刻的变化，文盲、半文盲人口转以老年人口为主。

境内村民文化结构一览表

表2—4

时间	户数	人口数			文化程度结构						
		合计	其中		大专以上	中专中技	高中	初中	小学	少识字或不识字	学龄前儿童
			男	女							
1982.7 第三次全国人口普查	1904	6976	3558	3418	65	87	525	2077	2318	1442	462
1990.7 第四次全国人口普查	1964	7132	3687	3445	117	179	742	2118	2253	1220	503
2000.7 第五次全国人口普查	2120	6794	3502	3292	218	355	966	2040	1985	752	478
2015 年末统计	2109	6938	3457	3481	640	175	1755	1891	1682	393	402

第三节 人口控制

旧时，人们对生男育女仅被看作是个人、家庭之事，从来无计划生育之说。其时，由于人民生活条件差，医疗水平低下，早婚早育，多胎生育且胎次间隔密。导致出生率高，死亡率也高，人口自然增长缓慢。

20世纪50年代，社会环境安定，人民生活水平和医疗卫生条件改善，加之长期缺乏对人口增长的适当控制，致使人口增长迅速。20世纪60年代到70年代出现生育高峰。1966年，境内人口出生率2.35%，自然增长率1.9%；1970年人口出生率3.32%。自然增长率2.67%。1963年，全境总人口5396人，1983年达6992人，净增1596人，20年中，平均每年增加79.8人。

20世纪70年代以后，我国全面推行计划生育，1982年定为基本国策。西张公社自20世纪70年代初开始设立计划生育专门管理机构，大队配备妇女主任主管计划生育工作。在生育上按照晚、稀、少的原则。提倡结婚年龄推迟到男25周岁，女23周岁，生育间隔4年，一对夫妇最多生2个孩子。同时采取节育措施，号召干部、共产党员带头，发动群众响应政府号召，全面落实节育措施。落实方式有应用避孕套，放置节育环及口服避孕药等。同时采取一系列鼓励计划生育的乡规民约，推动计划生育工作的开展。1978年，对落实节育措施，承诺终生只生一个孩子的夫妇颁发《独生子女光荣证》，每年发给独生子女父母保健费40元，直到子女14周岁为止，并对独生子女入托、入园、入学以及家庭在招工、吃粮、自留田划分等方面给予照顾。

1980年9月25日，中共中央发出《关于控制我国人口增长问题致全体共产党员、共青团员公开信》之后，西张公社贯彻一对夫妇只生育1个孩子的要求，每年与境内各个大队（村）长、妇女主任签订计划生育责任书，将计划生育工作与经济工作一起落实、一起考核。至1984年，全境计划生育率达79.5%，独生子女领证率达92.3%，人口自然增长率为0.2%。

1995年，境内各村均配备村计划生育干部，企业配有计划生育管理员，各村民小组有计划生育管理人，建成较完善的工作网络，计划生育工作走上更加规范化、法制化的轨道。境内人口出生率稳中有降，有效地控制人口增长。

20世纪末，境内村民对贯彻落实计划生育这一基本国策已达到普遍认同并成为自觉行动。自1995年以后，全境每年的人口出生率均控制在1%以内，人口自然增长率开始下降，部分年份出现负增长。同时，人口老龄化的状况开始显现。

2005年至2015年，十年间境内出生人数为574人，死亡人数为519人，加上户籍迁入迁出的因素，十年间净增人口269人，平均每年净增26.9人。与1963～1983年间平均每年净增79.8人相比，每年少增长人口52.9人，人口增长速度得到了有效的控制。2015年，全境人口出生率为0.85%，人口死亡率为0.75%，人口自然增长率为0.1%。

2005～2015年境内计划生育措施实施一览表

表2—5

序号	年份	总数	上环	停止妊娠	取环
1	2005	67	27	25	15
2	2006	70	31	27	12
3	2007	72	34	20	18
4	2008	75	25	19	31
5	2009	65	28	21	16
6	2010	88	33	28	27
7	2011	47	23	16	8

续表 2—5

序号	年份	总数	上环	停止妊娠	取环
8	2012	51	20	17	14
9	2013	67	16	22	29
10	2014	58	18	9	31
11	2015	48	15	11	22

由于我国自 20 世纪 70 年代以后，大力推行计划生育政策，人口出生率和自然增长率明显下降，人口无计划增长的局面得到了控制和扭转，但我国人口基数大，每年净增人口数量仍然很大，因此计划生育仍将是我国一项长期的基本国策。

近年，我国人口的社会现状中，出现男女比例失调、民工荒、人口老龄化等社会问题，为此，国家制定了新的计划生育政策。2011 年计划生育新政策规定，可实施有条件地放开"单独二胎"的新政策。2015 年 10 月召开的中共第十八届五中全会决定，允许实行普遍二孩政策。政策规定：坚持计划生育的基本国策，完善人口发展战略，全面实施一对夫妇可生育两个孩子政策，积极应对人口老龄化行动。

2015 年 12 月 27 日全国人大常委会表决通过了人口与计划生育法修正案，全面二孩定于 2016 年 1 月 1 日起正式实施。这就意味着，2016 年元旦以后出生的二孩，都是合法的。按修正案中规定，生育一孩或二孩的夫妻均可获得延长生育假的奖励。

第四节　外来人口管理

20 世纪 90 年代初，境内村办企业发展迅速，本地劳动力已不能满足企业需求，吸引大量外地农民工来到境内打工，流动人员入境后，有的进村办企业务工，有的在商业网点开办商店、餐饮、小吃店等，有的从事搬运、运输等行业服务，五花八门，流动性大。对境内的社会治安，环境卫生等各方面带来了很大的压力，并在一定程度上影响到社会稳定及计划生育等工作。

为了加强对外来人口的管理，镇政府每年与村民委员会签订加强对外来人口管理的目标责任书，其中就外来人口的计划生育管理，作为一项重要内容列入管理责任书中。责任书中规定：对于外来人员计划生育的管理，按属地管理的原则，由所在村负责做好外来人员的计划生育工作。村计划生育组织要把外地暂住人员中的育龄妇女，与本村村民中的育龄妇女同样对待，做到同等服务，同等管理。诸如为外来人口中的育龄妇女每年做 2 次 B 超及孕检，为外来人员宣讲法律法规，做好新市民积分登记以享受参加医保及子女入学优先等优惠举措。在双龙村计生组织对外来人口的悉心管理下，自1995～2015年的20年间，境内暂住人员中未出现违反计划生育情况。

第二章 婚姻·家庭

第一节 婚 姻

中华人民共和国成立前，境内通行早婚，男十八娶亲，女十七出嫁。1950年，中央人民政府颁布第一部婚姻法，法定年龄为男20周岁，女18周岁，早婚现象基本得到了控制。20世纪70年代贯彻计划生育晚婚晚育政策，政府一度提出男25周岁，女23周岁或男女双方年龄相加满50周岁才允许结婚的政策。1980年，全国人大颁布第二部婚姻法，规定婚龄为男22周岁，女20周岁。1950年前，境内青年结婚无须办理结婚登记手续。婚姻法颁布后，要求符合结婚条件的男女双方，均须由双方共同到当地婚姻登记部门办理婚姻登记手续，领取结婚证，其婚姻受法律保护。夫妻离婚，男女双方也必须到当地婚姻登记部门办理离婚手续。进入20世纪80年代，由于社会文明程度逐步提高和人们对婚姻观念的转变，已婚青年男女的离婚率和再婚率逐年上升。2005年到2015年，境内结婚登记219对，离婚26对。

第二节 家 庭

旧时，多子多福的传统观念束缚着人们的思想，6人或6人以上的大家庭较多。三世同堂、四世同堂的家庭屡见不鲜。民国期间，由于经济衰退，家庭的经济能力减弱，子女分离者逐渐增多，家庭成员随之减少。解放后，国民经济得到了发展，人民生活逐步改善，通过反封建教育，宗族观念逐渐淡薄，加上一部分人外出参加工作等因素，家庭成员结构发生变化。20世纪70年代以后，随着生产、生活方式的改变，计划生育工作的深入开展，家庭结构趋向小型化。1976年，境内平均每个家庭的成员为3.95人。1986年，平均每个家庭的成员下降至3.33人。家庭组成人员大多为父母和一个独生子女。2015年，全村由于经济发展，小型化家庭日趋增多。住房条件不断改善，许多家庭子女结婚后和老人分居生活，出现不少2个老人的家庭及少数孤老独居家庭。平均每个家庭成员为3.29人。

第三章　姓氏·宗谱

第一节　姓　氏

　　旧时，境内农户大多以男主人为户主，女主人在家庭中处于辅助地位，其子女的姓氏，大多数随父姓，世代传承，一直沿袭至今。因此，境内各自然村中户主的姓氏相对集中某1个或2个姓氏。

　　中华人民共和国成立后，提倡男女平等，妇女在家庭中的地位得到提高。在农业合作化及人民公社化时期的集体生产劳动中，境内妇女的劳动力与男劳动力一样参加评工记分，有的家庭女主人成了新的户主；1978年，改革开放以后，农村经济体制发生变革，由单一农业转为一、二、三产业同步发展，有的农户男主人由农业户口转为城镇居民户口，家在农村的女主人成了新的农户户主；1990年起，随着村办企业的崛起和城乡一体化建设的发展，不少外来新市民落户在境内，姓氏也随之增多。据2015年末统计，全境在册居民数6938人，167个姓氏。全境农户数2109户，98个户主姓氏。

2015年末双龙村农户户主姓氏一览表

表2—6

户主姓氏	户数	占总户数(％)	户主姓氏	户数	占总户数(％)	户主姓氏	户数	占总户数(％)	户主姓氏	户数	占总户数(％)	户主姓氏	户数	占总户数(％)
徐	242	11.47	朱	68	3.22	庄	47	2.23	姚	27	1.28	闵	14	0.66
钱	198	9.39	顾	59	2.78	彭	45	2.13	郑	26	1.23	俞	14	0.66
周	179	8.49	肖	53	2.51	黄	40	1.90	龚	24	1.14	平	14	0.66
许	145	6.88	苏	52	2.47	钟	39	1.85	陶	21	0.09	庞	14	0.66
沈	108	5.12	王	48	2.28	吴	37	1.75	高	15	0.71	欧	14	0.66
张	86	4.08	陆	48	2.28	宋	27	1.38	薛	15	0.71	潘	12	0.57
陈	83	3.94	邓	48	2.28	葛	29	1.28	赵	15	0.71	章	12	0.57

续表 2-6

户主姓氏	户数	占总户数(%)	户主姓氏	户数	占总户数(%)	户主姓氏	户数	占总户数(%)	户主姓氏	户数	占总户数(%)	户主姓氏	户数	占总户数(%)
严	11	0.52	蔡	4	0.19	孙	3	0.14	房	1	0.05	仲	1	0.05
郭	11	0.52	杨	4	0.19	连	3	0.14	聂	1	0.05	任	1	0.05
汪	8	0.38	宗	4	0.19	查	3	0.14	洪	1	0.05	梅	1	0.05
何	7	0.33	唐	4	0.19	须	2	0.09	毕	1	0.05	夏	1	0.05
缪	7	0.33	袁	4	0.19	秦	2	0.09	全	1	0.05	谭	1	0.05
戴	7	0.33	金	4	0.19	刘	2	0.09	赖	1	0.05	翟	1	0.05
殷	7	0.33	叶	3	0.14	毛	2	0.09	丁	1	0.05	贾	1	0.05
邹	6	0.28	林	3	0.14	吉	2	0.09	杭	1	0.05	崔	1	0.05
季	6	0.28	冯	3	0.14	程	2	0.09	董	1	0.05	翁	1	0.05
马	6	0.28	蒋	3	0.14	隆	2	0.09	辛	1	0.05	范	1	0.05
李	6	0.28	邵	3	0.14	樊	2	0.09	方	1	0.05	曹	1	0.05
奚	5	0.24	屠	3	0.14	谢	2	0.09	费	1	0.05	—	—	—
石	4	0.19	尹	3	0.14	施	2	0.09	莫	1	0.05	—	—	—

2015 年末双龙村在籍村民姓氏一览表

表 2-7

姓氏	个数(个)	占总人数(%)	姓氏	个数(个)	占总人数(%)	姓氏	个数(个)	占总人数(%)	姓氏	个数(个)	占总人数(%)
徐	755	10.88	朱	253	3.65	黄	132	1.90	赵	77	1.11
钱	607	8.75	王	206	2.97	彭	131	1.89	宋	75	1.08
周	517	7.45	顾	186	2.68	苏	130	1.87	李	65	0.94
许	457	6.59	肖	165	2.38	庄	125	1.80	龚	61	0.88
张	307	4.42	陆	162	2.33	钟	121	1.74	薛	57	0.82
沈	307	4.42	邓	136	1.96	葛	88	1.27	姚	56	0.81
陈	273	3.93	吴	134	1.93	郑	84	1.21	陶	55	0.79

续表 2—7

姓氏	个数（个）	占总人数（%）	姓氏	个数（个）	占总人数（%）	姓氏	个数（个）	占总人数（%）	姓氏	个数（个）	占总人数（%）
庞	53	0.76	季	15	0.22	任	5	0.07	吕	2	0.03
郭	53	0.76	石	14	0.20	虞	5	0.07	褚	2	0.03
高	50	0.72	唐	13	0.19	杜	5	0.07	田	2	0.03
汪	44	0.63	吉	13	0.19	毛	4	0.06	倪	2	0.03
闵	42	0.61	蒋	12	0.17	连	4	0.06	乔	2	0.03
何	41	0.59	施	12	0.17	夏	4	0.06	花	2	0.03
平	40	0.58	奚	12	0.17	屠	4	0.06	归	2	0.03
章	37	0.53	邵	12	0.17	杭	4	0.06	臧	2	0.03
潘	37	0.53	谢	12	0.17	范	4	0.06	万	2	0.03
欧	36	0.52	冯	11	0.16	罗	3	0.04	左	2	0.03
杨	34	0.49	尹	11	0.16	姜	3	0.04	瞿	2	0.03
蔡	32	0.46	宗	9	0.13	候	3	0.04	时	2	0.03
俞	31	0.45	林	9	0.13	浦	3	0.04	皇	1	0.01
马	29	0.42	鱼	8	0.12	洪	3	0.04	余	1	0.01
戴	26	0.37	丁	8	0.12	卢	3	0.04	闻	1	0.01
刘	26	0.37	秦	8	0.12	路	3	0.04	晏	1	0.01
邹	24	0.35	须	8	0.12	辛	3	0.04	单	1	0.01
孙	24	0.35	翟	7	0.10	郁	3	0.04	屈	1	0.01
袁	24	0.35	樊	7	0.10	沙	3	0.04	楼	1	0.01
金	23	0.33	查	7	0.10	董	3	0.04	燕	1	0.01
缪	20	0.29	隆	7	0.10	汤	3	0.04	衡	1	0.01
严	20	0.29	梁	7	0.10	方	3	0.04	柴	1	0.01
曹	19	0.27	费	6	0.09	于	3	0.04	贾	1	0.01
殷	16	0.23	胡	6	0.09	祝	2	0.03	段	1	0.01
程	16	0.23	易	5	0.07	邢	2	0.03	毕	1	0.01
叶	15	0.22	谭	5	0.07	匡	2	0.03	全	1	0.01

续表2—7

姓氏	个数（个）	占总人数（％）	姓氏	个数（个）	占总人数（％）	姓氏	个数（个）	占总人数（％）	姓氏	个数（个）	占总人数（％）
图	1	0.01	纪	1	0.01	邱	1	0.01	鲍	1	0.01
熊	1	0.01	白	1	0.01	孟	1	0.01	苟	1	0.01
商	1	0.01	莫	1	0.01	韦	1	0.01	卫	1	0.01
崔	1	0.01	仲	1	0.01	房	1	0.01	廖	1	0.01
华	1	0.01	曾	1	0.01	凌	1	0.01	鲜	1	0.01
阚	1	0.01	江	1	0.01	聂	1	0.01	邬	1	0.01
谌	1	0.01	颜	1	0.01	封	1	0.01	翁	1	0.01
郝	1	0.01	梅	1	0.01	韩	1	0.01	栾	1	0.01
龙	1	0.01	史	1	0.01	赖	1	0.01	—	—	—

2015年末双龙村各社区农户数、户主姓氏数及在籍村民人数、姓氏数一览表

表2—8

单位	人数（个）	姓氏数（个）	农户数（户）	户主姓氏数（个）
鸶塘社区	1715	107	515	41
双龙社区	1672	103	483	54
石龙社区	1718	100	512	53
袁市社区	1833	104	599	57
双龙村合计	6938	167	2109	98

2015年末双龙村鸶塘社区农户户主姓氏一览表

表2—9

户主姓氏	户数	户主姓氏	户数	户主姓氏	户数	户主姓氏	户数
周	126	朱	37	龚	22	吴	15
彭	44	王	34	张	20	肖	14
顾	39	钱	30	黄	17	陈	14

续表2—9

户主姓氏	户数	户主姓氏	户数	户主姓氏	户数	户主姓氏	户数
闵	13	金	4	杭	1	姚	1
严	11	袁	2	邹	1	林	1
俞	11	冯	2	邵	1	奚	1
赵	11	戴	2	董	1	谢	1
徐	8	叶	2	辛	1	施	1
许	8	邓	2	方	1	—	—
沈	7	宗	1	缪	1	—	—
陆	5	蒋	1	马	1	—	—

2015年末双龙村双龙社区农户户主姓氏一览表

表2—10

户主姓氏	户数（户）	户主姓氏	户数（户）	户主姓氏	户数（户）	户主姓氏	户数（户）
沈	75	顾	9	黄	4	杨	2
徐	63	陶	9	屠	3	奚	2
邓	45	平	8	薛	3	秦	1
钱	35	汪	8	戴	3	莫	1
陈	24	宋	6	连	3	仲	1
郑	24	潘	5	宗	3	何	1
许	21	张	5	唐	3	俞	1
朱	19	高	5	孙	3	邵	1
陆	18	庄	5	王	3	施	1
周	11	邹	4	石	3	任	1
章	11	肖	4	林	2	梅	1
庞	10	李	4	季	2	龚	1

续表2—10

户主姓氏	户数（户）	户主姓氏	户数（户）	户主姓氏	户数（户）	户主姓氏	户数（户）
葛	1	费	1	郭	1	须	1
赵	1	缪	1	—	—	—	—

2015 年末双龙村石龙社区农户户主姓氏一览表

表2—11

户主姓氏	户数（户）	户主姓氏	户数（户）	户主姓氏	户数（户）	户主姓氏	户数（户）
钱	90	平	6	俞	2	谭	1
徐	46	周	6	赵	2	潘	1
庄	42	顾	5	吉	2	贾	1
陈	40	缪	5	杨	2	崔	1
钟	39	陆	5	刘	2	聂	1
肖	32	季	4	袁	2	谢	1
张	32	高	4	宗	1	奚	1
吴	21	王	4	翟	1	须	1
宋	20	陶	4	葛	1	郑	1
许	19	庞	3	唐	1	李	1
黄	12	朱	3	夏	1	邹	1
姚	11	尹	3	房	1	—	—
沈	10	蔡	3	毛	1	—	—
郭	9	马	3	邵	1	—	—

2015 年末双龙村袁市社区农户户主姓氏一览表

表 2—12

户主姓氏	户数（户）	户主姓氏	户数（户）	户主姓氏	户数（户）	户主姓氏	户数（户）
徐	125	黄	7	蒋	2	全	1
许	97	王	7	李	1	赵	1
苏	52	何	6	章	1	毛	1
钱	43	高	6	蔡	1	洪	1
周	36	顾	6	郑	1	丁	1
张	29	潘	6	秦	1	庞	1
葛	27	陈	5	龚	1	翁	1
陆	20	查	3	冯	1	毕	1
沈	16	肖	3	石	1	吴	1
姚	15	宋	2	赖	1	奚	1
欧	14	程	2	郭	1	曹	1
薛	12	隆	2	邓	1	叶	1
朱	9	戴	2	闵	1	—	—
陶	8	马	2	范	1	—	—
殷	7	樊	2	彭	1	—	—

2015 年末双龙村鹁塘社区在籍村民姓氏一览表

表 2—13

姓氏	人数	姓氏	人数	姓氏	人数	姓氏	人数	姓氏	人数
周	332	张	80	许	44	俞	24	曹	8
顾	114	陈	58	肖	44	金	17	孙	6
彭	111	龚	56	黄	43	严	17	袁	5
王	111	徐	54	闵	37	李	17	郭	5
朱	107	吴	47	陆	27	邓	13	杨	5
钱	92	赵	44	沈	27	戴	10	缪	5

续表2—13

姓氏	人数	姓氏	人数	姓氏	人数	姓氏	人数	姓氏	人数
施	5	殷	3	欧	2	石	1	秦	1
叶	5	蒋	3	姚	2	商	1	虞	1
何	5	谢	3	邢	2	崔	1	卢	1
邵	5	高	3	汪	2	华	1	薛	1
蔡	4	程	3	匡	1	姜	1	隆	1
马	4	章	3	鲍	1	侯	1	龙	1
宋	4	郑	3	万	1	钟	1	屠	1
庞	4	冯	3	左	1	瞿	1	郁	1
刘	4	季	2	邱	1	浦	1	白	1
鱼	4	祝	2	熊	1	阚	1	樊	1
庄	4	杜	2	范	1	谌	1	奚	1
林	4	丁	2	杭	1	辛	1	费	1
唐	4	邹	2	沙	1	褚	1	须	1
葛	4	陶	2	董	1	郝	1	—	—
梁	3	潘	2	苏	1	时	1	—	—
汤	3	方	2	谭	1	任	1	—	—

2015年末双龙村双龙社区在籍村民姓氏一览表

表2—14

姓氏	人数	姓氏	人数	姓氏	人数	姓氏	人数	姓氏	人数
徐	215	陈	78	汪	38	顾	28	黄	18
沈	206	朱	78	章	31	平	25	高	17
钱	127	郑	68	王	30	宋	25	邹	16
邓	110	陆	47	张	29	陶	20	李	15
许	97	周	45	庞	29	肖	19	庄	14

续表2—14

姓氏	人数	姓氏	人数	姓氏	人数	姓氏	人数	姓氏	人数
薛	14	戴	4	路	2	姜	1	欧	1
吴	13	唐	4	翟	2	江	1	梁	1
赵	12	连	4	严	2	虞	1	颜	1
潘	11	冯	4	谢	2	秦	1	梅	1
石	10	施	4	邵	2	莫	1	史	1
孙	8	须	4	程	2	殷	1	田	1
宗	8	屠	3	任	2	蒋	1	杜	1
葛	8	刘	3	金	2	仲	1	沙	1
彭	7	俞	3	龚	2	曾	1	郁	1
袁	7	杭	3	缪	2	皇	1	乔	1
杨	7	吉	3	尹	2	余	1	花	1
曹	6	奚	3	单	1	闻	1	范	1
郭	6	林	3	屈	1	倪	1	—	—
苏	5	马	3	楼	1	查	1	—	—
何	5	归	2	燕	1	方	1	—	—
费	5	季	2	蔡	1	侯	1	—	—
姚	4	谭	2	闵	1	晏	1		

2015年末双龙村石龙社区在籍村民姓氏一览表

表2—15

姓氏	人数	姓氏	人数	姓氏	人数	姓氏	人数	姓氏	人数
钱	265	陈	115	肖	90	宋	41	周	35
徐	162	庄	107	许	65	黄	37	朱	33
钟	116	张	104	吴	60	沈	36	王	30

续表2—15

姓氏	人数	姓氏	人数	姓氏	人数	姓氏	人数	姓氏	人数
郭	29	潘	8	鱼	2	鲜	1	吕	1
陆	27	杨	8	虞	2	严	1	廖	1
姚	22	程	7	丁	2	匡	1	衡	1
蔡	19	翟	5	金	2	毛	1	龚	1
顾	18	邵	5	辛	2	倪	1	林	1
马	17	胡	5	俞	2	于	1	柴	1
李	15	葛	5	唐	2	孟	1	宗	1
庞	15	邓	4	须	2	韦	1	卢	1
平	13	何	4	苏	2	房	1	贾	1
缪	12	戴	4	孙	2	凌	1	—	—
陶	11	谢	4	奚	2	聂	1	—	—
薛	11	叶	3	浦	2	任	1	—	—
季	11	秦	3	曹	2	封	1	—	—
吉	10	易	3	蒋	2	乔	1	—	—
刘	10	彭	3	欧	2	苟	1	—	—
尹	9	闵	3	夏	2	侯	1	—	—
赵	9	袁	3	施	2	卫	1	—	—
高	9	邹	3	罗	2	范	1	—	—
郑	8	谭	2	汪	1	隆	1		

2015 年末双龙村袁市社区在籍村民姓氏一览表

表 2—16

姓氏	人数	姓氏	人数	姓氏	人数	姓氏	人数	姓氏	人数
徐	324	杨	14	隆	5	于	2	韩	1
许	251	吴	14	冯	4	易	2	花	1
钱	123	郭	13	丁	4	臧	2	郁	1
苏	122	肖	12	程	4	鱼	2	卢	1
周	105	殷	12	钟	4	平	2	施	1
张	94	赵	12	唐	3	段	1	邬	1
葛	71	彭	10	洪	3	路	1	闵	1
陆	61	刘	9	石	3	毕	1	翁	1
沈	38	袁	9	汪	3	缪	1	任	1
王	35	邓	9	秦	3	罗	1	吕	1
朱	35	孙	8	曹	3	全	1	栾	1
黄	34	戴	8	邹	3	须	1	沙	1
薛	31	蔡	8	毛	3	图	1	胡	1
欧	31	叶	7	章	3	林	1	范	1
姚	28	奚	6	梁	3	姜	1	赖	1
何	27	查	6	谢	3	左	1	时	1
顾	26	樊	6	金	2	万	1	—	—
陈	22	蒋	6	董	2	纪	1	—	—
陶	22	庞	5	龚	2	虞	1	—	—
高	21	郑	5	俞	2	褚	1	—	—
李	18	马	5	杜	2	田	1	—	—
潘	16	宋	5	夏	2	瞿	1	—	—

第二节 宗 谱

境内宋姓、徐姓是名门望族。明、清时期即有宗谱记载其氏族的兴起。民国期间续修家谱的有宋姓、徐姓。"文化大革命"中，大多数家谱被当作"四旧"销毁，即使幸存几册，也残缺不全。进入21世纪，我国的政治、经济、文化等各个方面进入新的历史发展时期，不少家族为继承先祖遗愿、光大家族荣耀，开始续修宗谱。

宋氏族人　在2012年发起续修其海虞（继忠堂）宋氏支谱，其续修倡议书有云："邦国有史、地方有志、家族有谱，自古而然。邦国无史，无以识其兴衰；地方无志，无以证其沿革；家族无谱，无以考其世系。当今河清海晏，国运昌隆，续修家谱正当其时，且刻不容缓"。在几位宋氏志士仁人的坚韧努力下，终于于2013年12月续修完成《海虞宋氏支谱》（共12卷）并付梓出版。

徐姓族人　不忘渔梁徐氏是一个具有730余年历史之名门望族的辉煌家族史，于2010年开始酝酿续修渔梁徐氏宗谱。境内北京庄、上场等处徐姓族人积极响应，配合宗谱续修委员会寻根问祖。续修委员会依托渔梁徐氏宗亲贤达骨干，在统一认识、明确目标的基础上，不畏艰辛，甘愿肩负重任，积极忘我地开展续修工程，不断攻艰克难，终于于2015年完成《渔梁徐氏宗谱》（共15卷）的续修工作并付梓出版。

第四章　人民生活

中华人民共和国成立前，境内人民生活贫穷。正常年景，水稻亩产250千克左右，田多的中农家庭生活尚可，地少的贫农则糠菜半年粮。遇到天灾人祸，更是难以度日。1934年（民国廿三年），境内遭遇严重旱灾（是年夏季连续70多天无雨），河塘干涸龟裂，农田荒芜，农民生活十分艰难。送女当童养媳，送儿子当放牛郎是普遍现象。大灾之年，为了活命，贫民不得不向地主、富农借高利贷，维持生计，农民受尽剥削，不少农民倾家荡产。中华人民共和国成立后，境内人民生活逐步好转。特别是中共十一届三中全会后，党的改革开放政策调动了广大农民的生产积极性。1982年底，全境农业生产全部实行家庭联产承包责任制。随着农村产业结构的调整和改革的深入发展，村办企业也迅速发展，农村富余劳动力进入工厂。1987年，境内进厂务工劳动力及从事副业生产，从事第三产业的劳动力总数占总劳动力的比例达81%，农民生活日益改善。1988年人均收入361元，1989年人均收入711元，1995年人均收入2556元，1996年人均收入3553元，2000年人均收入6587

元，2002 年人均收入 6846 元，2012 年人均收入 22003 元，2015 年人均收入 24227
元。

第一节 收入消费

中华人民共和国成立前，境内农民生活水平低下，不少贫苦农民过着吃不饱、
穿不暖的生活。中华人民共和国成立后，人民翻身当家做主人，生活逐渐改善，特
别是中共十一届三中全会以后，农村调整产业结构，推行家庭联产承包责任制，发
展乡镇工业，允许农民经商办企业，农民生活水平显著提高。20 世纪进入 90 年代，
境内经济迅速发展，人民生活逐步走向小康。21 世纪后，农村生活城市化，境内农
民衣着讲品牌，居住新楼房，出门电瓶车、小汽车，过上富足安稳的生活。

收入 1949 年境内人均收入 30 元，人均口粮约 160 千克。1962 年，人均收入
70 元，以后逐步提高。1990 年，农民人均收入 1063 元；1995 年，人均收入 2556
元；1998 年，人均收入 4313 元；2000 年，人均收入 6587 元；2002 年，人均收入
6846 元；2012 年，人均收入 22003 元；2015 年，人均收入 24227 元。

消费 中华人民共和国成立前，境内农民生活贫困，平时缺吃少穿，因而消费
水平低下。中华人民共和国成立初期至 20 世纪 70 年代中期，政治运动频繁，境内
经济虽然有所发展，人民的生活水平有所提高，但还是维持在温饱的水平上。1978
年，中共十一届三中全会以后，中央把工作重点转移到经济建设上来，农业产业结
构得到调整，村办工业也迅速发展，农民开始进入村办企业工作，同时第三产业也
发展迅速，农民的生活水平和消费水平同步提高。进入 20 世纪 80 年代，境内农民
普遍翻造新楼房。家里购置电视机、洗衣机、电冰箱、电风扇等家用电器。20 世纪
90 年代后，村民消费水平逐步趋向城镇化，高档耐用消费品开始进入普通农民家
庭。进入 21 世纪，境内村民在住房建设、室内装潢、家用电器购置及出行、通讯、
衣着、饮食等各个方面的消费水平大幅提高，境内农民的生活水平和消费水平已步
入小康社会。

1957～2015 年境内农民人均收入一览表

表 2—17

序号	年份	人均收入（元）	序号	年份	人均收入（元）
1	1957	49.05	4	1960	61.50
2	1958	70.50	5	1961	65.50
3	1959	65.87	6	1962	70.80

续表 2—17

序号	年份	人均收入（元）	序号	年份	人均收入（元）
7	1963	64.80	34	1990	1063.25
8	1964	84.28	35	1991	1113.25
9	1965	91.25	36	1992	1163.30
10	1966	123.25	37	1993	1220.00
11	1967	122.30	38	1994	1277.75
12	1968	122.80	39	1995	2556.00
13	1969	111.75	40	1996	3553.00
14	1970	120.30	41	1997	3921.50
15	1971	129.25	42	1998	4313.00
16	1972	89.18	43	1999	6238.75
17	1973	103.25	44	2000	6587.00
18	1974	113.00	45	2001	6784.25
19	1975	95.50	46	2002	6846.75
20	1976	96.90	47	2003	7358.00
21	1977	98.23	48	2004	8452.00
22	1978	130.00	49	2005	9339.00
23	1979	143.63	50	2006	10320.00
24	1980	157.70	51	2007	11558.00
25	1981	139.00	52	2008	12968.00
26	1982	132.51	53	2009	14316.00
27	1983	295.68	54	2010	15901.00
28	1984	441.72	55	2011	18554.00
29	1985	334.31	56	2012	22003.00
30	1986	369.32	57	2013	22879.00
31	1987	351.80	58	2014	23992.00
32	1988	361.10	59	2015	24227.00
33	1989	711.20	—	—	—

2004～2015 年双龙境内居民生活消费一览表

表 2—18

序号	年份	电话（台）	手机（部）	空调（台）	彩电（台）	冰箱（台）	洗衣机（台）	燃气（户）	汽车（辆）	摩托车（辆）	电瓶车（辆）	电脑（台）
1	2004	1387	1692	1522	2398	1810	1381	2195	287	192	1745	1381
2	2005	1351	1897	1891	2489	1825	1492	2204	372	187	2015	1492
3	2006	1340	2146	2106	2578	1877	1606	2210	478	182	2309	1606
4	2007	1311	2856	2597	2881	1892	1676	2210	584	179	2548	1676
5	2008	1302	3323	2826	2925	1903	1794	2210	799	176	2808	1794
6	2009	1288	3591	3081	3246	1911	1888	2210	890	177	3040	1888
7	2010	1288	3908	3347	3408	1967	1929	2218	1029	178	3260	1929
8	2011	1221	4283	3736	3487	1998	2023	2218	1120	181	3456	2023
9	2012	1153	4409	3965	3604	2016	2094	2220	1247	182	3636	2094
10	2013	1123	4577	4266	3735	2065	2149	2220	1351	185	3840	2149
11	2014	1010	4798	4375	3877	2122	2183	2198	1776	188	4018	2183
12	2015	928	5021	4561	4144	2178	2205	2220	1780	189	4256	2205

第二节　住　房

中华人民共和国成立初，农民绝大多数居住低矮平房、草房，人均居住面积 10～15 平方米。20 世纪 60 年代以后逐渐好转。20 世纪 80 年代初，农民消费中建房支出已居首位，对住房要求趋向楼房、配套、宽敞。20 世纪 80 年代期间，是境内农民大批翻建楼房的年代，楼房款式大多是 3 上 3 下的 2 层楼，无卫生设施，楼板大多为 6 孔水泥楼板，木窗木门，墙体以砖头砌空斗墙或实砌墙，墙面用 1∶1∶6 浆料（一份水泥＋1 份石灰＋6 份黄沙）粉刷，室内装潢并不讲究。20 世纪 90 年代，农民对住房要求更高。有些农民已不满足原来的楼房，建房款式趋向于独院式，别墅式，建筑结构由原来的砖混结构改变为框架结构，室内装潢豪华，设施配套齐全。1995 年，境内所有旧时的茅草房完全绝迹，即使是住平房的农户居住的也全是砖瓦平房。2000 年，全境居住楼房的农户，已占总户数的 95％以上。2015 年，全境 99％的农户住上楼房，有的住上别墅房，有的农户还拥有多套住房。2015 年，全境人均住房面积 62.75 平方米。

第三节 饮 食

中华人民共和国成立前，境内农民以麦、米为主食，辅以少量杂粮，元麦的吃法是将其磨成细颗粒，俗称麦粞，或轧成麦片；小麦可以磨成面粉，也可以和大麦、元麦一样，加工成麦片。当时，大米是珍贵的粮食，只有地主、豪绅、富商才能终年享用，烧粥烧饭。中等水平以上人家用米加麦片烧饭，或用米加麦粞烧粥。农民在夏季、秋季自制豆酱、面酱，腌制咸菜以备常年食用。传统家常菜有咸菜豆瓣汤、毛豆炒咸瓜丁、黄瓜、茄子；常年吃的点心有糯米饼等。境内农民素来诚实好客，来了亲戚朋友，到镇上割肉打酒，做米团子，裹馄饨，热情款待。

中华人民共和国成立初期，大米稍有增加，但仍旧以麦为主。食法有所变化，除早晚两餐吃麦粞粥外，中午改吃麦片饭（麦片加米煮成），质软可口。1963 年起，国家增加人均粮食定量，减少统购，归还农民自留地，开放粮油等国家统购统销物资以外的集市贸易，市场供应种类日趋增加，主要有蔬菜、禽蛋、鱼等及凭票供应的猪肉。人们饮食条件好转。20 世纪 70 年代，国家增加大米供应量。20 世纪 80 年代后，农村实行家庭联产承包责任制，取消粮食统购统销，实行粮食开放等政策，农民生产的粮食，在完成国家定购任务后，均由自己支配，人们对粮食的要求得到满足。农民收入水平提高，从吃饱转向吃好。

20 世纪五六十年代，菜肴以蔬菜为主，难得开荤。20 世纪 80 年代后，荤素各半，鱼、肉、鸡、蛋已成为桌上家常菜肴。逢年过节或亲朋交往，菜肴尤其丰富，热闹非凡。红白喜事待客，冷盆、热炒，间有点心、甜食、果盆，再加大菜全鸡全鸭，不下 20 余道。20 世纪 90 年代后，菜肴力求高档多样，点心、甜食逐步西化，辅以名酒、高档饮料。

保健滋补品，旧时一般人家不敢问津，以后逐年见诸送礼、敬亲、探病之时。20 世纪 90 年代后，则已为劳动人民普遍服用。

时令饮食繁多，一年之中，年初一吃年糕、团圆、馄饨，元宵节吃元宵、团子、馄饨，清明时节吃青团子，立夏尝三鲜，端午吃粽子、咸鸭蛋，夏至吃馄饨，中秋节吃月饼、糖烧芋艿。重阳节吃重阳糕，十二月初八吃腊八粥，廿四夜吃馄饨、团子，大年夜吃年夜饭等等。时令饮食之风沿袭至今。

第四节 服 饰

衣着 民国初期至 20 世纪 30 年代，境内极少数的富户穿的服装追随社会士绅，穿长袍马褂或长袍加背心。质地多为呢绒绸缎，四季服装齐备。农民则无力讲究衣着。男的平时穿对襟短衣、长裤或作裙。节日做客时穿长衫。中年以上妇女上身都穿阔边大袖口斜衽衣衫，下身穿长裤或裙。衣料多为自织各种土布，服色以白、黑、青、蓝、红、黄为主。裤子款式大多是"拖头裤"（叠腰裤），腰围都要3尺以上。裤子穿上后，将裤腰随腰身的大小齐腰扭折一下，然后用布带子（境内叫束裤子衣带）把裤子束好，男女皆然。一直到20世纪50年代末，境内才流行西装裤子，裤腰上装订"蚂蟥襻"，束裤子用皮带。

中华人民共和国成立以后，一度男女服饰趋向一致，流行列宁装、中山装、青年装、人民装、春秋衫等，色调单一，蓝色居多，长袍绝迹。"文化大革命"期间，草绿色军便服成为人们尤其是年轻人争相竞穿的服装。因其时买布要凭定量供应的布票，所以布料一般选用质地较牢的卡其布、的确良，款式、色调均较简单。20世纪80年代开始流行西服。女服，夏天以裙为主，款式多样，秋冬以西服为主，还有滑雪衫，长短大衣等。还有许多男女款式衣裤流行，如蝙蝠衫、茄克衫、健美裤、牛仔裤、喇叭裤等。还有羊毛衫、晴纶衫等针织品上衣也很流行，大红大绿男女不忌。衣料从化纤上升到呢绒绸缎，甚至羽绒、裘皮。

20世纪90年代以后，衣着质量大幅提高，款式多样化。夏天，光是裙子就有连衣裙、喇叭裙、百褶裙、背带裙、套裙、一步裙、直筒裙、旗袍裙、围裙、裙裤等10余种。初冬，流行女士西装、羊毛衫、各式毛线编结衫、滑雪衫、羽绒衫、呢大衣、裘皮或人造裘皮大衣等。裤子有西式长裤、喇叭裤、直筒裤、牛仔裤等。

鞋　旧时，境内民众一般均穿"千层"布底鞋。仅有少数男女穿皮鞋。有些妇女穿绣花鞋、搭襻鞋。农民平时穿布鞋和草鞋。冬季，除穿蚌壳式棉鞋外，不少人都喜欢穿芦花鞋，也称蒲鞋。随着橡胶工业的发展，浅口、中高统橡胶套鞋逐步取代油钉鞋和油钉靴。新中国成立后流行胶鞋，又称跑鞋、解放鞋，男女皆穿。塑料工业兴起后，塑料底布鞋取代布底鞋。20世纪80年代后，鞋子种类日趋多样化，有各种塑料鞋、橡胶鞋、牛皮鞋、猪皮鞋、牛筋底鞋、登山鞋、旅游鞋、运动鞋等。中青年妇女普遍穿中跟、高跟皮鞋。夏季大多穿各种质地的凉鞋、拖鞋，冬季一般穿棉皮鞋或棉布鞋、保暖鞋，穿芦花鞋的已不见。

帽　中华人民共和国成立前，境内劳动人民一般夏季戴草帽，冬季戴布帽、罗宋帽、汤罐帽、毡帽，雨天戴笠帽。老年妇女戴蚌壳帽，亦有戴盆型绒线帽。学生戴学生帽或绒线帽。士绅、富豪戴西瓜皮帽、礼帽、鸭舌帽、裘皮帽。新中国成立后，瓜皮帽和礼帽被遗弃，流行解放帽，夏天戴荷边草帽。"文化大革命"时期流行草绿色军帽。20世纪80年代起，帽型繁多。夏天有遮阳的草帽、太阳帽、旅游帽，冬天戴鸭舌帽、东北帽、皮帽、绒线帽、滑雪帽等，部分老年人仍喜欢戴罗宋帽。用腈纶、羊毛编成的颈套或围巾亦较为普见。

袜　中华人民共和国成立之前，境内农民多用布做袜套。20世纪20年代起开始穿棉纱袜。中华人民共和国成立后，大多穿中筒或短筒袜。20世纪60年代开始流行尼龙袜和锦纶丝袜。20世纪80年代起，女青年开始穿长筒丝袜。进入21世纪，衣着趋向多样化、中高档，而且讲究色彩、质地、款式、追求新潮。

第五节 出 行

中华人民共和国成立前，境内农村道路宽不足一米，弯曲不平，都为泥路，雨后道路泥泞，十分难行。人们出行均为步行，很不方便。村民如出远门，必须步行到西徐市、栏杆桥、北溇等地去乘轮船。

20世纪60年代后结合水利建设，大队修筑灌水渠道（土路），行路日渐方便。20世纪70年代后，自行车成为主要交通工具，家家具备，甚至一家多辆。自行车一度成为紧俏商品，尤其是上海产"永久""凤凰"牌更难买到，无锡产"长征"牌和常州产"金狮"牌相对较多。1985年开始，境内村办企业发展壮大，农民生活水平大大提高。境内所有主干道路（通往自然村）铺设成碎石砖路（轮窑断砖）、石子路，交通更为便捷。20世纪90年代后，境内所有巷道都浇成水泥路，交通工具逐年增多、更新，摩托车、电瓶车、电动车等已普及寻常老百姓家庭，自行车被电瓶车替代。购买私家汽车者也日益增多。至2015年，全境拥有私家小轿车1722辆，一出村就可驶上沿江高速公路，苏虞张一级公路，直达苏州、南京、上海等地。港城公交的212路、226路公交车在境内设有多个停靠站，村民30分钟即可到达张家港市区。

第六节 社会保障

一、养老保险

中华人民共和国成立前，境内无工商企业。一些为私营主打工的农民，到年老体弱、丧失劳动能力时，业主往往给予为数不多的解雇费后打发回家。

中华人民共和国成立后，党和政府十分重视职工的养老问题，逐步颁发和修订了相关职工保险条例。

20世纪90年代后，地方政府又颁发修订了《张家港市城镇职工养老保险暂行办法》和《张家港农民社会养老保险暂行办法》等条例，把党和政府对人民群众的关爱落到实处。

城镇职工养老保险 1995年3月，贯彻执行《张家港市城镇职工养老保险暂行办法》。西张全境所有机关事业单位和国营、大集体企业职工纳入城镇社会养老保险范围,并按照社会统筹和个人账户相结合的原则,建立个人养老保险账户。

2002年12月,西张镇贯彻执行《张家港市所有企业及其职工纳入城镇社会养老保险管理办法的意见》。2003年1月起,全镇所有企业根据自身生产经营和人员结构状况,在三年过渡期内统一参加城镇社会保险,使农民工享受与城镇职工同等待遇。同时,将农村村级基层自治组织视作企业单位,纳入城镇社会保险范围。2007年下半年,境内部分人员办理了农保转城保手续,享受城镇职工养老保险待遇。2009年,根据张家港市张政发16号文件,《张家港市关于调整农村社会养老保险有关政策意见》精神,超过退休年龄的张家港市农(居)民,可以补缴15年工龄的社会养老保险金及医疗保险金。可获得与城镇退休职工一样待遇的职工养老保险及医疗保险,缴费标准为58000元。境内有140多名符合条件的农民通过缴费参加了城镇职工养老保险。2011年,张家港市政府出台张政发(43)号文件,《张家港市城乡养老保险并轨实施意见》,境内又有190多名符合条件的农民通过缴费及农保转城保的办法参加了城镇职工养老保险,享受城镇职工养老保险。

至2015年末,境内有4846人参加城镇职工养老保险。

2000~2015年境内农民参加职工基本养老保险一览表

表2—19

序号	年份	参保人数(人)	参保金额(元)	序号	年份	参保人数(人)	参保金额(元)
1	2000	936	5166722	9	2008	2045	12727671
2	2001	988	5726448	10	2009	2685	17303748
3	2002	1027	5952492	11	2010	2877	18540825
4	2003	1194	6920424	12	2011	3239	22705392
5	2004	1326	8234462	13	2012	3782	26511820
6	2005	1487	9234270	14	2013	4162	34748538
7	2006	1675	10423525	15	2014	4484	37436917
8	2007	1833	11406759	16	2015	4846	49719960

农民基本养老保险 1992年10月,西张镇贯彻执行《张家港市农民社会养老保险暂行办法》,开始推行农村社会养老保险。农村社会养老保险费采取个人缴费为主、集体补贴为辅和国家政策扶持的办法筹集,实行社会保险与实施养老相结合。

1994年底,农村养老保险统一由社会保障部门管理。是年为村企业干部及部分职工共316人办理农村社会养老保险,集体共承担4.69万元。1995年办理587人,

1999 年为村中层以上干部及 81 名务农、无业人员办理农村社会养老保险。

2003 年开始，境内对全村务农老年村民，不分男女，只要虚年龄满 60 岁那年开始，每年中秋及重阳佳节，给予 100 元（两节各 50 元）的节日慰问，年终时对年满 60 岁、70 岁、80 岁及 90 岁以上的老年村民，分别给予 150 元，200 元，250 元及 350 元的春节慰问。

2004 年，市政府开始实施老年农民社会养老保险补贴制度，对男年满 60 周岁，女年满 55 周岁的老年农民，每人每月发放 80 元养老金补贴。是年，全境上述年龄段的老年农民领到了社会养老金卡。至 2015 年，全境共有 1466 人享受老年农民社会养老补贴。

二、医疗保险

旧时，无劳动保险，工厂职工生老病死，工人在年老丧失劳动力时，业主就将其打发回家，不管其生活。农民实行保险更是遥不可及。

农民合作医疗保险　1969 年，为贯彻"把医疗卫生工作重点放到农村去"的批示精神，改变农村长期缺医少药状况，在上级的统一部署下，大队开始建立农村合作医疗制度。其形式为"队办队管"，即由大队自筹资金、自己筹办、自己管理。是年，大队建办卫生室，每人筹集资金 1.5 元（由生产队公益金支付）。境内 4 个大队均建有合作医疗卫生室，配备 1~2 名医务人员，时称赤脚医生，赤脚医生的业务技术由西张卫生院负责培训。社员有病原则上到大队卫生院诊治，较重的病转公社医院，疑难杂症到县医院就诊。

20 世纪 70 年代，社员进队办企业工作只是解决劳动力出路，为生产队增加收入，提高社员分配水平。职工在厂劳动时发生工伤，除基本工资照旧享受外，医疗费可向厂里报销。因病发生经济困难由则集体补助。1977 年，西张公社成立合作医疗办公室。合作医疗改为社队联办，四级负担（公社、大队、生产队及社员个人），每人每年基金 3.5 元（公社、大队、生产队各 1 元，社员个人 0.5 元）。大队合作医疗实行"队办社管"，后来改为"村办乡管"。凡在大队卫生室就诊和到公社门诊治疗的医药费在大队基金中报销，凡在公社医院住院和转上一级医院治疗的医药费用在公社基金中报销。自行投医者概不报销。如遇特大病情，报销最高限额为 5000元。

1995 年，市政府颁发《张家港市大病风险合作医疗制度实施意见》，推行大病风险合作医疗制度，村委筹集大病风险医疗基金，年人均基金额为 45 元（个人 30元，村 10 元，镇 5 元）。大病患者药费起报点为 1001 元，限报点为 10000 元，最高补偿额为 5400 元，以后逐年提高。1996 年，境内参加大病风险统筹医疗参保率达 60％。1997~1999 年，村卫生室改变基金收缴方式，连续 3 年向村民个人收取医疗基金 40 元。

职工医疗保险　1997 年 11 月，市政府颁布实施《张家港市职工医疗保险暂行办法》。《办法》中规定，医疗保险的缴费比例为职工上年度工资总额的 12％，其中个人缴费比例为 1％。在职职工建立个人医疗账户，职工个人医疗账户基金用完后，由医疗保险统筹基金支付。医疗保险费用实行由单位和社保基金结算中心共同管理的两级管理体制。

1999 年 4 月，市政府颁布实施《张家港市职工医疗保险暂行办法与国务院医改制度逐步接轨的意见》。2000 年 4 月，出台《张家港市城镇职工医疗保险办法（试行）》。《办法》规定，参保人员符合规定的出诊费用，以个人账户（IC）卡核定金额为限额。参保人员因患特定病种发生的符合规定的门诊费用，全年个人基金账户用完后，2000 元（含）以内部分在职职工可由统筹基金报销 70％，退休人员报销 85％，2001 元以上部分在职职工自负 10％，退休人员自负 5％。参保人员累计统筹基金支付额以张家港市上年城镇职工社会平均工资收入的 4 倍为封顶线，超过封顶线的医疗费用，统筹基金不予支付。2001 年 7 月 1 日起，单位缴费比例提高 1％，个人账户记入比例提高一个百分点，住院自付比例降低 4 个百分点，总体保障水平提高。2002 年后，市政府不断调整医疗保险待遇支付标准，以减轻参保人员的医疗费用负担，真正体现医保政策向大病、重病倾斜的原则。至 2015 年，境内人员参加医疗保险达 100％。

大病医疗互助　2000 年 9 月 13 日，市社保局和总工会联合制定《张家港市城镇职工大病医疗社会互助实施办法（试行）》，在全市范围内建立大额医疗费用社会互助基金。西张镇各企事业单位每个参保人员按每月 3 元标准缴纳，用于参保人员住院或大病门诊发生的超过基本医疗保险累计统筹支付封顶线以上部分费用的自付，最高限额 4 万元。2001 年 7 月 1 日起，大额医疗费用社会互助基金封顶线由 4 万元增加到 5 万元，报销比例由 80％上升为 90％。

新型合作医疗　2004 年 1 月 1 日，市政府颁布《张家港新型合作医疗实施意见》。在全市范围内统一实行新型合作医疗制度，扩大参保范围，将参加城镇职工医疗保险和市直机关、事业单位儿童统筹医疗外的所有本市在籍人员，以及持 1 年以上暂住证并在当地从事农副业生产的非本市籍居民均纳入参保对象。参加者以户为单位设立个人账户，实施市、镇、户三级核算，统一新型合作医疗基金标准。基金标准为每人每年 110 元（个人 40 元，市、镇财政各 35 元）。医疗费用补偿限报点由 30000 元提高到 50000 元，最高补偿额 35200 元。对符合补偿范围的 5 万元以上医疗费用，按 50％的比例补偿，每人每年最高求助限额为 1 万元。2015 年基本标准 420 元（个人 210 元，其余由市镇承担）。是年，境内凡符合条件参加新型合作医疗的村民 100％参加。

第三编 农村建设

中华人民共和国成立前，境内农村建设长期处于自然状态。农民住宅低矮简陋，一般都是土坯结构茅草房，以自然宅基成庄。

20世纪60年代中后期，经济得到恢复与发展，西张集镇开始改造建设。境内河道、桥梁、道路等陆续整修，农民住房逐步改造翻建，部分草房换成瓦房。1975年，境内各大队接通高压电；1993年，各大队向农户提供深井自来水；1995年，农户开始使用液化气；1999年，张家港市东区区域供水工程结束，农户全部饮用由市给排水公司提供的通过加工处理好的长江水。

20世纪80年代以后，随着乡镇工业迅速发展，村镇建设进入新的发展时期，境内农户逐步翻建楼房。进入21世纪，经济和各项社会事业快速发展，城镇化进程加快，拆迁安置力度不断加大，至2015年，双龙村共搬迁安置828户，占总户数的39.3%，拆迁农户全部住进公寓房。

第一章 农民住宅

第一节 农房建设

中华人民共和国成立前，境内90%以上的农户住茅草房。茅草房低矮阴暗，一般檐高2米左右，外墙全用泥土垒起来，直至屋檐。室内立有2～3排木柱，木柱间以土坯砌墙，把房子分隔成数间。土坯墙面的粉刷先抹上一层泥巴，再抹上一层石灰，就算粉刷完毕了。屋顶以小圆木为梁，以竹子为椽，以秆棵帘子为辫，然后盖上稻草，再用草绳将稻草一层一层扎住，屋面即算是盖好了。草房子正面安装一木门，草房子背面安装一木窗，室内地坪全是泥地，稍整一下，就算是可以居住的草房了。草屋屋面不耐岁月，需要年年更新。因此农家年年要请盖屋师傅上门来修补屋面。旧时，这样的草房子在境内比比皆是，农家世代居住。

中华人民共和国成立前，境内也有极少数农户住砖瓦房，占总农户数的比例不足 10%，这类砖瓦房大多是祖传，房屋也并不大，一般檐高 2.5～3.0 米。墙体用小青砖砌成，石灰粉刷，木门木窗，室内地坪铺上小青砖或方砖，卧室房顶上开有天窗采光。住瓦房的农户，一般来说比住草房的农户富有，其中，有极少数富户家的资产靠长期剥削贫苦农民而得。该部分人在新中国成立之初的土地改革运动中被评划为地主。地主家的房子被政府没收后分配给无房或少房的贫苦农民居住。

中华人民共和国成立初期，境内农民的居住条件无多大变化。农民历代居住的泥墙草房依然是草房，旧时的砖瓦房依然是旧式砖瓦房。

20 世纪 60 年代中后期，随着农业生产的逐步发展，农民生活水平逐步提高。境内一些农户开始有了翻建新屋的愿望。农村基层干部顺应民意，为农民翻造新房开辟提供建筑材料的途径。境内六大队、七大队率先建造土窑，烧制砖瓦。四大队石塘自然村上的 5 个生产队，联合开采小墩裸石，以后发展成石塘小石场，生产建筑石料。农户为建造新房，往往举全家之力，省吃俭用，千方百计筹集建筑材料，多年准备，甚至还要举债借贷，勉强落成新居。新房质量不讲究，大多为 3 间平房，墙体为空斗砖墙，屋梁为旧屋木或栗树棍，以毛竹梢作椽子，屋面以稻草居多，少数人家盖冷摊瓦。20 世纪 70 年代，境内四大队、五大队也先后建办小土窑。西张公社建办轮窑、传热窑及水泥厂、水泥预制场等，建筑材料供应稍有宽松。境内出现了建房热，拆旧建新的农户逐年增多，普遍翻建砖瓦平房。房子进深 7～8 米，檐高 3 米左右，以水泥桁条为梁，以杉木梢为椽子，木质门窗，中间一间房子留有步檐，两侧两间房子正面各开窗一个，正间后边也开窗一个，两边山墙各开窗一个。以石灰粉刷墙体，新居即落成。20 世纪 80 年代，建材市场开放，建材品类增多，建筑工艺改进。境内农户为改善居住环境，彻底改变住房面貌，开始由平房翻建楼房。村民将翻建楼房作为一种时尚。房型多为两层楼，开间 3.5～4 米，层高 3.3～3.5 米，进深 9～10 米。居室注重通风采光，窗户增多增大，一般正屋前建有外走廊，厢房屋顶为平顶阳台。大多采用圆木或水泥桁条作梁，方木椽子，水泥沙灰砌墙。水泥楼板、水泥过墙板等大多使用水泥预制构件。墙体大多是空斗砖墙，外墙用"116"（1 份水泥＋1 份石灰＋6 份黄沙）材料粉刷，小瓦屋面。

20 世纪 90 年代后，农民建造的楼房在款式上有了新的发展。有别墅式的，有仿古式的，也有庭院式的。墙体是砖混实砌，铝合金或不锈钢门窗，注重室内装潢，厨卫设施配套。外墙及院墙用瓷砖贴面，场地硬化，庭院绿化。有的房屋为框架结构，楼面、屋面用水泥现浇，提高抗震强度，增加防水效果。屋面以色彩鲜艳的琉璃瓦盖顶。

至 2002 年，全境已经有 95% 以上的农户建造了新颖的砖混结构楼房。

第二节 村（居）民居住小区

2003～2015 年，随着凤凰镇实行行政村撤并，加大韩国工业园建设力度、加快城乡一体化建设步伐。同时由于沿江高速公路建设、苏虞张一级公路建设等项目用地的需要，境内先后有 22 个村民小组整体拆迁。在对被拆迁农户集中安置和零星小村庄归并取得一定成效的基础上，根据张家港市委、市政府提出的"工业向园区集中，农民向城镇集中，居住向社区集中"的城乡统筹发展新思路，境内共有 800 多户农民先后安置到双龙花园、曹庄新村、金谷小区、龙腾花园等农（居）民集中居住小区。新建设的居民新村，房型款式或别墅庭院式，或有电梯上下的小高层住宅，或单元式公寓房。设计造型多样化，室内装潢美观大方，厨卫设备、家用电器、多媒体终端、照明灯具等各类设施齐全。居民小区有休闲广场、健身活动场所及文体娱乐场所等设施。还有管理服务中心、卫生保洁队伍、绿化管理队伍、治安联防队伍、医疗卫生等各类服务机构。新型农民居住小区具有 21 世纪新时代的城镇化气息。

至 2015 年，双龙村农民入住集中居住小区的农户有 828 户，占农户总数的 39.3%。

第三节 拆迁安置

自 2003 年 6 月起，西张镇设立张家港市韩国工业园。因园区建设用地的需要，境内自然村王家巷（21 组）、北彭家、闵家宕（22 组）、南京庄（23 组）整体拆迁，拆迁户由政府异地安排宅基地，村民自拆，新居自建。新的宅基地位于金谷村境内曹家宕（金谷村 5 组）南陈菜圩农田中，各家均建统一规格的单栋两层楼别墅，琉璃瓦盖顶，屋前置栅栏院墙。2015 年，该别墅群共有别墅 135 栋，冠名曹庄新村。

2003 年 8 月，西张、凤凰、港口三镇合并建立新的凤凰镇后，韩国工业园更名为韩国工业集中区，也称凤凰工业集中区。因集中区扩大规模用地需要，2004 年起，境内又有自然村南彭家（20 组）、姚塘岸（24 组）整体拆迁，拆迁户安置于金谷小区（西妙路南）公寓房。

2005 年，境内自然村郑家巷（5 组）、徐家巷（6 组）因规划建设苏虞张一级公路与沿江高速公路互通交通枢纽的建设项目用地需要而整体拆迁。拆迁户安置于湖滨社区双龙花园（西凤路东）公寓房。2006 年，境内自然村三家村、北鸳塘因工业园区用地需要整体拆迁，拆迁户安置于湖滨社区双龙花园（西凤路东）公寓房。2010 年，境内自然村小墩头（12 组）、新宅基（37 组）及祁村头（38 组、42 组）

因城乡一体化建设及工业集中区建设用地的需要整体拆除，这一批拆迁户安排入住双龙花园湖滨社区公寓房。2011 年，境内自然村石塘（13 组、14 组、15 组、26组）、窑墩头、棒槌巷（16 组、17 组）、鸳塘里（18 组、19 组）及西巷（7 组、10组）因城乡一体化建设规划用地的需要整体拆迁，拆迁户安置于双龙花园西区公寓房和湖滨社区双龙花园小高层公寓房及双龙花园东区公寓房。

2002～2015 年，双龙村通过前后十多年的动员拆迁、达成协议、拆迁安置等一系列繁复的工作，终于在 2015 年年底前全部拆迁完毕。双龙村境内有陈巷（西）、王家巷、北彭家、闵家宕、南京庄、南彭家、姚塘岸、三家村、北鸳塘、郑家巷、徐家巷、小墩头、祁村头、新宅基、石塘、窑墩头、棒槌巷、鸳塘里、西巷等 19 个自然村落（23 个村民小组）整体拆除，村民异地安置。此后，这些双龙村境内原有的村庄已不复存在，成为消亡了的村庄。

2002 年至 2015 年境内自然村拆迁及村民安置地点一览表

表 3—1

拆迁时间	拆迁原因	被拆迁自然村名	所属双龙村组别	拆迁户数	拆迁建筑面积（平方米）	安置地点
2002 年	苏虞张一级公路建设用地需要	陈巷（西）	58	30	5100	吉家巷小区、金谷小区
2003 年	韩国工业园区建设用地需要	王家巷	21	36	5500	曹家新村（地处金谷村陈菜圩）
		北彭家、闵家塘	22	30	5000	
		南京庄	23	37	6700	
2004 年	凤凰工业集中区建设用地需要	南彭家	20	40	7000	金谷小区（西妙路南）
		姚塘岸	24	26	4800	
2005 年	一级公路交通枢纽建设用地需要	郑家巷	5	48	8300	双龙花园（西凤路东）
		徐家巷	6	50	9000	
2006 年	凤凰工业集中区建设用地需要	三家村、北鸳塘	25	40	5734	双龙花园（西凤路东）
2010	城乡一体化建设	小墩头	12	41	8270	
	凤凰工业集中区建设用地需要	新宅基	37	27	4600	
		祁村头	38、42	68	11000	
2011	城乡一体化建设	石塘	13、14、15、26	125	19430	双龙花园东区、西湖滨社区
		窑墩头、棒槌巷	16、17	58	9500	
		鸳塘里	18、17	80	16800	
		西巷	7、10	59	9000	

第二章　公共事业

第一节　用水用电

给排水　双龙村地处江南水乡，水资源丰富。旧时，水的利用是居民生活用水和农田灌溉用水。村民饮用水绝大多数是从河浜中取水贮以水缸内，以明矾搅入贮水中，让悬浮在水中的尘埃凝聚沉入缸底，取上部的澄清贮水食用。20世纪70年代后，由于农药化肥的大量应用及工业废水无序排放，河塘水源受有害有毒物质污染，境内村民大多开挖独户水井，解决洁净用水所需。据1983年统计，全境有独户水井800余眼，1992年发展到1200余眼，井水作生活用水的用户占总户数的85%以上。1993年，双龙村为更好地解决境内居民生活用水问题，开始建造水塔，钻挖深井。井深120米以上，抽取地下水注入水塔后，向村民提供深井自来水。1994年，境内原有的鸶塘、袁市、石龙等村均建有水塔，向村民供应自来水。1999年，张家港实施东区区域供水工程，由西张镇政府财政和各村、各市镇单位筹资640万元，铺设供水主干道13000多米，支管道7000多米。同时，张家港市给排水公司在西张（境内自然村倭潭岸北端）建立增压泵站，调节自来水流量与压力。全镇村村通上由张家港给排水公司提供的经过加工处理好的长江水。自此，双龙全境村民均用上洁净的自来水。

用电　中华人民共和国成立之初，双龙村境内尚无电力可用。在西张街区，仅在轧米厂内可见到电灯。其电源来自厂内柴油机传动发电。电力仅能维持厂内数只25瓦灯泡照明用。20世纪70年代初，国家电网开始在西张架设。1971年3月，境内南塘梢灌溉站由恬庄变电所架通高压线路，建成电灌站，境内首次用上高压电，仅用于农田灌溉。1976年，由各大队自筹资金、材料，将电力线路架设至各家各户。但由于供电量不足，用电高峰时经常断电，村民用电极不正常，20世纪80年代中期，随着社队工业的迅速发展，工业用电量激增。国家电网提供给企业的电量严重不足。为解决村办企业用电及村民生活用电的需要，境内原4个大队都购置200匹马力以上的柴油机发电机组，缓解国家电网供电不足的状况。1995年，双龙村建成小型热电厂，容量2500千伏安，所发电量除满足本村工农业生产用电及村民生活用电外，将多余电源输入国家电网并网使用。

1998年，境内各村均进行农网改造，高压线、低压线、进户线、变压器等分别采取了更新、加粗、扩容等举措，境内各村全部达到用电标准村的标准。电网改造后，全境变压器由原来的 12 台增加至 28 台，总容量 4880 千伏安，电压增强并稳定，大大改善了村民的生活质量。

进入 21 世纪，国家电网的供电量已完全能满足本地区工业生产及居民生活需要，境内各村不再需要自发电补充电量。村民生活用电不再局限于照明。村民家中普遍用上了电视机、电饭煲、电热水壶、电热器、电冰箱、电瓶车、空调等家用电器。2015 年末，全村共有变压器 62 台，总容量 26875 千伏安，确保了境内生产生活用电。

2015 年双龙村农村用电变压器配置一览表

表 3—2

序号	配变情况	用电地址	容量	序号	配变情况	用电地址	容量
1	双龙花园 1♯变	鸳塘社区	500	10	双龙花园 2♯变电所 1♯主变	鸳塘社区	800
2	双龙花园 2♯变	鸳塘社区	630	11	双龙花园 2♯变电所 2♯主变	鸳塘社区	800
3	双龙花园 3♯变	鸳塘社区	400	12	双龙花园西区 1♯变电所 1♯主变	鸳塘社区	1000
4	双龙花园 4♯变	鸳塘社区	500	13	双龙花园西区 1♯变电所 2♯主变	鸳塘社区	1000
5	双龙花园 5♯变	鸳塘社区	400	14	双龙花园 3♯变电所 1♯主变	鸳塘社区	800
6	双龙花园 6♯变	鸳塘社区	500	15	双龙花园 3♯变电所 2♯主变	鸳塘社区	800
7	双龙花园 7♯变	鸳塘社区	630	16	双龙花园 3♯变电所 3♯主变	鸳塘社区	800
8	双龙花园 1♯变电所 1♯主变	鸳塘社区	800	17	双龙花园 3♯变电所 4♯主变	鸳塘社区	800
9	双龙花园 1♯变电所 2♯主变	鸳塘社区	800	18	双龙花园 4♯变电所 1♯主变	鸳塘社区	1000

续表 3-2

序号	配变情况	用电地址	容量	序号	配变情况	用电地址	容量
19	双龙花园 4♯变电所 2♯主变	鸳塘社区	1000	36	石龙陈巷变	石龙社区	400
20	双龙花园 5♯变电所 1♯主变	鸳塘社区	1000	37	石龙桥变	石龙社区	400
21	双龙花园 5♯变电所 2♯主变	鸳塘社区	1000	38	北京庄变	石龙社区	400
22	双龙菜场变	双龙社区	400	39	蔡塘 1♯变	石龙社区	400
23	双龙上场变	双龙社区	400	40	石龙二组变	石龙社区	315
24	野朱家宕变	双龙社区	400	41	吴家宕变	石龙社区	400
25	双龙西巷变	双龙社区	400	42	钟家宕变	石龙社区	315
26	双龙沈巷变	双龙社区	400	43	钟家宕 1♯变	石龙社区 200	
27	双龙三组变	双龙社区	400	44	北京庄小区	石龙社区	400
28	双龙九组变	双龙社区	400	45	石龙五组变	石龙社区	400
29	双龙十组变	双龙社区	315	46	吉家巷 1♯变	石龙社区	400
30	西张中行变	双龙社区	400	47	石龙二组 1♯变	石龙社区	400
31	双龙十组 1♯变	双龙社区	400	48	石龙二组 2♯变	石龙社区	400
32	沈巷 1♯变	双龙社区	250	49	吉家巷 2♯变	石龙社区	500
33	野朱家宕 1♯变	双龙社区	200	50	北京庄 1♯变	石龙社区	400
34	沈巷 2♯变	双龙社区	200	51	陶家湾变	袁市社区	400
35	蔡塘变	石龙社区	400	52	李家巷变	袁市社区	400

续表 3-2

序号	配变情况	用电地址	容量	序号	配变情况	用电地址	容量
53	五房庄变	袁市社区	400	58	袁市四组变	袁市社区	200
54	五房庄1♯变	袁市社区	200	59	袁市八组变	袁市社区	200
55	袁市欧家坝变	袁市社区	250	60	陶家湾1♯变	袁市社区	200
56	袁市一组变	袁市社区	250	61	陶家湾2♯变	袁市社区	200
57	袁市一组1♯变	袁市社区	200	62	袁市欧家坝1♯变	袁市社区	200

第二节 沼气利用

1973 年，西张公社成立沼气办公室，发动社员建造沼气池，人工制造沼气以供家庭炊饭及照明之用，境内各大队陆续响应。

沼气利用首先要建沼气池，初期，公社沼气办公室推广"茶壶形"土坑式沼气池。社员在自家场前空地上开挖建池，容积 10 立方米左右，沼气池建成后，从投料口向池中投入猪粪、杂草及适量河水，然后密封数天后发酵产生沼气，通过管道将沼气引入社员家中，接上沼气炉或沼气灯达到炊饭或照明的效果。茶壶形土坑式沼气池虽有建池方便、成本低廉等优点，但质量差、易坍方、易跑水漏水，使用寿命仅一二年。1976 年，推广圆形二合土池或圆形砖结构池，境内基本每个生产队有三四户社员家庭开挖试用，使用效果好于土坑式池。但毕竟沼气产量低下，实用效果不理想。使用一段时间后，有的用户废弃不用，全境使用沼气的农户不到 10%。

1980 年，公社沼气办公室对各大队沼气使用情况进行调查，病态池、报废池占多数，完好池正常使用较少。以后境内沼气不再推广。

第三节 油气供应

汽柴油 20 世纪 60 年代，境内汽柴油用量极少，不属于生产、生活必需品范畴。20 世纪 70 年代以后，随着农业机械化程度的提高，柴油用量加大。生产队的农机用油由供销社按耕地面积计划供应。20 世纪 80 年代后，大队办企业迅速发展，由于国家电网供电量满足不了工业用电的需要，境内 4 个大队纷纷购置大型柴油发电机组补充电力，柴油用量剧增。同时，境内有七八十家农户购置拖拉机挂车，还有三五十家农户购置农用汽车，从事专业运输行业。汽柴油骤然成为境内不可或缺的生产生活必需品。

为满足西张地区工农业生产用油的需要。1986 年，西张供销社在境内镇北路（西塘路）倭潭岸北（48 组）及双龙西路倭潭岸南（11 组）先后建造了加油站两座，既满足了境内机动车辆的用油需要，也方便了外地过境车辆。

1998 年，双龙西路加油站转制为私营企业，企业全称中石化壳牌（江苏）石油销售有限公司西张站，法人代表叶震。2015 年，销售汽油 4150 吨，柴油 950 吨。镇北路（西塘路）加油站同样转制为私营企业，企业全称中石油西张加油站，法人代表张四平。2015 年，销售汽油 1440 吨，柴油 370 吨。

液化气·天然气　境内百姓历来以柴草炊饭，不知道液化气、天然气为何物。1987 年，西张供销社从泰州炼油厂购进少量瓶装液化气，供部分政府机关工作人员使用。20 世纪 90 年代初，邻近双龙村的凤凰供销社，在境内南塘梢设立液化气供应站，液化气在境内居民中开始使用。1995 年，境内居民有 70％以上使用液化气。2013 年，境内双龙花园居住小区安装天然气管道，入住双龙花园的居民，部分选择使用天然气。

2015 年，境内居民 100％使用液化气、天然气。

第四节　电　话

境内电话的使用、普及与功能升级，都是随着西张邮电支局的成立，扩容，功能提升而同步发展。1958 年，西张成立邮电支局，设电话总机后，境内原四大队、五大队、六大队、七大队的大队部各装有一台电话机。20 世纪 80 年代后期，境内居民开始安装住宅电话。1990 年，全境有 28 户村民家中安装电话。1992 年，境内开通程控电话，可直拨国际国内长途。境内居民安装电话总计 187 部。1996 年，境内居民安装住宅电话的积极性空前高涨，全境累计安装住宅电话 620 多部，占农户总数的 31.5％。是年江苏省邮电管理局为双龙村颁发"电话示范村"证书。

1996 年，移动电话（手机）开始在境内使用。由于移动电话比固定电话具有灵活方便、功能广泛等诸多优点，很快被境内居民所接受。手机在青年人及企业老总、个体老板等人群首先流行，成为一种新的时尚。2000 年，手机在双龙全境得到普及，手机拥有数超过固定电话数。2010 年以后，境内老年人也开始拥有手机。为了让老年人易于应用，手机制造商推出老年人手机，这种手机具有铃声高、字体大、操作方便、贮电时间长的特点，很受老年人欢迎。年轻人及文化程度较高的人群则追赶电子信息时代迅速发展的潮流，普遍应用智能型手机。这种手机为触摸式屏幕，功能广泛，既可通讯，又可入互联网作电脑使用。2015 年，全境拥有程控电话 928 部，拥有手机 5021 部。

第五节 公共设施

一、公共建筑

1985 年前，境内农村公共设施仅为 3～4 间村部办公用房及 3～4 间不等的村合作医疗卫生室用房和村级小学校舍。这些公共设施大多是砖瓦平房，檐高 3～4 米不等。原 4 个村公共建筑面积中，村级集体用房 1200 平方米，村级小学校舍面积 1700 平方米，总投资近 40 万元。1985～1995 年，境内各村办公用房及农村合作医疗用房需求量增大，境内 4 个村共兴建公共建筑 12 幢，建筑结构以砖混两层楼为主，混凝土框架结构次之。新增建筑面积 3000 多平方米，总投资近 100 万元。乡村小学先后并入西张中心小学后，校舍改为企业用房。

2004 年，境内 4 个村合并为双龙村。2007 年，双龙村新建村综合大楼 1 幢，建筑面积 6500 平方米，投入 650 万元，2009 年交付使用。该楼为混凝土框架结构建筑，有 7 个楼层，配有电梯。大楼西端 5 间（由底楼至顶楼）为大裕橡胶制品有限公司办公用房，东端 10 间（由底楼至顶楼）为双龙村综合用房。综合用房中底楼由商企、银企租用作为店面房及双龙村警务室办公用房。二楼为商企、银企仓库及村特色展示室、文体活动室等。三楼为村成人学校及鸿为教育少儿培训班用房。四楼为村民委员会及附属机构办公用房，附设村荣誉展示室、图书室、阅览室等。五楼为村党委会及其附属机构办公用房，附设档案室、多功能小会议室等。六楼为村会议中心，有 350 个席位。七楼为炊事用房及餐厅。

2011 年 8 月，双龙村投资 350 万元，在村部北面北京庄小区新建社区卫生服务和村老年人活动中心大楼 1 幢，建筑面积 1520 平方米，2013 年落成并装修完工。该大楼为混凝土框架结构建筑，2 层楼。底楼为社区医疗卫生、保健康复服务用房，二楼为老年活动场所，设有茶座、棋牌室及可供 200 多名观众就坐的书场。

二、景观绿化带

苏虞张一级公路双龙段南北向穿越境内长约 4 公里，两侧置有景观池塘、人行横道及绿化景观带宽 10～20 米，路中央有绿化隔离带宽 2.5 米。绿化配置上注重生态原则和生物多样化原则，除种植大规格乔木外，还充分考虑植物生相、季相，从而达到四季有花、品种丰富的效果。河塘内种植有水生花草，如荷花、蒲草、芦苇等。地形设计以波浪形展开，形成起伏的林冠线。东西向穿越境内的沿江高速公路双龙段长约 2.6 千米，两侧绿化带 10～40 米不等，植有各类树种 150 余种，90 万余株。西凤公路双龙段途径境内 2.5 千米，两侧绿化景观带宽 15~20 米，地形设计波浪形起伏，人行道曲径式通幽，植有桂花、芭蕉、棕榈、香樟、黄杨、银杏、红枫等各类乔木、灌木 80 余种，30 万余株。

二、农村巷道

1995~2000 年，境内四个村以乡村主干道为纲，修筑连通各自然村、组的支线道路。路宽 8 米，路面以碎石路面为主，混凝土路面次之。各村民小组内主要通道路面全部铺设水泥混凝土硬化。2002 年以后，双龙村所有社区与村部、社区与社区之间的主干道，全部改建、扩建成路面宽 16 米的水泥混凝土或沥青路面的交通道路。同时因地制宜加快建设备自然村出行的混凝土巷道。至 2015 年，农村巷道实现"户户通"。全境所有出行道路路面硬化率达 100%。

三、农村路灯

1990 年前，境内没有路灯，村民夜间出行长时间摸黑行路。20 世纪 90 年代以后，随着集镇建设和道路建设的快速发展，在穿过境内的公路及所有镇级、村级主干道路上，两侧全部装有路灯。进入 21 世纪，境内先后建有双龙花园、龙腾花苑、北京庄别墅区、西巷宿舍区等村（居）民居住小区。小区内都装有路灯。

四、健身广场

1990 年前，境内 4 个村都没有村民健身广场，平时村里有文体活动时，大多利用学校操场。2004 年，4 个村合并为双龙村以后，村里陆续在双龙花园、龙腾花苑等村（居）民集中居住的小区建立健身广场，根据场地规模配置相应的健身器材。健身广场双龙花园有 4 处，龙腾花苑有 1 处，占地面积约 1500 平方米。小区内还设有健身步道。双龙花园小区内建有标准化篮球场 1 片。

第四编　交通·水利

中华人民共和国成立前，境内没有公路干线与外界连接，只有泥路小径，道路弯弯曲曲，一下雨泥泞不堪，人们只能徒步出行，偶有几艘小木船在内河从事航运活动。20世纪60年代，境内各大队均购置水泥船，用于交售公粮或赴上海运氨水。20世纪70年代，境内开始修建机耕路，多为泥路。20世纪80年代起，村级道路逐步加宽，铺设水泥或沥青。至2015年，穿越境内主要公路有沿江高速公路、苏虞张一级公路、西塘公路、西凤公路、凤凰大道等，形成了四通八达的公路交通网。

中华人民共和国成立前，农田排灌依赖内河河塘，河道弯曲径流不畅，少雨时容易干旱，多雨时容易成涝。1958年，党和政府动用大量财力、人力，发动群众兴修水利，开挖新河，整治老河。20世纪70年代以后，境内开凿新西河，在农田水利、交通运输方面继续投入，使道路、桥梁、水利质量年年有新的提高。

至2015年末，村级道路（村到村、村到组、组到组）全部互通，90％以上的村民住宅前都有硬化路面。危桥、老河道得到维修、疏浚，水利配套设施完善。有5条公交线路穿越境内，人们出行方式多样、便捷。

第一章　交　通

第一节　公　路

中华人民共和国成立初，境内道路均为羊肠小道，弯弯曲曲，高低不平，没有公路干线与外界相接。居民如陆路远行须步行到距境内5千米外的塘桥、港口等地去乘汽车。1956年，农业合作化期间，土地由个人私有转变为集体所有。合作社开展了一轮农田建设。田间耕作道路通过裁弯取直，削高填低，田貌有所改观，但生产方式仍然是小农经济的生产模式，道路交通变化不大。20世纪70年代期间，境内农业机械化程度不断提升，社队工业迅速发展，对通衢道路的要求非常迫切。在工农业生产飞速发展的形势下，境内道路建设也得到迅速发展，到2015年末，全境有镇级以上公路5条，村级公路交通四通八达。

一、镇级以上公路

苏虞张一级公路双龙段　位于境内西部，2004年建成，北起石龙社区石龙桥北端，往南经双龙社区野朱家宕穿越沿江高速公路立交桥至袁市社区（祁村头）凤凰大道处，按一级公路的标准进行建设养护，途经境内4千米，自北向南在石龙桥、镇北路（西塘公路）、长江路、凤凰大道设有4个立交道口，往南可直通苏州。

西凤公路双龙段　位于境内东部，1976年，由西张公社同凤凰公社合建。1978年又合建凤恬路，接通204国道，途经境内2.5千米。北起西张镇，向南经牛腾桥至凤恬路交界处。初为黄沙石子路，以后多次拓宽路基、改造路面。2012年，改建成双向6车道、沥青路面、两侧均设有非机动车道及绿化带的高等级公路。

西塘公路双龙段　位于境内北部，1974年，由西张公社修筑西张至栏杆桥的公路，初为镇域内简易公路（时称西栏公路）。1979年，西栏公路向西延伸接通沙锡公路塘市段，定名为西塘公路。1993年，扩建西塘公路东段（即西张至妙桥路口），接通204国道。西塘公路几经延伸、拓宽、改造，2015年，改建成双向4车道、沥青混凝土路面的高等级公路，途经境内2.3千米。

沿江高速公路双龙段　位于境内中部，2004年8月建成通车，是穿越境内的一条连接上海、南京的高速公路。自西向东途经境内约2.6千米，为双向4车道的全封闭高速公路。

凤凰大道双龙段　位于境内南部，2005年建成通车，是工业园区内东西走向的一条主要高等级公路。该路双向6车道，道路中央设绿化隔离带，沥青路面，两侧有林荫道，往东可通204国道，往西连接苏虞张一级公路，途经境内2.5千米。

二、村组道路

中华人民共和国成立前，境内村组间道路均为泥路小径，大多宽不足1米且弯曲不直。1958年开始，各大队逐步加宽要道路面，加宽至1.5米。20世纪70年代修建机耕路，路面宽2.5～3米，大多仍为泥路。20世纪80年代起，村级道路路面逐步铺上碎砖、碎石或煤灰等，作简易改造。20世纪90年代，境内各行政村均修筑村级主干道接通镇区道路，路面宽4～5米，沥青或水泥路面。1995年，各行政村以乡、村主干道为纲，修筑连接各自然村组间的道路，路面均以混凝土硬化。2015年，全境所有自然村出行巷道全部修筑成混凝土道路。

第二节　航　道

自古以来，境内航道均为内河航道，河流纵横交错，弯弯曲曲，宽窄不一，支叉湾极多。中华人民共和国成立前，境内水路运输并不发达，只有几条木船从事内河航运活动。20世纪70年代期间，境内各生产大队大多购置水泥农船（载重5～10吨），用于赴上海等处装运氨水或用于赴粮管所交售公粮。

1975年，全境有水泥农船114艘，其中有24艘配有挂桨机，从事物资运输业务。

1973年，西张公社着手疏浚内河航道，以公社所在地北端的张市塘港湾处庵浜口开始，向西拓浚，通往栏杆桥接通二干河。新开河定名为新西河，成为西张公社范围内东西走向的一条主航道。新西河全长5.8千米，双龙境内长约1.6千米。

除新西河外，境内还有石塘河、鸳塘河、张市塘（长寿河）、安晖洞、陶曲家湾塘、南北姚塘、横塘、蔡塘浜等大小河道，叉浜四处分布，40多个自然村组通过叉浜可通达内河航道。

20世纪80年代中期，境内全面实行家庭联产承包责任制。各生产队的农船逐渐废弃，至2002年，境内不再存在农船。航道的作用主要是利于排水泄洪防涝及戽水灌溉，兼有美化环境、观光休闲的作用。

2015年，西张街道主航道张市塘淤塞严重，市水利局把张市塘作为张家港市三干河工程拓浚，竣工后的张市塘，两边全部建好石驳岸、绿化护坡，岸上拓有机动车道，河岸有护栏，河上新建桥梁3座。张市塘在境内长度为2.5千米。

第三节　桥　梁

20世纪60年代前后，境内桥梁大多为木桥，且年久失修，通行不便。20世纪70年代中期开始，在建造机耕路的同时，改建和新建一批桥梁。1973～1980年，境内分别在新西河、鸳塘河、横塘及蔡塘等处，改建和新建新西河5号桥、新西河6号桥、鸳塘桥、新筑坝桥、沈巷桥、石龙桥、蔡塘桥、大坝桥等。至2015年，全境共新建和改建桥梁13座，其中由镇政府拨资兴建11座由镇政府投资兴建。

进入21世纪，镇政府将社会事业列入政府工作的重要议事日程。除新建部分农桥外，组织有关部门对全境所有农桥进行逐桥检查，并视损坏程度，分情况分期进行维修改建，资金由市、镇、村三级分担。这些新建和改建的桥梁，均为钢筋混凝土肋拱桥或板梁桥。

2015 年末双龙村桥梁一览表

表 4-1

序号	桥名	所在地址		坐落	结构	桥面		修建年份及变迁
		行政村	自然村			跨径(米)	宽度(米)	
1	新西河 4 号桥	双龙	张市路	新西河	砖拱	23	6	1975 年修建
2	张市路桥	双龙	张市路	新西河	混凝土平板桥	23	18	1993 年修建
3	育才桥	西张中学	校园	新西河	混凝土肋拱桥	23	6	1999 年建砖拱桥，2002 年重建
4	新西河 5 号桥	双龙	倭潭岸	新西河	砖拱	23	2	1976 年建
5	新西河 6 号桥	双龙	野朱家宕	新西河	砖拱	23	2	1976 年建
6	双龙路桥	双龙	野朱家宕	倭潭浜	混凝土平板桥	10	15	1980 年建
7	鸳塘桥	鸳塘	鸳塘里	鸳塘河	混凝土平板桥	8	15	原为木桥，20 世纪 70 年代改建砖拱桥。2012 年拆迁南移重建。
8	香水桥	双龙	西巷	横塘	砖拱	15	2	原为木桥，1978 改建砖拱桥。2004 年因拆迁废除。
9	新筑坝桥	双龙	东陈	横塘	砖拱	12	2	原为木桥，1978 改建。
10	沈巷桥	双龙	沈巷	姚塘梢	平板	4	6	原为木桥，1978 改建。
11	石龙桥	石龙	石龙桥	长寿塘	砖拱	15	5	古为石桥，建于光绪 7 年，1938 年重建，1978 年改建
12	大坝桥	袁市	五房庄	门前塘	砖拱	10	2	原为石桥，20 世纪 70 年代改建
13	双龙桥	湖滨社区	双龙花园	石塘河	混凝土平板桥	20	22	2013 年建

第四节 交通运输

20 世纪 70 年代以前，境内的运输工具是以人力运输工具为主。80 年代以后，人力运输工具逐渐为现代机动运输工具所代替。

一、人力交通运输工具

板车（榻车）　大多数为木质车身，少数为铁质车身。车厢长 2 米左右，宽 1 米左右，载荷近 1 吨，起始于 20 世纪 70 年代。1980 年，全境有板车 126 辆。1983 年，实行家庭联产承包责任制后，村民因拖运粮食、售卖生猪等需要，大部分家庭备有该车，1990 年，全境有板车 484 辆。1995 年，境内实行"两田分离"制后，农民只种口粮田，责任田由种田大户承包实行规模化耕作。农户对板车的使用量减少，逐渐废弃。2015 年，全境有板车 55 辆。

自行车　一种较轻便的代步及运输工具，也可用于从事搭客载货，售卖棒冰、水果等经营活动。20 世纪 70 年代，全境有 8 人从事该行业，1990 年有 15 人从事该行业。80～90 年代，自行车普遍成为村民出行的交通工具，全境有自行车 4000 余辆，直至 20 世纪 90 年代末期，自行车数量逐年减少，被电动自行车、摩托车替代。2015 年，全境有自行车 270 辆。

船　有木船、水泥船两种。20 世纪 50 年代以前，船的材质大多是木质结构。1957 年，境内陈巷、北京庄各有木船 1 艘（载荷 18 吨），从事载货运输。1970 年，境内原六大队成立货物运输队，该两条木船作价归大队所有，用作驳船装载货物，由轮船拖带。1977 年该船队售卖给西张公社水泥厂。20 世纪 60 年代后，开始使用钢丝网混凝土结构的水泥船，其优点是价廉、易保养、使用周期长等。吨位有 5 吨、10 吨、20 吨等。20 世纪 70 年代，境内 58 个生产队都有水泥船，有的生产队有 2 艘，主要装运稻、麦、化肥、氨水及积肥货运等。1985 年，境内公路筑成后，水路交通逐步被陆运运输替代。2000 年后，木船、水泥船消失。

手推独轮车　木制，客货两用。载重 200 千克左右，车厢两边可坐人或载货，1960 年前，全境有手推独轮车 48 辆，20 世纪 70 年代后开始淘汰。20 世纪 80 年代绝迹。

二、机动交通运输工具

20 世纪 70 年代开始，境内机动交通运输工具逐步发展，除挂浆机船外，机动车出现，有拖拉机、汽车、摩托车等。

机帆船　20 世纪 70 年代后，水泥船尾加装螺旋桨推进器，用柴油机带动行驶（俗称机帆船）。1980 年，全境各个生产队均将水泥船改装成机帆船，境内有机帆船 60 余艘。

拖拉机　最初为手扶拖拉机，用于耕作。1968 年，境内第五大队第 1 生产队率先购买第一台东风 12 型手扶拖拉机，至 1980 年，全境有手扶拖拉机 58 台，农忙时耕地，农闲时配挂机厢跑运输。20 世纪 90 年代后逐渐淘汰。

汽车　是当代陆路交通运输的主要工具。有轿车、面包车、卡车、小货车等。1990年，全境有轿车5辆、农用卡车6辆、东风5吨超长卡车2辆。2015年，全境有轿车1588辆（私家车）、卡车69辆、面包车58辆、小货车65辆。

三轮卡车　用于短途载客、装运货物，俗称"噗噗车"。20世纪80年代较为盛行。1990年，全境有此车12辆。2015年已绝迹。

摩托车　现代化代步工具，也有用于搭客。20世纪80年代末期，全境少数人有摩托车。20世纪90年代末，全境有摩托车381辆。2000年以后，境内摩托车逐渐减少。2015年全境有摩托车189辆。

电瓶车　是一种以电瓶（蓄电池）电流为动力替代人力传动车轮的电动自行车或电动三轮车，20世纪90年代末开始在境内流行。2000年全境有各类电瓶车1500多辆。2015年全境有各类电瓶车4256辆。

三、货运

水上货运　旧时，境内货运的主要形式是水运，航道主要依赖老张市塘作为货物进出的港口。在张市塘的西侧建有3处石级专用装卸码头，由航船作为运输工具为店家装载货物进出港口以流通物资。中华人民共和国成立后，直至20世纪70年代初，水运仍然是境内货运的主要方式。

陆上货运　20世纪70年代中期，西张公社建成西张至塘市的西塘公路及西张至凤凰、恬庄的西凤路以后，陆上交通往西可直通沙锡公路，往东可直通204国道。境内各大队陆续建设村级公路接通公社主干道。陆路运输开始发展，水上运输逐渐衰弱。1980年，政策允许个体户搞运输，乡村个体运输迅速发展。境内个体运输工具大多为挂浆机船，水泥船体。这些运输船均为自揽货源，自由经营，随处停靠，机动灵活，成为运输业的一支重要力量。20世纪80年代末，全境有50多艘个体挂浆机船搞货运。20世纪90年代后，村级公路全部贯通，拖拉机挂斗车、货车迅速发展，水上个体运输开始衰弱。至2000年，水上运输基本绝迹。

物流托运　20世纪以后，物流行业开始兴起，不论货物大小、数量多少，都可通过物流公司快速承运递送。在约定的时间内，托运物件均能如期送达客户接收地点。2015年，有数十家物流网点落户双龙境内，较有名望的有澳洋医药物流、顺丰物流、安泰速递公司、圆通快递公司、申通快递公司等。

四、客运

20世纪70年代以前，境内没有客运。村民出远门，必须步行到西徐市（凤凰）、港口乘轮船或者步行到塘桥、港口去乘汽车。20世纪80年代初，西张公社建成西张至塘市、西张至凤凰、恬庄的公路以后，境内开始有个体方便车载客服务，招手即停。1982年沙洲县汽车公交公司开通县城至凤凰的农村公共汽车线路，在双龙境内修建了野朱家宕、西街、石塘、小墩头（三角场）等处旅客招呼候车亭。2002年，张家港市公交公司开通226路、212路公交线路穿越双龙全境运行，在双龙境内设有11个沿途停靠站，每隔15～20分钟即有1班公交车经过。2015年，途经境内的公交车有226路、212路、213路、322路、320路等5条线路。

第二章　农田水利

中华人民共和国成立前，境内地面起伏不平，河网零乱。由于小农经济种地，有些内部河道被互相分隔，宣泄不畅，往往造成旱涝灾害。中华人民共和国成立后，人民政府重视农田水利建设，广泛发动群众修建水利，按照"小型为主、配套为主、自办为主"的治水方针，切实有效地开展了一系列农田水利基本建设活动。

第一节　河道整治

境内地处苏南水乡，大小河流纵横交错，河道随自然地形无序弯曲、深浅宽窄不一。解放前土地私有制，小农经济种田，少数农户为了个人的利益，把某些河道分隔成若干段，人为造成水流宣泄不畅。农业合作化以后，土地归集体所有，地方政府号召基层各农业生产合作社，组织劳动力，结合积肥，开展对境内河道作清除废坝，清除淤泥及填塞小河浜等河道整治工作。1958年大跃进时期，政府提出"要高山低头、要河水让路"的口号。是年冬，境内各生产队又开展了一轮轰轰烈烈的河道整治工作，全境涉及清淤河流12条，填塞小河浜7条，清除废坝5条，使该通航的河道得以通行船只，让该利于农田排灌的河道得以方便农田排灌。

1973年，西张公社开凿新西河，河道东西走向，途经境内1.6千米。河道底宽5米，河面宽20米。新西河东端接通三丈浦，西端接通二干河，既有利于西张水路运输的便捷，也有利于沿河农田的排灌。

第二节　田间沟渠

旧时，小农经济种田，对田间沟渠的修筑并不十分重视。因排灌不畅，农田旱涝灾害时有发生。解放以后，人民政府十分重视农业生产，贯彻农业八字宪法，提倡科学种田，指导农民抗旱治水治渍，加强田间沟渠修筑，为农业夺取稳产高产打好基础。田间沟渠有明渠及暗渠两种：

一、明渠

根据田块灌溉或排水需要，修筑干渠、支渠及毛渠 3 级渠道，由机电灌溉站戽水入干渠，流经支渠，进入毛渠灌溉入田。通过三级渠道灌水，避免串灌漫灌，有利于农作物水浆管理。田间积水的排出，也通过明渠实现。方法是在田外修筑总排水渠，也叫田外沟，通往田外河道，作为基本固定的沟渠。田间开挖水沟，有横有竖，通往田外沟。田内沟为不固定沟渠，用时开挖，不用时填平。固定沟与不固定沟配套设置，相辅相成，构成一整套田间沟渠灌排网络。田头明渠修筑始于 20 世纪 70 年代，境内各大队均修筑明渠排灌系统，农田垱灌垱排的普及率达到 70％。1985～1990 年，境内有部分明渠墙体改用水泥板铺筑，占总量的 25％。

二、暗渠

暗渠的修筑始于 20 世纪 70 年代后期。在建设吨粮田及中拖路改造中大量兴建，实行渠路合一。路边按灌溉需要，建造窨井、斗门。暗渠因使用材料不同，通常分灰土渠道与水泥管渠道两种。20 世纪 70 年代，刚开始修筑的暗渠，大多为灰土渠道，灰土渠道的修筑是以事先粉碎好的黄泥加 20％左右的石灰粉经充分搅拌后组合成灰土作为筑渠的材料使用。筑渠时先挖好明渠，在渠道底部先填上一层灰土夯实，然后在明渠内以模板支撑好框架，在渠道两侧与模板的间隙里掺入灰土，人工夯筑成渠道墙体，暗渠顶部以拱顶模板支撑好，堆上灰土夯筑成渠顶，逐段搭建、夯筑、模具脱卸，筑成灰土暗渠。20 世纪 80 年代以后，修筑的暗渠则全部是水泥管渠道。1977～1985 年，全境修筑明渠 4200 米，修筑灰土渠道 3500 米，修筑水泥管渠道 6000 米。渠面为中拖道路，两侧绿化成行。农村实行家庭联产承包责任制以后，渠道修筑停止。

自 2002～2011 年，境内鸯塘社区的双龙村第 12、13、14、15、16、17、18、19、20、21、22、23、24、25、26 等村民小组，双龙社区的双龙村第 5、6、7、10 等村民小组，石龙社区的双龙村第 58 村民小组及袁市社区的双龙村第 37、38、42 村民小组因工业用地及城乡一体化建设用地需要而整体拆迁后，这些村民小组不再种地，土地推平，沟渠毁灭。2015 年全境共有明渠 2150 米，灰土渠道 2050 米，水泥管渠道 3700 米。其中双龙社区有明渠 480 米，灰土渠道 550 米，水泥管渠道 750 米；石龙社区有明渠 820 米，灰土渠 650 米，水泥管渠道 1400 米；袁市社区有明渠 850 米。灰土渠道 850 米，水泥管渠道 1550 米。

第三节　灌　溉

清末至民国初年，境内灌溉主要靠人力车水，牛力戽水次之。长期以来，农田灌溉极为困难，粮食因此歉收。1926年，境内始有机械灌溉。解放后，机械灌溉事业得到迅速发展，机灌站（境内称码门）、渠道等灌溉工程陆续兴建。1965年，全境实现灌溉机械化，1975年，境内全部实现灌溉机电化，1980年以后，全部实现灌溉电气化。

一、人畜力灌溉

旧时，灌溉工具全是人力或畜力水车，整套水车全部以木材制成。人力水车是由4个人或6个人同时在车轴上以脚力去转动车轴，车轴通过安装在车轴上的木齿轮（称作"拨只"），传动水车链条。水车链条是由一连串"鹤膝牛"组成。鹤膝牛上装有"斗板"，水车链条转动时，车链最下端的斗板将水刮入车槽中，随着水车整套器件的运转，水流沿车槽连续不断的提升，最后注入农田，实现灌溉。因水车链条形似想象中的龙脊骨，故又称龙骨水车。牛力水车的整套器具比人力水车复杂得多。首先在取水之处安置一个水车基，水车基上设立一个水车墩芯。水车墩芯底座为正四边形，边长约2米，对角线之中心设立一立柱，柱高约1.6米，水车墩芯上装置一个水车盘面，水车盘面形似伞形锥状，平套在水车墩芯上。盘面围绕水车墩芯顶端的支点旋转。旋转时，盘面边缘上的木齿带动车轴上的木齿轮（拨只），则车轴随盘面的转动而同步转动，车轴的转动带动安装在车轴另一端的又一木齿轮（拨只）同步转动，由该木齿轮传动车槽里的鹤膝牛车链，完成戽水程序。其间使水车盘面转动的动力则采用牛力。水牛拴在水车盘面上，牛围绕水车盘面做圆周运动，带动整套戽水设备运转，完成戽水农活。在灌溉设施实现机电化之前，戽水机具、主要是人力水车及牛力水车。境内各生产队都置有多部水车。至1963年，境内尚有人力水车71部，牛力水车86部。20世纪60年代末，水车使用率逐渐减少。70年代初，机电灌溉的迅速发展，水车被废弃、淘汰。如今已无踪影。

二、机械灌溉

机械灌溉的主要器具是戽水机船，民国期间，西张地区有些富户购买戽水机船发展戽水业。所谓戽水机船，就是把动力（柴油机）及水泵安装在船上，流动驶往各据点（称码门）去戽水灌溉农田。既节省劳力、提高工效，又灵活方便。境内农户称之谓"洋龙船"。戽水机船全是私营，农户需灌溉时，雇用机船前往戽水。1937

年后，柴油紧缺，柴油车大部分改装成木柴车。1945年以后，私营戽水机船稍有增加。1949年时，全境农田机灌面积占全部水田的50%左右。新中国成立后，党和政府十分重视水利建设。合作化时期，私营戽水机船作价归公，水利部门组建船队，流动为农田灌溉。同时政府要求，凡能机灌上水的农田要全部实行机灌。1959年，境内建有较大规模的灌溉站12座，其中在高田地段建成固定机灌站5座（称作座机）。分别为：南塘梢站（时属三、四大队）、三家村站（时属二、四大队）、后七亩站（时属五大队）、白米泾站（时属七大队）、大潭南站（时属六、八大队）等，灌溉面积4500多亩。解决了高田地区灌溉的困难。

三、电力灌溉

1971年3月，由恬庄变电所架通境内南塘梢灌溉站（当时由境内四大队与邻村三大队合建）。南塘梢通电后，其灌溉站随即由机灌站建为电力灌溉站。电灌站装有变压器，建有配电房及电机、水泵房，专门配备两名电工常年驻守电管站管理。自此，境内灌溉第一次用上"高压电"，电灌面积600余亩。

1973年，境内各个大队又将固定机灌站的后七亩站、白米泾站、大潭南站改建成电灌站，电机功率均为30千瓦，水泵口径均为14英寸，电灌面积5000余亩。1974～1976年，境内各大队的部分下属生产队利用原有机灌码门修筑成小型电灌站，四大队有油车基、窑墩湾、石家坟浜、北鸳塘、北彭家河梢等码门9座；五大队有浅水浜、王家四亩、大水路、横塘河等码门8座；六大队有庵浜塘、塘南梢、蔡塘河、长寿河、马家湾、小庙泾等码门9座；七大队有丁浜、开墩浜、东海湾、楼下东等码门7座。电灌站发展后，大队电工管理人员由公社负责技术培训，各生产队的电工由大队培训。1980年，全境有电灌站37座，机电队伍发展到64人，电灌面积7100亩，占水稻总面积的91%。实现电力灌溉后，灌溉水费从原来的每亩4.80元降为2.84元。实行联产承包责任制后，各生产队的机电灌溉由生产队长兼管。2002～2011年，鸳塘社区的15个村民小组、双龙社区的4个村民小组、石龙社区的1个村民小组及袁市社区的3个村民小组整体拆迁后，上述村民小组的2500亩农田变为工业用地或城乡一体化建设用地，该地区的电灌站被同步拆除。再加上自80年代开始至2015年的30多年间，西张不断加大集镇建设力度，机关、学校、商场、银行、医院、交通、水利等大批企事业单位在双龙境内拓建，占用双龙村耕地400余亩；韩国工业园在双龙境内落户，占用土地4000余亩。上述建设用地上的电灌设施均被拆除。至2015年末，双龙村仅剩673亩耕地，由4户外来种田大户承包。全境原有的37座大小电灌站仅存小庙泾、马家湾、长寿河、丁浜、开墩浜、东海湾等12座由种田大户使用管理，其他电灌站均被拆除或废弃。

第五编　经济综情

　　中华人民共和国成立前，境内是单一的农业经济，生产力水平低下，经济基础薄弱，工业较落后，商品生产很不发达，基本上是一种自给或半自给的单一农业经济，大多数人过着"糠菜半年粮"的贫困生活。

　　中华人民共和国成立后，逐步走上计划经济的轨道，在上级政府的领导下，境内经济迅速得到了恢复和发展。

　　20世纪50年代中期，国家对农业、手工业、私营工商业实行社会主义改造，使境内农业、手工业走上了合作化的道路。农业生产从单一的粮食生产向多种经营方向发展。

　　1965年至20世纪70年代初，境内开始兴办社队工业，建办了砖瓦、塑料、石棉、粮饲加工、电器、标牌等企业。1970年后，根据北方地区农业会议精神，社队工业纷纷上马，社队企业进入发展阶段。1978年社会总产值194.31万元。中共十一届三中全会后，调整了农村政策，实行农村经济体制改革，境内农村实行了家庭联产承包责任制，大量富余劳动力被转移出来，为镇村工业发展创造了有利条件。1985～1990年，全境分别新建了乳胶手套厂、无线电厂、毛纺厂等10余家企业。1990年双龙村社会总产值11194.8万元，其中工业产值达9981.6万元，占社会总产值的89.2%，比1978年增长56.63倍，从20世纪90年代开始，根据中央关于经济体制改革的要求，镇、村企业逐步实行产权制度改革。这一政策的贯彻实施极大地调动了企业的积极性，促进了全村经济持续高效发展，加快了全村社会生产值的快速增长。1998年，总产值达14883万元，比1988年增长2.74倍。2002年开始，鸳塘村、袁市村并入双龙村；2004年，石龙村并入双龙村；2015年四村合一后的双龙村全村地区生产总产值48.01亿元。

　　新中国成立初期，由于境内经济不发达，没有专门的经济管理机构。1962年成立沙洲县后，境内逐步建立了经济管理制度，配备了管理人员。20世纪80年代后，统计、审计等经济管理逐步完善规范，至2015年，境内经济管理全部实现规范化。

第一章 经济总量

第一节 总产值

1958 年，境内工农业总产值 65.57 万元，到 1978 年达到 194.31 万元，比 1958 年增 2.96 倍。

1998 年，境内工农业总产值 14883 万元，比 1978 年的 194.31 万元增 76.59 倍。2000 年境内工农业总产值 23868 万元，到 2015 年，双龙工农业生产总值 480100 万元，比 2000 年增长 456232 万元，增 19.11 倍。

1958～1973 年双龙村地区总产值构成一览表

表 5—1

年份	地区总产值（万元）	各业产值			
		农业（万元）	占比（%）	副业、工业及其他收入（万元）	占比（%）
1958	65.57	61.85	94.33	3.72	5.67
1959	68.99	64.36	93.29	4.63	6.71
1960	57.51	55.26	96.09	2.25	3.91
1961	65.36	61.84	94.61	3.52	5.39
1962	64.44	62.19	96.51	2.25	3.49
1963	68.38	65.65	96.01	2.73	3.99
1964	93.44	88.34	94.54	5.10	5.46
1965	107.93	96.93	89.81	11.0	10.19
1966	123.43	110.57	89.58	12.86	10.42
1967	108.10	96.84	89.58	11.26	10.42
1968	107.80	96.57	89.58	11.23	10.42
1969	115.18	102.89	89.33	12.29	10.67

续表 5—1

年份	地区总产值 （万元）	各业产值			
		农业（万元）	占比（%）	副业、工业及其 他收入（万元）	占比（%）
1970	155.37	130.30	83.86	25.07	16.14
1971	144.53	115.83	80.14	28.90	19.85
1972	137.82	105.07	76.27	32.75	23.76
1973	161.17	122.87	76.24	38.30	23.76

1974～1999 年双龙村地区总产值构成一览表

表 5—2

年份	地区总产值 （万元）	各业产值			
		农业（万元）	占比（%）	副业、工业及其 他收入（万元）	占比（%）
1974	157.75	120.88	76.62	36.87	23.38
1975	151.03	105.02	69.54	46.01	30.46
1976	207.02	161.89	78.20	45.13	21.80
1977	150.44	90.58	60.21	59.86	39.79
1978	194.31	130.76	67.03	63.55	32.97
1979	217.32	146.19	67.26	71.12	32.74
1980	213.43	119.22	55.85	94.21	44.15
1981	254.10	103.72	40.82	150.38	59.18
1982	276.38	116.87	42.28	159.51	57.72
1983	231.58	112.87	48.73	118.71	51.27
1984	463.84	185.56	40.01	278.28	59.99
1985	2426.42	367.05	15.13	2059.37	84.87
1986	1874.92	215.48	11.5	1659.44	88.50
1987	2928.91	241.98	8.27	2686.93	91.73

续表 5—2

年份	地区总产值（万元）	各业产值			
		农业（万元）	占比（％）	副业、工业及其他收入（万元）	占比（％）
1988	3984.22	279.74	7.02	3704.48	92.98
1989	8274.50	327.91	3.96	7946.59	96.04
1990	11194.79	370.95	3.32	10823.84	96.68
1991	6565.62	294.31	4.45	6271.31	95.55
1992	6691.32	327.92	4.89	6363.40	95.11
1993	15823.97	706.79	4.47	15117.18	95.53
1994	15929.38	1185.67	7.44	14743.71	92.56
1995	17062.1	1026.4	6.0	16035.7	94.00
1996	21845.9	984.0	4.50	20861.9	95.50
1997	19453.3	1683.0	8.65	17770.3	91.35
1998	14883.0	1113.0	7.48	13770.0	92.52
1999	18317.0	1009.0	5.51	17308.0	94.49

2000～2015 年双龙村地区总产值构成一览表

表 5—3

年份	地区总产值（万元）	各业产值			
		农业（万元）	占比（％）	副业、工业及其他收入（万元）	占比（％）
2000	23868.0	985.0	4.13	22883.0	95.87
2001	28664.0	998.0	3.48	27666.0	96.52
2002	29042.0	862.0	2.97	28180.0	97.03
2003	42713.10	811.0	1.9	41902.0	98.10
2004	58890.0	624.0	1.05	58266.0	98.95
2005	87789.0	591.0	0.63	87198.0	99.32

续表 5—3

年份	地区总产值（万元）	各业产值			
		农业（万元）	占比（%）	副业、工业及其他收入（万元）	占比（%）
2006	126316.0	422.0	0.33	125894.0	99.66
2007	134894.0	308.0	0.23	134586.0	99.77
2008	154532.0	213.0	0.14	154319.0	99.86
2009	155132.0	182.0	0.12	154950.0	99.88
2010	158352.0	185.0	0.12	158167.0	99.88
2011	183472.0	173.0	0.09	183299.0	99.91
2012	211318.0	166.0	0.08	211152.0	99.92
2013	266500.0	167.0	0.06	266333.0	99.94
2014	285600.0	156.0	0.05	285444.0	99.95
2015	480100.0	148.0	0.01	479952.0	99.99

注：

1. 上表中各项数据摘自张家港市档案馆提供的原西张公社（乡、镇）上报的历年农村经济收入分配年报资料。

2. 上表中各项数据均为境内原鸷塘村（四大队）、双龙村（五大队）、石龙村（六大队）、袁市村（七大队）等四个村历年上报的各项数据之和。

3. 2004 年"四村合并"后的数据，由双龙村财务科直接提供。

第二节　产业结构

境内产业结构总的趋势是从单一的农业经济逐步向现代工业和第三产业发展。20 世纪 60 年代前一直以农业为主，农业产值约占地区生产总值的 95% 以上。1949～1969 年产业结构一直维持着第一、第三、第二产业的排序（第一产业指农业、副业等，第二产业指工业、建筑业等，第三产业指商业、服务业、流通领域行业等）。

20 世纪 70 年代初，社队企业逐步兴起，第二产业快速发展，工业产值逐年增加，第二产业所占地区生产总值的比例超过了第三产业，位居第二位，产业结构按第一、二、三产业排序。

1985 年，第二产业值占地区社会生产总值的 84.87%，至 20 世纪末，第二产业值占地区社会生产总值 94.49%。

2004 年起,第二产业发展步伐加快,双龙、鹚塘、石龙、袁市四村合一,年末实现产值 58890 万元,产值远远超过第一产业和第三产业。是年起产业结构变为第二、第三、第一的次序排序。至 2015 年,产业结构保持为第二、三、一产业的次序排序。2015 年,双龙村第二、第三产业值占社会生产总值 99.99%,第一产业产值为 148 万元,占 0.01%。

第三节　经济效益

一、工业经济效益

20 世纪 70 年代末期,境内的村办企业进入了发展阶段,并有了一定的资本积累,经济效益得到了提高。1984 年双龙村的工业产值超过 100 万元,比改革开放前的 20 世纪 60 年代末期增长 10 倍以上。1998 年,工业产值达到 1.38 亿元,为 1978 年的 1380 倍。

21 世纪以后,境内工业迅猛发展,经济效益大幅度提高,工业经济总量的扩张向质的提升转变,质量效益稳步提高,可持续发展能力不断增强。固定资产逐步增加。2005 年全村固定资产原值为 1223.48 万元。至 2015 年,固定资产原值提升为 8887.63 万元。工业利润大幅增长,1985 年,全村实现工业利润为 112.5 万元,1995 年为 668 万元,2015 年实现超亿元。2015 年,村可用财力 1394 万元。

二、农业经济效益

农业合作化后,党和政府十分重视农田水利基本建设,积极推广农业科技,农作物产量逐步上升,农业经济效益逐步提高。

1957~1970 年,全村农民年人均分配收入一直徘徊在 70~100 元之间。1982 年,农村实行家庭联产承包责任制后,调动了农民种田的积极性。此外,农村实行产业结构调整,取消了双季稻,扩大了经济作物的种植面积,大力推广科学种植,不断提高农业机械化水平,全村形成了农户承包经营耕地、村里配套服务的双层机制,农业用工量从过去的每亩 100 余工逐步降至不足 20 工,生产效益大幅提高。1990 年,双龙村农业总收入 370.95 万元,年末农民人均收入 1063.25 元,为 1978 年的 8.18 倍。

20 世纪 90 年代后,双龙村紧紧围绕"农业增效、农民增收、农村稳定"的目标,进一步调整农业产业结构,发展规模经营,实施科技兴农等举措,使农业逐步向"高效农业、特色农业、生态农业"的方向发展,并取得了明显成效。2015 年,全村实现农村经济总收入 48.01 亿元。其中，农业收入 148 万元。全村人均年收入 24227 元，为 1990 年的 22.79 倍。

第二章　经济综合管理

第一节　管理机构

1983 年 7 月，遵照中央和省有关经济体制改革精神，西张人民公社改为西张乡人民政府，第五大队改为姚塘村（1987 年更名为双龙村），第四大队改为鸳塘村，第六大队改为石龙村，第七大队改为袁市村，4 个村分别成立党支部、村民委员会及经济合作社。村经济合作社是各行政村根据上级对于农村经济体制改革要求设立的一个负责全村经济发展和加强村级经济管理的机构。村经济合作社设社长 1 名，副社长 1~2 名。境内 4 个行政村时任首届经济合作社社长分别是：郑兴任双龙村经济合作社社长；周隶保任鸳塘村经济合作社社长；徐忠良任石龙村经济合作社社长；张金法任袁市村经济合作社社长。

1999 年，境内各村实行村务公开，并成立村务公开小组，由党支部副书记任组长，成员 5 人。成立民主理财小组，组长由村民委员会主任兼任，成员 7 人。

2007 年 9 月 25 日，凤凰镇人民政府下发《关于同意双龙村经济合作社改组成社区股份合作社的批复》，双龙经济合作社改组成双龙股份合作社。2007 年 10 月 28 日，双龙股份合作社首届社员代表大会第一次会议选举双龙股份合作社第一届理事会、监事会成员，并召开第一次董事会、监事会会议。选举章建新为董事长，徐正丰为监事长。原经济合作社自行终止。

2015 年，双龙第三届股份合作社董事会成员由章建新、郭永康、许建江、钱德明、钱正刚、姚世良、章龙虎等 7 人组成，章建新任董事长；监事会成员由沈亚新、陈静康、徐正丰等三人组成，沈亚新任监事长。

2002~2015年双龙村村务公开、民主理财小组成员一览表

表5—4

村务公开领导小组			民主理财领导小组		
组长	副组长	组员	组长	副组长	组员
许建江	陈静康	吉影娟（女）	郭永康	陈静康	姚介元
		吴丽娟（女）			徐金泉
		邓月芬（女）			彭卫明
		—			张金法
		—			张逸朴
许建江	钱德明	陈颂宇	郭永康	钱德明	姚介元
		吴丽娟（女）			徐金泉
		邓月芬（女）			彭卫明
		—			张金法
		—			张逸朴

第二节　土地管理

　　1962~1966年，征用土地均由沙洲县人民委员会审批，其中道路与河道的基本建设等为征用土地的重点项目。1967~1977年，县属单位的大项目工程，用地由沙洲县革命委员会审批，小项目工程用地先后由沙洲县民政局生产指挥组和计划委员会负责审批。社队工业用地数量不多，均未经审批。20世纪80年代初，乡镇办企业大幅增长，建设用地急增，乱占滥用耕地现象频繁发生。1981年7月20日，沙洲县人民政府颁发《关于农村土地管理暂行规定》申明，企业、事业单位需要建房用地须单位申请，公社讨论，报县计委批准，发给基建执照后方可用地动工。但这一规定未能完全实行。1985年11月，沙洲县人民政府又颁发《关于加强土地使用管理的通告》。强调今后凡乡镇企业用地，均须由用地单位向所在乡（镇）的村镇建设办公室提出申请，经乡（镇）人民政府审查核实，报县土地管理办公室批准后方可使用。1987年5月，市政府发出《关于对全民大集体乡（镇）、村、队办企业、事业单位非农业用地补办手续的通知》，要求凡是非法占地的单位必须补齐手续，补办手续费按当时征地费用的5%收取，每亩120元。对补办手续的单位一般不作任何处罚。双龙村于1998年按上级的用地（政策）规定，出资80余万元，补办了集体土地使用证手续。至此，集体建设用地全部纳入土地管理，乱占滥用耕地现象杜

绝。1996 年，为规范用地，西张镇清丈了境内 4 个村 2000 余户村民宅基地。是年 7 月境内对超面积用地户作了经济处罚。

一、土地登记

1988 年，西张乡开始土地申报登记工作，国有（集体）土地的使用单位和个人经审查合格，发给《国有（集体）土地使用证》和《宅基地使用证》。1989 年开始土地变更登记。2001 年 6 月，西张镇换发土地证书，是年 12 月 31 日完成。村里每家每户在以上年份内分别领到了宅基地使用证和土地证书。

二、住宅建设用地管理

1979 年 8 月起，城镇居民建房由基本建设局审批，建房用地由县计划委员会审批。1983 年起，城镇居民建房用地由用地者按城建规划的指定点与生产队签订用地协议，经村镇建设管理部门审查，报送县计划委员会批准后使用。1986 年起，城镇居民建设用地改由市土地主管部门统一审批，建房仍由市建委审批。1987 年 9 月起，城镇居民建房用地必须符合城镇建设规划，由市土地主管部门审批。1995 年，开始核发国有土地使用证工作。

1982 年，县政府规定农村农户建房宅基地面积为人均 0.04～0.07 亩，人口众多户每户不超过 0.35 亩。1983 年，村里统一规定一子三间加小屋一间。1985 年，改为每户不超过 0.24 亩。境内村民建房统一做到：建房户按规定提出申请，报村民委员会核定，送乡镇级批准方可建房。1989 年农民建房必须做到地基、高度、檐高、进深、开间朝向五个统一。1991 年 10 月，农村村民使用耕地建房按规划选取地址后，由市土地管理局按用地标准审批；使用非耕地建房（包括老宅基翻建）由乡镇土管所踏勘，经市土地管理局签发同意后，由乡镇人民政府审批。1993 年 5 月，市土地管理局和市建委联合发文，严格控制在非规划区兴建别墅住宅楼。1994 年下半年起，所有农户建房（包括老宅基翻建）都须经市土地管理局踏勘审查批准，实行一户一宅，新房动工建造后，老房在规定期限拆除。1998 年全面复核清查原有农村宅基地使用情况，重新审批登记，换发新的集体土地使用证、中华人民共和国国有土地使用证。

2004 年 6 月，市政府出台《张家港市农村房屋预拆迁实施意见》，规定在规划控制区域范围内农村村民宅基地方的房屋，申请新建、翻建、扩建的一律实行预拆迁，采用定销房进行安置。2005 年 7 月起，全镇急需建房户，凡不在规划点上的农村居民，不得在原地新建、翻建、扩建住宅，如需建房必须进入规划保留村或新规划的农村集中居住区，在规划保留村内村民可以自建独立式住宅，在新规划的农村集中居住区由镇村集体按规划统一建造公寓房或联体公寓房后，供急需建房户居住。

急需建房户建房资格证由镇和市国土资源局负责认定。是年，境内村民户新建、翻建、扩建都按以上规定严格执行。2005～2006 年，村委会在上级主管部门的配合下，强行拆除了全村 25 户人家的违章建筑。2008～2010 年又处理违章搭建 8 处，维护了土地国策，伸张了正气。

2012～2015 年，境内急需建房的农户，必须按规定向村、镇提出建房申请，填写建房申请表，递交房屋设计图，报送镇建设局村镇办审批。随后由村民委员会及村镇办实地踏勘放样，严格规定新建房屋的款式、朝向、进深、高度、檐高等诸多数项，还要经四邻签字同意后，由镇村办批准，发给准建证，农户方可在老屋基上原地翻建新房。同时，农户还得预交 3～5 万元不等的违约保证金。在新房建设过程中，镇、村经常派员查验建设状况是否符合规定，新房落成后，镇、村须对新房建设情况进行验收，一旦有违约状况出现，除责成农户限期纠正外，还得从违约保证金中扣留部分直至扣留全部违约金。

三、土地补偿

中华人民共和国成立初期，土地补偿由征地、被征地单位协议作价，政府没有统一标准。20 世纪 70 年代起，县（市）政府为了确保征地和被征地双方利益，相继出台了一系列的征地补偿标准。1972 年，征地补偿为该地块前 3 年产值的 4～5 倍，每亩约 360 元。1976 年，征用耕地以近 2～3 年定产总值的亩产值为标准计算。1986 年至 1988 年，砖瓦窑厂制坯取土用地的补偿标准为：第一年按年产值补偿，后 3 年分别按年产值的 70％、50％和 30％补偿。1989 年，确定征地补偿费为每亩 3577.2 元。1992 年，征地补偿费提高到每亩 4800 元。1993 年，征地单位除向被征地单位支付国家规定的补偿费外，还视情况适当增加 3 项费用：土地附着物补偿，每亩限 1500 元内；征地后人均耕地在 0.5 亩以下的，补偿粮差每亩 5000 元以内；当年度的农业税款补偿。1994 年 8 月，对征、使、拨用地征收基础设施建设补助费，标准为规划区每平方米征收 15 元，其它地区每平方米 6 元。2000 年征用耕地的，按耕地前三年平均年产值的 10 倍计算。是年，沿江高速公路征用双龙村 2、3、4、5、6、8、9 组土地共 278 亩，均按以上规定实施了补偿。2004 年征地补偿标准进行了调整：耕地前三年平均产值为每亩不低于 1800 元，征用耕地的按耕地前三年平均产值的 10 倍计算。2006 年后，全境建设的工业区标准型厂房，前后共征用集体土地 60 余亩，按每亩 8～10 万元的标准实施了补偿。

四、农业人口安置

20 世纪 60～70 年代，征用土地时由社队农副业、企业安排劳动力。1984 年，对耕地全部补征用或征地后人均耕地不足 0.1 亩（含 0.1 亩）的生产队，经核实批准后撤销生产队建制。被撤销生产队的原有农户，全部转为非农业户口或城镇户，有关劳动力按规定安置或实行保养。

1992年起，撤组转户时符合安置条件的征土工，由户口所在地乡镇负责安置也可自谋职业；凡没有在市属企业安排工作的征土工，一律实行养老保险，由征地单位将剩余农业劳动力安置补偿费每人4800元，一次性汇入养老基金统筹办公室专户，到退休年龄后，按国家规定的最低生活保障数，按月领取退休生活费。1994年，征地撤组后老年保养补助金每人每月45元，1995年改为每人每月60元，由市社保局发放、1997年12月起，凡符合办理撤组转户的征地保养人员，由征地单位按每人每月140元，一次性向市社保局缴纳20年征地保养金33600元，保养人员的保养金，仍由市社保局发放。

2000年起，需要安置的被征地农业人口按年龄段分为被抚养人、剩余劳动力、保养人员3种。其中剩余劳动力安排由征地服务机构负责向市社保局一次性投保医疗保险、投保费为每人5000元。2005年起，征地撤组后被安置的农业人口，按照《张家港市征地补偿和被征地农民基本生活保障暂行办法》规定，实行基本生活保障：第一年龄段（不满16周岁者）人员一次性领取6000元的生活补偿费；第二年龄段（男16~45周岁、女16~35周岁）人员建立被征地农民保障个人账户，其金额标准为2000元的安置补助费及耕地补偿费的70%，到达法定退休年龄后按月享受最低退职待遇；第三年龄段（男46~59周岁、女36~54周岁）人员，每人每月领取180元的生活补助费；第四年龄段（男60周岁及以上，女55周岁以上）人员，每人每月领取200元征地保养金。第二、三、四年龄段人员领取的生活补助费、征地保养金从2005年7月起按《张家港市征地补偿和被征地农民基本生活保障暂行办法》规定开始执行。

五、土地灭荒

2003年12月，镇政府提出限期解决全镇土地抛荒问题：对征而未用的非农建设用地督促用地单位尽快动工建设；预计1年内不用而又可以耕种并收获的，应要求恢复耕种；已有1年以上未能动工建设，预计1年内不用而又可以耕种并收获的，可以收回土地使用权。2004年，对闲置1年以上的非农建设用地收取每亩200元的荒芜费；对闲置2年以上的依法无偿收回，重新配置利用。2005年，境内对所有土地进行了全面检查，对石塘、祁村、袁市等处村民小组由于沿江高速公路工程、苏虞张一级公路工程及工业园区建设工程所闲置的零星土地，不收取任何费用，鼓励村民积极耕种。至2009年10月，本村无故抛荒、半抛荒情况基本绝迹。

第三节　统计·审计

一、统计

20世纪60～70年代，境内各村没有正规的定期报表制度。特别"大跃进"时期许多报表的统计数据严重失实。"文化大革命"开始，统计工作受到严重影响，断断续续。1976年起统计工作恢复。1981年开始，境内4个村随着工业企业的发展，相应配备了兼、专职统计人员。1998年实行股份制后，统计人员逐步减少。第一、二、三产业等3个专业18小类的统计项目及有关经济指标数据，由各村主办会计兼职负责上报。

二、审计

1996年，境内成立了村务公开和民主理财小组。村务公开领导小组组长由村党总支书记担任，民主理财小组组长由村主任担任，各组相应配备组员3～5人。村务公开时间：1996年当年底公开一次；1997、1998两年每半年公开一次，1999年下半年起每季度公开一次（并于季后15天内公布）。专项业务可以根据需要及群众要求随时公布。2007年1月民主理财小组成员重新调整，直接由村里退休的老干部和村民代表组成。具体工作每季度开展一次民主理财，负责审核监督村里的财务运行，并对群众关注的热点随时公布，做好理财台账，让村级经济运行、重大事项收支及民生实事工程在村民的监督下运作。至2015年村务公开率达100％。

第六编 农 业

历史上，双龙村境内农业的种植以稻麦为主，也种植油菜、蔬菜、杂粮。在长期的封建社会里，境内农业生产水平一直低下，农民一直处于自给或半自给的生产、生活状态。遇到自然灾害，农民缺乏抗御能力，农作物收成损失惨重，老百姓过着温饱无着的生活。

中华人民共和国成立后，在中国共产党和人民政府的领导下，经过土地改革和农业合作化、人民公社化及农村经济体制改革等重大社会变革，以集体经济的优势开展了兴修水利、改良土壤、推广科学种田、改革耕作制度、推行农业机械化等一系列惠农措施，促使农业生产逐步向前发展。民国时期，境内水稻亩产一般在250千克左右，麦子亩产一般在60千克左右。1950年水稻亩产263千克，麦子亩产62.5千克。

1958年10月，成立人民公社之初，由于搞平均分配、大办公共食堂、全国一盘棋等种种左倾形式，生产力受到严重损害。再加上部分农村干部在施政中刮起共产风、浮夸风、强迫命令风、特殊风、生产瞎指挥风等多种违背经济客观规律办事的"五风"，农业发展受到严重遏制，造成了自1959年至1961年连续三年的经济困难。境内农民生活水平极度下降。1962年，贯彻中共中央《农村人民公社工作条例草案》精神，实行公社、大队、生产队三级所有，队为基础，各计盈亏的三级核算方式，纠正了错误倾向，调动了社员的生产积极性，农业生产得到恢复和发展。1965年，粮食获得大丰收，水稻亩产429千克，三麦（小麦、大麦、元麦合称"三麦"，下同）亩产147千克，油菜亩产80.2千克。

1966年开始的"文化大革命"及以后的10年间，由于推行一系列"左"的政策，违背经济规律办事，不切实际地指挥农业生产，粮油产量多年徘徊不前，农民生活水平下降。

1982年，境内推行家庭联产承包责任制。1983年，双龙村境内四个村全面实行大包干，农村经济开始全面振兴。1995年，境内全面实行"两田分离制"，农民只种口粮田，其余为责任田，并将责任田承包给有一定资本的种田能手，实行土地规模经营。

1999 年开始，全境在抓好常规农业的同时，大力发展多种经营，调整农村产业结构，农业综合效益日益提高。

2014 年，全村农田面积 673 亩，其中水稻面积 667 亩，亩产 580 千克，小麦面积 646 亩，亩产 350 千克，油菜面积 27 亩，亩产 160 千克，全村经济总收入 2411 万元，其中农业收入 177.75 万元。

第一章　农村生产关系变革

第一节　封建土地私有制

一、土地占有

中华人民共和国成立前，境内土地全部为私人所有，农村两极分化严重。根据解放初统计，境内的双龙、鸳塘、袁市、石龙四个村共有耕地 8059 亩，占总户数 85% 以上的广大贫苦农民所拥有的土地仅占土地总数的 46.8%，而占总户数 4.66% 的地主富农所占有的土地，占土地总数的 41.46%。大部分农民不得不租种地主、富农的土地来维持生活。再加上战争、苛捐杂税、拉夫、抽壮丁及自然灾害、瘟疫和盗匪抢劫等多种灾难不断遭遇，农民生活比较困难。广大贫苦农民每年人均口粮只有 80 千克左右，过着"小熟吃到知了叫，大熟吃到着棉袄"的半饥半饱的日子。为生活所迫，有的农户向地主、富农租种田地或到地主、富农家去做长工、打短工，增加点收入以养家糊口。

二、地租剥削

中华人民共和国成立前，地主对农民的剥削主要方式是地租。地租多数是秋后缴纳。每亩租额为糙米 6 斗至 1 石 1 斗（1 石为 150 斤，1 斗为 15 斤）。没有田面权的佃户，还需增缴小租，每亩缴糙米 5 斗至 8 斗，大多为 5 斗，称为双租田。佃户缴租后，所剩无几，受地租剥削十分严重。

三、借贷剥削

一粒半　年初向地主、富农借 1 石米，年终归还时要加 5 斗利息。有的算一粒四，即借 1 石米，要还 1 石 4 斗。青黄不接时有的农民向地主、富农借了米，不管是一个月或两个月，到归还时都要算"一粒半"的本息。

利滚利　向地主借 1 石米，年终归还时 1 石 5 斗。如当年未还，第二年要以向地主借 1 石 5 斗计算，再加 50％的利息，依次类推。

四、其他剥削

雇工剥削　无地农民到地主家去当长工（雇工），每年一个正常劳动力只得劳动报酬 2 石至 3 石米左右，一个看牛者（童工）一年只得 1 石 2 斗米左右；

不等价交换剥削　借地主的牛去耕一亩地，需抵换为地主家去做一个人工，借牛去犀一亩地的水，需抵换 6 个人工；

卖青苗剥削　农民遇到突然灾难，借贷无门，于是当稻麦尚未成熟就低价出卖，其价约当时稻麦价格的 60％～80％，待成熟后交货。

第二节　土地改革

1949 年 4 月 22 日，境内得到解放。1950 年 6 月，中央人民政府颁布《中华人民共和国土地改革法》。1950 年秋，境内开始土地改革（以下简称"土改"）。按照依靠贫农、雇农，团结中农，中立富农，打击地主阶级的土改政策，于 10 月份全面展开。在土改工作队的指导下，分三个阶段进行。

第一阶段（1950 年 10 月），为宣传发动阶段。境内各小乡均成立了土地改革委员会，土改工作人员首先组织农民学习《土地改革法》和政务院的《关于划分农村阶级成分的决定》等文件的精神，提高广大农民的思想认识，营造家喻户晓、人人皆知的氛围。紧接着组建土改积极分子队伍，统计常住人口及所有田亩数，并出榜公布第一榜——人口土地榜。

第二阶段为组织实施阶段（1951 年 2～3 月），根据土改时期农村阶级成分划分评定标准，发动农民自报公议，逐户划分阶级成分，逐级审议，经区委批准后，出榜公布第二榜——阶级成分榜。

紧接着发动农民诉苦伸冤，与地主阶级展开面对面的说理斗争。轰轰烈烈地向封建土地所有制猛烈冲击，彻底清算地主阶级残酷剥削农民的罪行。并没收地主的土地、房屋、家具及大型农具、耕牛等"四大财产"，分配给贫苦农民。分田时，农户划分成先得户、既得户和后得户，并确定分田标准。境内原属'长寿'乡的鸳塘村、双龙村先得户每人 1.86 亩，后得户每人 1.68 亩，既得户基本不动；原属翻身乡的石龙村、袁市村先得户每人 2.1 亩，后得户每人 1.8 亩，既得户基本不动。先得户是指既有自耕田又有租田的农户，将租田转变成自耕田后，按先得户的每人得田标准乘以户口人数计算，将多余部分租田交出统一分配；后得户是指自耕田很少或无自耕田的农户，将租田转变成自耕田后，按后得户的每人得田标准乘以户口人数计算分配土地。在计算完成各户分田数据后，出榜公布第三榜——分配土地榜。

达到"三榜"定案后，经抽余补缺，插桩定户到田。同时集中追缴并销毁地主的租簿及地契。

第三阶段（1951年4月）为土改复查阶段。主要复查"五大标准"（即人口、房屋、土地、生产资料、剥削程度），查有否漏划成分，有否包庇现象，有否打击报复行为，有否侵犯贫、雇农的利益等，以分清"敌、我、友"的界限，并对农民分得的土地、房屋由人民政府颁发《土地房产所有证》（统称土地证），以巩固土改成果。据统计，境内共没收和征收土地2569亩，房屋130余间，家具600多件，耕牛13条，大中型农具70多件，分配给贫苦农民。土地改革完成。

土地改革时期境内的阶级成分及土地占有一览表

表6—1

序号	阶级成分	户数	占总户数%	占有耕地（亩）	占总耕地%
1	雇农	21	2.08	31	0.385
2	贫农	665	65.91	1956	24.3
3	中农	187	18.53	1723	21.40
4	富裕中农	17	1.68	463	5.75
5	富农	20	1.98	572	7.11
6	地主	27	2.68	2769	34.36
7	小土地出租	21	2.08	339	4.21
8	工商	5	0.49	61	0.76
9	工商兼地主	2	0.2	86	1.07
10	商	9	0.89	42	0.52
11	小商	5	0.49	6	0.07
12	自由职业	3	0.3	11	0.14
13	小贩	4	0.4	—	—
14	渔民	4	0.4	—	—
15	其他职业	19	1.88	—	—
合计：	—	1009	—	8059	—

1951年双龙境内土改农村阶级划分评定标准一览表

表6—2

成分	评定标准
地主	占有大量土地，自己不劳动，以土地出租或雇长工耕作；其主要生活来源靠出租土地，放债贷的剥削者。
工商兼地主	主要经营工商业，并拥有大量的田地者。
地主兼工商	业主拥有大量的土地，以出租土地剥削为主外，又经营工商业者。
半地主	占有一定数量的土地，自己不劳动，其剥削量超过自己劳动收入的一倍以上。
富农	一般占有土地，自己劳动外，尚有部分土地出租；生产工具如水车等中、大型农具齐全，生活优裕；剥削收入超过自己劳动部分或相当于自己劳动部分者。
小土地出租者	自己有土地耕种，但劳动能力低，自耕外将其余部分土地出租，其出租收入低于自己劳动收入的一半以下者。
富裕中农	一般有自耕田，生产工具俱全，土地除自种外，尚有少量出租；生活条件比较好，对别人有轻微剥削。
中农	自己有土地耕种，劳力充裕，另租入部分土地，生产工具齐全，生活主要靠自己劳动，不剥削别人也不出卖劳力。
贫农	自己有部分土地或全无土地，生产工具不齐全，必须租入土地耕种和出卖劳力，生活贫困，受地租、债利的剥削较重。
雇农	既无土地又无生产工具，全靠给地主、富农当雇工收入为生活来源，生活清苦，受剥削最重。
贫民	工人，农民中的无产者，一般依靠自己劳动或大部分依靠自己的劳动为生，或依靠生产资料自己经营以取得生活费用，没有固定职业的贫苦者。
游民	失去职业和土地，连续依靠不正当办法为生活来源满3年者。
自由职业	依靠独立职业为生的医生、教师、律师、记者、作家、演员等。
手工业工人	没有生产资料，仅有手工工具，为雇主从事工业生产，获得工资作为主要生活来源。
小商、小贩	有少量资本，向商人和小生产者购进商品，向消费者出卖；不雇佣工人和店员，以从事商品流通过程中的劳动所得为生活来源者。
商人	占有资本，雇佣工人或店员，以进行商品流通取得利润作为生活来源者。

第三节 农业合作化

一、农业生产互助组

1952年春，境内农民在共产党组织起来，发展生产的号召下，按照自愿互利、等价交换的原则，开始建立互助组。以改善贫苦农民在个体生产中产生的农本少、农具缺、劳力薄、技术低等劣势状态。

互助组的组织形式有两种。一是临时互助组，农忙时成立，农闲时散。计酬办法采取以工换工的方式处理；二是常年互助组，是常年固定的劳动组织，不分农忙、农闲，终年互助合作，组员稳定，生产效益高。互助组由组长按照自愿互利、等价交换的原则，调配劳动力和调度使用农船、农具等生产资料。年终根据各户投入资金、劳力、农具等一次性以现金（实物）结算。农民通过组织互助组，生产要素得到提高，初步尝到了互助合作的甜头。1952年，互助组在境内普遍建立。

二、初级农业生产合作社（简称初级社）

初级社就是在互助组的基础上，以自然宅基为单位自愿组合起来的组织形式。1954年春，参加互助组的农户增加到总农户的70%。人民政府因势利导，开始筹建初级农业合作社，按照"积极引导，稳步前进"的方针，开始试办初级农业生产合作社。境内鸳塘村的鸳塘里自然宅基，24户农户率先办起了双龙初级社，由共产党员朱堂保任社长。同时，境内石龙村的共产党员钱才保，在当时的新塘村带领3个互助组合并为初级社，时称"中心社"。初级社的分配方式一般以土地入股，根据土质好坏进行评级入股。大型农具（水车、船只、耕牛）折价计股。分配的办法实行"土四劳六"的土劳分红制。即在总收入中扣除必要支出（包括种子、肥料、农具、租金、饲料、特殊投资利息、公积金和杂支）后，余下部分中的40%按入股土地分红，60%按劳动力投入数分配。以社员投入的土地股和劳动量计算出每股、每工应分金额，归户计算分配。初级社的劳动管理由社员选举产生管理委员会组织，由社长或副社长具体负责管委会的工作，劳动作业、土地、农具等均由管委会调配，生产计划由管委会制订并交社员大会讨论通过。初级社的组织原则是自愿报名，自由结合，入社自愿，退社自由。由于初级社已初步显现出合作化的优越性，农民生产不误农时，抗击自然灾害能力逐步增强，是年初级社的稻麦产量均获得比以往有较大增产幅度的好收成，明显高出一般互助组及单干户的产量。境内11个初级社均未出现社员要求退社的现象。

三、高级农业生产合作社（简称高级社）

1956年初，农业合作化的浪潮席卷全国，初级社相继并成高级社。高级社一般是以几个初级社或几个行政村合并后建立起来的。高级社沿用初级社管理委员会作为生产管理机构，并在社以下设立生产队。高级社既是经济实体，又是基层行政单位。实行"以社代村"，组织机构比较健全。设中共党支部，配支部书记、社长、会计三个主要干部，经济上实行全社一级核算。

高级社的主办会计负责全社的经济核算及分配工作。另外还配有记账的助理会计、工分核算会计、劳动成本核算会计、现金会计、仓库会计、生产队会计、生产队现金保管员、生产队物资（粮仓）保管员等。财务制度十分严格，非正常性开支一律拒付，杜绝白条入账。合作社管理委员会定期查账、对账，公布账目，向社员大会报告财务收支等情况，赢得社员的信任。

成立高级社后，土地归集体所有，取消土地分红。从此，土地私有制成为历史。入社的农户称社员，并参加集体生产劳动。每日凭数量、质量、技术高低评工记分，年终按工分多少取得劳动报酬，即年终分红。耕牛、农具等生产资料折价入社，以后逐年偿还。

1956年，境内建有石塘、双龙、沈巷、吉巷、新联、袁市、新民、新庄等高级农业生产合作社。1957年秋，随着合作化运动的继续深入，继续调整高级社的规模。境内石塘社调整为石塘四社；双龙社、沈巷社合并为双龙五社，吉巷社、新联社合并为金丰六社；袁市社、新庄社、新民社合并为联庄七社。高级社期间，农业生产水平比初级社期间又有所提高。水稻亩产一般在280千克左右，麦子亩产80千克左右，高级社的分配全年分成两次，夏季为预分，秋季分配即为决算，年终之前兑付。

第四节　人民公社化

1958年8月29日，中共中央政治局在北戴河召开扩大会议并通过《中共中央关于在农村建立人民公社问题的决议》。10月1日，西张人民公社正式成立。撤销原高级社的建置，设立生产大队及生产队。境内石塘四社改名为第四生产大队，双龙五社改名为第五生产大队，金丰六社改名为第六生产大队，联庄七社改名为第七生产大队。第四生产大队下设14个生产队，第五生产大队下设9个生产队，第六生产大队下设12个生产队，第七生产大队下设16个生产队。1961年，调整生产队规模，境内各大队征得公社管理委员会同意，对规模相对偏大的生产队采取缩小生产队规模，增设生产队个数的措施，重新组建新的生产队。其中第四生产大队从第3生产队中析出部分土地及人口，新增了1个第15生产队；第五生产大队从第7生产队中析出部分土地及人口，新增了1个第10生产队；第六生产大队从第3生产队中析出部分土地及人口，新增了1个第13生产队，又从第七生产队中析出部分土地及人口，新增了1个第14生产队；第七生产大队从第5生产队中析出部分土地及人口，新增了1个第17生产队，又从第2生产队中析出部分土地及人口，新增了1个第18生产队。至1961年末，境内第四生产大队有15个生产队，第五生产大队有10个生产队，第六生产大队有14个生产队，第七生产大队有18个生产队。1974年冬，西张公社开凿新西河，新的河道将第六生产大队的第4生产队分成南北两部分。为便于管理，其河道之南岸划入第五生产大队，新置了1个第五生产大队第11生产队。至此，全境4个生产大队共有58个生产队。

人民公社在党委一元化领导下，实行"政社合一"体制。工农商学兵（民兵）五位一体，农林牧副渔五业结合。人民公社成立初期，生产上实行统一指挥；经济上实行公社一级核算，强调"一大二公"。推行"组织军事化，劳动战斗化，生活集体化"的劳动管理体制。1958年，自全面贯彻高举"总路线、大跃进、人民公社"三面红旗之后，生产上搞高指标，兴浮夸风，刮瞎指挥风和强迫命令风。提出"不怕做不到，只怕想不到；只要想得到，一定能做到"等不切实际的口号。常熟县政府在北门大街人民体育场召开万人誓师大会，设台打擂，喊出水稻亩产超万斤的"雄心壮志"。境内各大队均派遣干部及社员代表参加大会（是时境内属常熟县管辖）。在极左思潮影响下，全公社在分配上搞"一平二调"，刮起共产风。生活上实行吃饭不要钱，看病不要钱，理发不要钱等"十个不要钱"，提倡大办公共食堂，喊出了"放开肚皮吃饱饭，鼓足干劲搞生产"的口号。1958年11月，境内办有公共食堂42个，所有社员家庭一日三餐均由公共食堂供给。社员家中灶台被拆除，用于造肥；锅子被砸碎，用于支持大炼钢铁。耕作上过度强调土地深翻，作物栽培搞极度密植，空放"高产卫星"，最终造成集体经济和群众财产遭受极大损失，以高级社为基础的集体经济体制和管理模式被冲垮，极大地挫伤了农民的集体生产积极性。

1959年4月，人民公社贯彻中共中央"郑州会议"精神，纠正"一平二调"的平均主义及管理过分集中的倾向，停止军事化体制，实行分级核算。将由公社一级核算改为以大队为单位核算。然而农业生产继续提倡大跃进，劳动形式仍然搞大兵团作战，依旧大办公共食堂。以致自1959年以后，1960、1961连续三年农业生产连年下降。群众生活极度困难。所谓吃饭不要钱已难以为继，1960年11月，全公社停办公共食堂。1961年，境内部分年老体弱的社员因缺粮少食和高强度农业生产作业，长期陷于半饥半饱状态，营养严重不足，甚至有的全身出现浮肿病，命危一旦。

1961年4月，贯彻中共中央《农村人民公社工作条例（草案）》（时称60条）精神，停办公共食堂，取消分配上的部分供给制，划给社员自留地，鼓励社员在搞好集体生产的同时，发展家庭副业。利用十边隙地、房前屋后种植蔬菜、杂粮，补充社员生活。农民生活开始有所改善。社员群众的生产积极性也得到空前高涨，农业生产逐步得到恢复。

1962年2月后，按照中共中央《关于农村人民公社基本核算单位问题的指示》，逐步划小核算单位，改为公社、大队、生产队三级所有，队为基础。实行以生产队为基本核算单位。各个生产队设会计管账，设现金保管员管钱，设仓库保管员管物资农具等。社员参加集体生产劳动，实行评工记分。凡可制定出定额的农活均按定额计算劳动记分。每年的分配由县、公社定出基本方案，包括分配政策原则、积累提留的比例、吃粮标准、农村"五匠"交钱记工、社队工人及外出人员交钱记工等。生产队则根据上述规定并结合实际情况制订出归户分配方案，由大队审核，公社批准后再交生产队执行。待收支、粮食、物资全部入账后，才能进行最后分配。

1964年，境内农业生产全面恢复。是年水稻亩产411千克，三麦亩产105.7千克，油菜亩产68.6千克。1965年，境内农业生产取得更大成绩，全境水稻亩产429.9千克，三麦亩产147千克，油菜亩产80.2千克，分别比1959、1960、1961三年困难时期的水稻平均亩产299.4千克增产130.5千克，比三麦平均亩产112.2千克增产34.8千克，比油菜平均亩产45.4千克增产34.8千克。

1966年6月，"文化大革命"的浪潮席卷全国。不久，人民公社的三级管理机构曾一度瘫痪。大队、生产队的管理处于无政府状态。1967年，公社设立生产指挥组，负责领导农业生产。推行大寨式评工记分，强调突出政治。按照政治表现评记政治工分，按照劳动数量评记劳动工分。"出工讲日头，记工一竖头"，干多干少、干好干坏一个样，有人戏称为"大概式"评工记分，平均主义和大锅饭的形式又被定格。1968年，公社、大队均改称为革命委员会，生产队设革命生产领导小组，负责管理农副业生产。1981年后，撤销大队革命委员会和生产队革命领导小组，恢复公社、大队、生产队三级管理。

1983年7月，农村实行体制改革，政社分设。西张乡召开人民代表大会，通过决议，撤销西张人民公社，成立西张乡人民政府，撤销人民公社管理委员会，改设乡经济联合委员会。生产大队改为村民委员会，另设村经济合作社。生产队改为村民小组。人民公社从此退出历史舞台，不再行驶行政职能。与此同时，农村全面推行家庭联产承包责任制，实行分田到户。人民公社集体生产劳动的形式及分配制度成为历史。

第五节　家庭联产承包责任制

中共十一届三中全会以后，以农业生产责任制为核心的经济体制改革逐步展开。1981年，部分生产队试搞家庭联产承包责任制。1982年秋收后，全境普遍推行家庭联产承包责任制。是年底，境内有1904户农户实行家庭联产承包责任制，共承包农田7140.1亩，其中鸳塘村470户，承包农田1964.6亩；双龙村438户，承包农田1356.4亩；石龙村494户，承包农田1777.9亩；袁市村507户，承包农田2041.2亩。同时，大队、生产队对植保、灌溉、排水、机耕等项目实行专业服务。

实行家庭联产承包责任制,是由农户与村委员会签订土地承包合同。土地所有权仍归集体所有,农户可长期使用或中途转让,但不能买卖、出租、荒废或者在承包土地上建造房屋。承包经营收入除了缴足国家、集体应承担的款项外,全部归属承包者。粮食在完成国家的征购任务后也全部归承包者。

实行家庭联产承包责任制后,生产队不再是经济核算单位,生产队与农户的经济往来,由村经济合作社的联队会计负责结算。农田基本建设、大型农具的购置和管理,水利建设等均由村集体负担。种子、肥料、农药等由各农户投入。1984年秋冬,境内各村根据农户承包耕地后的耕作需要,将生产队集体所有的农船、脱粒机、电动机作价售卖给农户。1985年,又将集体仓库、田头棚、猪棚等作价卖给农户。

1986年后,国家对农业生产由指令性计划改变为指导性计划,宏观上保证国家种植计划面积的落实,微观上对种植方式、复种指数、茬口布局和品种搭配等均放手由农民自行安排。农民种田更有了自主权。农村劳动力进一步得到了解放,不再专门被捆绑在农业生产上。

1987年春,各生产队的账户剩余基金全部收归村里,划入村账户保管。生产队会计一职自行取消。至此,生产队经济实体仅存空壳。生产队也不再是经营单位。其建制随之取消。自人民公社化以来实行的由生产队评工记分、年终分配的制度也随之成为历史。

1998年7月,西张镇人民政府落实张家港市委关于向农户发放集体土地承包经营书的指示,向各村民委员会、经济合作社转发了市农工部的关于发证工作的实施意见。双龙村于当年8月向全境2257户农户颁发了土地承包经营权证书。

双龙村 1973～1999 年劳动力从事一、二、三产业一览表

表 6—3

年份	户数	人数	总劳力	农业劳力		工副业劳力		第三产业劳力	
				劳力数	占总劳力（%）	劳力数	占总劳力（%）	劳力数	占总劳力（%）
1973	1672	6683	3687	3354	90.96	285	7.73	48	1.30
1977	1789	6854	3979	3396	85.35	522	13.12	61	1.53
1978	1830	6830	3960	3328	84.04	543	13.71	89	2.25
1979	1857	6842	3978	3175	79.81	697	17.52	106	2.66
1980	1890	6839	4085	2295	56.18	1629	39.87	161	3.94
1987	2015	6929	4532	863	19.04	3125	68.95	544	12.00

续表 6—3

年份	户数	人数	总劳力	农业劳力		工副业劳力		第三产业劳力	
				劳力数	占总劳力（%）	劳力数	占总劳力（%）	劳力数	占总劳力（%）
1992	2092	6909	4479	841	18.78	3153	70.40	485	10.83
1994	2105	6886	3531	472	13.37	2605	73.77	454	12.86
1995	2175	6887	3517	463	13.16	2622	74.55	432	12.28
1998	2178	6865	3388	361	10.66	2593	76.55	434	12.80
1999	2190	6895	3409	319	9.36	2621	76.88	489	14.34

双龙村 1998 年 8 月 31 日颁发集体土地经营承包权证书一览表

表 6—4

行政村名 \ 项目	双龙	鹜塘	袁市	石龙	合计
农户数（户）	533	532	627	565	2257
农业人口（人）	1607	1661	1864	1733	6865
承包耕地（亩）	746.94	1465.81	1415.9	1127.04	4755.69
第一组	—	122.91	22.94	—	—
第二组	50.66	136.25	52.09	121.15	—
第三组	41.16	69.01	84.28	58	—
第四组	123.83	109.93	94.85	64.71	—
第五组	108.98	94.67	94.50	10.63	—
第六组	109.21	52.57	113.03	109.41	—
第七组	84.63	97.53	115.94	84.26	—
第八组	57.65	125.17	114.95	99.89	—
第九组	35.25	134.66	96.83	119.28	—
第十组	91.49	122.63	58.23	114.27	

续表6—4

行政村名 项 目	双龙	鹭塘	袁市	石龙	合计
第十一组	44.08	91.68	59.13	116.23	—
第十二组	—	116.78	90.52	55.86	—
第十三组	—	52.89	66	65，6	—
第十四组	—	69.01	34.38	107.65	—
第十五组	—	70.67	91.63	—	—
第十六组	—	—	99.15	—	—
第十七组	—	—	84.11	—	—
第十八组	—	—	43.35	—	—

第六节 土地规模经营

　　1995年，境内实行"两田分离"制。农民只种口粮田，将责任田承包给有一定资本的种田能手，实行土地规模经营。从此，境内大部分农民不再种责任田，单种口粮田，自种自吃。其国家征购任务及农业税的交纳全部由种田大户承担。1996年境内各村均有种田能手先行承包集体土地规模耕作，一般规模在四五十亩至七八十亩不等。还有些外来户也参与其中。境内共有种田大户43户，共承包土地2880余亩，占全境耕地面积的36.3%。为了支持种田大户，村委专门帮助种田大户提供原生产队的仓库和水泥场地，修筑机耕道路及灌溉渠道、提供电灌站设施，农忙时还帮助组织劳动力。2010年后，随着全村可耕地面积的大幅度减少，本地种田大户陆续退出承包。至2015年，全村仅有4户种田大户，规模经营村里673亩耕地。这4家种田大户全部是外来户。本村农户均已不再耕种农田。农民的生活来源：一是落实了"土地换社保"的政策，由社会保障所得或集体土地租金收入的分配所得；二是从事二、三产业的经营利润所得或其他劳务收入所得；三是政府及村里对老年人和贫困户的关爱、优抚所得；四是社区股份合作社的股份红利分红所得。农民的总体收入得到保证和提高。

第七节　社区股份合作社

一、第一届社区股份合作社

2005年9月，张家港市委、市政府出台《关于全面实施农村社区股份合作社改革的实施意见》，双龙村于2007年10月28日经凤凰镇党委、镇政府批准，组建了双龙村股份合作社。村股份合作社是以社会主义公有制为主体的社区性合作经济组织，旨在适应社会主义市场经济发展的需要，完善农村集体经济管理体制，明晰产权主体，理顺分配关系，规范经营管理行为，充分发挥集体经济组织和社员的积极性，保障农民合法权益，增加农民收入。

建立组织，规范运作　股份合作社坚持集体资产不变的原则，集体净资产折股量化到户（人），所有权仍属村（社区）股份合作社集体所有。量化到户（人）的集体资产股权，仅为集体经济收益分配的依据，不得转让、买卖、抵押和退股提现。坚持实事求是、因地制宜原则，明晰产权主体，理顺分配关系。规范经营行为，建立成员共有，自我管理，共同得益的集体资产管理体制，提高集体资产运行质量和增值水平。

清产核资，明晰产权主体　按照农业部、财政部《乡（镇）村集体经济组织清产核资办法》和农业部《农村集体资产核资所有权界定暂行办法》的有关规定，全面核实集体资产家底，处理债权债务，明晰集体资产所属关系。由凤凰镇农村经营管理站根据社区股份合作制改革的要求，对双龙村经济合作社资产进行了全面的评估核实。并于2007年8月15日将清产核资情况向全村（社区）居民公示。清产核资基准日为2006年12月31日。通过审计调整核实双龙村经济合作社净资产为16785471.45元，其中经营性资产15119847.75元。向村民公示一周后，未收到村民异议或意见。是年9月5日，张家港市集体资产管理办公室对双龙村（社区）经济合作社的资产进行了鉴定确认，并规定上述结果只能在组建社区股份合作社时作为分摊股值的依据，不能用作市场交易价值标准或抵押之用。

股权设置，股份量化　折股量化的资产，仅是集体经营性净资产。公益性资产、公共福利、行政事业占用资产及资源型资产不列入折股量化范围。这些资产仍由村（社区）经济组织统一管理。设计的集体股主要为公益性事业建设筹集资金，个人分配股用于享受年终红利分配，其中集体股占总股本的51%，由社区股份合作社持股。个人分配股占总股本的49%，折股到人后按户发给股权证书。

个人分配股设置分基本股和享受股两种。基本股：截止于2006年12月31日，年满16周岁，农业户口的双龙村村民，每人可得基本股（1股）。享受股：不满16

周岁的子女，父母双方均为全股权的，其子女可得享受股 0.5 股。

制定章程，建立董事会　章程是规范和管理股份合作社之本。包括总则、社员与股权、股份与管理、社员的权利和义务、组织与机构、董事会、财务与管理、收益与分配、附则等内容，共8章25条。章程于2007年10月28日经村股份合作社第一届第一次代表大会通过生效。章程每五年修订一次，也可以根据三分之一以上代表意见提前修订。

章程规定，股份合作社是社会主义公有制为主体的社区合作经济组织，是该行政区域集体经济组织全部资产和其他成员增量扩股资金的所有者代表，实行独立核算、自负盈亏、民主管理、民主监督、利益共享、风险共担，确保共同资产保值增值。股份合作社所属集体财产、土地等经营性、资源性、非经营性等资产和社员入股资金均为本社社员共同所有，任何单位和个人不得无偿占用、平调和肢解。股份合作社社员代表大会是最高权力机构，共有代表130名，由双龙村党委、村委会提名，向全村村民公示后产生，任期5年，可连选连任。章程同时规定：承认本章程，取得基本股权的，均为股份合作社社员。

在章程中对"股权设置"一项，根据双龙村的实际情况，细化设置了获基本股权人员的9条界定政策和获享受股人员的7条界定政策，以及不得享受股权人员的8条界定政策，于2007年9月25日向村民公示一周后，经村党委、村委会和村民代表讨论，确定了股权设置办法。

2007年10月28日，双龙村社区股份合作社第一届社员代表大会召开。会议通过了双龙村（社区）股份合作社章程，选举产生了双龙村股份合作社董事会和监事会。董事会由章建新、郭永康、许建江、陈静康、彭正才、蔡惠明、朱根良等7人组成，其中章建新为董事长；监事会由徐正丰、钱德明、钱正刚等3人组成，其中徐正丰为监事长。每届任期五年，可连选连任。

双龙村第一届社区股份合作社共有社员（股民）6761人，总股数6358.25股，每股资金2378元。其中基本股5977股，享受股381.25股，合计股资产1511.99万元。

二、第二届社区股份合作社

双龙村第二届社区股份合作社沿袭第一届股份合作社的组建方式，存在于2012年12月至2015年11月间。合作社净资产评估基准日为2011年12月31日，由凤凰镇经营管理站评估并经张家港市农村集体资产管理办公室于2012年3月26日鉴证确定。第二届社区股份合作社净资产总值为5098.79万元，其中经营性净资产为3910.26万元。按每股6109.78元设置总股份6400股，其中集体股3264股，股资产1994.23万元；个人分配股3136股，股资产1916.03万元。第二届社区股份合作社董事会由章建新、郭永康、许建江、钱德明、钱正刚、姚世良等7人组成，其中章建新任董事长。监事会由徐正丰、沈亚新、陈静康等三人组成,其中徐正丰任监事长。

双龙村第一届和第二届社区股份合作社,自 2007 年 12 月成立之初至 2015 年 11 月止,经营性净资产由 1511.99 万元增值至 6065.7 万元。其间股份合作社用于技改投入资金 3500 多万元,新建标准型厂房、集体宿舍楼、商业用房 35000 多平方米;支持社会保障福利事业建设、关心老年人、弱势群体、妇女儿童的生活支出福利资金近 800 万元;新建社区卫生服务中心和老年活动室投资 350 万元;投资 20 万元成立双龙文化艺术团。通过有效投入,确保了合作社资产的最大利用值和最大创造值。

三、第三届社区股份合作社

2015 年 12 月 1 日,双龙村社区股份合作社第三届社员代表大会召开。代表共有 100 名,到会代表 84 名。会议通过了第三届双龙村社区股份合作社章程。章程规定:以 2014 年 12 月 31 日为截止日,户口在本村的人员,配置基本股,股权的标准为每人 0.5 股。土地二轮承包时(1998 年 7 月 1 日)享受本村土地承包经营权的人员配置每人 0.5 股。凡获本社股权并承认本章程的人员均为本社社员。章程同时规定:按上述规定配置的股权实行固化。固化模式为阶段性固化(为股权固化的初级阶段,逐步向长期固化过渡),固化后的股权可以继承,但不得买卖、抵押及退股提现。第三届社区股份合作社以 2014 年 12 月 31 日为基准日,其经营性净资产以经凤凰镇农村工作局审计确认的 6065.7 万元为标准,共设总股份 6932 股,按家庭发放股权证书。股红的分配,将严格遵循股权平等、同股同利的原则,每年一次,在每年年终结算后于春节前兑现,凭股权证书领取。

第三届社区股份合作社社员代表大会选举产生了由章建新、郭永康、许建江、钱德明、钱正刚、姚世良、章龙虎等 7 人组成的社区股份合作社理事会,章建新任理事长;选举产生了由沈亚新、陈静康、徐正丰等三人组成的监事会,沈亚新任监事长。

第二章 耕作制度与作物布局

第一节 耕地面积

民国时期，境内有可耕地面积约 8100 亩，中华人民共和国成立后，经过农业合作化，开垦荒地，坟地，滩涂，平整土地，填平了一部分小河，溇浜，耕地面积有所增加。1963 年，境内可耕地面积 8308.74 亩，其中第四大队 2172.6 亩，第五大队 1678 亩，第六大队 2173.1 亩，第七大队 2285.04 亩。1972 年，社办企业，村办企业开始发展，境内被征用土地逐年增多。1984 年开始，农民开始翻建楼房，宅基地出宅占地不断增多，村级道路建设也占有较多农田。1993 年起。西张镇创建韩国工业园，经数年发展，境内被占用土地面积 2800 亩，2001 年国家建设沿江高速公路，穿过双龙村 3.5 千米，境内被占用土地面积 710 亩，2010 年后，凤凰镇规划建设凤凰新城，数年里占用境内耕地 830 亩，至 2015 年，双龙村可耕地面积为 1680 亩，比 20 世纪 60 年代减少 79.3%。

第二节 耕作制度

双龙村属平原地区，有着悠久的耕作历史。在长期的生产实践中形成一年一熟（茬）或一年二熟（茬）制格局，即夏熟作物以三麦，油菜为主，另外还种植一点绿肥；秋熟作物为水稻。新中国成立后，为提高复种指数和单位面积产量，广泛开展农田基本建设，推广和应用农业科学技术，逐步对耕作制度进行改革，实行间作，套种和复种轮作。

间作 在两种生长季节相近的作物行间，田边进行间作。如小麦田，水稻田四边种蚕豆，毛豆；草头（苜蓿）田间抽垅种植蚕豆；大麦田间种植麦里菜等。

套种 在前茬作物尚未收获时，其间播种后茬作物。如大、元麦田里套种西瓜，水稻田里套播红花草（紫云英）。

复种轮作 在同一块田里，连续收种两季或三季作物，其形式可分为一年一熟制、一年两熟制和一年三熟制。一年一熟制为在部分田里种植绿肥或冬闲后，一年只种一熟水稻；一年两熟制为前茬种植三麦、油菜或蚕豆等作物，收获后栽种水稻，或者是绿肥茬后，播种前季稻，后季稻；一年三熟制为前茬作物是大麦、小麦、油菜等，再播种前季稻、后季稻。或者是在三麦田里套种西瓜收获后，接种中粳稻。

1956年，境内开始试种双季稻，但种植面积很少，普及率也不高，全境共种植80亩左右，1959年，双季稻种植面积略有扩大，全境种植715亩，占当时耕地总面积的8.61%。1965年，开始推行双季稻及三熟制。"文化大革命"中，为强调提高土地复种指数，以行政手段强制扩大双季稻和三熟制的种植面积。1977年，双季稻及三熟制的种植面积达80%以上。由于"双三制"（即双季稻及三熟制的合称）种植中投工、投本、投肥比两熟制增加80%～120%，且物候，节令又不允许种植作物脱期。在耕作上前季稻的种植在15摄氏度左右的低温下作业，而后季稻的移栽在36摄氏度左右的高温下作业，劳动强度大，实际经济效益却下降15%～20%。当年境内农民称种植"双三制"的效益为"三三得九"不如"二五得十"。

1983年，实行家庭联产承包责任制后，上级部门不再硬性规定种植"双三制"，农民有了种植的自主权。1984年，全村恢复三麦、油菜与单季晚稻轮作的一年两熟制。

第三节　种植布局

一、品种选育

选育品种是农业增产增效的一个重要途径。旧时，境内水稻，三麦，油菜及其他经济作物的品种是由农户自繁自育，自留自用，也有部分串换。长期以来，这种原始落后的育种方式极易使品种退化。中华人民共和国成立后，随着个体农业向集体化农业迈进。育种方式也由个体"自繁自育"转为由集体培育或由当地农业科研部门统一选育。同时又不断引进和推广优良品种，让农民从传统的作物育种方式的束缚中解放出来，尝到优选优育的甜头。

水稻　1964年前，境内种植水稻一向以单季中晚稻为主，也种植少量早稻和糯稻。

民国时期至中华人民共和国成立初期，境内水稻品种大多属高秆大穗型的品种，抗病能力差，不耐倒伏，亩产不足250千克。中华人民共和国成立后，在品种的改良和选育上，推行早稻改中稻、籼稻改粳稻。1955年引进高产，抗病虫害的优良品种如青旸稻、二六一、三一四、晚野稻等，亩产一般在250～300千克，比旧时的老品种有较大幅度的增产。然而其植株仍属高秆大穗型，不耐倒伏。1957年，引进由全国农业劳动模范陈永康选育的水稻良种"老来青"，1964年，开始引进农垦58（世界稻）等属矮秆多穗型的水稻晚粳优良品种，并连年作为当家品种种植。不仅抗病虫能力强，而且抗倒伏，米质优良。产量显著提高，亩产400千克左右。中稻选用农垦57（金南风）、沪选19、东方红1号等。同属矮秆多穗型、米质优良、高产稳产的优良品种。1965年，提倡种植"双三制"后，陆续引进的前季稻品种有矮脚南特号，矮南早一号，福矮20号，元丰早，长紫32，矮南早39号等早籼品种。后季稻有桂花黄，沪选 19，南粳系列，京引一号，扬糯 204 等品种。"文化大革命"结束后，提倡实事求是、因地制宜，减少"双三制"的种植面积。至 1984 年，彻底淘汰"双三制"，全部恢复为传统的麦、稻两熟制的种植方式。此后，中晚粳稻的品种不断更新，先后引进栽种的品种有苏粳 2 号、东亭 3 号、单八、昆稻、武育粳 7 号及苏粳选系等。糯稻品种有紫金糯、太湖糯等。水稻优良品种的覆盖率逐年提高。

三麦 境内麦类种植以小麦、元麦并重，还种植少量大麦。"三麦"种植面积占耕地面积 65％左右。

旧时小麦品种有六柱头、矮粒多、抢水黄等，亩产 80～100 千克。1950 年，推广种植南大 2419、玉皮等品种，1957 年前后，推广华东 6 号，望麦 15、吉利等。1965 年，小麦品种开始优良化，以望麦 17，矮秆红、阿夫为主，之后又陆续引进 671、701、扬麦 2 号、扬麦 3 号等作为小麦当家品种。1985 年后，以扬麦 3 号、4 号、5 号为主要品种，亩产 300 千克以上。1999 年以后，开始改种宁麦 8 号。

元麦品种有紫元麦、四柱头、立夏黄等。之后又引进立新 1 号、立新 2 号、海麦 1 号等。

大麦品种有旧时的四稜大麦、六稜大麦、紫茎大麦等，中华人民共和国成立后，仍延续种植。至 20 世纪 70 年代初，扩大"双三制"，大（元）麦种植面积有所增加，引进优质高产的早熟 2 号、早熟 3 号为大麦当家品种，基本实现大麦良种化。1984 年后，由于耕作制度变革，村里全部种植小麦，不再种植大元麦。

油菜 旧时境内的油菜品种单一，全是种植白菜型的黄油菜（俗称菜花菜）。其产量低，一般亩产不超过 15 千克，且出油率低。但油质极好，口感上乘。特别是具有成熟早，有利于茬口调节等诸多优点。50 年代末，引进晚熟抗病的甘蓝型油菜品种。如胜利油菜，其亩产可超 50 千克，出油率比黄油菜提高 5 个百分点。70 年代初，引进高产抗病的甘蓝型油菜品种宁波菜，亩产可达 75 千克至 100 千克。80 年代后期，全面推广宁油 5 号作为油菜的当家品种。

经济作物 双龙村惜土如金。在精耕细作水稻、三麦、油菜等主要粮油作物的基础上，利用零星边角地、十边地、自留地种植山芋、土豆、玉米、黄豆及瓜果等少量经济作物，利用低洼塘田种植传统水生作物水芹、茭白、芋芳等，以丰富农家的饮食生活。

二、作物布局

旧时，双龙村一直是以稻麦两熟为主的种植布局，夏熟作物中也少量种植绿肥和油菜。

1953 年，粮食实行统购统销后，政府要求的粮食作物茬口布局并没有得到完全执行。各家各户仍按自己的方式自由搭配种植。1956 年，高级社成立后转为按照政府的指令种植。

20 世纪 60 年代，秋熟作物水稻种植面积占耕地面积的 95％左右，夏熟作物中，三麦种植面积约占 65％，油菜种植面积约占 5％～7％，绿肥（红花草）种植面积约占28％～30％。20 世纪 70 年代至 80 年代初，秋熟作物水稻的种植面积变化不大，仍占耕地面积的 95％左右。夏熟作物中减少了绿肥的种植面积，扩大了三麦及油菜的种植面积，其间绿肥种植面积约占耕地面积的 15％左右，油菜面积占耕地面积的 10％左右，三麦面积占耕地面积的 70％以上，其他 2％左右。

1983 年，实行家庭联产承包责任制后，农户不再种植绿肥，极少量种一点油菜，基本转变成种植小麦和水稻两种作物的布局。

1994 年，境内开始全面实行"两田分离制"，农民只种口粮田，其余均为责任田，实行土地规模经营。

2000 年至 2013 年，村里围绕农业增效、农民增收的目标，大幅度进行种植结构调整，粮食作物种植开始减少，经济作物的种植明显增多。境内鸷塘村 4 组，袁市村 5 组等各在所属区域内辟出二三十亩田块，种植苗木。二三年后苗木达到可销售标准，即售卖给客户，增加经济收入。石龙村 9 组则将二三十亩农田承包给农户，开挖鱼池，从事渔业生产。

第三章　作物栽培与植保

第一节　作物栽培

一、水稻栽培

水稻是境内的主要粮食作物，旧时农民一直采用粗耕粗种的传统耕作方法，效率低下，产量极低。亩产一直在 200～250 千克间徘徊。20 世纪 60 年代后，农业科技不断进步，推广科学种田，提倡精耕细作，水稻亩产得到逐步提高。

单季稻　单季稻分早、中、晚三种类型。长期以来，中稻种植面积约占 60％左右。1964 年，推广晚粳农垦 58 号高产良种后，单季晚稻的种植面积逐年增多，约占 70％左右，早稻基本淘汰。20 世纪 70 年代推广双季稻，单季晚稻面积压缩到 35％左右。1983 年，随着双季稻面积的逐步减少，单季稻种植面积不断增多。1985 年起，单季稻种植面积约占水稻总面积的 98％，基本全是晚粳稻。

单季晚稻的栽培方法，历史上均采用育秧移栽。移栽 10 至 15 天后，进行耘稻加工，经多次耘稻后，适时排干水搁田。在稻苗拔节孕穗前追施孕穗肥。拔除田间秋草，直至收割。晚粳亩产一般在 450 千克左右。

20 世纪 50 年代开始，先后推广江苏省农业劳动模范唐保明，全国农业劳动模范陈永康的水稻高产栽培技术，逐步发展并完善成为境内水稻栽培中普遍采用的一整套水稻栽培技术。

培育壮秧 境内的育秧技术，是在通过不断实践、不断学习培育壮秧先进经验的基础上，再不断改进后，形成的一整套切实可行的育秧方法：先做秧田，利用冬季休闲田或绿肥茬田块，在 4 月下旬翻耕、曝晒、上水、精细整地，然后按墒宽 4.5～5 尺的标准，开出秧沟，制成秧板。其表面需充分捣烂，泛出大量泥浆，达到平、光、熟、烂。然后将做好的秧田排干水，停滞三四天后，待秧板硬结，准备播种落谷。水稻种子需通过筛选、风选或盐水选种，确保颗粒饱满。经浸种三昼夜后，沥出稻种，堆放在箩筐中，催芽三至四天，待种子发芽，芽长半粒米时即可落谷。落谷时将秧田水沟里的泥浆撬到秧板上，刮匀，揭平，达到硬秧板、浓泥浆的要求，将稻种均匀撒播在秧板上，再用农具（揭谷板）将稻种揭入泥浆中，让其板结。待稻谷出苗、立针、放青后再上水，保持薄皮水育秧。培育壮秧的又一措施是掌握落谷稀，让秧苗有充分的营养生长空间。旧时育秧是宽种子，紧秧田，秧大田比例在 1：20 左右。育出的秧苗细长无力，俗称"香粳秧"，苗质差，根系不发达，活棵返青缓慢。50 年代末，学习陈永康落谷稀的培育壮秧经验，改变传统育秧方式，改紧秧田宽种子为宽秧田、紧种子，秧大田比例由 1：20 改为 1：8—10，育出的秧苗是坚挺有力的扁蒲秧，社员称作"蓑片秧"，移栽后不落黄，三四天后秧苗即返青转黑。适时播种移栽是水稻高产的关键，根据夏熟作物成熟期的茬口，预计出移栽期，按 35～40 天的秧令计算出适时的播种期。

合理密植 传统的单季稻插秧均为"行阔大段稀"的大棵稀植方式。行距 6 寸，株距 5 寸左右，每亩栽种密度 2 万穴左右，穴栽 4～5 株，每亩基本苗 8 万～10 万株，1952 年开始推广小株方形密植，株行距为 5 寸×5 寸，称作 5 寸方，每亩移栽 2.4 万穴左右，穴栽 3～4 株，每亩基本苗 7～9 万株左右。20 世纪 70 年代间，为追求密植足苗争高产，单季晚稻移栽密度推行 5 寸×3 寸，每亩栽 4 万穴左右，至 1985 年以后，移栽密度定型为每亩 2.5 万穴左右。

田间管理 单季晚稻田间管理都以传统方式进行：移栽后四五天秧苗活棵即行下田盘黄秧草，同时查苗补缺。移栽半个月左右开始耘稻，农民用大耘在稻苗株距间耘稻，将杂草耘起，泥土耘烂，这项农活叫做耘稻。过三四天后再用竖耘在稻苗行距之间耘稻，同样将杂草耘起，泥土耘烂，这项农活叫竖稻。再过三四天，农民需下田弯腰曲背、徒手将稻棵根部的泥土挖开摊平，同时将杂草除尽埋入土中，这项农活叫做掯稻埭。掯稻埭结束，稻苗长势已很兴旺，进入分蘖盛期。为防止分蘖过度，要适时搁田控制。这时将田间积水排尽，农民再下田弯腰曲背，徒手将田间杂草用稻田泥浆封平。这项农活叫做捞草。从耥稻开始经耥稻、竖稻、捂耥埂到捞草，这四拨农活，境内农民称作"四泼头"。捞草结束，稻田随即断水搁田。这时段，境内农民叫做"起岸"了。对于搁田，20世纪60年代，提倡适时轻搁，70年代，推行挖沟重搁，80年代，实行首次轻搁，再次重搁，到8月初结束搁田。其中7月底大多要重搁一次。境内农民对搁田很有经验，有农谚曰：秋前不搁稻，秋后要懊恼。搁田以后的管理，掌握干湿交替，养根保叶，足水抽穗，活熟到老。

合理施肥　旧时栽培水稻在发育期间一般施肥两次。第一次施肥，通常用猪羊灰或草塘泥作肥料，第二次在搁田前撒施饼肥或其他有机肥。20世纪60年代开始，学习陈永康单季晚稻"三黑三黄"的施肥经验，在秧苗移栽后到水稻收割前，根据各个生长阶段的叶色，掌握稻苗叶色褪淡时施肥，促施叶色转黑，尤其注重重施孕穗肥。水稻抽穗后一般不再追施肥料，否则会导致贪青迟熟秕粒多，反而造成减产。

双季稻及三熟制　1956年，境内开始试种双季稻，但只是星星点点的七八十亩地。1965年，开始逐步扩种双季稻和三熟制。到20世纪70年代中期，"双三制"种植面积最大，占水稻面积的60%左右。1984年后，双季稻、三熟制被淘汰。

双季稻、三熟制的栽培技术：

适时播种移栽　前季稻的播种期在4月20日左右开始，抓住冷尾暖头播种，易于避过低温阴雨，防止烂秧，提高种子出苗率和成秧率。5月中旬分批移栽。70年代时，少量小麦茬、油菜茬的前季稻，推迟至6月上旬移栽。后季稻的播种期则根据品种的类型、育秧方式和前季稻的预计成熟期分批播种，秧令掌握不超过45天。

合理施肥　前季稻及后季稻的全生育期均很短。在施肥方法上要采取施足基肥，促使稻苗生长早发早盛。基肥施肥量占全生育期用肥的80%左右，术语上叫做"一哄头"。大田生长期间，看苗补施一次氮素化肥，施肥量占全生育期的20%左右。

合理密植　前、后季稻都靠基本苗成穗获得高产。移栽密度掌握在株距2.5寸~3寸，行距不超过5寸，每亩栽4万~5万穴，穴栽4~5株，确保每亩有20~25万基本苗。

"三系"杂交水稻　20世纪70年代中后期至80年代初期，境内曾种植过"三系"杂交水稻。"三系"即不育系、保持系及恢复系。1977年试种杂交水稻，品种是南优2号。当年亩产超过550千克。1978年，扩大杂交水稻种植面积，境内共种植1818亩，亩产达到550千克。1980年，种植面积2122亩，亩产470千克。杂交水稻的优点是省种子、省秧田、成熟早、产量高。但由于杂交水稻属籼稻类型。收购价格比粳稻低20%，且米质较差。还有制种复杂等原因。1981年起，杂交水稻种植面积逐年下降。1983年，实行家庭联产承包责任制后，停止种植。

杂交水稻的栽培技术：

稀播育秧 每亩秧田播稻种 10 千克左右，培育粗壮大秧。

稀插移栽 每亩大田栽插 1.6 万～1.8 万穴，每穴插 1 株，多则 2 株，每亩基本苗 1.8 万～2 万株。

合理施肥 主要是掌握看苗施肥。一般宜早施分蘖肥，发挥大田分蘖优势，适时施用穗肥争取大穗获取高产。

21 世纪后的水稻栽培方式 进入 21 世纪，双龙村的耕地均由浙江、安徽及苏北等地外来种田大户规模承包经营。他们在稻麦栽培上大胆革新，大量减少劳动力的投入。承包上百亩耕地，平时只需 2～3 个劳动力的劳动及管理，即可完成全年耕作任务。再也看不到 20 世纪期间农业生产搞大兵团作战的状况了。

种田大户水稻栽培的主要方式：水稻品种选用单季晚稻优良品种。栽培方法是前茬麦子收割后，麦草全部还田，经中型拖拉机旋耕整平，随即灌溉整地。在田块中按间距 4～5 米的规格，扒出"目标沟"，随即将预先浸种催芽的稻种撒播在大田中，保持田间湿润。三五天后即见绿色秧苗布满田间。以后在水稻整个生长期间，首先应用除草剂一次性除尽田间杂草。然后在水稻病虫害发生时期，以植保机械随时防病治虫。在水稻分蘖期及孕穗期适时施肥。水浆管理上前期田间不断水，后期保持干干湿湿。收割前 10 天排尽田间水，直到收割。在整个水稻栽培过程中省却了许多传统的既化工量大，又是很辛苦的插秧、耘稻、捂稻埂、捞草等环节，然水稻亩产照常可达到 550～600 千克。

二、麦类栽培

传统种植的麦类为小麦、大麦和元麦，统称"三麦"。民国期间，麦田的耕作较为粗放，在水稻收割后，随即犁田翻耕，做好麦垱，狭垱狭沟，打宕种麦，很少有撒播的。一般在春节前后施一次人畜粪肥，直到成熟收割。正常年景亩产 60 余千克。建国后，20 世纪 50 年代时，三麦种植开始讲究深翻和沟系配套。改狭垱为阔垱，改穴播为撒播，改种植传统品种而引进三麦良种种植，麦子产量得到提高。一般亩产在 100 千克左右。1958 年，"大跃进"的年代里，高调提出"三麦赶水稻，水稻翻一番"的口号，深耕密播过头，违背了自然规律，产量大幅下降，亩产 80 余千克。1963 年，学习推广常熟王市老农倪永福的三麦高产经验，采用薄片深翻，精捣细垄，深沟阔垱，重敲轻拍等方法，确保足苗壮秆，增加分蘖。1972 年，开始学习塘桥公社六大队的三麦高产栽培技术，境内多次组织生产队干部、社员到塘桥参观学习，学习其"五争"夺高产的栽培技术。

早作准备争主动 境内是晚稻晚麦区，小麦播种以 10 月下旬至 11 月上旬为适期。秋播季节较紧，必须及早做好各种秋播准备工作。每年秋播前，境内各生产队都要做到思想早发动，规划早落实，肥料早积足，种子早处理，物质早准备，争取秋播主动权。

打好基础争五苗　一是催芽播种，晚播争早苗。经过几年实践，10月下旬播种的，只浸种不催芽；11月上旬播种的，催芽至"露白"播种。催芽播种能提早6～7天出苗，提早2～3天成熟。二是精耕细整，熟化土壤。具体做到薄片深翻，精细整地，泥块达到下层鸡蛋大，上层松果大，麦垅公路形，宽垅狭沟，边整地，边匀播，边盖籽。三是施足基肥，每亩施5～8千克化肥（尿素）作随籽肥，麦籽播种后，每亩再施80～100担酥松优质的泥杂肥盖籽，确保麦苗"胎里富"。

冬壮春发争穗多　一是科学施肥。麦子出苗后施好提苗肥。进入越冬期，重施腊肥。一般每亩追施猪羊灰、泥杂肥上百担，穴施化肥25～30公斤，让麦苗带肥越冬。二是拍麦、压麦。掌握三叶、四叶时轻拍，五叶开始压麦，对窜苗旺长的则反复压，一般拍麦、压麦三四遍，促使发根分蘖，争取60万左右基本苗过冬。

壮秆稳长争穗大　春季巧施返青肥，随后根据苗情适量普施孕穗肥，促麦苗返青之后稳长壮秆。每亩达到65万株左右壮苗，35万成穗。

战胜灾害争粒重　一是开挖沟系降湿防渍防病，达到一方麦田、两头出水、三沟配套、四面托起。排除潜层水，降低地下水和表土湿度，使麦子正常生长，活熟到老。二是加强防治病虫害，看准时机及时施药，把病虫害降低到最大限度。

自学习塘桥三麦高产栽培技术后，境内连续多年三麦亩产达到250～300千克。

1983年，实行家庭联产承包责任制后，开始推行免耕种麦技术，试种稻田套种麦（俗称板田麦，懒麦），即在水稻收割前把麦子撒播在稻田里，水稻收割后，再开沟复泥压麦，及时施肥并喷洒除草剂。实践证明，采用免耕种麦技术的麦田，出苗早，越冬好，省工、省本产量高。只要后期田间管理跟上，小麦亩产照常可达250～300千克。21世纪后的种麦方式，普通采用免耕种麦技术。

三、油菜栽培

油菜是境内主要油料作物。解放前种植传统的白菜型早熟品种，食菜、榨油兼用。亩产约50千克左右。1959年起引种甘蓝型品种"胜利"油菜，亩产可达100余千克。20世纪80年代后，境内种植油菜以"宁油七号"为主，1993年，试种推广"2－26"新品种油菜，以后一直以"2－26"作为油菜当家品种。

旧时，境内种植油菜不多。中华人民共和国成立初期，沿用老法种菜方式种植油菜。即在9月底育苗，10月底11月初移栽。移栽时采用垄土成墒，打宕，施肥，捲宕后栽种菜秧，根部复土浇水即成。

20世纪60年代开始，对油菜栽培进行改革。

培育菜秧　菜秧地选择松软土地，精细整捣，做好床基，施足基肥，并以有机肥为主。每亩菜秧田施灰肥30～50担，磷肥50千克。

适时播种　境内油菜的播种期在 9 月 15 日~25 日之间，每亩用种在 0.8 千克左右，播种后随即施好盖籽粪。

苗期管理　一播就管，播种时浇足水，力争全苗。出苗后视苗情浇水施肥 2~3 次，间苗 1~2 次，并除尽杂草。苗期发现病虫害，每亩用乐果或甲胺磷 150 克加多菌灵 150 克，兑水 100 千克喷洒。移栽前两天，再用药 1 次，做到带肥带药下田，苗龄为 1 个月左右。菜秧规格一般为 6 张叶子，6 寸高，绿叶紫边，根茎粗壮，就可移栽。

移栽技术　移栽期一般在 10 月底至 11 月初，每亩种植密度 8000~10000 穴为宜。移栽方式由原来的狭坵打宕式改为精耕细整，阔墒深沟。刀劈横条线种植，取消打宕。移栽后浇注淋根水，并及时开沟，做到一墒一条沟，面积较大的田块，还要开一条横沟。

油菜中后期管理技术　冬前施好腊肥，立春前后施好抽苔肥，每亩穴施碳酸氢铵 40 千克，始花期每亩施尿素 5 千克左右，提高结籽率。

适时收割　油菜九成熟，十成收。反之，十成熟则九成收。收获期掌握 70% 的荚果变黄，就可及时收割，实现丰产丰收。

第二节　作物保护

一、水稻病虫害及其防治

境内水稻主要病害有白叶枯病和纹枯病。白叶枯病在 20 世纪 50 年代和 60 年代初曾连续数年普遍发生，危害严重。1964 年，大面积推广种植抗病品种"农垦 58 号"后，病害得到控制。1977 年，大面积种植"三系"杂交水稻后，白叶枯病又有所发生，受危害严重者，亩产不过 200 千克。1984 年，大面积改种单季晚稻"苏粳 2 号"后，该病不再发生。纹枯病于 20 世纪 70 年代大面积推广双季稻后，在前季稻上时有发生，1976 年起，发病面积逐年增加。20 世纪 80 年代，蔓延到单季稻，发病面积较广。对纹枯病采用药剂防治，效果较好。使用农药有"退菌特"、"井冈霉素"、"稻脚青"等。

20 世纪 60 年代至 70 年代初，水稻苗期胡麻叶斑病发生比较普遍。以后随着施肥量的增加而逐年减少。

水稻虫害危害较大的有稻蓟马、大螟、二化螟、三化螟、稻飞虱、稻苞虫、纵卷叶虫等。

稻蓟马　主要为害秧苗和刚移栽后正返青的稻苗。常用有机磷农药（"乐果"和"甲胺磷"等）喷洒防治。或用甲基 1605 混合粉撒药防治。

螟虫 有大螟、二化螟、三化螟三种。主要为害水稻分蘖期茎秆造成枯心苗，抽穗时受为害则形成白穗（俗称白鞘）。早年采用人工采卵块，点灯诱蛾、剪除枯心苗，及冬天挖稻根等方法治螟，效果不甚显著。20 世纪 60 年代初期开始，采用"六六六"、"甲基 1605"等农药防治，螟虫得到有效控制。90 年代开始，采用"苏化 203"、"甲胺磷"、"杀虫脒"等农药喷洒，在防治稻飞虱时进行兼治，螟虫已不呈危害了。

纵卷叶螟（虫） 20 世纪 70 年代前偶发，之后成为常发性虫害。该虫属迁飞性害虫。成虫在稻苗上产卵，孵化后幼虫将稻叶纵卷成筒状，幼虫居其中，专啃稻叶，使其白化。农谚曰"稻叶白一白，亩产减一百"。防治方法上，在虫害发生初期用"敌百虫"、"二二三"等农药喷雾防治，幼虫三令后须改用甲胺磷，甲基 1605、苏化 203 等有机磷农药防治，可有效杀虫。

稻苞虫 属突发性虫害，严重时可对生长旺盛期的稻苗，成片结苞，啃光稻叶。50 年代，缺少农药防治，农户只能人工治虫。用竹竿，抓扒，竹扫帚等农具去田间拆开稻苞，扑杀害虫。60 年代后用有机氯，有机磷农药防治，可有效治虫。

稻飞虱 境内有灰飞虱及褐飞虱两种。该虫在境内一年中一般发生 4 代，其第 4 代是主害代，一般发生在 9 月底 10 月初。中晚稻抽穗灌浆期间，大量的稻飞虱集中在稻株中下部，啃食茎秆，造成稻株枯萎。严重时可使整块稻田覆没，变成"屋茅柴"，颗粒无收。农民称之为"镰刀瘟"。中华人民共和国成立后，大发生的年份是 1962 年，受害面积达 50%，20 世纪 70 年代后，公社农技队伍在该害虫第 3、4 代发生之际，专门组织农技员下田观察，查摸虫情，做出预测预报。在稻飞虱爆发之前，用药扑杀。随着人们对残留农药危害人体的认识和对生态环境保护意识的提高，新一代高效低毒农药相继问世。"扑虱灵"即是其中之一。它的特效性使稻飞虱不再构成危害。

二、三麦病虫害及其防治

赤霉病及防治 小麦抽穗扬花阶段是最易感染赤霉病的时期。这个时期如遇连绵阴雨，气温在 15 度以上时，极易诱发赤霉病的发生，导致麦穗发霉变红，幼嫩麦粒因霉变而产生毒素，人畜误食会引起中毒。防治赤霉病的方法在 20 世纪 50 年代至 60 年代采用石灰硫磺合剂、二硝散防治，效果不明显。20 世纪 70 年代、80 年代，使用"富民隆""多菌灵"农药防治。90 年代，推广新农药"防霉宝"防治赤霉病后，病情得到遏制。

白粉病及防治 一般发生在叶片部位，严重时蔓延到叶梢，茎秆及穗部。于 2 月下旬至 3 月上旬始发，3 月下旬至 4 月上旬达到高峰。白粉病初发时用"粉锈宁"与"多菌灵"农药混合使用，防治效果可达 90%以上。

黑穗病及防治 有散黑穗病、坚黑穗病和腥黑穗病三种，以散黑穗病为主。病菌侵入麦穗，使整个麦穗变成黑灰，造成减产。在防治方法上主要采用种子处理。20世纪50年代，曾推广皂矾浸种，60年代，推行大伏天用浓度为1‰的石灰水浸种24小时后沥出种子晒干备用，以抑制病害。70年代开始，改用"多菌灵"农药浸种或拌种，效果显著，基本消除了黑穗病，以后一直沿用此法。

麦蚜虫及防治　常在小麦抽穗后半个月时发生，蚜虫密集在叶片及幼穗上吸食汁液，致使叶片枯黄，麦粒饥瘦。对于蚜虫，用"乐果"喷雾防治效果较好。20世纪90年代后改用"蚍虫林""抗蚜威"等特效药防治，效果更佳。

麦粘虫及防治（俗称"行军虫"）　是麦类的主要害虫。为害叶片，咬断幼嫩麦穗等，用"甲基1605"混合粉、"敌百虫"药粉喷治，杀虫效果很好。

三、油菜病虫害及其防治

虫害及防治　蚜虫是油菜的主要虫害，为害时蚜虫群集在叶背、菜籽荚等部位，吸食叶汁，造成油菜减产。防治方法主要是检查虫情，群发时及时喷洒乐果乳剂或用菊脂类农药防治。

病害及防治　境内油菜的病害主要有菌核病、霜霉病等。防治措施是在油菜扬花盛期用"多菌灵""克菌灵"等农药喷雾预防，甚为有效。

草害及防治

境内危害农作物的杂草甚多。水稻草害常见的有鸭舌草、三稜根、稗草、野荸荠、蒲舌头草、水牛草等。这些田间杂草若不清除，必然疯长成害，稻田变成荒田。新中国建立前后，农民只能以手工消灭害草，常常事倍功半。60年代后期，境内开始推广使用化学除草剂进行化学除草，效果非常显著。水稻田使用的除草剂有"除草醚"、"二甲四氯"、"乙草胺"、"丙草胺"、"丁草胺"、"稻田净"等，均取得很好的除草效果，农民十分高兴，戏称"除草剂"为懒药。从此境内种植水稻不再需要做"四拔头"了，大大减轻了农民的劳动强度。稻田杂草中唯有稗草生命力强盛，化学除草剂灭不了，还得采取人工去拔除。

境内三麦草害常见的有牛毛草，野田菁、看麦娘、赤蓼头等。70年代前，没有推广化学除草剂，农民只能采取人工拔草，难以除净，因此三麦草荒比较严重。80年代开始，使用"绿麦隆"除草剂。春季气温上升后使用"二甲四氯"除草剂。90年代，推广使用"麦草净2号"、"骠马"等农药，效果较显著，使用一次即可有效防治麦田双子叶杂草。

境内油菜的田间杂草主要有牛毛草、水芹草等。20世纪50年代～70年代，农民除草主要用锄头锄草及壅土灭草。20世纪80年代推广"绿麦隆"除草，90年代，开始使用"精稳杀得""油菜双克"等化学除草剂，杂草明显减少。油菜后期因植株长高叶茂，少许杂草无碍油菜生长，不需除草。

1958～2015年全境粮油产量一览表

表6—5

年份	粮食总产（千克）	水稻			三麦			油菜		油菜籽总产（千克）
		面积（亩）	单产（千克）	总产（千克）	面积（亩）	单产（千克）	总产（千克）	面积（亩）	单产（千克）	
1958	3050647	8716	305	2658575	4559	86	392071	647	42.5	27497
1959	3020164	8165	313	2555629	3666	126.7	464535	540	44	23765
1960	2764331	7621	312.5	2382306	3305	115.5	382025	881	43	37793
1961	2438177	7749.4	271.5	2104718	3452	96.5	333459	771	47.7	36800
1962	2613136	7555.9	296.5	2240987	3532	105	372149	742	54.5	40464
1963	2845407	7605.5	330.5	2514048.5	3562.6	93	331358.5	744	61	45399
1964	3508643	7583.4	411.3	3119362	3649.8	106.6	389281	746	68.6	51166
1965	3728842	7582.8	429	3251942	3243	147	476900	743	80.2	59619
1966	4144939	7585.8	490.7	3722349	3250	130	422590	743	92	68530
1967	4117633	7587	479.8	3640221	3253	146.8	477412	769	95.8	73653
1968	3979713	7587	453	3437763	3096	175	541950	740	98.5	72906
1969	3757479	7564	417	3155684	3255.4	184.9	601795	758	106.8	80924
1970	3359194	7563	370	2798238	3256	172	560956	754	110.4	83209
1971	3585343	7557.9	395.9	2992833	3227	183.6	592510	820.3	121.7	99849
1972	4165482	7549.7	438	3307715	3202	268	857767	824.5	114.4	94329
1973	4609460	7526.3	509.8	3836969	3201	241.3	772491	838.8	113	94853
1974	4697005	7500.5	507.7	3807745	3182	279.5	889260	806	113.5	91507
1975	4218148	7492	452.5	3390251	3170	261	827897	805	113.7	91534
1976	4407655	7452	473	3526630	3170	278	881025	784	113.5	88958
1977	4205712	7199.7	461	3319599	3059.7	289.6	886113	831	128.4	106673
1978	5312658	7172.7	557.3	3997357	3048.2	431.5	1315301	795.8	136.4	108573.5
1979	5131169	7176.4	514.9	3695269	3049	471	1435900	796	141.3	112510
1980	4439310	7216.1	407.3	2938901	3064.2	489.7	1500409	795.7	130	103407
1981	3768618	7140.1	361.3	2629606	3026.1	376.4	1139012	781.5	128	100044
1982	4109530	7140.1	414.6	2960711	3026	379.6	1148819	780.5	126.3	98561

续表6—5

年份	粮食总产（千克）	水稻			三麦			油菜		油菜籽总产（千克）
		面积（亩）	单产（千克）	总产（千克）	面积（亩）	单产（千克）	总产（千克）	面积（亩）	单产（千克）	
1983	4879184	7695.5	472.4	3635667	3235	384.4	1243517	815.7	108.5	88505.5
1984	4732845	7129.2	501.8	3577495	3154	366.3	1155350	454.6	139	63291
1985	4330385	7144	444.8	3177824	3000.3	384.2	1152561	837.6	107.5	90050
1986	4549617	6982.4	483.8	3378163	2963	395	1171454	804	115.5	92840
1987	4343539	6610	466	3080189	5669	222.9	1263350	688.5	97	66859
1988	4641007	6354.2	519.4	3300360	5089.7	263.4	1340647	630.2	94.5	59580
1989	4500850	6478	522.6	3385164	5050.2	220.9	1115686	590.5	83.3	48600
1990	4530107	6221	535	3328075	5028	239	1202032	600	88.8	53285
1991	4525063	6198	562.6	3487193	5020	206.7	1037870	540	82.3	46564
1992	4762608	6184	523	3235180	5055	302	1527428	393	81.7	32120
1993	4926361	6184	539	3334124	5055	315	1592237	481	109.5	52702
1994	4563565	5556	573.6	3187190	4812	286	1376375	534	75.5	40315
1995	4265896	5403	538	2907060	4628	293.6	1358836	304	76.9	23388
1996	4660329	5201	632.6	3290423	4324	316.8	1369906	305	102.7	31328
1997	4977528	5428	639.2	3469690	4578	329.4	1507838	424	153	64861
1998	3982324	5134	644.7	3309982	4133	162.8	672342	157	110.7	17384
1999	4082962	5118	570	2917406	4180	278.8	1165556	62	104.7	6490
2000	3750659	4624	607.8	2810388	3625	259.4	940271	103	119.7	12313
2001	2916238	4085	594	2426149	2435	201	490089	557	154	85918
2002	2857579	4004	584	2338336	2626	197.4	518362	612	157.5	96366
2003	667762	812	598.5	485982	610	298	181780	80	140	11200
2004	667756	812	600.9	487930	615	292.4	179826	63	151	9513
2005	559622	832	488.2	406182	548	280	153440	61	135	8235
2006	626400	730	602.2	439606	590	316.6	186794	135	130	17550
2007	621106	831	508.1	422231	625	318.2	198875	23	152.2	3500
2008	743902	810	560.2	509782	622	376.4	234120	—	—	—

续表 6—5

年份	粮食总产 (千克)	水稻			三麦			油菜		油菜籽 总产 (千克)
		面积 (亩)	单产 (千克)	总产 (千克)	面积 (亩)	单产 (千克)	总产 (千克)	面积 (亩)	单产 (千克)	
2009	702970	826	574.8	474785	744	306.7	228185	—	—	—
2010	698706	800	593.6	474880	726	308.3	223826	—	—	—
2011	758650	800	608	486400	726	375	272250	—	—	—
2012	725437	800	610	488000	725	327.5	237437	—	—	—
2013	718210	800	598.7	478960	725	330	239250	—	—	—
2014	622410	667	580	386860	673	350	235550	27	160	4320
2015	615670	665	588.3	391220	670	335	224450	31	155	4800

第三节　肥　料

境内曾有农谚曰"庄稼一枝花，全靠肥当家"。中华人民共和国成立前，农民都知道肥料对于种好庄稼的重要性。但苦于缺乏资金和积肥途径，只能简要的搞些灰杂肥料、人畜粪肥或白河泥壅田，"白指头"（即田间不施基肥）莳秧者甚多，田瘦、苗黄、产量低。建国后，经合作化运动，政府号召基层组织发动农民广辟肥源，大积大造自然肥料，各类有机肥料下田，熟化土壤，粮食亩产逐渐提高。

一、有机肥

粪肥及厩肥　中华人民共和国成立前后，境内村前屋后露天粪缸比比皆是，这是农家积肥的主要方法，农户将马桶中的粪便倒入粪缸里沤腐，随时用作肥料。此外，境内广泛使用的传统肥料，当以猪羊圈灰为主，一般用于水稻、三麦及油菜的基肥，肥效较高。20 世纪 70 年代，境内各生产队均建有集体猪舍，养殖集体猪以积肥壅田。到 80 年代初，因分田到户，集体养猪普遍停止。

草塘泥　用罱泥船、罱网等农具，在大小河浜里罱起水河泥，拌以绿肥（红花草、青绿肥）放在河泥塘或灰仓潭里腐烂沤制，人工积造成肥效很高的有机肥—草塘泥。一个生产队一年可积造草塘泥 3000～4000 担，可解决上百亩地的基面肥。20世纪 80 年代后，不再罱河泥沤制草塘泥。

河泥　1958 年起，境内每年发起干河积肥运动，直至 20 世纪六七十年代。凡有小河小浜的生产队，每年冬季都要进行 1 次干河积肥。一部分河泥浆直接泼浇在麦田里，压苗护麦。大部分河泥由社员挑入积肥潭，拌以稻草，经沤腐后待用。

绿肥 主要是红花草，与水河泥一起沤制草塘泥。红花草学名为紫云英，既可作肥料，又可作猪饲料，还能作为蔬菜食用。在粮食困难时期以"瓜菜代"顶替粮食。

"三水一绿" 是指水花生、水葫芦、水浮莲和绿萍的统称。20世纪60年代大力推广。在河浜放养旺盛后，捞起与河泥一起沤制肥料。但肥效不高，利用价值不大。20世纪70年代初，提倡单季晚稻放萍栽秧，十天半个月后绿萍即长满田间，放干水后农民下田徒手倒萍（将绿萍埋入土中）既肥田又除草，倒萍2～3次后，草害除净，田土疏烂，毋需耘耥，即可搁田"起岸"。绿萍曾发挥过一定的肥田作用。20世纪70年代中期以后，因"双三制"的扩种，"三水一绿"不再利用。

秸秆还田 秸秆主要有稻草，麦草和油菜萁壳等。20世纪60年代后，冬天积肥时，把稻草铡断掺入河泥中，在灰仓潭里沤腐，翌年春天再与绿肥拌合沤制成草塘泥，用作水稻基肥。20世纪70年代期间，提倡将菜籽萁、菜籽壳、麦柴及前季稻的稻草在后茬田块翻耕前，将以上秸秆铡断撒入田块，翻耕后能起到疏松土层、增强土壤团粒结构、肥田通气的作用，利于农作物的生长。

二、化学肥料

20世纪五六十年代开始，农田应用以硫酸铵为主的氮素化肥，但化肥数量极少，基本从国外进口。由县供销社调拨到公社供销社，按生产队的田亩数计划供应。化肥的品种除硫酸铵外，还有氯化铵，硫酸钾、氯化钾，碳酸氢铵及过磷酸钙等。1972年，沙洲化肥厂建成投产后，碳酸氢铵供应计划有所增加。由于化学肥料肥效高，使用方便，既可作底肥，面肥，也可在农作物的不同生长阶段做追肥使用，深受农户欢迎。70年代时，化肥的供应量满足不了农业生产的需求，西张供销社派遣采购员驻扎上海，从染化十五厂调拨含氮量较高的红色工业废水（社员称之谓"红氨水"），分配给各生产队前往装运。运回后以汤灌法注入稻田，肥效明显，以补充化肥之不足。20世纪80年代，国家建成大型化肥厂后，化学肥料敞开供应，品种以尿素等优质化肥为主。20世纪90年代开始，调整用肥结构，由原来的单纯追求氮肥改为氮磷钾三要素配合使用，以后复合肥（含氮磷钾）的施用量不断上升，而传统的有机肥使用量锐减，并逐渐被淘汰，被抛弃不用。

第四章　林牧副渔业

第一节　林　业

中华人民共和国成立前，境内农户家前屋后都种树，以榉树为最。榉树虽然生长缓慢，但树木高大，质地坚硬，是制作家具、农具理想的木材，经济价值很高。在一些农户的房前屋后、祖坟四周等地方，都可看到有榉树的存在。此外，常规种植的树木还有苦楝、杨柳、榆树、竹子、石榴、枣树、合欢等，但都是零星种植，不成规模。20世纪70年代后，村里开展大规模的平整土地，建设村级道路及田间机耕路，在道路两侧建立绿化带，有规格地栽种大批水杉、香樟、桧柏、意杨、垂柳等行道树，形成一条条深远的绿色林带。在村民住房条件不断得到改善的同时，农户普遍注重美化居住环境。在院落内外种植玉兰、桂花、腊梅、红枫、山茶等观赏花木，在室内、阳台等处则陈列盆景、花卉，大致有苏铁、菊花、吊兰、水仙、月季、兰花、杜鹃花等。

进入21世纪，境内有苏虞张一级公路穿越南北，沿江高速公路东西向通过。全长约9千米。两侧绿化景观带栽种各种林木有350余亩。同时在全村区域内进驻学校、商店、银行、医院、物流、其他企事业单位及韩国工业园等100余家。这些单位驻地植树蔚然成风。凤凰中学校园内一片葱绿，植有香樟树200余株，垂柳80余株，夹竹桃150余株，桂花100余株，还有雪松及其他多种花木300余株。西张医院、澳洋医药物流等单位植有雪松、银杏、广玉兰、慈孝竹、苏铁、垂柳、合欢、棕榈、香樟、桂花等树木共1000余株。

第二节　畜牧业

一、养猪

境内农家历来有养猪习惯。新中国成立前，大多只有富裕的农户家养猪，数量也较少。一般在下半年开始饲养到春节时宰杀。或用于过年，或用于办喜事。新中国成立后，农民自己有了田地，农户陆续养猪积肥。猪灰用于垩田，肉猪年终时宰杀食用或是家庭办喜事用肉。当时的猪种大多是本地的土猪种"二花脸"黑猪，生长缓慢，养七八个月才上市，体重65千克左右。

1958 年，成立人民公社后，公社在境内自然宅基野朱家宕开办饲养场，以养猪为主，兼养鸡、鸭、鹅等家禽及鱼类。由于缺乏经验，管理不善，经营二三年不见经济效益，至 1961 年 8 月解散。1959 年至 1961 年三年困难时期，集体经济萧条，社员温饱不济，生猪饲养寥寥无几，生猪生产一直处于低下状态。

1965 年，国民经济全面好转。政府贯彻社员私人养猪与生产队集体养猪相结合的"两条腿走路"方针。生产队划给农户养猪饲料地（每头猪 1 分地），鼓励社员私人养猪，猪灰按质按量作价给生产队使用，每头猪灰肥收入可 20～30 元，生猪饲养量得到回升。1966 年，境内生猪年末圈存量达 2362 头。1974 年，县成立畜禽委员会，负责指导以养猪为重点的畜禽生产，并规定农户出售生猪，给予粮食、布票奖励。根据售价，由收购部门直接发给奖券。同时生产队再次提高猪灰价格，每头猪从饲养到上市产生的灰肥金额可达 40 元，年终分配时作为社员对集体的投资参加分配。有 1 元灰肥金，全额返还 1 元，结算到户。生猪发展迅速。1978 年，境内各生产队均建有集体猪场，一般养猪 20～30 头，并饲养母猪繁育苗猪。

1983 年，农村普遍实行家庭联产承包责任制，生产队不再养集体猪，有关鼓励养猪的奖励政策取消，猪灰由农户自用，生猪生产开始下降。1984 年，开始提倡规模养猪，发展养猪专业户、重点户。1985 年，境内有养猪重点户、专业户 12 户，每户当年平均出售生猪 28.8 头。1999 年，全境有养猪大户 19 户，每户当年平均出售生猪 55.6 头。

境内苗猪均由农户自养母猪繁育。繁育的苗猪断奶后经兽医阉割，手术康复后，由农户将苗猪运到就近街坊、集市的苗猪交易市场，售给买主，价格随行就市。解放前后，农户饲养的母猪都是"二花脸"黑种猪，性成熟早，产仔多，肉质鲜美。但个体生长期长、出肉率低。一般要饲养七八个月才上市，体重 65 千克左右。1963 年开始，西张供销社从上海等地引进"约克夏"、"梅山"等白色种公猪，与"二花脸"母猪配种，其杂交后代猪生长发育快，饲养五六个月上市，体重 80 千克左右。此后，境内农户或集体饲养的肉猪基本上全是白猪，黑猪寥寥无几。

在饲养方法上，旧时农户养猪全是土灰圈，目的是多产灰肥作肥料垩田。70 年代生产队集体养猪时，改为水泥混凝土猪圈。20 世纪 80 年代以后养猪大户养猪也全部采用水泥混凝土猪圈，便于用水冲洗。猪饲料的使用上，解放前一般都用麦粉、稻谷糠加热水冲泡调和后倾入食槽喂猪，饲料单一，成本高。人民公社化后，提倡广找饲料来源，以青代精，降低饲养成本。20 世纪 80 年代后，提倡以生干饲料、混合饲料、配方饲料喂养，食槽内储有饮用水，供猪饮用。饲养方法简便，省工省本，出栏快，饲养周期缩短。一般饲养三个月即可上市，体重在 80 千克以上。

1984 年，实行家庭联产承包责任制后，生产队集体养猪全部停止。

进入 21 世纪后，境内大部分区域受镇经济发展规划、建设新农村规划、大环境整治规划等多种行政决策的制约，养猪业全部停止。2015 年，养猪在双龙村成为历史。

二、养羊

养羊是境内农民的传统习惯。20 世纪 40 年代，村里有一半人家饲养过山羊。品种以长江三角洲白山羊为主，每年每户养 1 至 3 只不等，许多农户养的山羊，到冬天时自宰自吃，或售卖给羊肉店宰杀。中华人民共和国成立后，山羊逐步淘汰，改养绵羊（湖羊）。全境约有三分之二的农户养过绵羊，但都不成规模，一般养 1～2 头，由于羊的主要饲料是青草，光吃草也能长大，饲养成本较低，羊灰又是极优质的有机肥。在 20 世纪 60～70 年代中期，社员可将羊灰作为肥料投资投给生产队使用，参加年终分配，增加收入。同时，羊毛每年可以剪 1 次，可售卖给供销社或可以自己纺线编织毛衣，因此不少农户就把养羊作为一个重要家庭副业来经营，普遍饲养绵羊，羊的饲养量迅速增加。1972 年，全村养羊户 548 家，养有绵羊 1196 头，1975 年，全村有养羊户 685 家，养有绵羊 1664 头。进入 20 世纪 80 年代后，随着村镇工业的迅速发展，许多农民进工厂务工；农村家庭联产承包责任制的推行，农村劳动力向二、三产业转移，养羊户逐年减少。1995 年末，全村圈存羊仅 101 头。2015 年，全境家庭养羊全部停止。

三、养牛

境内农户养牛的主要目的是用于耕地和戽水。解放前只有少数富户家养有耕牛，1949 年，境内共有耕牛 40 余头，全部是水牛。人民公社化以后，成立了生产队，基本上每个生产队都饲养一头耕牛。1960 年，全境有耕牛 68 头。20 世纪 70 年代初，随着农业机械化的迅速发展，农民耕地、戽水不必依靠耕牛，牛的饲养量迅速减少。1970 年全境耕牛饲养量为 31 头，1972 年仅剩 3 头，1973 年以后，境内已没有耕牛。

四、养兔

养兔在境内历史上以饲养本地菜兔为主，养兔户也只是星星点点的少数农家。中华人民共和国成立前后，境内开始引进安哥拉长毛兔。中华人民共和国成立后，养兔生产随着国际市场对兔毛需求量的增减而升降。

1975 年，全境养有兔子 1389 只。1979 年时，西张供销社采购站收购兔毛特级毛价格每千克 54 元，以后兔毛收购价又不断攀升，1983 年时，每千克特级毛收购价高达 220 元，促使养兔生产不断提升。一只德系哥多拉长毛兔，一般可年产兔毛 0.9 千克，养兔成为农户的一项新兴家庭副业。1979 年，全村养兔 5076 只，1981 年，全村养兔 5154 只。1985 年末，全境养兔量达 7990 只。1986 年后，因乡镇企业的迅猛发展，农村劳动力分流进工厂务工，同时国际市场兔毛需求量减少，养兔数量逐年下降。1997年后，境内已很少有农户养兔了。2015年，境内仅有3户饲养观赏兔或菜兔，总计养兔18只。

五、养禽

境内农户饲养家禽以鸡鸭为多，鹅少量。鸡的品种有鹿苑鸡、狼山鸡、浦东鸡、白洛克鸡等。鸭的品种有浙江绍兴鸭、昆山麻鸭、北京鸭等，农户一般每户每年养禽5～8羽左右，多的养10余羽。农户养禽目的大多是为了让鸡鸭生蛋，自家食用。中华人民共和国成立后，家庭养禽有所发展，农户养禽量增加，1957年末，家禽存量8000余羽，户均6.4羽。1959年至1963年，由于饲料紧缺，养禽量剧减。年末存量仅1600余羽。1970年起开始回升。1972年以后的几年内，境内有不少生产队因社员私人散养鸡、鸭糟蹋农作物而自发禁养。有的农户改变饲养习惯，改散养为圈养。20世纪90年代后，境内出现养鸡养鸭专业户，较大规模的有3户，每户每年可出售肉鸡600余羽，出售鸭200余羽。1996年，全境共饲养鸡、鸭41000余羽。进入21世纪，境内因规划建设沿江高速公路，苏虞张一级公路及建设韩国工业园等项目用地的需要，先后有24个村民小组被整体拆迁、异地安置。占全村近40%的农户入住居民居住小区。居住环境的改变，家禽饲养条件受到限制。同时因大环境整治及社会主义新农村建设对环境卫生的要求，家庭养禽户及养禽量大为减少，至2015年末，全村养禽户12家，养禽量仅150羽，农户吃鸡、吃蛋都要到市场上去购买。

第三节 副 业

一、花边刺绣

花边业开始于清末民初，由外国传入，所绣产品皆为出口。1965年前，由常熟花边经理部发放经营。公社设花边发放站。从事花边刺绣的大多是女青年，心灵手巧视力好。她们为了挣点钱，起早贪黑，争分夺秒，勤勤恳恳地飞针走线，常常要忙到深更半夜才歇手。有的妇女还把花边带到田头，待劳动休息时也抓紧时间做一阵。1973年，沙洲县成立花边经理部，经营花边业务，在刺绣传统花边的同时，增设针结花边业务。境内从事针结花边的农家女子有1000余人，全年加工针结花边近万套，加工费收入70000余元。因此，全村妇女就做花边这一家庭副业，平均每人每年收入100～150元以上。1983年后，因国际花边需求量变化，花边发放量逐年下降。1985年后，花边生产停止。

二、织土布

纺织土布的老传统在境内流传甚久，历来是一项重要的家庭副业。农家素有"男耕女织"之说。解放前至建国初，境内 90% 左右家庭有纺纱工具—摇车。计有 50 余家农户有木制织布机，均是自纺自织自用。极少量的代客加工或出售。从棉花到织成土布全靠自家完成。棉花经轧、弹后搓成棉条，经摇车纺成棉纱、经化车化纱成缩，然后浆纱、盘纱、穿扣、梳理后上机织布（境内称作绩布）。所织布疋门幅狭小。分大布和小布两种。小布门幅 8 寸，大布门幅 1 尺 1 寸，长度按实际需要设置，一般 10 丈左右。土布一般多为白坯布，但也有一些土布在未织布之前先把棉纱染好颜色（或红色、或蓝色、或黑色），织布时按色轮织，织出的土布图案有的成豆子块，有的成芦扉块，有的成大方格，有的成长条纹，织成后就可直接做衣服或床单了。土布透气性好，手感舒适。但观感粗糙，图案单一，光洁度、结实性较差。土布制作全是土法上马，花工量大，20 世纪 60 年代以后，不再有人家织土布了。

三、纺黄纱

20 世纪 50 年代中期开始，国家对棉花实行统购，一些小型土布生产厂家及农户基本无棉花来生产土布。棉布凭票供应，废花回纺则应运而生，曾经兴盛一时。废花就是轧花厂落下来的废棉花，由纺站回收后加工成棉条，然后将棉条发放给会纺纱的人进行纺纱。因棉条是黄色的，故称纺黄纱（境内称作摇黄纱），当初纺一斤黄纱工价为 6 角左右，一个老人一天能纺黄纱半斤至一斤，收入在 3~5 角之间，村里一些会纺黄纱的老人纷纷前往黄纱收发站拿黄纱，她们不顾年迈体弱，跟年轻人一样起早贪黑抓紧一切时间纺纱，为家中贴些油盐钱，很是辛苦。进入 20 世纪 60 年代后，由于花纤布上市供应，黄纱布销售量逐年回落，纺黄纱也逐渐停止。20 世纪 70 年代后，家庭纺纱织布基本绝迹。布机、摇车等纺织工具均被遗弃，如今已难觅踪影。

四、织草包

20 世纪 60 年代，境内二三十家农户从事织草包家庭副业，脚踏木结构草包机由农户请木匠打造，还有配套工具—绞绳机（也称摇绳机）则从生产厂家购进。织草包及绞绳所用材料全部是稻草。农户选择柴长、性软、洁净的优质稻草，去除根部柴壳，整理整齐，经绞绳机绞成草绳，然后将草绳一条条穿在草包机上作经线。经完后即开始织（境内称"绩"）草包。通过织包人双脚互踏，让草包机的梭子左右交替穿行，同时将一根根稻草作纬线，通过梭子传递，有序排列穿入经线间，织成草片。卸下草片后，将两边露出的稻草折边整齐，再将草片对折起来，用穿针以草绳将草片两侧缝合好，即成草包。草包由水利部门、供销部门建筑工地等处收购。草包编织户通过劳动，将稻草深加工，增加附加值，从而增加经济收入。20世纪70年代后，由于推广种植"双三制"，其稻草不可用于织草包，再加上织草包体力繁重，农户只得选择放弃，织草包成为历史。

五、种蔬菜

境内蔬菜种类较多。常见的有青菜、白菜、萝卜、菠菜、冬瓜、黄瓜、丝瓜、豇豆、茄子、韭菜、苜蓿（称草头）、毛豆、蚕豆、茭白等。20世纪80年代后，增加了花菜、青椒、四季豆、西葫芦、包菜、药芹等新品种。过去农户均零星种植，解决自己的吃菜问题。在蔬菜栽培上，20世纪70年代前，都用传统的栽培方法：露地育秧、适时播种。20世纪70年代中期，开始改进栽培技术，应用塑料薄膜及毛竹片搭建小环棚，用于育苗。使茄果类蔬菜提早上市。20世纪80年代，推广地膜覆盖技术，用塑料薄膜护根护苗。20世纪90年代，推广大棚栽培蔬菜技术。随着蔬菜栽培先进技术的不断应用，蔬菜生产不仅生长快，长势好，而且产量高。农户种植的蔬菜除自己食用外，多余部分还拿到农贸市场出售。

六、磨豆腐

20世纪50年代以后，境内一直有10余家农户从事磨豆腐家庭副业。他们有的是世代相传，有的是后来开业。豆制品主要产品有水豆腐、豆腐花、老豆腐及豆腐干等，制作工艺都是传统手工制作工艺，味美可口，营养丰富。这些"磨豆腐"农户主要分布在鸶塘、石龙、袁市等村落，平均每户年收入在1~2万元。20世纪90年代以后，本地村民因老房子拆迁或后无传人等多种因素，不再从事磨豆腐副业，而一些外来人员租住在本地区，专业从事豆制品生产，以机械化作业，制作工艺改进，不仅数量多，而且产量高。且在农贸市场专门设立销售点，实行产销一条龙服务。对需求量较大的企业、单位食堂，直接送货上门，满足了当地对豆制品的需求。卫生监督部门对生产场所卫生状况、添加剂安全与否，经常检查督促，符合卫生要求方可生产。

七、育种苗

境内各自然村村民都有培育各种蔬菜种苗的传统，这些种苗品类大多是各种瓜秧、豆秧、茄秧及其他蔬菜秧苗。除自种外，多余部分上街出售。20世纪70年代期间，境内鸶塘村14队、石龙村10队、11队等生产队，30余家农户兴起培育山芋苗的热潮，这些农户精于培育技术，冬天储藏山芋种薯，春天搭建坑床，铺填营养基土育苗，适时剪取山芋苗秧，到集市上去售卖，十分抢手。平均每户每季山芋苗收入可达 300 余元，但时处"文化大革命"时期，这项副业被当作资本主义尾巴被禁止。十一届三中全会以后，这些有育苗经验的农户不再心有余悸，再度兴起育山芋苗的热潮。90 年代后，由于时境变迁，很少有人育山芋苗了。

八、掼砖坯（土坯）

境内土壤类别属于水稻土，土种大多为铁屑黄泥土，土质粘而硬，特别宜于制作砖坯及土灶具（行灶），用这种泥土制成的砖坯，经得起搬运。烧成的砖块，敲击时叮当有声，抗拉、抗压强度大。中华人民共和国成立前，境内鸳塘村 5 组（自然村叫窑墩湾）一些农户为了生计，利用当地黄泥土，拌以稻草作筋，制作成土行灶，晾干后挑着行灶，走村串户去兜售，然问津者寥寥，只得弃制。继之改以制作土坯，到需要用坯的人家去代为制作，土坯晒干后可用于砌内墙。制作土坯时先将黄土捣碎，然后加适量水充分捣和，再赤脚将湿润泥土反复踏细踏韧备用。将时先准备好的制坯模具（匣框）放置在木板上，取一些已踏韧的泥土，用力掼入模具中，用弓弦将高出磨具匣框上的泥土刮去，然后打开磨具框子，取出土坯晒干即成。

20 世纪 60～70 年代时，境内开始建办土窑，砖坯需求量大，境内一些青壮劳动力，抓住机遇，去窑厂制作砖坯、小瓦坯。或在生产队里筑好晒场，掼制砖坯。以船只为运输工具、运往窑厂或其他需要砖坯的地区去售卖，增加经济收入，历时 2～3 年，后来因机制砖坯的使用，人力制坯遂即停止。

九、饲料加工

旧时境内农户饲料加工大多用石磨，以人力或畜力推磨。将粮食、豆类加工成麦糁、麦粉、米粉、豆浆、豆沙等。20 世纪 60 年代以后，柴油机及电力的应用，有条件的村队都开办粮饲加工厂，置有钢磨粉碎机、面粉机、轧米机、秸秆粉碎机等设备，满足村民粮饲加工的需要，同时增加集体副业收入。1980 年以后，商品粮饲的上市及需求量的改变，粮饲加工厂陆续停办。

第四节　渔业（含水产养殖业）

一、养鱼

境内传统的渔业生产主要是养鱼。双龙村境内有可放养的水面 1490 亩，1949 年时，实际养鱼水面 680 亩，都是利用自然水面养鱼，亩产在 40～50 千克，鱼种以花、白鲢鱼为主，占总量的 75% 左右。其他青、草、鳊、鲤等鱼种约占 25%，水面均为上浜内河池塘，产权均属农户私人所有。1956 年，农业合作化进入高潮以后，农业高级合作社的成立，土地、水面等生产资料归集体所有，集体养鱼得到较快发展，境内养鱼水面760亩，所产成鱼作为实物分给社员食用。1968年，各生产队为扩大农田，平整土地，部分内河填没，改造成水稻田，养鱼面积略有减少。1970年，全境养鱼水面720亩，鱼总产量39吨。1984年，县政府把发展水产业作为调整农村产业结构的重点。渔业生产贯彻养殖为主、精养为主、养捕并举的方针。允许鱼产品直接上市，鱼价随行就市，淡水鱼发展很快。1985年，西张公社建办西张水产场，其中在境内占地305亩，投资60余万元，建成成鱼池191亩，种鱼池47亩，1986年即收获成鱼86吨，种鱼150吨。以后不断发展，西张水产场成为张家港市多种经营管理局的五大家鱼养殖示范基地。并养殖罗氏沼虾、革胡子鲶鱼、日本锦鲤鱼等特种水产。直至2011年，因凤凰新城镇建设用地的需要，西张水产场停止生产。

实行家庭联产承包责任制后，各生产小组零星的内河及塘河都承包给村民养鱼，养鱼专业户一般承包河面30～40亩，实行精养，亩产250～300千克，品种花、白鲢鱼及青鱼、草鱼、鲫鱼、鳊鱼各占50％左右。

二、河蚌育珠

1970年，双龙村9组在公社多种经营办公室的指导下，试点手术蚌育珠，获得成功。培育珍珠的蚌有三角帆蚌及皱纹冠蚌两种，种蚌从浙江、湖北等地引入。育珠人员在蚌体内植入湖蚌肉碎片数块，随后将手术蚌吊挂在河水中，经常清洗蚌壳表面上污物。植入的碎片随着手术蚌的生长，慢慢形成蚌珠。经三夏二冬后，蚌珠成熟，即可开蚌收获蚌珠。1971年，境内有育珠手术蚌3800只，1972年，手术蚌8600只，1973年，手术蚌5730只。1974年，手术蚌8100只，全年产珠11千克，产值9800多元，1975年，国际市场珍珠需求量下降，河蚌育珠出现低潮，手术蚌逐年减少。1976年，手术蚌4100只。1979年，珍珠销售形势好转，珍珠养殖又有所回升。农村实行家庭联产承包责任制后，河蚌育珠基本停止。

三、养虾养蟹

1993年，境内有2家农户养殖螃蟹及青虾，养殖水面9亩。1995年，发展到5户，水面25亩。其中石龙村9组村民陈才根开挖水产养殖池12亩，从事专业养殖，精细养殖虾、蟹，获得成功。

第五章　农机具

第一节　农　具

旧时，农具是传统耕田作业的主要工具，一直延续到中华人民共和国成立前，基本没有多大的改进与改良。境内农具大致可归为 7 种类型。

耕耘类　耕耘类农具有木犁、耙、铁鐋、锄头、打宕榔头、耥、撬、铁锹等。

灌溉类　灌溉类农具有脚踏水车、车桁、大桩、水架、牛赶水车、车轴、脚笺等。

积肥施肥类　积肥施肥类农具有粪缸、河泥船、罱头、罱网、簸箕、扁担、粪桶、粪勺、塘扒等。

收割脱粒类　收割脱粒类农具有镰刀、担绳、络绳、扁担、稻床、脚踏轧稻机、山笆、挽子、竹箩、风车、抓扒、连枷、翻扒等。

贮藏类　贮藏类农具有缸、甏、竹箩、囤、匾子、挽子、草窝、栈条等。

运输类　运输类农具有船只、板车等。

粮食加工类　粮食加工类农具有木砻、缸臼、石臼、石磨、筛子等。

20 世纪 50 年代末，境内农民对部分传统的老式农具进行改良，如将木犁改成铁犁，镰刀刃口由线条形改为锯齿形。20 世纪 60 年代脱粒改用半机械的脚踏脱粒机，木船改由钢丝网浇制的水泥船，喷洒农药改为应用手摇喷粉机、气压式喷雾器喷洒农药。以后逐步向半机械化、机械化作业方向转变。

第二节　农　机

一、耕作机械

旧时，翻耕土地以人工垦田及牛力耕田为主，劳动强度大，效率低下。随着"双三制"种植面积的扩大，传统的翻耕方式已与现实状况不相适应。为改变这一现状。1968 年起，境内陆续引进东风 12 型手扶拖拉机翻耕土地。一台手扶拖拉机日翻耕土地可三四十亩，比牛耕快 10 倍以上。20 世纪 70 年代初，手扶拖拉机在双龙村全境各生产队普及。以后又引进了麦子覆土机、开沟机等耕作配套设施，从此结束了牛耕人垦的历史，初步实现耕作机械化。

1984 年，西张农机站购进上海 50 型中型拖拉机一台，用于耕地。1987 年又购进桂林机动联合收割机 1 台，示范应用后农民非常欢迎。境内原四个村均竞相购买，并成立农机管理队伍，对农业机械的使用、维修专门管理。

二、脱粒机械

传统的脱粒完全是靠人工在稻床上掼打。20 世纪 60 年代应用双人脚踏脱粒机轧稻。之后将轧稻机的滚筒加长为可容四五人同时上机作业的装置，装上挡板，用"东风"12 型柴油机作动力，通过皮带传动装置，带动滚筒运转，既可稻麦两用脱粒，又可打落草（净谷），（村民称之谓"条丝龙"）。初步实现脱粒机械化。1973 年通电后，全面推广用 5.5 千瓦电动机作脱粒机动力，并用排风扇飏谷，工效成倍翻。20 世纪 90 年代后，西张农机站又购进融收割与脱粒为一体的中拖联合收割机、自走式联合收割机（洋马）等稻麦收割机械，机械化程度更进一步升级。

三、植保机械

以往，农作物防治病虫害采用人工捕杀、点灯诱蛾扑杀、柴油扑虱等方法，事倍功半，只能取得局部性的效果。20 世纪 60 年代后，陆续使用单管喷雾器、手压喷雾器、背负式压缩喷雾器、手摇式喷粉机等药械。喷药均匀到位，防治效果明显。20 世纪 70 年代后，各生产队均购置以汽油机为动力的植保机，射程远，功效高。用于植物保护效果好。

四、运输机械

旧时，农村运输短途量少的物品，以人力肩挑手提为主，长途且量大的以木船装载为主。20 世纪 60 年代间，境内各生产队都置有钢丝网水泥船，配上苏州—73 型挂桨机，初步实现水上运输机械化。20 世纪 70 年代后，随着农村公路建设的日新月异，以拖拉机和卡车为主的车辆运输得到迅速发展。

五、其他机械

随着农业机械化程度的不断提高，各类农业机械在境内各生产队不断完善配套应用，并发挥着促进农业高产、稳产的极大作用。如灌溉全部用水泵抽水，插秧局部使用机动插秧机，种麦应用盖麦籽机、压麦机等，很大程度上减轻了农民的劳动强度。

六、农机管理及维修

1990 年，双龙村成立农业服务站，固定资产 68 万元，其中农机资产 55 万元，并且有固定的服务人员 24 人，其中常年固定的专业人员 20 人，分植保、机耕、机电、机械维修、肥药、农技、财务等 6 个组，农机组的任务是加强对本村农机手的管理与监督、农机具的维修、保养和成本核算等。基本做到了小修不出村。每年的春耕生产，夏收夏种，秋收秋种前都要对所有的农业机械进行全面的检查保养，收种结束后集中进行维护。农忙时还组织技术人员到村民小组巡回修理，保证农业机械充分发挥作用。1996～1997 年境内农业服务站连年被评为苏州市、张家港市先进农业服务站。

随着工业的迅速发展及村镇建设用地的增加，境内农业耕地面积逐渐减少。1998 年，农机组解体，大多数农业机械转制给私人经营，至 2015 年，全村有中型拖拉机 3 台，高速插秧机 3 台，小型插秧机 2 台，手扶拖拉机 8 台，植保机 9 台，均由农机手私人经营保管。

第六章　良田建设

第一节　平整土地

中华人民共和国成立后，在农业合作化运动中，农户带田入社，土地归集体所有。为除界并田，采取按原始田块挑高填低、小规模平整土地。1958 年"大跃进"时，境内各村对荒坟、废河浜、潭塘分期分批垦荒或填埋，增加耕地面积。20 世纪 60 年代的"农业学大寨"运动中，为改造低产田，建设高产稳产农田，开展了一轮平田、移坟、填河、塞河浜等大规模平整土地的热潮。全境新增土地 150 余亩。1975 年，党中央召开农业学大寨会议，号召全国建成大寨式的县。沙洲县再次掀起农业学大寨、改天换地夺高产的热潮。境内各大队、生产队组织群众到江阴华西大队参观学习，提出了"重新安排山河"的口号，再一次开展了开新河、填老河、铲高岗、平荒坟，构筑机耕道路，建设排灌渠道等平整土地的高潮。在主干道两侧的农田，按每块地南北长 90～100 米，宽 17 米的标准，分格成一坵坵农田，有序排列。田块根据地势地形，采取高低有别，修设排灌渠道。在这次平田、治水、改土的热潮中，双龙村全境共整治良田面积 1600 余亩，占全村粮田总面积的 20% 左右。

第二节　丰产方建设

50 亩以上的连片吨良田称作丰产方。大的丰产方有 100～200 亩。1996 年，境内各个村均规划建设稻麦丰产方，首先在原鸳塘村的西凤路两侧建设石塘稻麦丰产方。将原鸳塘村的1组、2组、3组、4组、5组、6组及15组的农田，重新调整其河、沟、路、田的布局。原来高低不一、大小不一的田块，分格成走向一致、两亩地一块的格子化农田。田间建设有高标准的渠道，做到排灌分开，块块自立门户，圩灌圩排，同时建设统一的路面宽2米，比坡1∶1.5的机耕道路，路旁植树绿化。该丰产方面积280余亩，完成土方20000多立方米。石塘稻麦丰产方和邻里的五联丰产方连成一片，规模有500余亩。苏州市国土局、张家港市国土局先后到该地召开土地整治现场会。随后，境内的袁市、石龙等村相继建有100～200亩规模的丰产方农田。

2015年，因工业生产发展用地及城乡一体化建设用地需要，全境所有稻麦丰产方农田变更为非农业用地。

第七编 工 业

境内工业在漫长的以男耕女织为主要生产形式的自然经济社会里，从纺织业开始起步。农妇们夜以继日地纺纱织布，产品或为家用，或为商品交流，以增家庭收入。

明清时期，境内已有铁、木、竹等手工作坊存在。民国时期，境内 4 个行政村有 6 户在居住地开设砻坊、磨坊、油坊、豆腐坊、糖坊等粮油加工作坊。

新中国成立前，境内的私营作坊式工业均为民族资本，因受旧的社会制度的制约，经营维艰，发展缓慢。

新中国成立初，人民政府对私营工业实行"利用、限制、改造"的方针，鼓励和扶植合作工业。1956 年，私营个体工业开展合作化，境内有 10 余名从事铁业、木业、油漆业等行业的手工业者参加手工业联社，有七八家个体作坊如糕饼铺、豆腐坊、竹作坊等加入供销社或合作商店。

1957 年，境内部分高级农业生产合作社在所在地建办小型集体性质的织草包、纺棉纱等小工场，算是集体工业的雏形。

1958 年"大跃进"时，境内动员 1000 余劳动力建造各式土高炉，大炼"钢铁"，造成严重浪费。

1962 年，建立沙洲县后，随着国家对国民经济的调整，社办工业大部分关、停、并、转，手工业得到恢复。1964 年，境内六大队，七大队建造砖瓦厂，生产青砖小瓦，是为境内较早的大队办工厂。1965 年，境内四大队石塘自然村的 5 个生产队，联合开采小墩裸石。1971 年后，贯彻中央北方地区农业会议精神，农村掀起农田基本建设热潮，为解决农业资金，沙洲县委提出"围绕农业办工业，办好工业促农业"的方针，境内各大队陆续兴办砖瓦、塑料、石棉、粮饲加工等小型工厂，部分劳动力到大队办企业工作，成为亦工亦农人员。1978 年以后，随着农村经济体制改革的逐步开展，产业结构不断调整，到 1980 年，境内 4 个村先后有 1830 名农村富余劳动力转向工业，工业发展逐步由初期的铺摊子，求数量转向上管理、上技术、上质量、上效益，并不断调整产品结构和产业结构，发展横向经济联系和技术联系。

逐步形成集体、个体并存，以橡塑工业为主业，并具有相当企业规模、相当科技含量、相当管理水平的工业格局。1988年，境内共有村办工业企业40家。门类众多，行业多样。

1990年以后，境内工业开始飞速发展，2000年，全境工业总产值2.28亿元，拥有固定资产1.12亿元。

1998年，实行工业体制改革，境内所有企业转制为私营股份制企业或私营企业。2015年，境内工业开票销售收入47.99亿元。

第一章 工业体制

第一节 个体手工业

旧时，境内流传着一句俗语："荒年勿饿手艺人"。因此，拜师学艺或凭祖传手艺从事手工业的人较多。民国初期，境内就有木匠、竹匠、泥瓦匠、漆匠、铜匠、铁匠、裁缝等诸多匠人。同时还有开设砻坊、糖坊、酒坊、油坊、磨坊、豆腐坊、糕点坊等各类手工作坊。因旧时境内尚无机电动力，匠人师傅从事行当全凭手工作业，且规模甚小，所以将从业人员统称谓手工业者或小手工业者，从事行业统称为手工业。

手工业者大致分两类。一类是散居于家庭的个体手工业劳动者，没有资金或只有少量资金，以修补为主，或以手艺从事简单制作，或走村串乡打工谋生，或受人雇请上门为雇主服务。以木匠、竹匠、裁缝居多，生产竹木制品或其他日常生活用品；一类是开设作坊（大多前店后场），有一定规模的固定场所，一定数量的资金和简易的制作设备，除本人直接参与生产经营外，还招收徒弟或雇用帮工。手工作坊是在家庭手工业的基础上演化而来的，其制作手段与方式仍处于原始手工作业状态，但在规模、综合实力、经营观念等方面已初具近代工业的雏形。

手工业的产生和发展，与百姓日常生活的需求、商品的交易流通、社会的变迁有着密不可分的关系。

1949年，境内有各类手工业者60余户，私营作坊6家，以传统的单干生产格局从事手工作业。1956年，西张乡私营个体手工业开展合作化，成立手工业联社。境内有十多名从事木业、铁业、油漆等行业的手工业者参加手工业联社从业。同年，西张建立供销合作社与合作商店，境内有七八家作坊，如糕饼铺、豆腐坊、竹作等行业的手工业者加入供销社或合作商店从业。

20世纪60年代，境内"五匠"（当时对各行业的小手工业者统称"五匠"）除少数参加集体合作组织从业外，大多数仍分散于乡村各自为生。70年代，农村"五匠"作为亦工亦农人员，纳入生产队劳动管理，农忙务农，农闲务工。外出务工收入须交入生产队给予记工。20世纪80年代，农村"五匠"在国家实行改革开放，农村实行家庭联产承包责任制的形势下，不再被捆绑在单一搞农业生产上。他们有的发挥一技之长，建办私营企业，自己当企业老板（如建筑、装潢、油漆、成衣业等），有的改行从事其他职业，有的依旧受百姓的雇请，上门为雇主服务。20世纪90年代以后，农村诸匠中有的行业被时代淘汰，不复存在（如盖屋、园作、钉碗、补镬子、幔绷筛、箍镬盖等），有的也只能改弦易辙，另谋生计。

21世纪后，农村加快城镇化进程，在新的社会变化实际中，年轻人向往的是追求时代新潮，小工业者不再是受人青睐的职业，因此个体手工行业中有的已很少有传承人，仅存部分个体老匠人仍在民间作业。据2015年末对境内鹭塘社区泥瓦工、木工、油漆工的从业人员基本情况初步调查，反映出个体"五匠"从业人员人数逐年减少，尽管"五匠"的收费工价逐年提高，但当地年轻人拜师学艺者几乎没有，匠人中年轻人占比也逐年减少。

21世纪后，先进的现代工业技术与手工业相结合，在许多行业的工序中，运用先进的机械生产代替手工操作，以社会化大生产的形式代替作坊工场生产，手工业发生了质的变化。新颖的建筑公司、装潢公司、被服公司等以其现代化、机械化、工厂化生产的方式，适应着时代形势发展的需求，完全突破了过去手工作业的樊篱，其产量和质量是小手工业者手工作业时完全不可企及的。

1961～2015年末境内鹭塘社区农村五匠从业一览表

表7-1

年代\项目		1961～1970		1971～1980		1981～1990		1991～2000		2001～2015	
从业人数（人）		176		162		139		112		88	
其中	年龄段	人数	占从业人数(%)	人数	占从业人数(%)	人数	占从业人数(%)	人数	占从业人数(%)	人数	占从业人数(%)
	20～30岁	26	14.8%	21	13%	14	10.07%	4	3.57%	0	0
	31～40岁	50	28.4%	49	30.2%	48	34.53%	23	20.5%	19	21.6%
	41～50岁	54	30.7%	47	29%	44	31.65%	46	41.1%	38	43.2%
	51～60岁以上	46	26.1%	45	27.8%	33	23.74%	39	34.8%	31	35.2%
	工价（元/工）	0.80～1.20		1.20～4.0		4.0～10.0		10.0～50.0		50.0～200.0	

第二节　个体私营企业

清末民初，境内开始出现作坊式私营企业，主要是从事以粮油加工为主的私营作坊。如砻坊、油坊、磨坊及豆腐坊等。砻坊是用木砻借助牛力把稻谷碾成糙米，再用缸臼或石臼舂去米糠碾成大米。副产品是砻糠。磨坊是以石磨借助牛力把小麦磨成麦粉，再用罗筛把麸皮除去，制成面粉，副产品是麸皮。油坊是用牛力拉动石碾砣，将炒熟的菜籽或者黄豆压碎，再通过蒸煮后，放入油槽压榨，制成菜油或豆油，副产品是菜饼或豆饼。豆腐坊是以毛驴或人力拉动石磨，把浸泡过的黄豆磨成豆浆，用纱布过滤，沥出豆粞。然后将过滤后的豆浆通过烧煮，加入适量石膏或盐卤，少时，待豆浆凝固，放在模框中压榨，制成豆腐，副产品是豆粞。这些作坊式的私营企业，均没有机电动力，是从家庭手工业的基础上演化而来的，虽然其制作手段与方式仍处于原始手工业状态，但其生产规模、综合实力、经营观念与方式在渐变的过程中，潜移默化地向近现代工业转轨变型，也是工业革命中不可或缺的一个环节。

中华人民共和国成立后，在手工业合作化和对私改造的进程中，旧时的个体私营企业相继并入生产合作社，经过重组与划归，逐步发展成为集体性质的机械化和现代化的工业企业。

1956年，在生产资料所有制的社会主义改造后，私营企业一度不再存在。中共十一届三中全会以后，随着改革开放的深入，所有制结构由单一的公有制向以公有制为主体的多种经济形式发展。一些个体私营者从家庭手工，自产自销起步，积累了一定数量的资金之后，逐步向规模型发展。1988年，七届人大一次会议通过宪法修正案，补充了有关允许个体私营经济存在和发展的条款后，从根本上奠定了个体经济的法律地位。从此，双龙地区私营经济得到了迅速发展。

1990年，境内个体私营企业经营行业有塑料、针织、制版、五金、化工、服装、针织、车船运输、家具制作等。

1997年12月，张家港市委、市政府召开全市加快发展私营经济会议，1998年，境内集体企业实施第一次产权制度改革，企业改制为股份合作制。2000年，进行第二次彻底转制，全部转为私营企业，私营经济进入快速发展轨道。到2000年末，全境共有私营企业88家，企业向规模型、科技型、外向型发展。至2015年，境内有私营企业122家，工业门类涵盖了机电、化工、建材、印刷、包装、针纺、光伏新能源等诸多领域。具有相当规模的私营个体企业50余家，其中年销售额超过千万元的占40%。2015年，全境私营工业年总产值47.99亿元。

第三节　村（大队）办工业

20 世纪 50 年代中期，境内双龙、沈巷等一些高级农业生产合作社为增加社员收入，办起了集体性质的织草包、纺棉纱等小企业。1958 年，农业"大跃进"，农村劳动力集中搞农业生产及水利工程，村（队）办小工厂停业。

1963～1970 年，社队工业逐步露头，公社建办建筑、塑料、化工、砖瓦、石棉、农机等 6 家工业企业。境内五大队、六大队先后建办小土窑，生产青砖小瓦，四大队的石塘自然村 5 个生产队，联合开采小墩裸石，为社会提供建筑石料，也增加社员收入。随着政治运动频繁开展，社队工业步履艰难，时而兴起，时而衰落，到 1971 年底，全境工业产值仅为 7.2 万元，占全境总产值的 4.98％。

1971 年，中共沙洲县委提出"围绕农业办工业，办好工业促农业"的方针，境内 4 个大队以砖瓦厂为基础，陆续办起了粮饲加工厂，石棉加工厂，塑料制品厂等企业，逐步积累资金，培养技术骨干。同时利用靠近上海、苏州、无锡等大中城市和 20 世纪 60 年代下放工人及本地能工巧匠等有利条件，找门路，办工厂，从而使境内工业开始起步。

1978 年 12 月，中共十一届三中全会以后，发展社队工业有了政策依据，中共沙洲县委提出"要聚精会神想富，理直气壮抓钱"，"要克服单一经济，广辟生财之道，走农、副、工综合发展道路"的经济建设新思路。全境 4 个大队从原来的单一抓农业转变为农、副、工一起抓，尤其把发展工业作为工作的重点。各大队纷纷找门路，铺摊子，一个兴办工业的热潮迅速兴起，并向纵深发展。

1978～1985 年，境内 4 个大队都建办数家工厂。如四大队有窑厂、粮饲加工厂、化工厂、塑料制品厂、针织厂、印刷厂、预制场、采石场等；五大队有窑厂、沙发厂、塑料厂、针织厂、毛纺厂、地毯厂、乳胶厂等；六大队有窑厂、粮饲加工厂、针织厂、石棉厂、服装厂、标牌厂等；七大队有窑厂、粮饲加工厂、针织厂、人革厂、橡胶制品厂及柳条编织工场、水泥袋制作工场等。

为加强对诸多村（队）工业的管理，各大队（村）都设置有综合厂，将全大队（村）的多家工厂纳入综合厂管理，由各大队（村）干部担任综合厂厂长，负责协调处理全村工业企业的财务管理、资金周转、材料供应、产品质量、产品销售、安全生产、工资报酬等各方面的管理工作。1985 年，全境有村办企业 32 家，工业产值 1874 万元，占村国民生产总值 2426.42 万元的 77％。

1986～1998 年，是境内村办工业快速发展并不断壮大企业规模，提升产品档次的时期。1986 年春，境内原姚塘村（双龙村前身）从上海、苏州等地引进人才和技术，将村属企业沙洲县第三乳胶厂进行技术改造，扩建为沙洲县医用乳胶厂，将原先只能生产玩具气球的小企业，改造成了批量化生产医用乳胶手套的规模型企业。该企业从广东佛山购买乳胶手套模型，制作生产流水线，当年就生产医用乳胶手套3000万双，产品出口美国市场。1988年，双龙村建办合资企业——张家港光龙塑胶制品有限公司，年生产PE手套8000万双，全部出口到美国市场。当年双龙村成立双龙实业总公司，公司占地面积9.7万平方米，建筑面积3.2万平方米，固定资产1800万元，流动资金1000万元，职工866人。总公司下设张家港光龙塑胶制品有限公司、张家港华美橡塑有限公司、张家港富利来橡塑有限公司、张家港绿色塑料制品有限公司、张家港双龙皮革有限公司、张家港市工艺地毯厂、张家港市塑印厂、张家港市张瑞食品厂、张家港市医用乳胶厂、张家港市新龙毛纺制品总厂、张家港市双龙枱布厂、张家港市佳用手套厂、张家港市双龙电器设备厂、张家港市双龙热电厂等14家企业。是年，双龙村产品出口创汇500万美元，被国家农牧渔业部、对外经贸部评为全国乡镇企业出口创汇先进企业，并获农牧渔业部授予出口大户飞龙奖、产品出口青龙奖及江苏省化工厅颁发的橡塑医用手套金牛奖。是年，江苏省委书记韩培信视察双龙村，亲笔题词"双龙腾飞"。

1988年，国际市场乳胶手套销售形势看好。张家港许多乡镇、村一哄而起兴办乳胶手套生产企业，纷纷派员到双龙村学习乳胶手套生产技术，双龙村负责作有偿技术培训。1989年春，国际形势发展变化。张家港全市有118条乳胶手套生产线，因外商退货被迫关停。双龙村虽然也受到国外市场退货风潮影响，但企业基础相对牢固，产品质量可靠，尚能维持企业继续运转，只是生产流水线的开动量减少50%，由原来的15条减少到8条。

为了让企业走出低谷，1989年春，双龙村领导赴美国市场考察，调查市场需求，认准只要质量保证，国际市场必定会有销路。于是村里决定再下大力气，继续加大办好村级工业的力度，尤其要把发展乳胶手套这一当家产品作为双龙村的支柱产业。1990年，双龙实业总公司将下属15家企业，归类合并为双龙乳胶总厂、双龙塑印总厂和双龙毛纺总厂，向规模型、科技型、外向型的高度进军。1993年3月，双龙村领导赴美国招商引资，与美国泛太平洋企业合资建办张家港富利来橡塑制品有限公司，投资总额160万美元，生产乳胶手套。同年7月，双龙村又赴美国招商，和美国生惠公司合资建办张家港大裕橡塑制品有限公司，总投资60万美元，其中生惠公司出资40万美元，生产无粉乳胶手套。1995年，双龙村和香港商人徐绍基合资建办张家港飞龙塑胶制品有限公司，生产PE、PVC手套。

1998年，双龙村15条乳胶手套生产线年产PE、PVC乳胶手套。丁腈手套5.1亿支，出口创汇1100万美元，人均创汇8500美元，成为中国乳胶手套出口第一村。

1986～1998年，境内原鸷塘村投资80多万元，建办育红日用品厂和钢丝头刷厂，主要产品是高档玻璃奶瓶、硅胶奶嘴及多种规格钢丝头刷。成为该村的骨干企业。每年春秋，由全国供销合作总社组织召开全国百货订货会议，该企业负责人及多名业务人员多次受邀出席会议。会议期间，即可签订全年大部分的产品销售合同，不足部分再在下次召开的补货会议上作适当增补。该厂年销售产值可达280多万元，利润40万元。

1986~1998年，境内原石龙村新建张家港市无线电五厂。该厂是与上海星火无线电厂合伙经营的企业，生产娇凤牌家用收音机，年销售产值可达300万元，利润30万元。这时段，石龙村还新建张家港市铝制品厂，生产铝锅、铝水壶，产品通过省内外百货公司销售，年产值300万元，利润20万元。这时段，石龙村还建办张家港市彩印制版厂，产品是塑料轮印机印刷用铜棍版，技术含量高，利润空间大，市场前景广阔，年销售量超100万元，利润40万元。

1986~1998年，境内原袁市村加大村办工业建设力度，新办橡胶制品厂、人革厂、水泥预制场、植绒厂等企业。1993年建办了建筑材料厂（轮窑）。1998年村固定资产515万元，工业产值615万元，利润58万元。

1996年起，张家港市推进以产权制度改革为核心的工业企业转制工作。1996年10月，西张镇成立经济体制改革办公室。10月25日，建立西张镇产权制度改革资产评估小组。与此同时，开始对镇村企业进行调查摸底和资产评估等工作。经调查核实，全境工业固定资产合计4023.2万元，其中鸳塘村143.2万元、双龙村2938万元、石龙村427万元、袁市村515万元。1998年，全境8家村办企业实施了转制。其中，转为有限公司的3家，股份制企业的2家，私营企业3家。

2000年，根据上级关于产权制度改革的要求，双龙村对1998年转制不够彻底的企业实行二次转制，对企业实行规范的公司制改造，集体资本从企业中全部退出，原村办企业全部转变为私营企业。

第二章　工业小区、工业园区和骨干企业

第一节　工业小区

1975~2010年，境内原4个行政村均存在工业小区。

鸳塘工业小区　位于原鸳塘村村委附近，占地面积8.8万平方米，建筑面积2.2万平方米。东南部石塘自然村上有小墩采石场，1995年停止开采。废坑由镇环卫所用作垃圾填埋场。小区南部建有小窑两座，生产青砖小瓦。1987年废弃。该工业小区内曾先后建办育红日用品厂、塑料厂、针织厂、化工厂等村办企业10多家。

1993～1994年,鸳塘村在该工业小区筑巢引凤,有"协顺"、"彩鸽"、"红叶"等七八家私营毛纺、针织、服饰企业入驻其间。还有一家由浙江客商租用原已废弃的土窑基,建办轮窑,生产机红砖、平瓦。2003年7月因张家港市全面禁止使用黏土砖而停业。2010年,鸳塘工业小区因凤凰镇城乡一体化建设用地需要而整体拆除。

双龙工业小区 位于双龙村委驻地南侧,占地面积约11.5万平方米,建筑面积7.45万平米。20世纪80年代,有双龙实业总公司及其下属单位乳胶总厂、塑印总厂和毛纺总厂在小区内生产和经营。1998年企业实施转制后,双龙村集体资本退出企业,该工业小区由转制后的企业继续在其间生产。

双龙民营工业园 企业转制后,2004年,双龙村另起炉灶,在村委西南部相距1.5千米处建设民营工业园,占地面积8万平方米,建有标准型厂房、职工生活用房等建筑37000平方米,吸引民营企业家租用。2005年又建设标准型厂房、职工生活用房24000平方米。2015年末,双龙民营工业园已招租28家民营企业入驻。

石龙工业小区 20世纪70年代中期,石龙村在村委驻地北侧至长寿河之间建工业小区。占地面积6.5万平方米,建筑面积3.7万平方米。该小区内曾存在着石龙标牌、石龙制版、无线电厂、铝制品厂、飞扬音响、窑厂、针织服饰厂等十多家村(队)办企业。2013年,因城乡建设用地需要而整体拆除。闲置至2015年,该块地复垦为基本农田,种植粮食作物。

袁市工业小区 位于苏虞张公路之西,长江路之北,李家巷之南,袁市埕之东。占地面积14.7万平方米,建筑面积3.2万平方米。20世纪70～90年代,曾建有砖瓦厂、针织厂、水泥构件预制场、柳条编织及水泥纸袋制作工场、橡胶制品厂、植绒厂等村(队)办企业。1998年,实施转制后,有七八家私营企业入驻其间。2002年,袁市村并入双龙村,工业小区由双龙村统一管理。

1964～1983年境内主要大队办企业一览表

表7-2

厂名	性质	所在地	建厂年份	生产项目	负责人	职工人数(人)	备注
石塘采石场	大队办	四大队	1965	建筑石料	周留庆周关良	18	1988年停办
鸳塘窑厂	大队办	四大队	1977	青砖、小瓦	沈金郎顾振华	22	1987年停办
合成化工厂	大队办	四大队	1982	泡化钙	周俊福	10	1985年停办
塑料厂	大队办	四大队	1982	塑料薄膜制品	金坤保陈祖云	12	1987年停办

续表 7-2

厂名	性质	所在地	建厂年份	生产项目	负责人	职工人数（人）	备注
回光片厂	大队办	四大队	1982	塑料回光片	肖洪元 朱元龙	8	1985 年停办
针织厂	大队办	四大队	1983	羊毛衫	周隶保	16	1986 年停办
印刷厂	大队办	四大队	1983	纸品印刷	周传福	6	1994 年停办
钢丝头刷厂	大队办	四大队	1984	钢丝头刷	周关良 周建新	16	1987 年停办
双龙石棉厂	大队办	五大队	1970	纺石棉纱	沈世金	10	1974 年停办
双龙窑厂	大队办	五大队	1977	青砖、小瓦	邓关林 沈利发	17	1986 年停办
双龙塑料厂	大队办	五大队	1978	塑料包装袋	章建新 陆永兴	50	1987 年停办
双龙沙发厂	大队办	五大队	1979	沙发	郭金龙 陈静安	7	1985 年停办
双龙工艺地毯厂	大队办	五大队	1980	工艺地毯、腈纶地毯	钱建国 徐保华	20	1990 年停办
双龙电器设备厂	大队办	五大队	1980	应急灯	徐永刚 徐　刚	10	1988 年停办
沙洲县医用乳胶厂	大队办	五大队	1982	乳胶手套	沈利法 孙中毅	25	1988 年停办
石龙砖瓦厂	大队办	六大队	1964	青砖、小瓦	沈元龙	24	1991 年停办
石龙养蜂场	大队办	六大队	1968	150 箱蜜蜂采蜜	宋月良	5	1972 年停办
石龙石棉厂	大队办	六大队	1968	纺石棉纱	钱金保	6	1974 年停办
石龙运输队	大队办	六大队	1968	船队运输	钟才保	7	1976 年停办
石龙标牌厂	大队办	六大队	1975	车辆牌照、门牌、路牌、标牌	钱建新 钱锦杨	60	1998 年转制
石龙针织服装厂	大队办	六大队	1980	针织尼龙衫	钱留千	15	1984 年停办
袁市窑厂	大队办	七大队	1964	青砖、小瓦	黄根涛	23	1991 年停办

续表 7-2

厂名	性质	所在地	建厂年份	生产项目	负责人	职工人数（人）	备注
袁市粮饲加工厂	大队办	七大队	1968	粮饲加工	徐世茂	12	1984年停办
袁市五金厂	大队办	七大队	1972	螺丝、螺帽	徐良保	10	1978年停办
袁市柳条加工场	大队办	七大队	1976	柳条筐制作	徐关祥	8	1982年停办
袁市水泥纸袋加工场	大队办	七大队	1978	水泥包装纸袋制作	许根寿	8	1982年停办
袁市尼龙加弹厂	大队办	七大队	1978	尼龙长丝、腈纶长丝加弹	徐良保	28	1984年停办
袁市针织厂	大队办	七大队	1978	羊毛衫	陆忠良 许岳良	25	1993年停办
袁市水泥预制场	大队办	七大队	1978	水泥预制件	许根寿	12	1993年停办
袁市植绒厂	大队办	七大队	1982	塑料人革植绒	许岳良	25	1998年转制

1984～1998年境内主要村办企业一览表

表 7-3

厂名	性质	所在地	建厂年份	生产项目	负责人	职工人数（人）	备注
张家港市育红日用品厂	村办	鸶塘村	1985	奶咀、奶瓶	钱伟良	18	1996年停办
鸶塘乳胶厂	村办	鸶塘村	1988	乳胶手套	顾振华	36	1989年停办
张家港市张瑞食品厂	村办	双龙村	1984	法式面包	章建新 沈卫刚	25	1990年停办
张家港富利来橡塑制品有限公司	村办	双龙村	1985	丁腈手套、乳胶手套	郑兴 邓龙兴	720	1998年转制
张家港绿色塑料制品有限公司	村办	双龙村	1988	PVC手套	章建新 陆永兴	50	1998年转制
双龙佳用手套厂	村办	双龙村	1990	家用手套	钱正荣	30	1993年停办

续表7-3

厂名	性质	所在地	建厂年份	生产项目	负责人	职工人数（人）	备注
张家港市大裕橡塑有限公司	村办	双龙村	1993	丁腈手套、乳胶手套	郑兴邓龙兴	720	1998年转制
张家港市光龙塑胶有限公司	村办	双龙村	1995	PE手套、围裙	章建新陆永兴	150	1998年转制
双龙热电厂	村办	双龙村	1995	蒸汽及发电	邓建军沈金唉	35	2014年停办
张家港市飞龙塑胶有限公司	村办	双龙村	1998	CPE、PE手套、围裙、台布	陆永兴邓建军	120	1998年转制
张家港市华美橡塑有限公司	村办	双龙村	1983	乳胶手套	钱建国	150	1988年停办
石龙制版厂	村办	石龙村	1984	铜棍制版	钱建江	13	1993年停办
张家港市无线电五厂	村办	石龙村	1986	收音机、录音机	肖忠英	75	1990年停办
石龙铝制品厂	村办	石龙村	1987	铝锅、铝水壶	张建明	25	1998年转制
袁市建材厂（轮窑）	村办	袁市村	1994	机红砖	欧林根	170	2004年停办

第二节　韩国工业园区（凤凰工业集中区）

　　1991年，西张镇在西栏公路双龙段规划建立西张工业小区。1992年，韩国商人吕日均在小区内建成张家港伸进皮革有限公司。1995年，韩国企业家金荣镐在小区内建成江苏高丽包装有限公司，随后，江苏露姿化妆品有限公司、张家港多友电子有限公司等两家韩资企业在西张建成投产。是年，西张工业小区定名为西张韩国工业区。2000年，韩商全云将在小区内投资建成张家港龙山汽车配件有限公司。2002年韩商崔天行在小区内投资建成张家港西一新型汽车配件有限公司。随着韩国企业入驻小区的数量日益增多，西张镇决定建立韩国工业园。2003年6月，张家港市人民政府批准西张镇设立张家港市韩国工业园，成为张家港市对韩招商的品牌和窗口。是年8月，西张、凤凰、港口三镇合并建立新的凤凰镇后，该园更名为张家港凤凰韩国工业园，又名凤凰工业集中区。是年，引进外资企业10家，注册外资11767万美元，到账外资 2556 万美元。2004 年，引进外资企业 16 家，注册外资 16371 万美元，到账外资 7141 万美元。2005 年，引进外资企业 17 家，注册外资 14400 万美元，到账外资 3529 万美元；引进民营企业 115 家，注册内资 3.28 亿元。到 2005 年末，韩国工业园区由政府投入资金 2 亿元，区内完成通水、通电、通气、通网络、通电话、通道路、通电视、通雨水、通排污、通消防、场地平整等"十通一平"。

2011 年，该工业集中区内形成化工新材料、机械新装备、光伏电子新能源、现代物流等为主的四大产业体系。至年末，区内有企业 625 家，其中外资企业 75 家，内资企业 550 家。全年完成工业销售收入 60 亿元，实现利税 2.2 亿元，成为全镇工业经济主要增长点。

2015 年末，凤凰韩国工业园（凤凰工业集中区）面积扩大到东至西凤公路、南接凤恬公路、西连魏庄村、北跨西塘公路，全区总面积 9.3 平方千米，在双龙村境内占地面积 5.8 平方千米，双龙工业小区及双龙民营工业园也囊括其中。年末，累计入驻该工业集中区的企业达 827 家，其中三资企业 78 家（含韩资企业 19 家）。工业门类涵盖了建材、机电、食品、化工、包装、印刷等多种类型。

2015 年凤凰镇根据属地管理的原则，指定由双龙村负责对该工业集中区（除外资企业外）的有关事务作管理。

韩国工业园区韩资企业一览表

表 7—4 单位：万美元

企业名称	建办日期	投资总额	经营范围
张家港伸进皮革有限公司	1993 年 11 月	800	皮革
江苏高丽包装有限公司	1995 年 7 月	500	包装袋
江苏露姿化妆品有限公司	1995 年 7 月	320	化妆品
张家港多友电子有限公司	1995 年 12 月	30	电子产品
张家港龙山汽车配件有限公司	2000 年 11 月	600	汽车配件
张家港西一新型汽车配件有限公司	2002 年 7 月	150	密封胶
张家港前进汽车配件有限公司	2002 年	30	遮阳板、座椅套
优丽达斯（张家港）乳胶制业有限公司	2003 年	1000	指套、安全套
江苏现代威亚有限公司	2003 年	21300	汽车变速器

续表 7—4

企业名称	建办日期	投资总额	经营范围
国一制纸（张家港）有限公司	2003 年	9300	高档纸
大一汽配（张家港）有限公司	2004 年	16500	汽车配件
爱贝西机械（张家港）有限公司	2004 年	500	精密型腔膜
可隆科技（张家港）特种纺织品有限公司	2004 年	6000	特种纺织品
张家港耕珍汽配涂装有限公司	2006 年	100	涂装
大永（张家港）汽配有限公司	2006 年	2980	汽车配件
世林（张家港）汽配有限公司	2008 年	1200	汽车配件
江苏珍迎机电有限公司	2011 年	2000	汽车电子产品
凯化（张家港）制动系统有限公司	2012 年	2500	刹车片

1997～2015 年韩国工业集中区国内生产总值一览表

表 7—5　　　　　　　　　　　　　　　　　　　　单位：万元

年份	工业产值	比上年增长（％）	年份	工业产值	比上年增长（％）
1997	14130		2007	96800	28
1998	15420	9.13	2008	125800	30
1999	16752	8.63	2009	163592	30
2000	19693	17.55	2010	212670	30
2001	24064	22.18	2011	276450	30
2002	28841	19.87	2012	364910	32
2003	36050	25	2013	470700	29
2004	46144	28	2014	614250	30.5
2005	58141	26	2015	786368	28
2006	75500	30	—	—	—

第三节　骨干企业

一、张家港大裕橡胶制品有限公司

位于双龙工业小区内。公司法人代表许建祥。公司前身是双龙村村办企业，成立于1993年7月，1994年，具有独立的进出口权。1998年，转为股份制企业。是一家专门生产多种规格乳胶手套、丁腈手套及家用手套的专业工厂。公司占地面积87000平方米，建筑面积69000平方米。固定资产6500万元，有乳胶、丁腈手套生产流水线10条，及家用手套生产线6条。主导产品是无粉乳胶手套，年产各种手套4亿多双，产品远销美国、德国、日本、瑞士等国际市场。2015年，完成销售产值1.58亿元，利润400万元，创汇额达1457万美元。

二、张家港宏裕乳胶手套有限公司

位于凤凰工业集中区飞翔路中部。公司成立于2001年10月，占地面积28000平方米，建筑面积20900平方米。注册资本860万元，固定资产1343万元。公司法人代表邓龙兴。2015年，公司拥有员工133人，其中专业技术人员12人。主要生产家用乳胶手套、浸绒手套、丁腈手套及劳保手套等产品。主要生产设备有具有国际先进水平的乳胶手套涂层、复合生产流水线6条，有精密检测分析及实验装置。产品远销美国、日本、德国、瑞士等国家。2015年，完成销售7450万元，创汇金额1118万美元，利润180万元。

三、张家港市先锋自动化机械设备有限公司

位于凤凰工业集中区友谊路南段。公司成立于2006年，法人代表赵金龙。占地面积18700平方米，建筑面积16000平方米。注册资本1500万元，固定资产2440万元。2015年拥有职工90人，其中专业技术人员25人。主要生产设备有精密数控机床多台及精密机件加工中心。产品有全自动化手套机及PVC脱模机等。产品销往国际、国内市场。2015年，完成销售产值4100万元，创汇300万美元，利润750万元。

该公司于2015年获准为新三板上市公司，证券代码：837660。

四、张家港浩宇橡胶制品有限公司

位于凤凰工业集中区双龙工业小区内，成立于1999年10月，法人代表郑刚。占地面积10000平方米，建筑面积8000平方米，2015年拥有职工100人，专业技

术人员 10 人，固定资产 2000 万元。拥有 PVC 手套生产流水线 4 条，主要生产多种规格 PVC 手套，畅销欧美、日本及中国香港等国际、国内市场。2005 年，该公司在苏北宿迁市张家港工业园另辟生产基地，建办江苏省宿迁市格林手套有限公司，占地面积 100 亩，拥有 PVC 手套生产流水线 20 条，主要生产江苏名品"格林"手套，2015 年，销售额达 5 亿元。

五、张家港市金盟织染有限公司

位于西张镇北路 54 号。公司成立于 2005 年，法人代表钱耀瑜。占地面积 33350 平方米，建筑面积 30000 平方米。2015 年拥有员工 178 人，其中技术人员 35 人。公司注册资本 800 万元，固定资产总额 3300 万元。主要生产设备有梳毛机、针梳机、精梳机等。产品是澳毛条，销往国内大型毛纺企业及出口欧洲德国。年总产值 3.8 亿元，创汇 420 万美元。

六、张家港浩泰毛纺织染有限公司

位于凤凰工业集中区飞翔路北端。公司成立于 2004 年 4 月，法人代表陆永明。占地面积 26700 平方米，建筑面积 25000 平方米，注册资本 1380 万元，固定资产 8000 万元，2015 年拥有职工 470 人，其中专业技术人员 60 人。主要生产产品是高档精纺呢绒布面料，销往欧美、东南亚地区的国际市场及国内市场。公司拥有国际领先的生产设备，包括剑杆织机 118 台，进口定型机 2 台及洗缩联合机 1 台等。2015 年完成销售额 9000 万元，创汇金额 800 万美元。

七、张家港华兴橡塑制品有限公司

位于凤凰工业集中区飞翔路北段。公司成立于 1999 年 10 月，法人代表陆永兴。占地面积 24500 平方米，建筑面积 17200 平方米，注册资本 80 万美元，固定资产 2400 万元。2015 年，拥有员工 178 人，其中专业技术人员 8 人。主要生产产品有 PE 手套、塑料手套、塑料衣袖、台布、脚套、围裙等产品，销往美国、加拿大、日本及中国港澳台地区等市场。主要生产设备有吹塑机 11 台、手套机 30 台、轮印机 4 台、流延机 2 台等机械设备。2015 年，完成销售额 4730 万元，创汇 750 万美元。

八、苏州同大机械有限公司

位于凤凰工业集中区之凤凰大道 8 号。公司成立于 2006 年 4 月，法人代表徐文良。该企业占地面积 33300 平方米，建筑面积 24920 平方米。注册资本 2000 万元，固定资产总额 3990 万元。主要生产产品是吹塑中空成型机，由国家工商总局批准使用"同大"注册商标。产品销往美国、日本、德国、瑞士等国家。主要生产设备有龙门五面加工中心等精密机械。2015 年,完成销售产值 1.11 亿元,创汇 550 万美元,利润 901 万元。

九、张家港培达塑料有限公司

位于凤凰大道东段。法人代表缪培峰。公司成立于 1992 年 3 月,注册资本 1500 万元。公司占地面积 32000 平方米,建筑面积 28000 平方米,固定资产 3709 万元。2015 年,拥有职工 120 人,其中技术人员 18 人。生产产品有市政给排水管材、电力电缆及通讯用管材等。"培达"商标获评江苏省著名商标。企业获评江苏省 AAA 级守合同重信用企业。产品畅销华东地区,2015 年,产值 1.15 亿元。

十、苏州瑞腾照明科技股份有限公司

位于凤凰工业集中区嘉泰路西首。成立于 2005 年 6 月,法人代表顾晓成。注册资本 1500 万元,固定资产总额 326 万元,占地面积 7000 平方米,建筑面积 3500 平方米。2015 年拥有员工 110 人,其中技术人员 25 人。主要生产设备有皮带线、波峰焊机等。主要产品有 LED 照明灯具。产品销往欧美国家,年产值 5000 万元,创汇 500 万美元。"瑞达思"品牌产品为江苏省高新技术名品。

2015 年,企业获准为新三板上市公司,证券代码为 430404。

十一、张家港元和包装有限公司

位于凤凰工业集中区飞翔路中段。公司成立于 1997 年 5 月,法人代表周国元。占地面积 18700 平方米,建筑面积 14900 平方米,拥有职工 140 人,其中专业技术人员 20 人。注册资本 150 万元,固定资产 5700 万元。该公司拥有国际领先的"高宝"五色胶印机及"海德堡"四色胶印机等进口设备,主要生产包装纸箱、装潢材料、纸盒等产品。公司遵循守合同、重信誉的原则,以诚信经营、质量保证为立足点,赢得客户的信任,业务单位遍及全国各地,2015 年,完成销售额 4500 万元,利润 300 多万元。

十二、张家港市金日毛纺有限公司

位于凤凰工业集中区嘉泰路、友谊路交界处。成立于 1998 年,法人代表褚晓峰。注册资本 1018 万元,拥有固定资产 5455 万元,公司占地面积 34000 平方米,建筑面积 30000 平方米,主要生产产品为"金日"牌羊毛纱及腈纶纱。主要生产设备有精密梳毛机及针梳机多台。2015 年,拥有职工 170 人,其中技术人员 20 人,年总产值 2.8 亿元。

十三、张家港市亨通环形锻件制造有限公司

位于凤凰工业集中区凤凰大道中段飞翔路 3 号。公司成立于 2000 年，法人代表冯惠平。占地面积 13320 平方米，建筑面积 8500 平方米。拥有员工 60 人，其中技术人员 16 人。主要生产设备有数控辗环机、3000T 液压机、10T 装出料机、10T 操作机及蓄热式室式炉等，主要生产产品有各种规格环形锻件、方块件、筒形件、饼类件及轴类件等，用于海洋工程平台，船用设备，压力容器设备及各种工程机械。产品销往全国各地。连年获评江苏省优质产品。2015 年，总产值 1.03 亿元。

十四、张家港创元塑业有限公司

位于凤凰工业集中区西部，济富路中段，法人代表朱建东。公司成立于 2006 年 10 月，占地面积 6700 平方米，建筑面积 10300 平方米。注册资本 170 万元，固定资产总额 1080 万元。2015 年，拥有员工 102 人，其中专业技术人员 20 人。主要产品有 PE 手套、PE 围裙、CPE 手套等产品。主要生产设备有吹塑机、流延机组及手套机等。产品销往美国、日本、德国等国家，2015 年，完成销售 4998 万元，出口创汇 500 万美元，创利润 180 多万元。

十五、张家港思淇手套厂

成立于 2006 年 5 月，法人代表陈锋。位于凤凰工业集中区嘉泰路西段，双龙民营工业园 4 号房。占地面积 12350 平方米，建筑面积 12000 平方米，注册资本 500 万元，固定资产 2811 万元。2015 年，拥有职工 231 人，其中技术人员 12 人。主要生产 PU 浸胶手套、丁腈浸胶手套。年产值 9500 万元，产品销往欧美国家和地区，创汇 1435 万美元。

十六、张家港市金鑫树脂有限公司

位于凤凰工业集中区双龙路 208 号。法人代表邓金刚。公司成立于 1992 年，注册资本 616 万元。占地面积 22400 平方米，建筑面积 7370 平方米。2015 年，拥有职工 85 人，专业技术人员 15 人。主要生产产品为聚氨脂树脂及"二式一液型"、"二式二液型"PU 浆料配套用添加剂和促进剂。公司前身是西张镇镇办企业张家港市金鑫树脂厂，1995 年 3 月，经江苏省经济体制改革委员会批准成立江苏金冠集团有限公司，1998 年，转制为股份制企业。2001 年，经过二次转制，改为现名。2015 年，总产值 1.01 亿元。

十七、张家港精达日用塑料制品有限公司

成立于 1994 年 12 月，位于西张镇北路北侧，苏虞张一级公路东侧交汇处，占地面积 54700 平方米，建筑面积 25500 平方米，法人代表朱进才。注册资本 2000 万元，固定资产 2540 万元。公司以生产注塑成型的日用塑料制品为主，产品有衣箱、衣架、被夹等 100 多种，销往日本等国际市场。2015 年，拥有职工 730 人，完成产值 1.38 亿元，创汇 2580 万美元。

第三章 企业管理

境内工业企业自 1957 年创办以来，由大队分管工业的副大队长管理，各厂实行厂长负责制。1983 年，农村经济体制改革，行政村设经济合作社，境内各村有社长负责管理村办企业。1998 年，实行产权制度改革以后，村不再参与企业内部的生产经营和管理，只对企业提供各种服务。

第一节 企业内部管理

20 世纪 60 年代期间，大队办企业的管理尚不健全，套用农业的管理方式。虽然订有简易的财物保管制度，现金保管制度和职工出勤记工评分制度等规章，但普遍不完整，不检查考核，管理效果低下。企业盈亏与干部职工的利益脱节。1974 年起，公社成立工业办公室，开始有专人抓企业管理，大队办企业建立厂级领导班子，建立以岗位责任制为中心的规章制度，具体包括"五项管理"（计划管理、资金管理、财物管理、车间班组管理、民主管理）及"四项制度"（学习制度、质量制度、安全卫生制度、交接班制度）。鉴于当时在计划经济的大形势下，大队办企业大部分是"找米下锅"的状况，在购买原辅材料、产品销售业务等诸多环节中往往存在不正规的财务支出的实际。为方便经办人员遇到此类问题时能及时作出处理，各大队均制定相关开支标准，如购进某些紧俏原材料每吨可给予奖励补贴一定数量的现金；销售本企业产品，达到厂部价格要求，按销售量每万元可给予奖励补贴一定数量的现金等措施，从而让财务审批有章可循。1975 年开始，实行企业"五定一奖"（定产值、定质量、定利润、定人员、定资金回笼、超者奖励）制度，每月评定考核，评定计分，按月结算，奖惩分明。1987～1989 年，实行厂长三年任期目标责任制。1990 年起，企业管理以抓标准、计量、定额、信息、规章制度、职工教育和班组建设等 7 项基本要求为主要内容，称作"七基管理"。

1995 年起，境内各村办骨干企业、规模型企业一般都设财务科、供应科、销售科、安保科、运输科、劳动人事科、生产技术科、厂务办公室、质量检验室等科室。各科室均建立岗位责任制及考核制度，职、权、利分明。加强设备管理，执行平车保养的交接验收。加强工艺管理，改进产品设计，合理配套调整各道工艺。建立全面质量管理制度，及时发现分析和解决生产上所产生的问题。围绕"质量、品种、价格、信誉"8 个字，搞好企业经营管理，加强 TQC（全面质量管理）小组的领导，企业内所有各项工作都纳入"质量第一"的轨道。在计量和检测上做到原辅材料从进厂、计量、验收、入库，严格把关。

1998 年企业转制后，私营企业、私营股份制企业为获得更多利润，更加注重企业管理，有的将原有的规章制度作进一步完善修订，有的自行制定管理细则。

第二节　职工招聘与培训

一、招工

20 世纪 60 年代，大队办企业规模弱小，用工量少，工人大多从事体力劳动工作（如窑厂、石场、粮饲加工厂等），企业招收职工要求年纪轻、体质好、能胜任体力活计即可。一般由生产队推荐，大队党支部研究决定。

20 世纪 70 年代期间，大队办企业数量有所增加，门类向轻工、化工、纺织、机电等行业拓展。企业招工根据其对人才的需要，在生产队长会议上确定分配名额到生产队，由生产队队委、贫协代表讨论落实招工对象。一般军属、困难户为先，同时还会照顾到部分干部家属的招工名额。

20 世纪 80 年代期间，村办企业向科技型、规模型发展，职工队伍中既要有一定文化知识的专业技术人才，又要有一批兢兢业业的操作工人。因此招收新职工注重文化知识、年龄标准、健康状况等，本地人员优先，也向村外地区招收工人。

进入 20 世纪 90 年代，境内企业发展突飞猛进，用工需求量不断增大，一批又一批外省市民工到境内打工。外来劳动力首先到镇公安派出所出示居民身份证或户籍地派出所的证明，申领暂住证，然后到镇农工商总公司企管科申领劳动局颁发的"外来劳动力务工许可证"。企业接收时，还需要求打工者到镇医院体检，向厂部提交健康证明，做到"三证"齐全，才能进厂务工。

2000 年后，境内企业职工队伍中本地户籍的职工占比已很少，外来民工占绝大多数。根据 2015 年末统计，全境外来人员总数有 12869 人（不含未成年人 334 人），其中企业务工者 10578 人。在外来劳动力中，江苏籍的占 26.6%，安徽籍的占 34.5%，河南籍的占 18.7%，四川籍的占 14.6%，湖北籍的占 2.2%，贵州籍的占

1.3%，浙江籍的占 0.8%，福建籍的占 0.5%，此外还有少数来自云南、广西、吉林、辽宁、陕西、重庆等省区市。

二、培训

1986 年以后，西张镇相继成立成人教育办公室和成人教育中心校，工业公司设立职教科，双龙村创办了业余学校，专门负责对干部职工的教育和培训。

1986～1992 年，境内 4 个村有 18 名厂长、经理、书记分批参加了市委党校举办的干部培训班学习，其中有 5 名取得大专学历证书。选派 25 名企业骨干分批分类参加由镇相关部门举办的管理、财会、商务、机电、金工、出入库等多种业务培训班，提高企业管理水平。

第三节 工资福利

一、工资

1957 年，合作社办集体企业，由社领导安排社员到企业做工，按工作时间得工分，得分标准高于务农社员同等工作时间的 5%～10%。这类对务工人员的计时记工办法一直延续到 1964 年。

1965～1970 年，境内大队办企业对务工人员定出工资报酬，按月发放。

1970～1980 年，社队企业职工的工资待遇执行县革命委员会生产指挥组颁发的《暂行规定》，采取"收入归队（生产队）、评工记分、交钱记工或靠工记分，农、副、工统一分配"的原则，社、队职工按全年收入的 80%～85% 交给生产队，由生产队评工记分，参加年终统一分配，15%～20% 归职工所有。20 世纪 80 年代初，企业干部职工都定基本工资。职工工资包括基本工资、企业效益、加班工资三部分组成，年终再由镇工业办公室根据企业规模大小，贡献多少，分别提高 30%～50%。学徒工工资 3 个月内一般定为月工资 18～22 元，满 3 个月后，再由厂领导决定其工资。1983 年前，凡农业户籍的企业干部职工，其工资的 80% 都由公社工业办公室财务科直接从企业中划出，通过银行转入生产队账户，作为职工转队工资获得工分，参加分配。1983 年，实行家庭联产承包责任制后，亦工亦农人员交钱记工的制度随之取消，普遍实行工资制。

1965～1983 年，职工工资水平一直以稳定农业劳动力为原则的出发点，参照农业劳动力全年收益分配水平，适当提高。这时段社队企业职工的月工资收入在 25～30 元之间。1984 年以后，随着乡镇企业的发展，企业效益的增加，职工工资也逐年上升。进入 20 世纪 90 年代，职工工资从每月几百元增加到上千元。进入 21 世纪，企业已全部转制为私营股份制企业或私营企业，职工工资由企业老板确定。工资水平比 20 世纪 90 年代大幅提高。2015 年，境内大部分企业职工年收入在 3.5 万～5 万元之间，高的可达 6 万～8 万元，是 1983 年职工工资水平的 100 倍。

二、福利

1970 年前，队办企业职工基本上没有福利待遇。1971～1978 年，多数工厂职工每月或每季度发一点肥皂、毛巾之类劳动保护用品，1978 年以后，随着生产的发展，企业对职工福利有了大体规定：

职工婚假、丧假（直系亲属），规定 3 天，得基本工资。

女职工生育产假为 2 个月，产假期内得基本工资。超过 2 个月须办理续假手续，没有报酬，但最多不超过 4 个月。违者作自动离厂处理。对违反计划生育的，不享受以上待遇。施行各种节育手术的女职工分别给予休假 5～30 天，休假期内得基本工资。

职工事假每月 6 天，超过规定天数，扣除本月基本奖。建楼房准假 1 个月，平房半个月。事假不得基本工资。

职工因病请假，一律凭医生证明，并经领导审批后有效，病假不得基本工资。工伤假须按当时发生的情况，由车间证实，凭医生证明，厂部生产科确认，得基本工资。

劳保用品，对在厂职工的劳保用品按不同工种发放。女挡车工年发放围裙（即饭单）一件，衣袖套 2 副，每季度发肥皂粉 2 包，毛巾 1 条。机修工另加手套 2 副，工作服一年发一次。铸件、五金等厂每 2 年发 1 双工作鞋，1 年 1 套工作服。

退休保养，村办企业在 1990 年之前没有退休保养制度，1990 年以后，境内各村对男满 60 周岁，女满 55 周岁，连续工龄 5 年以上者，可以办理退休保养手续，按退休当年的月基本工资标准，给予 1 年工龄 1 个月的退休补贴金，一次性发放给退养人员。

1998 年、1999 年，境内各企业分别实行体制转换，转为私营企业，各厂职工工资福利由企业自行制定执行。2000～2015 年，一般企业都十分重视职工工资福利待遇。平时给予职工包吃（每天中、晚两餐）、包住（室内空调、卫生设施齐全）的优越生活条件，对固定职工办理社会保障，企业负担 80%，职工负担 20%。外地职工可享受春节路费报销，并可领取 1 份春节礼品等福利。所有女职工分批进行妇女病普查，每年定期免费发放妇女用品，大部分企业视不同工种发给职工工作服、工作鞋、围裙、手套、洗衣粉、毛巾等劳保用品，并组织开展节日文体活动等。

第八编　商贸服务业

双龙村地处张家港市凤凰镇西张街道，为凤凰镇政府所在地。商业网点众多，集镇繁华。

中华人民共和国成立后，境域作为西张乡政府驻地，国营商业、供销合作社、集体商业快速发展，基本形成一个具备集镇功能的街区。20 世纪 70 年代，西张老街改造，东西向双龙路形成。1982 年，双龙路向西延伸，沿街商厦、银企、酒店等各种店面一应俱全。2000 年以后，南北向张市路形成，邮电、工商、学校等机构相继入驻，境域商业更加繁荣。

20 世纪 90 年代以后，双龙村村级经济迅速发展，外来产业工人增多，境内滋生出新的服务产业——房东经济。2015 年，境内集体房东经济总收入 860 余万无，村民房东经济收入 186 万余元。

第一章　商　业

第一节　商业街区

双龙村东连凤凰镇西张街道，商贸繁华。据《常熟市志》载，西张古称张墅，自宋代后改称张市。为避免与常熟东乡地区的东张市相混淆，1912 年，在常熟行政区划中始称为（塘桥乡）西张市。1957 年，常熟县实行撤区并乡，定名为西张乡。大家习惯上称作西张。旧时西张老街南北走向，长 250 来米，东临张市塘，街道路面为 2～3 米宽的石板路。沿河街铺开设粮油、日杂、百货、南北货、棉布、茶食、糕团、药材、鱼摊、肉店、建材、五金、浴室、理发、饮食服务及香烛纸马店等商号店铺 50 余家。店铺规模均不大，店面大多占 1－2 间，门面为木排门，门内设有柜台。店铺的资金折合大米1000～3000千克不等。

中华人民共和国成立后，西张作为乡政府驻地，国营商业和供销合作社在西张同步建成和迅速发展。加上国家对私营工商业实行"利用、限制、改造"的政策，私营商业占的比例逐渐缩小。在土地改革中，部分商贩分到土地后，便弃商务农。1953年后，国家对粮食、棉花、油料等先后实行统购统销，原有的私营粮、棉、油商店先后停业或转营他业。1955～1956年，在对私营工商业进行社会主义改造后，西张街区的商业形成了国营商业、供销合作社商业及集体商业并存的三足鼎立的局面。

进入20世纪70年代，社办企业在西张开始发展。为适应新形势的需要，西张老街开始改造。自老街中段向西开辟了一条东西走向长150米的新街——双龙路（今双龙东路）。1982年，双龙路又向西延伸1600米，贯穿双龙村腹地（今双龙西路）。双龙路两侧商厦、银企、旅馆、酒店、通讯器材、机电、浴室、药店及各类日杂、小百货等商店鳞次栉比，不下七八十家。形成了一个全新的商业街区——双龙街区。2000年，西张镇区面积不断扩大，在双龙村境内的双龙西路中段，自南向北又拓建一条长480米，宽30米的商业新街，冠名张市路。其北端与镇北路相连接。街道两侧除各类商店外，还有邮电、工商、社保、小学、幼儿园等机构也入驻其间。双龙街区的商业经济更加繁荣，内容更加丰富。

2000～2015年，双龙村境内共有5个商业街区：分别为双龙商业街区、沈巷路农民街、石龙商业街、西巷商业街区、袁市商业街区。

双龙商业街区 紧挨西张中心街区，地处双龙西路及张市路两侧，面积0.5平方千米。

沈巷路农民街 地处双龙村3、4组的沈巷自然村内，形成于20世纪末。刚开始时境内有些农户在村间通道沈巷路上占地摆设小摊点，售卖自产蔬菜、瓜果、鱼虾等农产品、以后逐渐形成了农民街。2002年后，沈巷路两侧的房屋陆续改造成店面的格局，不少外地人也来租房经商。至2015年，沈巷路农民街有各类门店40余家，主要经营蔬菜、鱼肉、禽蛋、水果、服装、日杂、小百货等商品，形成沈巷路街区。

石龙商业街 地处石龙社区创业路，全长80余米，有各类门店10余家。

西巷商业街区 地处双龙社区西巷路，全长200余米，有各类门店20余家及大小私营企业10余家。

袁市商业街区 在袁市社区长江路地段，全长100余米，有各类门店10余家及大小私营企业10余家。

第二节　商业网点

20 世纪 60 年代，为方便社员就近购买日用品，境内 4 个大队都设有供销社的下伸店（代销店）。下伸店一般都设在各大队的大队部附近，主要供应物品有食盐、酱油、食糖、酒、火柴、火油、香烟、潮烟、咸萝卜、腐乳、肥皂、纸张、文具及竹柄等生活用品和农用品。在计划经济物资紧缺时期，下伸店有的日用品、食品需凭证供应，如食糖、火油、肥皂等。

至 20 世纪 80 年代初，改革开放的浪潮在供销商业系统兴起，个体商业发展起来。供销社撤回所有下伸店，由各大队自己开办小店。同时大多数自然村上都有一二家农户申办营业执照，开设日杂小店。自此，农村商业网点覆盖双龙全境。

进入 21 世纪，商业网点的数量，质量又有了长足的发展。在双龙街区、沈巷路街区有饭店、酒店、小吃店、五金店、足疗店、理发店、粮油店、药店、超市、旅店及跨省、跨区域的长途班车停靠点等全方位的经营服务。人气越来越兴旺，店容店貌越来越时髦。不仅方便了村民，也解决了外来打工人员的生活所需。

第二章　餐饮服务业

第一节　餐饮业

中华人民共和国成立前，双龙村境内村民，均散居在农村各自然村落，农家一日三餐的生活方式，基本上是自给自足的自然经济模式。餐饮业在旧时农村没有消费市场，因此不存在餐饮店家。旧时在双龙村境内，仅有乡村小茶馆 4 家，陈设简陋。三间茅草房，室内立两排木柱，不设隔离墙，木质门窗，室内陈列"十拼台"数张，长凳数条。墙角设一烧木柴的炉子，用铜壶烧煮开水。靠墙边置有存放茶具的木柜一个。茶具为白瓷茶壶，青边茶盅。茶叶为粗糙红茶。茶客到来，落座泡茶，小小茶馆店即可开业了。旧时茶馆既是农民歇脚的场所，亦是商家、匠人议事、交流之处，也是谈天说地消遣时光之所。民间因债务、婚姻、家庭纠纷等事，有时也会来到茶馆里评理（俗称"吃讲茶"），故旧时茶馆有"百口衙门"之称。茶馆里也摆设赌台，可"搓麻将""玩纸牌""推牌九"等。开茶馆的收取"头钿"（俗称"捉头贯"）。茶馆店里还会有篮头小卖串来，向茶客售卖香烟、糖果、糕点、花生、核桃、甘草拌梅、甜咸橄榄等零食。茶客边喝茶，边聊天，边享用零食，十分惬意。

一到春节，茶馆店里人头挤挤，更加热闹。店堂外边场地上，偶尔还会有舞狮队，秧歌队到来表演一番，欢度新年。建国后，茶馆店内赌博被禁止。1956 年。乡村小茶馆停业关闭。1958 年，成立人民公社以后，西张集镇的西街划归五大队（双龙村前身）管辖，定编为五大队第 1 生产队，自此双龙村境域直接与西张街区相连接。西街存在饮食、茶馆、小吃等餐饮业，于是双龙村境内有了餐饮店铺的存在。20 世纪 90年代后，改革开放的潮流冲垮了束缚农民手脚的只搞单一农业的罗网，境内一些有烹饪基础的厨师，首先领取营业执照，开办餐饮店。1993 年，双龙街区有个体餐饮店两家，规模均不大，仅两间门面，有夫妻 2 个人经营，另外聘用一名帮工掌勺。主要供应简单饭菜，也供应少量酒水、炒菜等。年收入除维持开销外，每家可盈余 1 万～1.5 万元。1995 年，双龙街区及石龙农民街等处陆续办起餐饮店 8 家，经营门类有饭店、茶座、面馆、熟食店、小吃店等。经营品种有冷盆、有热炒、有酒水、有饼馒及荤素菜肴 30 余种。饭店除供应散客饮食外，也可承办小规模筵席数桌。

至 2015 年，境内商业街区及农民街上共有大小饭店、酒店、小吃店、羊肉店、面店等餐饮店 20 余家，规模较大的饭店有三五家，可以一次承办宴席 15～20 桌。其中在双龙花园的双龙会所，可向双龙村村民有偿提供承办喜庆酒席的场馆，一次可以容纳 30 余桌宾客进餐。村民根据需要，可预约租用，租金从优，很受村民欢迎。

第二节　生活服务业

自古以来，境内素有能工巧匠，从事泥瓦工、木工、成衣、竹作、油漆、圆作、铜匠、石匠等较多为民服务行业。只要有人雇请，匠人师傅即可上门服务。主人供应中晚两餐，完工时结算人工报酬。

中华人民共和国成立后，随着时代风貌的不断变化和发展，有些旧时存在的服务行业逐渐衰落，至 20 世纪末完全消失，不复存在。如 20 世纪五六十年代时，境内 90％以上的农户住茅草屋，年年需要以新稻草换下旧屋茅柴进行盖屋。如今家家住上高楼、公寓房或别墅，茅草屋已完全绝迹，盖屋师傅则无用武之地了。再如旧时串村走户吆喝着的钉碗、补镬子、修阳伞、补套鞋、幔绷筛、箍镬盖等服务工种也因被时代淘汰而不复存在了。而一部分服务行业则继续兴旺，而且因应用材料或作业机械的不断更新换代而工艺升级，服务质量提档。如泥瓦工、木工、油漆工、成衣业等。还有一些服务行业随现代生活质量的提高而服务内容及品位提升，如老行业中的厨师业、茶酒担及新兴的婚纱摄影、婚庆服务业等。

2000～2015 年，境内除存在上述服务行业外，在双龙街区、沈巷路农民街等处，还由个体商家建办各类服务门店 30 余家，其中家用电器修理，电瓶车、摩托车、三轮车修理，及理发、保洁服务等都受到群众欢迎。

第三章　庙会与集贸市场

第一节　庙　会

1993 年春，由西张镇多种经营服务公司经理邓元生牵头，会同老街坊的几个长者，策划筹备恢复已消失久远的旧张市存在的农历三月十六庙会。意在活跃农村贸易市场，加快商品流通，同时诱发村民对老张市的记忆。今时的庙会与旧时庙会不同，一不见庙，二不见佛，只是在镇区确定某块地段供摊主设摊进行商品交易而已。该次庙会的物资交流场所设在境内双龙街区。由于是初次恢复，知名度不高，宣传又不够广泛，第一次三月十六的庙会人气不足，参展摊位仅 100 余个，未能达到预期目标。为加快西张庙会的规模化形成，多服公司决定，利用是年农历闰三月的时机，在闰三月十六再度举行一次庙会。这次庙会事先发动工作人员至西张周边集镇上，大量张贴广告。同时在庙会当天安排社办企业放假，让企业职工或在家招待亲友，或去庙会上选购物品，于是人气大增。在镇区双龙路，金谷路的两侧，布满商品物资交流摊位。从服装、鞋帽、农资、炊具、木器、床柜、棕绷、沙发、雨具、五金到果蔬、食品等各类物资应有尽有。叫卖声此起彼伏，顾客可随意砍价，买卖双方协商到均可接受的价位后，即可成交。以后的十年，每年的农历三月十六在境内双龙路及张市路上，均要安排庙会的物资交流摊位，由隶属于西张多服公司的西张集贸所负责划分地段并收取管理费。

2003 年春，非典型肺炎病毒性传染病在国内发生并蔓延。西张镇政府决定取消流动人员密集的集场，以防止"非典"疫病的传播感染，是年西张的农历三月十六庙会被取消。自此以后，人们对西张庙会的观念又逐渐淡薄，已形不成规模节场了。

第二节　集贸市场

20 世纪 80 年代起，党中央改革开放的政策首先在农村得到贯彻。农村经济体制改革的热潮风起云涌，家庭联产承包责任制的农业生产模式在境内全面推行，大量的农村富余劳动力向工业、副业和服务业等行业转移。于是境内一部分青壮男女劳动力，自谋出路，自购载重三轮车等交通工具，以"大篷车"的形式，去常熟招商城等地批进各类廉价日用商品，到西张及周边乡镇去叫卖。为了让这类"大篷车"形式的交易有相对稳定的交易地点和交易日期，经由西张集贸所协调，确定集场的交易日期为农历每月逢七（初七、十七、廿七）为赶集日。集场设在双龙西路，由集贸所负责管理。后来因影响交通安全，集场搬迁至石龙路，由石龙村负责管理。2004年，石龙村并入双龙村后，集场又搬迁到北京庄小区进行交易，由双龙村负责管理。集场交易很适应当时农村的特点，农村居民欢迎集场上的廉价商品，便宜实用。同时又解决了一部分人的就业问题。每逢赶集日，本地及外埠的摊贩纷纷赶早来到集场设摊，多时有200余个摊位，各种农用物资、生活用品、农副产品、茶糖果品以及特色饮食等应有尽有。每逢赶集日，当地及周边地区的农（居）民纷纷来到集场购买物品，买卖双方不断讨价还价，人声鼎沸。集场上一天到晚人头攒动，非常热闹。每逢赶集日，境内组织人员加强服务和管理，一方面维持市场秩序，一方面收取地摊管理费，并强调各摊贩加强自我管理、自我服务和自我保护的经营意识。每次赶集人流量可达一万人次，商品零售额可达40万元。

2006年，因拓宽镇北路及发展工业用地的需要，原设在双龙村境内的集场，转移到金谷村境内去交易了。

第四章　房东经济

20世纪80年代后期，在国家实行坚持改革开放的宏观经济政策以后，我国东部长三角地区的工业生产迅猛发展。企业需要大量劳动力，外来务工人员蜂拥而至。来自四川、河南、安徽及本省苏北等地的农民工大量流动，市场经济活跃。双龙村地处苏南经济发达地区，工业企业发展迅速，吸引了大量的外地农民工到双龙村落脚打工。外地农民工的到来，为发展房东经济提供了良好条件。

第一节　村民房东经济

20世纪80年代末90年代初，双龙村的村办企业发展迅速，很多外省籍及本省苏北等地的农民工来到双龙村打工。这些农民工有的进工厂当职工，有的开商店当老板，有的开办服装厂，有的搞运输或搬运业务，有的开办日用百货及饮食点心店等小店铺。随着外来人员的不断增多，境内农民街也日益兴旺起来。趁此机会，境内有条件的村民，腾出空房，或在围墙内搭建小屋，向外来人员提供工场、店面和住房等。据2015年对双龙村第1～4组房屋出租户调查统计，共有房屋出租户125户，占农户总户数的55.6%，吸纳入住外来人员1274人，比常住人员多553人，租住人员为常住人口的1.77倍。

据2000年统计，境内4个村村民出租房收入共计245万元。又据2015年不完全统计，境内村民房东经济年收入 10000 元以上的有 80 余户，5000～10000 元的有 120 余户，3000～5000 元的有 150 余户，1000～3000 元的有 230 余户，村民房东经济收入相当可观。

第二节 集体房东经济

双龙村集体房东经济的房源分 3 个类型分别为供私营企业老板为开办工厂需要而租用的标准型厂房、供到境内打工的外地民工租用的生活用房、供从事商贸服务业的经营者租用的商业用房。

20 世纪 90 年代后期，境内村、镇办企业实行产权制度改革后，所有村办企业全部转制为股份合作企业或有限责任公司，私营企业开始蓬勃发展。双龙村抓住机遇，自 2004 年开始，着手打造双龙村民营工业园。是年，投资 3000 余万元，建设标准型厂房 45000 余平方米，以后又在民营工业园区、袁市社区、袁市老窑基等场所，拓建标准型厂房 39000 余平方米，吸纳 20 余家私营企业承租。2006～2011 年，为解决境内多个自然村拆迁户村民的临时安置过渡房，村里投资 1500 余万元，建设宿舍公寓 17000 余平方米，以优惠价供拆迁户居住。一两年后，拆迁户领到安置房搬出后，这些房源提供给外来人员租住。2008～2014 年，双龙村又结合改建村委会办公大楼，将底楼及二楼改建成 2500 余平方米的店面房，又在双龙花园西区拓建商业配套用房 3200 余平方米，有数家高档酒店、超市、银企、医药等商贸服务单位租驻其间。2004～2015 年，双龙村为开发集体出租用房，累计投入资金 9360 余万元，集体房东经济收入逐年增加，2015 年，集体房东经济总收入 860 余万元。

第九编　党政群团

中华人民共和国成立前夕，就有中共地下党在境内活动，但未有中共党组织的建立。

1949年，境内开始有一些进步青年要求加入中国共产党。至年底，全境有共产党员6人。

1950年至1957年，在土地改革、农业合作化期间，境内又有一批积极分子入党。1957年，境内石塘（鸳塘村）、双龙（双龙村）、金丰（石龙村）、联庄（袁市村）等高级社分别成立党支部。

1958年建立人民公社，石塘社改称四大队，双龙社改称五大队，金丰社改称六大队，联庄社改称七大队。各设立党支部。"文化大革命"初期，大队党支部一度瘫痪。

1970年，境内各大队恢复党支部。

1983年7月，撤销西张人民公社，恢复西张人民政府管理体制，各生产大队改为行政村，境内四大队改名为鸳塘村，五大队改名为姚塘村（1987年重新更名为双龙村），六大队改名为石龙村，七大队改名为袁市村。所属大队党支部随之更名。

1986年，双龙村成立党总支部。

2002年10月，鸳塘、袁市村并入双龙村，2004年5月，石龙村并入双龙村，鸳塘村党支部、袁市村党支部、石龙村党支部随之撤销。双龙村成为"四村合一"的双龙村。双龙村建立新的党总支部。

2004年5月8日，双龙村成立党委。

2015年，凤凰镇党委将双龙村境内18个镇属企业党支部下划给双龙村，由双龙村党委负责管理。

2015年，全村共建有党支部31个，党员总数475人。

中华人民共和国成立后，双龙全境先后建立农民协会，共青团支部、团总支、妇代会、贫下中农协会、工会和老年协会等组织，这些群团组织积极配合村（高级社）、大队、党支部（总支、党委）的各项中心工作，投身社会主义和现代化建设事业，成为基层党组织和基层行政组织的得力助手。

第一章 中国共产党

第一节 党 员

1949年8月，境内石塘自然村进步青年张掌福由中共塘桥区委发展入党，成为境内第一个中共党员。是年底，境内又有周关根、张祖德、张煜生、张凤林（女）、陈坤林等5人加入中国共产党。

1951～1952年，在镇压反革命运动、土地改革运动、抗美援朝运动中，西张地区涌现出一批青年积极分子，境内又有周掌兴等4人加入中国共产党。1953～1954年间，在农业合作化运动中，境内有徐关奇、邓俊达等6人加入中国共产党。1955～1957年农业合作化高潮中，境内发展党员步伐加快，全境有42人加入中国共产党。1965年，全境有共产党员98人，其中女党员8人。"文化大革命"期间，境内党组织一度瘫痪，停止发展党员。1969年全党开门整党，境内各大队党支部恢复活动。20世纪70年代期间，境内有54人加入中国共产党。20世纪80年代入党的有47人，20世纪90年代入党的有28人，至2002年，全境有共产党员266人，其中女党员39人。2003～2015年，四村合一后的双龙村，全村发展党员83人，其中发展女党员44人。2015年，凤凰镇党委将地处双龙境内的18个镇属企业党支部下划给双龙村党委管理后，双龙村党员人数增加144人。至2015年末，全境共有共产党员475人，其中女党员97人。

2015年末双龙村行政党支部党员名录

表9—1

姓名	性别	出生日期	入党日期	姓名	性别	出生日期	入党日期
平月生	男	1963年1月1日	1996年5月1日	陈静康	男	1959年8月1日	1990年9月1日
顾铖	男	1989年4月25日	2015年6月30日	钱德明	男	1970年1月15日	2000年7月日
邓斌	男	1988年10月6日	2015年7月2日	许建江	男	1963年4月1日	1997年6月1日
张佳锋	男	1974年3月2日	2011年3月26日	章龙虎	男	1967年12月25日	2010年5月27日
朱月明	男	1963年5月1日	1997年6月1日	姚世良	男	1981年10月3日	2002年12月1日
陆寅龙	男	1986年3月18日	2013年4月14日	—	—	—	—

2015 年末双龙社区党员名录

表 9-2

姓名	性别	出生日期	入党日期	姓名	性别	出生日期	入党日期
沈亚新	女	1971 年 9 月 1 日	1996 年 6 月 1 日	邓二保	男	1937 年 10 月 1 日	1972 年 4 月 1 日
邓关林	男	1935 年 11 月 1 日	1956 年 6 月 1 日	邓关书	男	1930 年 9 月 1 日	1954 年 9 月 1 日
邓汉华	男	1935 年 6 月 1 日	1955 年 7 月 1 日	邓树德	男	1959 年 5 月 1 日	1996 年 6 月 1 日
邓伟云	男	1955 年 7 月 1 日	1985 年 7 月 1 日	邓雪东	男	1969 年 6 月 28 日	2006 年 7 月 11 日
邓怡婷	女	1990 年 5 月 10 日	2011 年 6 月 2 日	邓月良	男	1952 年 4 月 1 日	1971 年 6 月 1 日
冯桃妹	女	1937 年 3 月 1 日	1959 年 3 月 1 日	顾才保	男	1944 年 1 月 1 日	1967 年 10 月 1 日
顾瑞芬	女	1947 年 10 月 1 日	1991 年 9 月 1 日	郭志成	男	1979 年 12 月 9 日	2000 年 7 月 28 日
侯利娟	女	1968 年 12 月 1 日	2005 年 6 月 14 日	黄 波	女	1989 年 5 月 20 日	2007 年 6 月 15 日
黄诗怡	女	1990 年 8 月 29 日	2011 年 12 月 1 日	季建忠	男	1969 年 5 月 1 日	1995 年 7 月 1 日
李德心	男	1980 年 12 月 1 日	2001 年 10 月 20 日	陆建江	男	1962 年 7 月 1 日	1987 年 9 月 1 日
陆 尧	男	1989 年 12 月 8 日	2012 年 10 月 18 日	陆一保	男	1936 年 11 月 1 日	1960 年 4 月 1 日
庞 好	女	1989 年 9 月 20 日	2011 年 1 月 10 日	庞仁保	男	1940 年 12 月 1 日	1961 年 8 月 1 日
庞卫华	男	1965 年 9 月 18 日	2001 年 9 月 7 日	钱福海	男	1958 年 8 月 1 日	1981 年 8 月 1 日
钱世根	男	1936 年 3 月 1 日	1956 年 2 月 1 日	沈 丹	男	1987 年 3 月 10 日	2008 年 10 月 17 日
沈光宇	男	1946 年 5 月 1 日	1972 年 4 月 1 日	沈建丰	男	1971 年 2 月 1 日	1992 年 9 月 1 日
沈建明	男	1953 年 6 月 1 日	1974 年 9 月 1 日	沈金唤	男	1944 年 9 月 1 日	1994 年 8 月 1 日
沈卫弟	男	1953 年 8 月 1 日	1997 年 7 月 1 日	沈雅健	女	1975 年 6 月 28 日	2006 年 7 月 11 日
沈育良	男	1946 年 12 月 1 日	1979 年 11 月 1 日	陶永标	男	1952 年 6 月 1 日	1974 年 4 日 1
陶永清	男	1956 年 11 月 1 日	1992 年 10 月 1 日	陶正祥	男	1952 年 12 月 1 日	1989 年 9 月 1 日
奚丙元	男	1947 年 2 月 1 日	1979 年 7 月 1 日	肖耀良	男	1951 年 10 月 1 日	1971 年 5 月 1 日
徐保华	男	1962 年 10 月 1 日	1991 年 9 月 1 日	徐建东	男	1957 年 5 月 1 日	1994 年 8 月 1 日
徐丽娜	女	1986 年 7 月 21 日	2007 年 1 月 15 日	徐龙标	男	1962 年 3 月 1 日	1990 年 9 月 1 日
徐梅云	女	1947 年 2 月 1 日	1975 年 12 月 1 日	徐月飞	男	1971 年 5 月 1 日	1993 年 11 月 1 日
徐月明	男	1952 年 9 月 1 日	1978 年 8 月 1 日	徐正达	男	1950 年 11 月 1 日	1971 年 5 月 1 日
薛 珂	男	1986 年 12 月 23 日	2009 年 10 月 10 日	章根世	男	1927 年 11 月 1	1954 年 6 月 1 日
章建新	男	1956 年 3 月 23 日	1981 年 4 月 1 日	郑良保	男	1936 年 3 月 1 日	1955 年 6 月 1 日
郑 洋	女	1991 年 4 月 1 日	2012 年 4 月 23 日	朱根良	男	1953 年 12 月 1 日	1995 年 7 月 1 日

续表9-2

姓名	性别	出生日期	入党日期	姓名	性别	出生日期	入党日期
朱利兴	男	1949年6月1日	1971年10月1日	朱新德	男	1975年7月1日	1996年7月1日
朱亚芬	女	1970年9月1日	1997年6月1日	庄长华	男	1951年9月1日	1997年6月1日
宗凌峰	男	1987年3月27日	2009年11月21日	宗祖荣	男	1967年7月1日	1987年9月1日
邓秋斌	男	1982年9月22日	2009年5月30日	费克	男	1973年5月23日	2012年6月1日
吉辉	男	1976年12月15日	2012年4月26日	蒋建民	男	1969年3月1日	1995年6月1日
李梦洁	女	1992年4月4日	2013年5月11日	郑敏雷	男	1966年12月15日	1998年9月24日
郑晓峰	男	1975年10月25日	1999年6月27日	—	—	—	—

2015年末鹁塘社区党员名录

表9-3

姓名	性别	出生日期	入党日期	姓名	性别	出生日期	入党日期
徐利芳	女	1973年7月10日	2004年6月30日	邓田良	男	1931年2月1日	1960年8月1日
龚关保	男	1944年7月1日	1981年3月1日	龚海	男	1982年5月12日	2004年10月12日
龚建锋	男	1975年10月1日	1996年8月1日	龚仁保	男	1967年9月1日	1989年6月1日
顾金虎	男	1966年4月1日	1989年6月1日	顾克保	男	1927年2月1日	1955年3月1日
顾仁清	男	1938年12月1日	1960年8月1日	金建东	男	1970年9月1日	1991年8月1日
金永良	男	1955年2月1日	1977年3月1日	彭德保	男	1932年2/月1日	1979年7月1日
彭德元	男	1936年12月1日	1959年7月1日	彭二度	男	1949年2月1日	1970年5月1日
彭恒星	男	1965年7月11日	1997年3月1日	彭燕	女	1993年3月20日	2014年12月31日
彭正才	男	1956年12月1日	1981年3月1日	钱仁明	男	1970年3月21日	1993年3月12日
王伟	男	1990年5月8日	1990年5月8日	周根保	男	1941年11月23日	1979年7月1日
周祥妹	女	1962年6月1日	1997年8月1日	朱建龙	男	1962年7月6日	2002年11月25日
闵建新	男	1957年8月1日	1996年9月1日	钱静怡	女	1988年8月10日	2012年6月10日

2015年末湖滨社区党员名录

表9—4

姓名	性别	出生日期	入党日期	姓名	性别	出生日期	入党日期
徐正丰	男	1965年9月20日	1992年10月1日	邓嘉涛	男	1990年1月5日	2010年5月26日
徐月芬	女	1949年3月6日	1985年1月1日	赵阿弟	男	1945年1月7日	1967年2月1日
朱望保	男	1946年5月20日	1977年1月1日	彭士英	女	1965年6月12日	1996年7月1日
俞仁华	男	1944年6月10日	1970年12月1日	吴掌林	男	1940年12月12日	1981年3月1日
肖惠保	男	1949年7月8日	1969年10月1日	钱伟良	男	1946年10月14日	1968年6月1日
吴聪	女	1991年9月11日	2013年4月21日	周雪军	男	1968年12月24日	1989年12月1日
李桂伍	男	1978年4月23日	1997年8月1日	周小友	男	1947年1月21日	1973年5月1日
顾景德	男	1946年9月9日	1980年9月1日	朱周保	男	1940年3月28日	1971年6月1日
顾根保	男	1946年12月21日	1968年6月1日	张瑞娟	女	1963年12月18日	1998年10月1日
肖惠芳	男	1949年11月9日	1990年4月1日	朱小保	男	1943年10月5日	1965年3月1日
朱嫦娣	女	1941年9月25日	1981年3月1日	徐矢勇	男	1942年4月15日	1968年2月1日
周龙兴	男	1952年8月21日	1972年8月1日	朱建明	男	1952年3月12日	1972年2月1日
朱志军	男	1968年6月28日	1990年12月1日	周舒	女	1989年12月9日	2010年6月1日
周建峰	男	1955年5月9日	1979年12月1日	周建浩	男	1958年5月26日	1979年10月1日
周琳	女	1985年3月18日	2005年11月10日	周洁	女	1985年2月12日	2006年5月29日
吴建清	男	1970年3月9日	1993年10月1日	周剑	男	1972年11月7日	1994年10月1日
顾晓锋	男	1978年5月21日	1998年9月25日	钱正德	男	1954年8月10日	1975年10月1日
钱忠凯	男	1971年12月27日	2004年11月2日	钱心韵	女	1989年3月19日	2010年1月6日
周文龙	男	1946年2月12日	1970年5月1日	俞国	男	1954年7月19日	1976年10月1日
徐正江	男	1957年10月26日	2006年7月11日	周关良	男	1954年10月15日	1976年7月1日
钱静怡	女	1988年8月10日	2012年6月10日	—	—	—	—

2015 年末石龙社区党员名录

表 9—5

姓名	性别	出生日期	入党日期	姓名	性别	出生日期	入党日期
徐琼	女	1996 年 3 月 31 日	2008 年 6 月 1 日	王家銮	男	1963 年 9 月 16 日	1986 年 8 月 1 日
徐德保	男	1929 年 3 月 27 日	1956 年 5 月 1 日	周根兴	男	1949 年 12 月 11 日	1972 年 12 月 1 日
徐炳华	男	1944 年 12 月 28 日	1966 年 2 月 1 日	徐仁生	男	1941 年 10 月 15 日	1977 年 12 月 1 日
薛积娣	女	1946 年 4 月 15 日	1980 年 7 月 1 日	李兆连	男	1978 年 12 月 14 日	1999 年 10 月 20 日
徐进峰	男	1976 年 11 月 13 日	1997 年 5 月 30 日	徐彦滔	男	1988 年 4 月 5 日	2009 年 5 月 31 日
肖旦	男	1980 年 5 月 13 日	2000 年 9 月 8 日	肖建东	男	1972 年 4 月 16 日	1995 年 10 月 1 日
钱正刚	男	1964 年 7 月 3 日	1987 年 3 月 1 日	钱掌法	男	1949 年 8 月 20 日	1971 年 8 月 1 日
钱晓燕	女	1973 年 1 月 14 日	2005 年 2 月 3 日	钱振清	男	1951 年 10 月 5 日	2000 年 4 月 30 日
钱景杨	男	1954 年 10 月 18 日	1983 年 9 月 1 日	吉正祥	男	1937 年 7 月 15 日	1959 年 3 月 1 日
谢桂保	女	1932 年 10 月 21 日	1972 年 4 月 1 日	吉影娟	女	1964 年 2 月 6 日	2003 年 12 月 18 日
钱惠新	男	1972 年 12 月 10 日	1993 年 11 月 1 日	陶进良	男	1948 年 8 月 8 日	1981 年 4 月 1 日
钟德元	男	1945 年 11 月 11 日	1967 年 11 月 1 日	何梅珍	女	1967 年 2 月 28 日	2003 年 6 月 24 日
钱振华	男	1943 年 11 月 13 日	1977 年 4 月 1 日	钟克俭	男	1972 年 6 月 28 日	1994 年 7 月 1 日
张建明	男	1955 年 7 月 1 日	1973 年 6 月 1 日	赵国胜	男	1955 年 6 月 4 日	1981 年 3 月 1 日
宋月良	男	1938 年 7 月 25 日	1961 年 11 月 1 日	钱育仁	男	1934 年 10 月 14 日	1965 年 6 月 1 日
蔡国祥	男	1945 年 7 月 20 日	1965 年 6 月 1 日	徐忠良	男	1943 年 12 月 24 日	1972 年 4 月 1 日
钱瑞良	男	1947 年 12 月 22 日	1968 年 5 月 1 日	陈耀生	男	1930 年 8 月 14 日	1956 年 4 月 1 日
吴永祥	男	1936 年 10 月 10 日	1956 年 11 月 1 日	陈金宝	男	1936 年 5 月 16 日	1974 年 12 月 1 日
张养飞	男	1978 年 7 月 19 日	2002 年 12 月 12 日	钟耀良	男	1947 年 12 月 17 日	1974 年 1 月 1 日
钟伯明	男	1954 年 5 月 13 日	1981 年 4 月 1 日	钟才发	男	1945 年 12 月 24 日	1968 年 1 月 9 日
钟树生	男	1951 年 4 月 26 日	1971 年 10 月 1 日	钟宇达	男	1964 年 10 月 18 日	2001 年 6 月 28 日
陈林燕	女	1990 年 3 月 7 日	2009 年 5 月 7 日	郭惠度	男	1950 年 10 月 17 日	1970 年 9 月 1 日
姚介元	男	1947 年 7 月 7 日	2002 年 9 月 7 日	钱忠	男	1971 年 4 月 29 日	1994 年 11 月 1 日
徐仁元	男	1950 年 10 月 1 日	1970 年 3 月 1 日	庄永清	男	1945 年 3 月 17 日	1981 年 4 月 1 日
庄仪开	男	1945 年 8 月 26 日	1984 年 1 月 1 日	许燕	女	1981 年 7 月 30 日	2002 年 1 月 20 日
庄正良	男	1948 年 11 月 10 日	1969 年 5 月 1 日	庄永明	男	1949 年 7 月 1 日	1969 年 7 月 1 日
钱惠良	男	1950 年 8 月 23 日	1970 年 2 月 1 日	吴彬	男	1992 年 1 月 5 日	1992 年 1 月 5 日
蔡建忠	男	1961 年 4 月 4 日	1996 年 11 月 1 日	陈惠东	男	1972 年 1 月 16 日	1999 年 6 月 20 日
陆晓芳	女	1977 年 5 月 16 日	2003 年 8 月 16 日	钱燕南	女	1994 年 3 月 7 日	1994 年 3 月 7 日
肖红霞	女	1968 年 5 月 30 日	1998 年 9 月 12 日	徐浩	男	1992 年 7 月 24 日	2013 年 6 月 15 日
徐建军	男	1961 年 5 月 1 日	1982 年 11 月 1 日	庄立新	男	1964 年 11 月 25 日	2002 年 6 月 15 日
吴炳元	男	1931 年 12 月 27 日	1955 年 7 月 1 日	—	—	—	—

2015 年末袁市社区党员名录

表 9－6

姓名	性别	出生日期	入党日期	姓名	性别	出生日期	入党日期
郭永康	男	1959 年 3 月 28 日	1998 年 6 月 13 日	邓卫龙	男	1955 年 2 月 1 日	1980 年 12 月 1 日
高金祥	男	1926 年 9 月 1 日	1959 年 2 月 1 日	葛阿保	男	1953 年 2 月 1 日	1975 年 12 月 1 日
葛建明	男	1960 年 3 月 13 日	1992 年 4 月 1 日	何春华	男	1947 年 2 月 1 日	1971 年 3 月 1 日
何利民	男	1973 年 5 月 25 日	2005 年 6 月 14 日	黄根涛	男	1928 年 3 月 1 日	1950 年 1 月 1 日
黄忠仁	男	1949 年 2 月 26 日	1970 年 8 月 1 日	欧林根	男	1955 年 1 月 1 日	1988 年 4 月 1 日
欧龙飞	男	1945 年 5 月 1 日	1996 年 11 月 1 日	潘义根	男	1943 年 2 月 1 日	1969 年 4 月 1 日
钱国余	男	1954 年 9 月 1 日	1976 年 3 月 1 日	钱金良	男	1954 年 7 月 26 日	1999 年 6 月 28 日
钱凯龙	男	1981 年 4 月 15 日	2006 年 3 月 18 日	钱寿保	男	1934 年 10 月 1 日	1980 年 7 月 1 日
钱维通	男	1943 年 11 月 19 日	1980 年 7 月 1 日	钱维遥	男	1949 年 5 月 23 日	1998 年 6 月 13 日
钱永诚	男	1975 年 1 月 1 日	1996 年 9 月 1 日	沈国兴	男	1955 年 12 月 1 日	1979 年 3 月 1 日
苏阿六	男	1928 年 7 月 1 日	1976 年 8 月 1 日	苏丙根	男	1938 年 9 月 1 日	1976 年 8 月 1 日
苏惠红	女	1973 年 11 月 18 日	2006 年 6 月 30 日	苏如生	男	1940 年 8 月 1 日	1972 年 8 月 1 日
苏祥生	男	1965 年 9 月 8 日	2002 年 6 月 15 日	苏永昌	男	1948 年 8 月 1 日	1988 年 4 月 1 日
万大巧	女	1971 年 7 月 5 日	2006 年 11 月 8 日	王伯章	男	1947 年 7 月 1 日	1969 年 11 月 1 日
徐春云	男	1977 年 10 月 25 日	2006 年 6 月 30 日	徐德华	男	1947 年 8 月 1 日	1975 年 12 月 1 日
徐关虎	男	1936 年 5 月 1 日	1957 年 12 月 1 日	徐国胜	男	1969 年 10 月 1 日	1990 年 10 月 1 日
徐惠芳	男	1950 年 2 月 1 日	1972 年 4 月 1 日	徐　慧	女	1969 年 11 月 13 日	2004 年 7 月 1 日
徐锦保	男	1957 年 9 月 1 日	1978 年 5 月 1 日	徐维忠	男	1973 年 5 月 1 日	2003 年 12 月 20 日
徐元宝	男	1939 年 7 月 1 日	1962 年 8 月 1 日	徐掌福	男	1934 年 4 月 1 日	1960 年 8 月 1 日
许惠良	男	1960 年 3 月 1 日	1982 年 5 月 1 日	许金标	男	1936 年 6 月 1 日	1960 年 3 月 1 日
许满林	男	1938 年 7 月 1 日	1977 年 10 月 1 日	许仁明	男	1945 年 12 月 1 日	1990 年 4 月 1 日
许卫林	男	1949 年 6 月 1 日	1981 年 3 月 1 日	许元法	男	1933 年 10 月 1 日	1960 年 4 月 1 日
许掌兴	男	1944 年 11 月 1 日	1966 年 11 月 1 日	薛　洁	女	1987 年 2 月 8 日	2008 年 5 月 7 日
姚利华	男	1949 年 11 月 5 日	1973 年 8 月 1 日	张辉	男	1976 年 1 月 4 日	1997 年 7 月 1 日
张金法	男	1942 年 3 月 1 日	1963 年 11 月 1 日	张金荣	男	1946 年 3 月 1 日	1968 年 3 月 1 日
张逸朴	男	1943 年 8 月 1 日	1974 年 9 月 1 日	章勤芬	女	1964 年 5 月 18 日	2005 年 11 月 27 日
郑凤保	女	1946 年 11 月 1 日	1980 年 8 月 1 日	周阿保	男	1955 年 11 月 2 日	1990 年 4 月 1 日
周昌保	男	1950 年 7 月 1 日	1975 年 10 月 1 日	周忠良	男	1971 年 7 月 21 日	2005 年 6 月 30 日

续表9—6

姓名	性别	出生日期	入党日期	姓名	性别	出生日期	入党日期
朱建明	男	1959年5月1日	1989年3月1日	殷建清	男	1963年12月7日	2001年6月24日
钱红	女	1972年6月12日	2008年11月5日	卢文萍	女	1985年5月25日	2007年12月3日
钱静霞	女	1988年1月14日	2009年9月15日	沈正义	男	1964年9月25日	2005年9月8日
徐敏恒	男	1988年5月18日	2009年5月31日	徐向军	男	1969年12月15日	2006年6月14日
徐垚	女	1993年4月23日	2014年5月22日	杨建清	男	1964年5月2日	2006年7月2日
袁菲	女	1989年3月19日	2010年7月1日	吴炳元	男	1931年12月27日	1955年7月1日

2015年末双龙企业支部党员名录

表9—7

姓名	性别	出生日期	入党日期	姓名	性别	出生日期	入党日期
许建祥	男	1966年11月1日	1996年5月1日	周科	男	1983年9月28日	2008年6月22日
沈利发	男	1934年12月1日	1959年11月1日	汪爱平	男	1976年5月26日	2004年12月20日
沈雪芬	女	1964年10月29日	2004年12月20日	邓锦彪	男	1970年10月4日	2003年9月18日
陆梅华	女	1958年3月1日	1994年9月1日	许锋	男	1974年12月29日	1999年6月27日
潘毛保	男	1936年12月1日	1961年10月1日	章松根	男	1944年2月1日	1972年2月1日
钱雪标	男	1967年2月19日	2006年7月11日	庞海燕	女	1981年7月11日	2003年11月14日
徐艳	女	1978年6月20日	2006年7月2日	许建刚	男	1966年9月1日	2004年7月13日
奚明娟	女	1970年8月1日	1995年7月1日	陆大伟	男	1980年11月9日	2001年1月10日
沈建德	男	1963年9月15日	1998年9月24日	庄建峰	男	1964年11月1日	1997年6月1日
章建明	男	1960年5月1日	1983年4月1日	陈平	男	1974年8月1日	1995年11月1日
郑兴	男	1944年11月1日	1977年1月1日	徐志军	男	1979年2月4日	2000年8月28日
陆永兴	男	1949年11月1日	1988年10月1日	邓永元	男	1951年5月1日	1987年12月1日
邓卫祥	男	1960年10月1日	1999年6月27日	陈燕	女	1976年10月26日	2000年7月2日
郑妹英	女	1964年4月26日	1998年9月24日	郑关元	男	1945年11月1日	1974年4月1日
许建清	男	1953年4月1日	1979年5月1日	邓建忠	男	1963年12月1	1986年4月1日
邓建明	男	1958年3月1日	1979年11月1日	奚月东	男	1975年2月24日	1999年6月27日
杨祥标	男	1964年10月2日	2008年5月29日	杨祥征	男	1952年8月6日	1983年10月6日
黄叶平	男	1963年7月3日	1992年4月3日	周伟忠	男	1982年3月8日	2003年9月1日

续表 9—7

姓名	性别	出生日期	入党日期	姓名	性别	出生日期	入党日期
郑　刚	男	1968 年 6 月 1 日	1996 年 6 月 1 日	戴　忠	男	1984 年 5 月 8 日	2008 年 2 月 20 日
朱建明	男	1955 年 8 月 15 日	1979 年 9 月 1 日	平　频	女	1988 年 6 月 25 日	2014 年 11 月 25 日
张建芳	男	1966 年 9 月 1 日	1999 年 12 月 18 日	徐晓丹	女	1986 年 1 月 31 日	2009 年 4 月 2 日
陆向东	男	1965 年 10 月 6 日	2001 年 6 月 28 日	陆　芳	女	1980 年 10 月 25 日	2008 年 5 月 15 日
朱展兆	男	1970 年 8 月 1 日	1996 年 6 月 1 日	张永清	男	1968 年 7 月 1 日	1988 年 8 月 1 日
郑志红	女	1983 年 12 月 28 日	2005 年 6 月 1 日	朱立媛	女	1988 年 6 月 7 日	2007 年 6 月 30 日
邓龙兴	男	1962 年 10 月 1 日	1993 年 9 月 1 日	徐小燕	女	1975 年 3 月 26 日	1996 年 5 月 1 日
邓丽敏	女	1986 年 8 月 5 日	2006 年 12 月 6 日	黄建娅	女	1965 年 12 月 15 日	2003 年 9 月 18 日
肖寿刚	男	1978 年 8 月 31 日	2004 年 7 月 13 日	钱金龙	男	1960 年 4 月 10 日	1985 年 7 月 1 日
黄春红	女	1986 年 4 月 28 日	2010 年 5 月 1 日	周　琳	女	1987 年 8 月 30 日	2009 年 5 月 21 日
史玉高	男	1959 年 2 月 12 日	1983 年 9 月 1 日	钱建国	男	1956 年 10 月 1 日	1988 年 10 月 1 日
钱　华	男	1982 年 12 月 15 日	2015 年 6 月 30 日	—	—	—	—

2015 年末双龙村镇属下划企业党支部党员名录

表 9—8

序号	姓名	所在党支部	性别	出生日期	入党日期
1	章忠林	江苏培达塑料有限公司党支部	男	1965 年 3 月 1 日	1992 年 3 月 27 日
2	陈志岗	江苏培达塑料有限公司党支部	男	1974 年 11 月 1 日	2006 年 3 月 30 日
3	缪士洪	江苏培达塑料有限公司党支部	男	1964 年 1 月 1 日	1990 年 1 月 1 日
4	缪培峰	江苏培达塑料有限公司党支部	男	1966 年 3 月 1 日	1988 年 6 月 1 日
5	周晓楠	江苏培达塑料有限公司党支部	男	1986 年 7 月 16 日	2014 年 11 月 25 日
6	许卫忠	江苏培达塑料有限公司党支部	男	1967 年 7 月 7 日	2012 年 11 月 10 日
7	缪银亚	江苏培达塑料有限公司党支部	女	1977 年 12 月 18 日	2012 年 11 月 10 日
8	钱虹宇	江苏培达塑料有限公司党支部	女	1989 年 7 月 20 日	2010 年 12 月 1 日
9	王作伟	江苏培达塑料有限公司党支部	男	1983 年 9 月 3 日	2014 年 11 月 25 日
10	黄则华	江苏培达塑料有限公司党支部	男	1971 年 12 月 16 日	2012 年 11 月 10 日
11	吴梦宇	苏州同大机械有限公司党支部	女	1987 年 3 月 1 日	2007 年 7 月 5 日
12	徐文良	苏州同大机械有限公司党支部	男	1968 年 6 月 2 日	2012 年 6 月 12 日
13	张金辉	苏州同大机械有限公司党支部	男	1990 年 9 月 1 日	2012 年 6 月 13 日
14	陈　华	苏州同大机械有限公司党支部	男	1987 年 4 月 8 日	2007 年 1 月 4 日

续表9-8

序号	姓名	所在党支部	性别	出生日期	入党日期
15	钱 凌	苏州同大机械有限公司党支部	男	1988年6月27日	2014年6月12日
16	秦 超	苏州同大机械有限公司党支部	男	1991年6月27日	2012年11月13日
17	褚晶浚	苏州同大机械有限公司党支部	男	1992年5月5日	2013年5月19日
18	钱 春	苏州同大机械有限公司党支部	男	1986年9月26日	2014年6月12日
19	惠 斌	苏州同大机械有限公司党支部	男	1977年10月11日	2014年6月12日
20	肖志林	苏州同大机械有限公司党支部	男	1990年1月10日	2012年5月1日
21	胡素方	苏州同大机械有限公司党支部	女	1981年6月24日	1905年7月7日
22	张秋亚	苏州同大机械有限公司党支部	女	1979年8月29日	2015年6月29日
23	徐 伟	张家港先锋自动化机械设备有限公司党支部	男	1984年8月3日	2006年7月1日
24	王 勇	张家港先锋自动化机械设备有限公司党支部	男	1972年6月18日	2015年7月24日
25	成卫东	亨通环形锻件制造党支部	男	1967年4月19日	2003年12月6日
26	缪国飞	亨通环形锻件制造党支部	男	1962年8月10日	2003年12月6日
27	孙金华	亨通环形锻件制造党支部	男	1961年4月18日	1983年7月12日
28	冯惠平	亨通环形锻件制造党支部	男	1952年4月11日	1972年4月23日
29	章国松	亨通环形锻件制造党支部	男	1956年9月18日	1979年12月12日
30	陆 兴	亨通环形锻件制造党支部	男	1974年5月15日	1998年12月12日
31	冯 磊	亨通环形锻件制造党支部	男	1981年11月15日	2008年10月15日
32	陈志华	亨通环形锻件制造党支部	男	1960年10月8日	1997年9月25日
33	刘 政	亨通环形锻件制造党支部	男	1968年11月18日	2003年12月6日
34	陶科华	亨通环形锻件制造党支部	女	1982年7月27日	2012年9月1日
35	韩建明	张家港嘉泰合成革有限公司党支部	男	1963年7月26日	1990年3月1日
36	周林丽	张家港嘉泰合成革有限公司党支部	女	1973年3月6日	2013年8月12日
37	田小全	张家港嘉泰合成革有限公司党支部	男	1982年6月13日	2013年8月12日
38	成兰菊	张家港嘉泰合成革有限公司党支部	女	1987年7月2日	2008年5月8日
39	谭维朴	张家港市金日毛纺有限公司党支部	男	1970年3月21日	1991年3月1日
40	褚 芳	张家港市金日毛纺有限公司党支部	女	1970年11月29日	2011年6月10日
41	赵 华	张家港市金日毛纺有限公司党支部	男	1972年4月1日	1992年10月1日
42	褚婷婷	张家港市金日毛纺有限公司党支部	女	1990年3月9日	2008年6月1日
43	王友红	江苏浩泰毛纺织染有限公司党支部	男	1971年8月11日	2005年6月11日
44	陆永明	江苏浩泰毛纺织染有限公司党支部	男	1963年4月1日	1990年7月1日

续表 9-8

序号	姓名	所在党支部	性别	出生日期	入党日期
45	蔡艳珠	江苏浩泰毛纺织染有限公司党支部	女	1976年8月1日	1999年6月1日
46	魏 东	江苏浩泰毛纺织染有限公司党支部	男	1968年7月20日	1986年12月1日
47	李许梅	张家港市恒佳纺织有限公司党支部	女	1982年9月15日	2005年4月1日
48	葛恒星	张家港市恒佳纺织有限公司党支部	男	1966年10月10日	2009年12月8日
49	杨建新	张家港市虹意针织服装有限公司党支部	男	1966年5月1日	1992年12月1日
50	金建丰	张家港市协升针织服饰有限公司党支部	男	1965年11月8日	2004年12月31日
51	金 凯	张家港市协升针织服饰有限公司党支部	男	1988年4月9日	2014年7月28日
52	程益平	张家港市协升针织服饰有限公司党支部	女	1977年1月11日	2002年7月1日
53	顾振环	奇美公司党支部	男	1959年10月1日	1982年6月1日
54	朱 明	奇美公司党支部	男	1966年3月1日	1988年4月1日
55	钱德元	奇美公司党支部	男	1956年9月1日	1979年3月1日
56	宋金岳	奇美公司党支部	男	1951年4月1日	1986年6月1日
57	秦桂芳	新泰公司党支部	女	1964年10月12日	1997年8月1日
58	徐 艳	新泰公司党支部	女	1973年6月28日	2011年4月8日
59	邹贵新	新泰公司党支部	男	1963年11月15日	1994年10月1日
60	沈 健	大修厂党支部	男	1974年9月7日	2002年12月5日
61	宋国庆	大修厂党支部	男	1974年10月1日	1996年5月1日
62	钱卫忠	大修厂党支部	男	1964年3月9日	2000年11月16日
63	张宗昌	大修厂党支部	男	1954年11月1日	1994年4月1日
64	何 伟	大修厂党支部	男	1973年6月23日	2002年12月5日
65	钱维春	张家港市虹利针织设备有限公司党支部	男	1975年4月18日	2003年12月20日
66	奚辛晨	张家港市虹利针织设备有限公司党支部	男	1968年12月25日	1999年7月12日
67	陆琴珠	张家港市金鑫树脂有限公司党支部	女	1962年9月16日	1998年6月21日
68	张 健	张家港市金鑫树脂有限公司党支部	男	1969年10月1日	2012年6月2日
69	成建良	张家港市金鑫树脂有限公司党支部	男	1956年4月1日	1978年12月1日
70	顾宇新	张家港市金鑫树脂有限公司党支部	男	1972年1月18日	1998年6月21日
71	沈 勇	张家港市金鑫树脂有限公司党支部	男	1975年12月1日	1997年1月1日
72	邓金刚	张家港市金鑫树脂有限公司党支部	男	1950年9月1日	1982年3月1日
73	苏德龙	张家港市金鑫树脂有限公司党支部	男	1973年11月12日	2002年12月1日
74	周必成	张家港市金鑫树脂有限公司党支部	男	1963年8月1日	1987年4月1日
75	王建新	张家港市金鑫树脂有限公司党支部	男	1968年3月1日	1990年2月1日
76	钱锦莲	张家港市金鑫树脂有限公司党支部	女	1975年4月22日	2004年12月25日

续表 9—8

序号	姓名	所在党支部	性别	出生日期	入党日期
77	邹建春	张家港市金鑫树脂有限公司党支部	男	1970 年 11 月 12 日	2002 年 12 月 1 日
78	薛品娟	张家港市金鑫树脂有限公司党支部	女	1974 年 5 月 1 日	1996 年 6 月 1 日
79	曹根才	张家港市金鑫树脂有限公司党支部	男	1952 年 9 月 1 日	1972 年 12 月 1 日
80	邓树明	张家港市金鑫树脂有限公司党支部	男	1962 年 6 月 1 日	1995 年 7 月 1 日
81	钱建东	张家港市金鑫树脂有限公司党支部	男	1969 年 11 月 8 日	2004 年 12 月 25 日
82	庄晓彤	张家港市金鑫树脂有限公司党支部	男	1980 年 1 月 17 日	2010 年 5 月 30 日
83	肖建军	张家港市金鑫树脂有限公司党支部	男	1975 年 6 月 1 日	2002 年 12 月 1 日
84	吴振兴	张家港市金鑫树脂有限公司党支部	男	1965 年 4 月 1 日	1986 年 7 月 1 日
85	冯惠红	张家港市金鑫树脂有限公司党支部	女	1976 年 3 月 27 日	2011 年 6 月 7 日
86	陈向阳	张家港市金鑫树脂有限公司党支部	男	1970 年 12 月 31 日	2009 年 5 月 30 日
87	朱正兴	中鼎公司党支部	男	1955 年 3 月 5 日	1985 年 3 月 1 日
88	钱义江	中鼎公司党支部	男	1970 年 4 月 20 日	2003 年 8 月 16 日
89	李　详	中鼎公司党支部	男	1948 年 3 月 11 日	1984 年 6 月 1 日
90	庄春燕	中鼎公司党支部	女	1977 年 11 月 24 日	2001 年 6 月 28 日
91	庞钧乾	中鼎公司党支部	男	1953 年 9 月 30 日	2005 年 7 月 20 日
92	蔡亚兵	中鼎公司党支部	男	1979 年 7 月 10 日	2004 年 12 月 8 日
93	徐影祥	中鼎公司党支部	男	1958 年 1 月 5 日	1993 年 8 月 1 日
94	钱淑萍	中鼎公司党支部	女	1971 年 12 月 1 日	2005 年 7 月 20 日
95	许国新	中鼎公司党支部	男	1966 年 4 月 5 日	1989 年 3 月 1 日
96	张利民	中鼎公司党支部	男	1972 年 10 月 5 日	1997 年 8 月 1 日
97	赵振才	中鼎公司党支部	男	1955 年 11 月 5 日	1994 年 8 月 1 日
98	张　苗	中鼎公司党支部	女	1975 年 12 月 26 日	1999 年 9 月 28 日
99	王树明	中鼎公司党支部	男	1959 年 11 月 5 日	1978 年 4 月 1 日
100	张利锋	中鼎公司党支部	男	1975 年 12 月 1 日	1996 年 11 月 1 日
101	徐静英	中鼎公司党支部	女	1968 年 8 月 16 日	2001 年 6 月 28 日
102	袁桂兴	中鼎公司党支部	男	1957 年 7 月 5 日	1982 年 6 月 1 日
103	沈永祥	中鼎公司党支部	男	1960 年 6 月 5 日	1984 年 8 月 1 日
104	褚炳富	中鼎公司党支部	男	1958 年 9 月 5 日	1994 年 8 月 1 日
105	汝传武	中鼎公司党支部	男	1982 年 12 月 10 日	2015 年 11 月 2 日
106	徐　忠	万丰公司党支部	男	1977 年 10 月 1 日	2003 年 12 月 19 日
107	肖　凌	万丰公司党支部	男	1982 年 4 月 29 日	2014 年 10 月 28 日
108	钱维云	万丰公司党支部	男	1975 年 12 月 1 日	1998 年 10 月 1 日

续表 9—8

序号	姓名	所在党支部	性别	出生日期	入党日期
109	朱国英	万丰公司党支部	女	1970 年 5 月 15 日	2009 年 3 月 18 日
110	彭海锋	万丰公司党支部	男	1980 年 12 月 18 日	2009 年 3 月 18 日
111	庞岳文	万丰公司党支部	男	1953 年 7 月 1 日	1997 年 6 月 1 日
112	朱解云	万丰公司党支部	男	1971 年 6 月 1 日	1997 年 6 月 1 日
113	朱进才	万丰公司党支部	男	1953 年 6 月 1 日	1987 年 6 月 1 日
114	沈祖平	万丰公司党支部	男	1963 年 12 月 1 日	1993 年 5 月 1 日
115	杨剑丰	万丰公司党支部	男	1957 年 2 月 1 日	1994 年 12 月 1 日
116	曹剑楚	万丰公司党支部	男	1958 年 8 月 1 日	1995 年 7 月 1 日
117	朱解梅	万丰公司党支部	女	1974 年 8 月 1 日	2006 年 3 月 18 日
118	黄永元	万丰公司党支部	男	1951 年 10 月 2 日	1969 年 12 月 11 日
119	曹锦东	万丰公司党支部	男	1973 年 3 月 29 日	2006 年 3 月 18 日
120	钱玉锋	万丰公司党支部	男	1980 年 1 月 14 日	2006 年 3 月 18 日
121	朱建良	万丰公司党支部	男	1961 年 12 月 1 日	1996 年 9 月 1 日
122	钱永贤	万丰公司党支部	男	1961 年 7 月 7 日	2006 年 3 月 18 日
123	张秀珍	万丰公司党支部	女	1955 年 7 月 6 日	2003 年 12 月 19 日
124	王惠良	万丰公司党支部	男	1963 年 11 月 8 日	2006 年 3 月 18 日
125	张益敏	万丰公司党支部	女	1978 年 3 月 5 日	2003 年 12 月 19 日
126	曹士新	万丰公司党支部	男	1950 年 5 月 1 日	1987 年 5 月 1 日
127	吴正芳	万丰公司党支部	男	1960 年 2 月 5 日	2000 年 10 月 3 日
128	朱金才	万丰公司党支部	男	1946 年 10 月 1 日	1993 年 5 月 1 日
129	朱永元	万丰公司党支部	男	1945 年 12 月 1 日	1992 年 4 月 1 日
130	彭永香	万丰公司党支部	男	1933 年 2 月 1 日	1981 年 9 月 1 日
131	许菊生	万丰公司党支部	男	1958 年 9 月 1 日	1997 年 6 月 1 日
132	周伟君	万丰公司党支部	男	1978 年 1 月 16 日	2011 年 3 月 20 日
133	陈锡明	万丰公司党支部	男	1978 年 4 月 5 日	2012 年 6 月 13 日
134	顾忠于	万丰公司党支部	男	1970 年 12 月 26 日	2012 年 6 月 13 日
135	闵蓉	万丰公司党支部	女	1984 年 11 月 8 日	2004 年 4 月 5 日
136	吴力军	万丰公司党支部	男	1982 年 7 月 10 日	2014 年 10 月 28 日
137	李建明	万丰公司党支部	男	1960 年 6 月 5 日	2003 年 12 月 19 日
138	邹萌峰	万丰公司党支部	男	1974 年 11 月 20 日	2015 年 11 月 30 日
139	邹耀明	万丰公司党支部	男	1983 年 4 月 5 日	2009 年 6 月 21 日
140	何英	牧羊人服饰党支部	女	1960 年 3 月 2 日	1984 年 12 月 21 日

续表 9—8

序号	姓名	所在党支部	性别	出生日期	入党日期
141	江　燕	牧羊人服饰党支部	女	1986 年 10 月 13 日	2006 年 7 月 1 日
142	李建君	牧羊人服饰党支部	女	1966 年 8 月 22 日	1997 年 7 月 1 日
143	强成彪	牧羊人服饰党支部	男	1963 年 9 月 26 日	1995 年 7 月 1 日
144	王　涛	牧羊人服饰党支部	男	1989 年 4 月 28 日	2013 年 12 月 12 日

第二节　党的组织

1950 年初，随着西张地区党员人数的增多，西张建立了第 1 个党支部，张掌福任支部书记。从此，西张地区有了中共党组织。

1957 年，在农业合作化运动高潮中，境内的石塘、双龙、金丰、袁市等高级社都建立了党支部。

1958 年成立人民公社后，境内石塘社改称为四大队，双龙社改称为五大队，金丰社改称为六大队，联庄社改称为七大队。各大队都建立党支部。

"文化大革命"初期，在上海"一月革命"风暴掀起的由"造反派"向当权派"夺权"的潮流中，境内各大队党支部一度瘫痪，党组织停止活动。1968 年 4 月，西张公社成立革命委员会，1969 年 4 月，境内各大队相继成立革命委员会。

1969 年 11 月，西张公社革命委员会由苏州地区革命委员会批准，成立中共西张公社革命委员会核心领导小组，随后境内 4 个大队党组织恢复活动，并开始整党建党。1970 年，公社恢复党委组织，成立中共西张公社委员会，境内恢复党支部组织。1983 年 7 月，撤销人民公社建置，中共西张公社委员会改为中共西张乡委员会，生产大队改为行政村，境内相关大队党支部分别改名为鸳塘村党支部、姚塘村党支部（1987 年更名为双龙村党支部）、石龙村党支部、袁市村党支部。1986 年，撤乡建镇，中共西张乡委员会改为中共西张镇委员会，境内姚塘村建立党总支部（1987 年更名为双龙村党总支部）。2002 年 10 月，鸳塘村、袁市村并入双龙村，撤销原鸳塘村党支部，改设鸳塘社区党支部；撤销原袁市村党支部，改设袁市社区党支部。撤销原双龙村党总支部，建立新的双龙村党总支部。章建新任双龙村党总支部书记，许建江、郑兴任双龙村党总支部副书记。下设党支部 7 个。

2003 年 8 月，西张、凤凰、港口三镇合并建立新的凤凰镇后，双龙村党总支部改名为中共凤凰镇双龙村党总支部。2004 年 5 月，石龙村并入双龙村，撤销原石龙村党支部，改设石龙社区党支部。是月，双龙村建立中共凤凰镇双龙村委员会，撤销原双龙村党总支部。章建新任双龙村党委书记，郭永康、许建江任双龙村党委副书记。2013年7月28日，双龙村进行基层党组织换届选举。选举章建新为双龙村新一届党委书记，许建江、姚世良为双龙村新一届党委副书记，平月生、沈亚新、钱正刚、徐正丰、郑刚、邓龙兴为新一届党委委员。

2015年，凤凰镇党委将地处双龙村境内的18个镇属企业党支部下划给双龙村党委管理。2015年末，村党委下辖有村行政党支部1个，社区党支部4个，企业联合党支部8个，企业独立党支部18个，共计31个党支部。

2015年12月双龙村党组织网络图

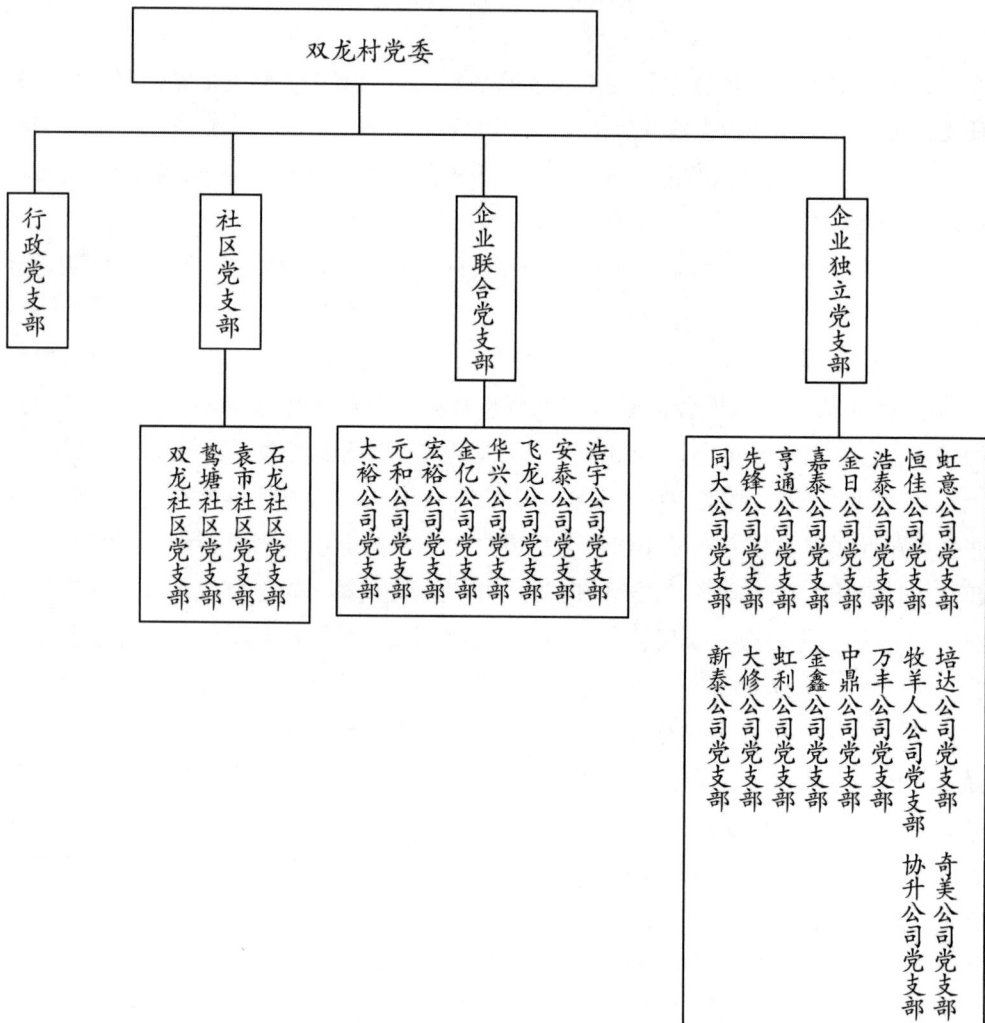

1957～2015 年双龙村党支部（总支、党委）书记、委员名录

表 9-9

姓名	职务	任职时间	支部、党委委员姓名
沈世金	党支部书记	1957～1958	章根书、郑金贵
周纪生	党支部书记	1958～1959	章根书、郑金贵
章根书	党支部书记	1959～1972	陆德元、沈振球、郑金贵、邓关林
陆德元	党支部书记	1973～1978	沈振球、郑金贵、邓关林、章松根、陆翠英
郑关元	党支部副书记主持工作	1978～1979	邓关林、章松根、陆翠英、钱关伦
钱关伦	党支部书记村党总支部书记	1980～1986 1986～1994	郑兴、章建新、邓惠云、顾才保、肖耀良、徐正锋、陆翠英、沈月良、邓建军
章建新	村党总支部书记	1994～2003	郑兴、邓关林、朱根良、顾才保、陈静康、陆永兴、徐正丰、沈亚新、张金法、许建江、彭正才、邓龙兴、郑刚
章建新	村党委书记	2004～2015	郭永康、许建江、钱德明、彭正才、邓龙兴、陈静康、郑刚、徐正丰、平月生、沈亚新、姚世良、钱正刚

1957～2002 年鸬塘村党支部书记委员名录

表 9-10

支部书记		支部委员姓名
姓名	任职时间	
周昇保	1957～1958	张立保、俞林书、朱堂保、肖洪元
黄永涛	1958～1959	张立保、俞林书、朱堂保、肖洪元
张立保	1960～1975	朱炳才、顾克保、肖洪元、俞林书
周小友	1975～1979	王良保、朱炳才、肖洪元、俞林书
朱炳才	1979～1988	王良保、肖洪元、徐月芬、俞林书
朱建明	1989～1991	朱望保、彭正才、徐月芬
钱伟良	1992～1996	彭正才、朱望保、徐月芬
周关良	1996～2000	彭正才、朱望保、彭建龙、周建康
彭正才	2000～2002	朱望保、彭建龙、张瑞娟

1957～2004 年石龙村党支部书记委员名录

表 9—11

支部书记		支部委员姓名
姓名	任职时间	
徐进生	1957～1960	钱才保、吴炳元、庄仁华、钱兰保
徐锦保	1961～1975	钱金保、庄仁华、徐忠良、黄仁龙、徐银芬、张进才
钟海福	1976～1980	钱金保、徐利兴、徐忠良、庄永明
徐利兴	1980～1986	钱锦扬、钱惠良、徐忠良、徐保忠、徐坤元
钱锦扬	1986～1993	徐忠良、钱惠良、徐保忠、肖忠英
钱惠良	1993～1995	徐保忠、钱正刚
瞿永昌	1995.8～1996.8	徐保忠、钱正刚、钟佰明
徐建刚	1996.9～2004.3	钱正刚、蔡惠明

1957～2002 年袁市村党支部书记委员名录

表 9—12

支部书记		支部委员姓名
姓名	任职时间	
张阿元	1957～1970	张凤林、徐世茂、高金祥、许掌林
张金法	1970～1980	许锦标、张逸朴、何春华、高金祥、黄根涛、徐良保
张逸朴	1980～1981	许锦标、葛阿保、何春华、陆积生
许锦标	1982～1985	葛阿保、徐友保、徐金保
张金法	1985～1987	许建峰、葛阿保、葛阿炳
许建峰	1987～1992	苏永昌、许仁明、徐友保、徐金保
苏永昌	1992～1993	许仁明、徐友保、欧林根、徐金保
肖江	1993～1994	许仁明、徐友保、欧林根
张金法	1994～2002	郭永康、钱维遥、欧林根

第三节　党务工作

一、宣传工作

20 世纪 50 年代，党的宣传工作围绕"土地改革、抗美援朝、镇压反革命"三大革命运动，以及"统购统销"、"合作化"、"人民公社化"、"整风反右"等进行宣传，宣传从工人、农民中评比出来的先进生产者、劳动模范等积极分子。

1957 年 10 月，境内各村成立党支部后，宣传工作一直由宣传委员具体负责，宣传各个时期党的路线、方针、政策，总结先进经验，开展评比、表彰先进。

20 世纪 60 年代，宣传中共中央《农村人民公社工作条列》，落实农业各项经济政策，大张旗鼓地开展社会主义教育，大办农业、农业学大寨，学习毛泽东思想和"文化大革命"等宣传教育活动。

20 世纪 70 年代，主要宣传表彰"农业学大寨""工业学大庆"中涌现出来的先进集体和优秀个人，以及结合"批林整风"和中共十一届三中全会精神进行宣传教育。

20 世纪 80 年代，主要围绕家庭联产承包责任制，扩大企业自主权，进一步完善企业内部各种承包责任制、外向型经济、横向经济联合等对干部群众进行形势和基本路线教育。

20 世纪 90 年代起，以贯彻邓小平南方讲话精神为契机，宣传抓住机遇，实行外向带动战略中涌现出来的新人、新事、新风尚，开展勤政廉政和党的宗旨教育，宣传密切联系群众，为民办好事、实事的优秀基层干部。学习邓小平建设有中国特色社会主义理论，宣传张家港精神，结合香港回归祖国开展爱国主义教育，开展"三讲"（讲学习、讲政治、讲正气）活动，进行"致富思源""富而思进"教育。宣传江泽民的"三个代表"重要思想，宣传创建省级卫生村，全面推进两个文明建设。

2001～2015 年，围绕两个文明建设，宣传改革开放给农村带来的新变化，工农业生产出现的新成果，干部勤政廉政、艰苦奋斗的好作风，以及开展敬老爱幼、革命传统、民主法制、社会公德、职业道德、家庭美德和弘扬张家港精神的宣传，提高市民素质，净化社会风气，构建和谐社会。宣传科学发展观，加快城乡一体化建设。宣传中共十八大提出的实现中华民族伟大复兴的"中国梦"的重要内涵，宣传社会主义核心价值观的重要内涵。

二、党员教育

1953 年，党员教育由各乡副乡长具体抓。1957 年境内各村成立党支部后，分工一名支部委员负责党员教育工作。1959年，中共常熟县委党校创办，对县管党员干部、乡（镇）机关部门主要干部和村（大队）党支部书记进行培训。学习内容为中共"八大"党章。主要是党的性质任务、群众路线、民主集中制、组织建设、党员义务和权利等党的基础知识。并结合形势及党的中心任务作教育。对基层党员，由各大队党支部利用组织活动，集体学习党的文件，开展批评和自我批评进行党的基础知识教育。在国民经济困难时期，教育党员增强战胜困难的信心。1964年，在开展社会主义教育"四清"运动中，以组织党员学习毛主席关于阶级斗争的论述为主，发动党员自找、自查，开展批评和自我批评，全面开展"社教"运动。"文化大革命"中，党的组织生活停止。1979年，党支部经常组织党员学习中央一系列文件，围绕新时期党的思想路线、政治路线和组织路线，开展"实践是检验真理的唯一标准"的学习讨论，推进思想的解放，适应改革开放，开展思想上拨乱反正和执行党规、端正党风等教育。20世纪80年代，党支部建立"三会一课"（每月一次支部会、支委会、党小组会和一次党课）制度。及时对党员进行形势教育。1980年以后，公社党委在每年纪念党的生日这一天上好大党课，向全社共产党员、基层干部宣传建党以来带领全国人民走过的光辉历程，教育广大党员干部坚定共产主义信念，学习时代英模的先进事迹，发扬共产党员的表率作用。同时表彰一批先进党组织和优秀共产党员，弘扬社会正气。

1986年，镇建立党校，境内各支部都建有1个党员活动室。1987～1990年，进行坚持党的基本路线，坚持四项基本原则，坚持改革开放及全心全意为人民服务的宗旨等内容的教育。

1995～1997年，开展建设有中国特色社会主义理论和党章学习活动。1998年学习党的十五大文件和开展"两思"（致富思源，富而思进）教育。2000年开展"三讲"（讲政治、讲学习、讲正气）教育。2002年11月，中共十六大召开以后，双龙村党委以党员活动室为阵地，组织党员认真学习党章，开展坚持党的宗旨、纪律、优良传统教育，增强拒腐防变能力，教育党员要做到"自律、自省、自警"。组织党员重温入党誓词，提高党员素质。利用电化教育手段，宣传先进典型，批评反面典型，对党员进行正反两方面教育。

2005年12月至2006年6月，村党委以实践"三个代表"（代表中国先进生产力的发展要求，代表中国先进文化的前进方向，代表中国最广大人民的根本利益）为主要内容的保持共产党员先进性教育。

2007至2015年，主要开展邓小平理论，"三个代表"重要思想，科学发展观，群众路线教育实践活动，及社会主义核心价值观，践行"中国梦"等一系列学习教育活动。

三、党员中心户

两手抓两手都要硬　1989 年 9 月，境内各村成立评创活动领导小组，加强对文明新风系列创建活动的领导，把社会主义精神文明建设引向深入。20 世纪 90 年代，各村党支部一把手坚持物质文明和精神文明一起抓，两手抓两手都要硬，全村精神文明建设上了新台阶。坚持以卫生为基础，创建为载体，文化为内涵，育人为根本，做到组织、目标、责任、措施、资金"五落实"。1993 年，境内各村成立以村支部书记为组长的精神文明建设领导小组，形成一把手负主责，上下联动、部门协调、群众参与的局面。1995 年以后，精神文明建设与物质文明建设一样规划，一样布置，一样检查，一样落实。年初签订的责任书，列有精神文明建设各项考核内容，有计划、有步骤开展文明新风系列评选、"新风杯"竞赛，创建文明小区、文明村厂、文明单位、省级卫生村和现代化建设示范村活动。

党员中心户　1996～2013 年，全境开展创建"党员中心户"活动。"党员中心户"按照年龄相仿、文化相近、兴趣相同、住址相邻等原则，实行分类建户、分岗定责、分层管理。设中心户长 1 名，每个党员中心户带动本区域 10～15 名党员户。党员中心户有标识、有学习制度、有管理手册、有党报党刊等学习资料、有活动记录。活动形式根据党员中心户特点灵活掌握，老党员白天参加学习活动，外出经商务工的党员周末开展学习活动，农民及在职党员晚上开展学习活动，流动党员采取网上学习活动。全境共建 16 户"党员中心户"，252 名党员纳入"党员中心户"管理。

四、纪检监察

1956 年至 1966 年 5 月，境内各党支部由 1 名党支部委员分管党的监察工作。10 年间对犯错误的 4 名党员进行了审查，均被给予纪律处分。其中开除党籍的 2 人，留党察看 1 人，严重警告 1 人。"文化大革命"期间，党的监察工作一度中断。

1969 年，党的监察工作恢复。境内各大队通过开门整党，重新登记党员。全境 97 名共产党员开展批评和自我批评，从思想上进一步提高当好无产阶级先进分子的觉悟，全部作了党员登记。

1983 年，党的纪律检查工作重点放在争取党风的好转上，党内存在的不正之风主要是一些党员干部利用职权以权谋私，其次是赌博、搞迷信活动等，经济领域中的不正之风有所抬头。1983 年至 2002 年间，境内由党支部找谈话的党员干部有 5 人，其中被开除党籍 3 人。严重警告 1 人，警告处分 1 人。

2004～2015 年，双龙村党委根据镇党委的部署，建立双龙村纪律监督委员会，由老干部、老党员、老队长及经验丰富的老财会人员 5 人组成。村领导定期请他们提意见和建议，定期请他们查阅村里的财会账目。把纪律监督和民主理财作为加强党风廉政建设和预防腐败的一个重要内容。

第二章　村行政组织

第一节　机构沿革

民国时期，实行保甲制。建国初期，仍沿用保甲制。1950 年 2 月，长寿乡人民政府成立，废除保甲制，改为行政村建置。境内设石塘村、大巷村、鸳塘村、沈巷村、街村、新民村、新塘村、新龙村、吉巷村、新庄村、袁市村等新乡村，每村设村长 1 名。负责村行政工作。同时建立农民协会组织，设农会主任和农会小组长，领导土地改革、抗美援朝、镇压反革命和农业合作化运动等。

1956 年，在农业合作化高潮中，境内建有石塘、双龙、沈巷、吉巷、新联、袁市、新民、新庄等高级农业生产合作社，实行以社代村。合作社设置正、副社长负责日常行政管理，下设生产小队，原有行政村组织被农业合作社替代。1958 年 10 月，西张人民公社成立，境内属西张公社第四、第五、第六和第七生产大队。各大队设正副大队长，下设生产小队，均设正副小队长。1969 年，各大队成立革命委员会，由革命委员会实行"一元化"领导。1979 年 2 月，恢复大队长，1983 年 9 月，实行乡村建置，境内各大队分别改名为鸳塘村、姚塘村（1987 年更名为双龙村）、石龙村和袁市村。各村设村民委员会。村民委员会配置主任一名、副主任和委员多名，生产队改称村民小组，各配村民小组长 1 人。

2002 年 10 月至 2004 年 5 月，境内鸳塘村、袁市村和石龙村先后并入双龙村，撤销原鸳塘村、袁市村和石龙村村民委员会，并按《中华人民共和国村民委员会组织法》建立新的双龙村村民委员会。村民委员会每三年选举一次，村民委员会主任、副主任及其组成人员，由村民代表大会选举产生。至 2015 年，双龙村行政管理机构的产生一直沿用此法。

第二节　村民代表大会

互助合作时期至 1983 年，村里有事都开社员大会，一般每户一人参加会议，后改为所有农业生产评工记分的劳动力参加会议，由农业社长（生产大队大队长）向社员报告农业生产经济分配、水利建设、粮食征购、征兵等方面的事，或报告有关政治活动、农村工作方针政策等内容，"文化大革命"时期中断。

1979年后，恢复大队长，1983年，实行乡村制，设村民委员会主任。1986年，境内各村均召开第一届村民代表大会。村民代表都有选举权和被选举权，主要任务是选举村民委员会主任、副主任及其组成人员。

按《中华人民共和国村民委员会组织法》规定，村民代表大会每三年召开1次，至2013年11月，双龙村已召开十届村民代表大会，村委选举的规范化、民主化有了一定的提高。

每届村民代表大会上，由上届村民委员会主任代表村民委员会报告任期三年的村民工作并接受评议，以及执行上届村民会议或者村民代表会议的决议、议定的情况。然后按村民委员会组织法的规定民主选举新一届村民委员会的主任、副主任及其组成人员。

2013年11月15日，境内召开第十届村民代表大会，选举产生了新一届村民委员会的主任、副主任及其组成人员。

第三节　村民委员会

村民委员会是所辖的行政村的村民选举产生的群众性自治组织，村民委员会是村民自我管理、自我教育、自我服务的基层群众性自治组织，村民委员会由主任、副主任和委员三至七人组成。村民委员会领导班子由民主选举产生，每三年选举1次，没有终身制，任何组织或者个人不得指定、委派或者撤换村民委员会成员，村民委员会成员不属于国家干部，其产生的依据为《中华人民共和国村民委员会组织法》。村民委员会实行民主选举、民主决策、民主管理、民主监督。村民委员会办理本村的公共事务和公益事业，调解民事纠纷，协助维持社会治安，向人民政府反映村民的意见、要求和建议。

2013年11月15日，双龙村第十届村民代表大会选举产生了郭永康为村民委员会主任，钱正刚、陆寅龙为村民委员会副主任，徐利芳、钱德明、章龙虎为村民委员会委员。

1958～2015 年双龙地区历届大队长（村民委员会主任）名录

表 9—13

村名	姓名	任职时间
双龙村 （五大队）	陈狗保	1958～1959
	郑金贵	1959～1960
	陆德元	1961～1968
	郑关元	1979～1982.03
	郑兴	1982.3～1982.11
	徐锦标	1982.11～1986.09
	邓关林	1986.09～1992.03
	朱根良	1992.03～2003.04
	郭永康	2003～2015
鸳塘村 （四大队）	俞林书	1958～1968
	王良保	1979～1983
	朱望保	1983～1988
	彭正才	1988～2000
	彭建龙	2000～2002
石龙村 （六大队）	钱才保	1958～1959
	徐金保	1959～1961
	徐进生	1961～1962
	庄仁华	1962～1968
	徐利兴	1979～1980
	庄永明	1980～1986
	钱惠良	1986～1994
	徐保忠	1994～1995
	蔡惠明	1996～2003
袁市村 （七大队）	张凤林	1958～1961
	徐世茂	1961～1968
	徐良保	1979～1980
	张逸朴	1980～1982
	葛阿保	1983～1992
	许仁明	1992～1996
	苏忠良	1996.05～1996.10
	郭永康	1996～2002

注：1958 年 10 月建立人民公社，设生产大队。1969 年 4 月至 1979 年 2 月为大队革命委员会。1979 年 2 月恢复大队长。1983 年 9 月实行乡、村制，设村民委员会主任。

第三章 群众团体

第一节 工 会

1995年，双龙村工会成立，徐正丰任工会主席。之后分别为姚佳、姚世良、张佳丰任主席。历年工会重点开展五项工作，分别为组织劳竞赛、开展文体活动、扶贫济困、组织"嘉年华"活动、保护职工利益。

组织劳动竞赛 境内工会组织工会会员开展"岗位作贡献"活动，2000年评出先进会员15人。

开展文体活动 每年都组织工会会员开展节日读好书、演讲赛、歌咏会、乒乓球赛、象棋赛等文体活动。组织职工子女参与文体、书画等比赛。

扶贫济困 2002年以来工会组织开展扶贫济困活动，先后捐衣280余件，捐款3.75万元，其中向灾区捐衣250件，捐款2.25万元，为境内困难职工、失学儿童、孤寡老人捐款1.5万元。

组织"嘉年华"活动 2008年以后，双龙村工会每年中秋、重阳佳节期间，都要举办"职工嘉年华"及"慈善嘉年华"活动。"职工嘉年华"由驻村单位美国生惠公司及张家港大裕橡胶制品有限公司，张家港宏裕乳胶手套有限公司联合举办，至2015年已举办5届，名称有"九九重阳嘉年华"、"快乐青春嘉年华"等，内容有戏剧、小品、歌舞、杂技等文娱演出，丰富职工业余文化生活。"慈善嘉年华"由张家港大裕橡胶制品有限公司、张家港宏裕乳胶手套有限公司及江苏镇江苏惠乳胶制品有限公司、宁夏迈乐森橡胶制品有限公司等单位连年轮番举办。至2015年共举办7届。每次"慈善嘉年华"，除举行文娱联欢活动外，还开展物资义卖，慈善捐款等活动。每次"慈善嘉年华"活动，有当值单位向村里捐助善款5万元，用于照顾村里老人。每次受惠25户，每户2000元。2015年，凤凰镇人民政府授予双龙村"慈善嘉年华"这一重阳助老项目为凤凰镇优秀慈善项目并颁发荣誉证书。

保护职工利益 境内工会组织配合有关企业调处劳动纠纷10余件，其中劳动保护纠纷5件，社会保险纠纷2件，因公致伤纠纷1件。同时为外来职工解决工作和生活中的困难，每年坚持认真听取企业运作情况汇报，及时提出各种合理化建议。

双龙村基层工会主席名录

表9—14

年份	工会名称	工会主席
1995～2006	双龙村工会	徐正丰
2007～2009	双龙村工会	姚　佳
2010～2013	双龙村工会	姚世良
2013～2015	双龙村工会	张佳峰

第二节　共青团

1959年，四大队（鹙塘）团支部成立；1960年，五大队（双龙）、七大队（袁市）团支部成立；1961年，六大队（石龙）团支部成立；1989年，双龙团总支部成立。至2015年，全境建有团总支1个，团支部5个，共青团员188人。

"文化大革命"期间，境内各团支部活动暂停。

1973年2月，西张公社共青团第五届代表大会召开后，境内共青团恢复活动。

共青团的活动，主要围绕党委中心工作，发动和组织团员青年开展读书学习、科技活动和各项竞赛。

1979年起，境内各村团支部每年3月组织开展"学雷锋见行动"专题月活动。

1986年，开展"五小"（小发明、小革新、小改造、小设计、小建设）、争"三优"（优秀管理论文、优秀革新小组、优秀青年厂长或经理）和创红旗团组织等活动。

1990年，开展共青团先锋杯竞赛和以科技兴农为主线的"一方"（青年丰产方）、"三户"（青年多种经营专业户、青年科技农业示范户、青年种田大户）竞赛活动。

1991年，在团员青年中开展"祖国在我心中，党在我心中"和"三热爱"（热爱党、热爱社会主义、热爱集体）教育活动，以及学雷锋、树新风活动。是年，境内发生特大水灾，全境共青团员120余人次参加抗灾自救。

1994～2015年，境内团员青年捐衣1600余件，捐款17600元救济灾区。

1995年，境内团员青年开展爱我家乡、绿化祖国活动。

2005年起，境内团员青年连续10年开展青年志愿者活动，开展结对帮困、公益活动和洁美家园等活动1300余人次。组织团员青年无偿献血活动，10年间境内有90余名团员青年参加无偿献血计1.8万毫升。

2013～2015年，每年3月，村团总支总要接受村域内数家规模较大且经营状况较好的企业生产的日用品或食品等实物的募捐（如"宏裕"乳胶手套，"金意"针织手套、帽子，"味苑斋"食品等），开展物资义卖活动，义卖所得用于救助有困难的家庭。

2013～2015年，村团总支每年冬春，都要组织企业员工中的未婚青年男女开展相亲活动，帮助他们寻找人生中的另一半。

2015年，境内团员青年开展公民道德教育和社会主义核心价值观学习活动。

1959～2015年双龙地区（大队、村）共青团支部（总支）书记名录

表9—15

大队（村）	团支部书记	任职时间	大队（村）	团支部书记	任职时间
鸳塘	朱炳才	1959～1968	石龙	吉振祥	1961～1964
	钱伟良	1969～1971		徐利兴	1965～1970
	陈通保	1972～1975		徐银芬	1971～1973
	周隶保	1976～1985		钱永法	1974～1976
	顾根保	1986～1996		钱锦德	1977～1980
	彭正才	1997～2000		钟佰明	1981～1985
	周平江	2001～2002		蔡惠明	1986～1992
	—	—		钱惠石	1993～1999
	—	—		钱德明	2000～2003
双龙	陆德元	1960～1965	袁市	许金标	1960～1968
	沈正球	1966～1974		钱维通	1969～1971
	郭金秀	1974～1982		何春华	1972～1974
	邓惠云	1983～1992		欧龙飞	1975～1980
	邓龙兴	1993～1999		徐维忠	1981～1985
	徐小艳	2000～2001		周阿保	1985～1995
	徐志军	2002～2004		欧林根	1996～1999
	倪志国	2004～2006		苏惠江	2000～2001
	姚佳	2007～2009		钱阳丹	2001～2002
	姚世良	2010～2013		—	—
	顾铖	2013～2015		—	—

第三节　妇代会

中华人民共和国成立初期，长寿、翻身等小乡都配有妇女干部。1961年，西张公社建立妇女联合会，大队设大队妇女主任，生产队设妇女队长。妇女组织的主要职能是组织带领妇女开展政治学习，积极开展"双学"（学文化、学技术）、"双比"（比贡献、比实绩）活动，树立自立、自强的新观念，抓好幼托工作，协助党组织搞好农、副、工生产和计划生育工作，处理好家庭纠纷和婚姻等问题，保护妇女、儿童的合法权益。

境内妇女干部在"文化大革命"前参加过公社两次妇女代表大会。

村妇代会重点开展五项工作，分别为组织劳动竞赛、创建"五好家庭"、开展"争三好""送三暖"活动、保护妇女合法权益、做好幼托工作。

组织劳动竞赛　20世纪60～70年代，组织妇女开展"学文化、学技术"竞赛；20世纪80年代至90年代，随着乡镇企业的发展，许多妇女进工厂做工，妇代会组织妇女开展挡车工操作比赛，在农村则开展勤劳致富竞赛。

创建"五好家庭"　1981年以来，在全境妇女中开展以"认真学习好；遵守法律好；爱国家、爱集体、积极生产劳动好；尊老爱幼、家庭和睦、勤俭持家、教育子女好；文明礼貌、邻里团结好；移风易俗、实行晚婚、晚育，计划生育好"为内容的争创"五好"家庭活动，每年组织评比。2015年，共评出"五好家庭"35户，另外评选出妇女先进个人8人。

开展"争三好""送三暖"活动　1996年，境内各村妇代会开展"争三好"（争当好媳妇、好婆婆、好妈妈）、"送三暖"（说暖心话、办暖心事、做暖心人）活动。是年，选出好媳妇、好婆婆、好妈妈各8人。以后，此项活动每年都组织评比。

保护妇女合法权益　1993～2015年，境内妇代会接待并处理来访92人次，配合调解、工会、司法等部门，处理纠纷共81件，其中虐待老人5件，婚姻纠纷42件，其他家庭事务、家庭暴力、财产纠纷34件。在有关部门配合下，解决和基本得到解决的80件，还有1件正在继续做工作。妇代会还配合卫生部门开展对妇女病的普查和治疗工作，落实"四期"（月经期、怀孕期、待产期、哺乳期）保护措施。

做好幼托工作　1958年10月开始，公社、大队、生产队，三级都建办农忙托儿所。1983年全面实行家庭联产承包责任制后，大队、生产队托儿所停办。是年，按照中共中央《关于加强儿童少年工作》的指示精神，境内各村级小学附设幼儿班。至2015年全境幼儿班都迁移至西张中心幼儿园。

1952～2015年双龙地区妇代会主任名录

表9-16

大队（村）	妇女主任姓名	任职时间	大队（村）	妇女主任姓名	任职时间
鸳塘	谭琴保	1957～1962	石龙	徐秀英	1957～1960
	周国英	1970～1974		谢桂保	1961～1969
	周社芬	1975～1978		徐梅云	1969～1975
	徐月芬	1979～1995		许瑞英	1975～2002
	张瑞娟	1996～2002		吉影娟	2002～2003
双龙	邓银保	1957～1962	袁市	张凤林	1956～1958
	陆翠英	1970～1995		葛大妹	1958～1968
	沈亚新	1996～2015		顾兰英	1968～1969
	—	—		张惠菊	1970～1975
	—	—		徐琴芬	1975～1981
	—	—		徐淑芳	1981～2002

第四节　农民协会与贫下中农协会

　　1950年1月，各小乡都建有农民协会（简称农会），农会设农会主任1人，委员5～7人。境内各村均设村农会会长1人，各行政组设农会组长1人。土改以后，农会的主要任务是组织农民开展大生产，贯彻执行党在过渡时期的总路线，征收公粮、支援抗美援朝、拥军优属、维护社会治安、处理民事纠纷，农会在群众中享有较高的威信，在土地改革运动中，曾提出"一切权力归农会"的口号。

　　1964年3月，开展社会主义教育运动（简称"社教"），农会改称贫下中农协会，简称"贫协"。贫协组织的职能是代表贫下中农的利益，协助并监督各级领导班子，为发展生产，提高农民的物质、文化生活当好参谋。

　　1965年4月，召开西张公社第一届贫下中农代表大会，大队设贫协分会，设分会主任1人，各生产队设贫协组长1人。

　　1966年，"文化大革命"开始，"贫协"一度瘫痪。

　　1969年4月，召开西张公社第二届贫下中农代表大会，各大队设贫下中农协会分会主任1人。

　　1978年4月，召开西张公社第三届贫下中农代表大会后"贫协"逐渐停止活动。1979年以后，"贫协"自行消失。

1964～1979 年双龙地区贫下中农协会分会主任名录

表 9—17

大队（村）	贫协主任	任职时间
4 大队（鸳塘）	俞永斌	1965～1974
	顾振华	1974～1979
5 大队（双龙）	邓根法	1965～1974
	邓关林	1974～1979
6 大队（石龙）	钱狗保	1965～1974
	钱锦成	1974～1979
7 大队（袁市）	许翠保（女）	1965～1974
	葛德泉	1974～1979

第五节　老年协会

1990 年 11 月，西张镇老龄协会成立。之后，境内各村相继成立老年协会，并设有老干部活动室。村级老龄工作一般由 2～3 人负责，每年都有几次大的活动。村老年协会主任由村民委员会主任兼任，其他负责人报酬分别由村支付。日常办公费用、旅游参观、节日慰问经费也由村支持解决。2005 年，双龙村结合上级"十个一"文化工程建设，建有 220 平方米的老年活动室。

2005～2015 年，四村合一后的双龙村老年协会，组织更健全，活动内容更丰富。如组织村退休老干部、老党员就近去苏、锡、常等处旅游，组织老干部参与中秋、重阳佳节的老年人联谊活动等。村党委主要领导干部每年不定期的召集老干部到村里举行茶话会，向他们宣传时事政治及镇村各阶段的中心工作，通报村的经济发展及运作状态等，让老干部感觉到党组织对他们政治上的关爱、生活上的体贴。调动了退休老同志为村两个文明建设发挥余热的积极性。

2008 年 1 月，双龙村党委重新组建了村老年协会，明确由章根书担任老年协会会长，钱关伦、张金法任副会长，周小友任秘书长。一直至 2015 年未变。

第十编 治安·军事·民政

中华人民共和国成立后，建立新乡村。1950年，乡成立治安保卫委员会，各行政村设治安小组。1958年，成立人民公社后，各大队建立治安保卫委员会（简称治保会），生产队设治保小组。1964年，大队成立调解委员会，"文化大革命"期间，治保与调解组织一度瘫痪。1971年10月，大队治保组织恢复，重点做好对"四类分子"（地主分子、富农分子、反革命分子、坏分子）的监督和协助做好"四防"（防火、防盗、防毒、防特务）工作。1992年，双龙地区各村成立治安综合治理领导小组，加强社会治安和对外来人员的管理工作。2003年，双龙村成立人民调解委员会，坚持调防结合、以防为主的方针。2007年春，双龙村综治办、调解委员会与村联防队、驻村警务室、镇流动人口服务中心（双龙服务站）构成"五位一体"的综合体系。

1958年，境内各大队成立民兵营。1964年实行民兵工作"三落实"（组织落实、政治落实、军事落实），加强民兵整组和军事训练活动。1981年，把民兵制度和预备役制度结合起来。在加强民兵工作的同时，也十分重视兵役工作。在抗美援朝和国家实行义务兵役制及历年的国家征兵工作中，境内适龄青年积极报名参军，投身国防建设，圆满完成上级的征兵任务。

第一章　治　安

第一节　机　构

一、治保委员会

民国期间，境内属常熟县长寿乡管辖。1932年，国民政府推行保甲制，按自然村设保长、甲长管理村民。

1949年4月22日，境内解放，仍沿用原有区划和保甲。1950年2月，废除保甲制度，建立新乡村，境内设长寿乡石塘村、鸳塘村、大巷村、沈巷村、吉巷村和翻身乡新民村、新塘村、新龙村、新庄村、袁市村等10个行政村。乡成立治安保卫委员会，由乡民兵中队长兼管，各行政村设治安小组。由村民兵分队长兼管。

1958年，成立西张人民公社后，境内设西张人民公社第四大队、第五大队、第六大队、第七大队。各大队均建立治安保卫委员会（简称治保会），设治保主任。生产队设治保小组。1964年，社会主义教育（四清）运动后，大队治保组织主要对"四类分子"进行监管、定期训话。"文化大革命"初期，治保组织一度瘫痪，为"群众专政"所替代。1971年10月，大队恢复治保组织。1983年，实行农村体制改革，撤销西张人民公社管理委员会，成立西张乡人民政府。境内各大队分别改名为鸳塘村、姚塘村（1987年更名为双龙村）、石龙村和袁市村。各行政村村民委员会设治安保卫委员1人，治保工作人员3人。

二、群众治安组织

20世纪80年代中后期，境内流动人员增多。为加强村里的治安保卫工作，境内各行政村均设有"联防值勤队"，每支联防队配有1～2名值勤人员，负责做好巡逻防范工作。1992年，境内各村在联防值勤队的基础上，加强为"治安联防队"，由一名村民委员会副主任为主要责任人。联防队员的主要职责是分班日夜巡逻值勤，护厂，护村，协助派出所共同搞好治安工作。

2004年，双龙村根据四村合一、地域广大的特点，划分4个片区，每个片区安排3～4名联防队员，主要加强对境内重点区域及节假日期间的联防值勤。

第二节　治安管理

一、安全防范

中华人民共和国成立初期，境内由民兵负责治安工作。土地改革后至"文化大革命"期间，境内把对"四类分子"实行就地监督、教育和劳动改造，作为治安保卫工作的一项重要工作。1979 年 2 月，根据中共中央（1979）5 号文件精神，开展对"四类分子"纠错摘帽工作。经群众评审，上级批准，境内各村原"四类分子"都被摘除帽子，给予公民权。同时，对地主、富农子女全部定为社员身份。

二、暂住人口管理

20 世纪 80 年代中期，境内村办企业迅猛发展。大量外地农民工来到境内，外来人员进厂务工迅速增多。为加强对外来人口的管理，1992 年，境内各村根据上级对外来人口规范化管理的要求，由村联防队配备专职管理员，对外来人员的住所，单位，职业做到三明确。检查登记由派出所开具的暂住证等相关证件。各村办企业在招收外来人员时，要做到身份证、暂住证、务工证三证齐全，方可接收进厂务工。同时还一律要进行岗前培训，强化法律意识，定期考评。对工资报酬、工种安排及奖惩、晋级等，同当地职工一样对待。1995 年，境内 4 个村计有外来人员 1928 人，2001 年 3278 人。

2004 年，西张派出所在双龙村设立警务室，协同村治保组织，村计生办等单位，以出租房为重点，加强对流动人口落脚点的管理。并由镇综治办、私房出租户和外来暂住人员三方签订"治安、卫生、计划生育"责任书，由此监督和约束外来人员的责任行为。2009 年，西张派出所驻双龙村"外管中心"与双龙村联防队合署办公，形成以派出所民警为主，以专职协管员为辅，以联防队为依托的外来流动人口管理网络。2015 年末，双龙村境内有外来人员 12869 人（其中男 6989 人，女 5880 人，不含未成年人 334 人），登记率、发证率分别达到 95％和 98％以上。

三、综合治理

1992 年 3 月，西张镇建立社会综合治理委员会，加强健全综合治理责任制。同年，境内各村均设综合治理办公室，由各村民委员会副主任负责开展工作。镇社会治安综合管理委员会与境内各村签订综合治理目标责任书，做到一级抓一级，一级对一级负责。责任书签订率 100％。1996 年，境内开展创建"安全文明小区、安全文明村组、安全文明单位"的"创三安"活动，各村组成专业联防队，开展护厂、护村、护楼、护院的"四护"工作，不断提高村、厂的安全文明程度。2000年开始，境内各村根据上级要求，将一年一签订的社会治安综合治理目标责任书改为三年一签订。

2007年春，双龙村联防队与双龙警务室、凤凰镇流动人口服务中心（双龙服务站）合署办公，并与双龙村综合治理办公室、村调解委员会构成"五位一体"的综合体系，全面负责全境的社会治安综合治理工作。

第三节　户政管理

1932年，国民政府推行保甲制。日伪时期，境内实行编保，颁发"良民证"。抗日战争胜利后，国民政府重编保甲。1946年12月，常熟县长寿乡对境内村民颁发中华民国国民身份证。

1950年2月，境内废除保甲制。1953年，全国第一次人口普查，摸清境内人口户籍情况，为户籍管理提供了依据。1962年，境内各村户籍由民政部门负责管理。是年9月开始，境内建立人口出生、死亡、迁入、迁出登记制。以大队为单位建立户口册。1982年，民政部门颁发户口簿，建立户口管理制。1984年，全境户口管理工作由派出所接管。1988年5月，由派出所向境内成年人发放中华人民共和国居民身份证。进入21世纪，通过国家对户籍制度实行改革，城乡户口的界限逐渐淡化。至2015年，派出所对村民户口迁移手续开始简化。

第二章　调　解

第一节　机　构

20世纪50年代初，境内各村均设调解小组，由村长负责。农业合作化期间，农业合作社设民事调解委员会，由社长负责。

1958年，成立人民公社后，境内各大队成立调解小组。1964年，大队调解小组改名为大队调解委员会。调解工作由大队党支部书记或大队长负责。"文化大革命"初期，调解组织瘫痪。民事纠纷由公社民政委员和大队、生产队结合，并依靠群众调解处理。1973年，大队恢复调解组织。

1980年，各大队调整健全调解组织。1985年，境内各村调解委员会主任由村主任兼任。1987年，村调解委员会更名为民事调解委员会，由村主任、治保主任、妇女主任等人员组成，村主任兼任主任。2003 年，双龙村调整充实调解组织力量，民事调解委员会更名为人民调解委员会。

第二节　民事调解

中华人民共和国成立前，境内民事纠纷一般由民间调解。民间或家庭纠纷一般由族长或邀请亲属长辈、娘舅、公亲出面说合，劝解调停。群众中较大的纠纷，则由会长、保长、地方贤达及当事人在茶馆公议解决。

中华人民共和国成立后，民事纠纷由农会干部或村干部负责调解处理。调解有困难的，会同乡民政助理员约期调解处理。如还得不到解决，则到法院申诉，依法裁决。

境内调解小组或调解委员会是一个群众组织，是在上级司法、民政部门领导下开展工作。市政法委、市司法局、民政局等部门每年都要组织一、二次村分管调解工作的领导及村综治办主任到市委党校，专门进行理论教育和实务培训，不断增强基层调解组织在新形势下做好基层人民调解工作的能力。村调解工作坚持"以防为主，调防结合"的方针，负责调解村民群众之间发生的人身侵害，财产权益，遗产继承及日常生活中诸如婚姻、赡养、房屋建造、宅基地、邻里之间及其他方面的矛盾纠纷。

2005～2015 年，全境调解民事纠纷 125 处，其中邻里纠纷 16 处，赡养老人纠纷 5 处，婚姻家庭纠纷 14 处，其他纠纷 82 处，其中上级有关部门参与调解 4 处。

第三章　民兵·兵役

第一节　民　兵

一、民兵组织

中华人民共和国成立初，境内属长寿乡的 5 个行政村以及属翻身乡的 5 个行政村均建立民兵分队，民兵组织的具体任务是：维持群众会议秩序、值班、防夜和维护社会治安，定期为烈军属代耕代种等。

1958 年 10 月，在中共中央"全民皆兵"和"大办民兵师"的号召下，全国掀起"全民皆兵"运动。西张公社成立民兵团，大队建民兵营，生产队建民兵连、排、班组织。民兵组织分基干民兵和普通民兵两种。其中基干民兵年龄要求为男性17～25周岁，女性为16～25周岁，退伍军人延长到30周岁；普通民兵年龄要求男性26～45周岁，女性26～36周岁。

1964年，大队民兵营开展创建民兵工作"三落实"（组织落实、政治落实、军事落实）先进单位活动。1965年冬，民兵组织进行全面整顿，原基干民兵中的持枪手改编为武装基干民兵。自此民兵组织分为基干民兵、普通民兵和武装基干民兵3种。境内建有民兵营4个、民兵连6个、武装民兵排1个。

1966年"文化大革命"初期，民兵组织陷于瘫痪。大队民兵营武装基干民兵持有的武器全部上缴县人武部入库。1969年10月，大队民兵组织全面恢复，并进行组织整顿。境内4个大队建有民兵营4个，民兵连5个，民兵排57个。

1981年3月，贯彻中央《关于调整民兵组织问题》的文件精神，基层民兵组织进行整编，把民兵制度和预备役制度结合起来，把平时民兵工作和战时兵员动员工作结合起来，压缩基干民兵规模，公社人武部建基干民兵营，大队建普通民兵营、基干民兵排。

1995年，西张镇建立民兵应急分队和专业分队，境内基干民兵4人参加应急分队。2005年，双龙村民兵通过整组，设民兵营1个，民兵连8个，有基干民兵46人，普通民兵72人。2015年，境内有基干民兵12人，（全部为应急分队队员），普通民兵162人。

二、民兵训练

20世纪50年代，民兵训练主要利用冬季农闲季节，由乡组织民兵分队长集训3～4天，主要是训练步兵的一些基本知识。1955年，《中华人民共和国兵役法》颁布后，民兵每年的军事训练时间增至7～9天，由乡人武部组织集训，各村派2～3名基干民兵参训。1958年起，采用小型、就地、因地制宜、劳武结合的方式开展民兵训练。以排为单位操练队列、单兵利用地形地貌战术训练等。1965年起民兵军事训练项目有射击、投弹、战术、刺杀等。每年春季，由公社人武部组织各大队民兵干部及基干民兵代表3～4人，在西张林场集中训练。"文化大革命"初停止训练。1971年后，县人武部对公社人武部充实武器装备。公社人武部恢复并加强对大队民兵组织的整顿和培训，每年冬春，组织各大队民兵营干部及男女基干民兵代表4～5人在西张林场集中训练3～4天，培训内容有理论教育和实弹演习相组合，学习民兵组织及武器装备的应知应会知识，辅导参训人员完成授课作业答卷等。

1980年，突出以基干民兵为重点的军事训练。1981年，重点培训民兵干部的组织指挥能力和强化基干民兵军事技术训练。1995年后，民兵训练严格以民兵军事训练大纲为依据，以提高民兵军事训练质量为核心，坚持走基地化、规范化、科学化的训练之路。训练对象着重于民兵干部、应急分队、专业技术分队和保障人员。

三、比武、值勤

比武　1965年，西张公社人武部在西张林场开展民兵跑步、队列、投掷等比赛。以后，在每年的民兵训练中，都要开展步枪、轻机枪射击和投弹比赛。1990年以后，境内各村每年有6～8名民兵到凤凰山训练靶场集训比武，内容有轻机枪射击，轻机枪精度射，轻机枪速射，投弹和女民兵特技射击比赛等。

值勤　1966年春，为绿化荒山，全社民兵在公社人武部的组织下，在凤凰山北麓的上百亩荒坡上植树造林，种植马尾松1万多株。境内有五十多名基干民兵连续三天参加义务植树活动。1991年夏，境内发生百年不遇的特大洪涝灾害。鸳塘、双龙、石龙、袁市等村的部分村民住房、农田及村办企业部分车间、仓库被淹没在洪水中。境内民兵冒着倾盆大雨，不顾个人安危，及时抢救人民生命财产，大大降低了洪涝灾害造成的损失。每逢岁末年初及重大节假日，镇公安部门总要组织民兵参与维护社会秩序稳定的服务，每次维稳，境内总要派3～5名民兵参加维稳工作。2015年11月，第四次中国——中东欧国家领导人会晤（简称"16＋1"）在苏州举行。在上级安保部门的严密组织下，境内选派20名基干民兵在会议期间昼夜到镇域内车站、码头巡逻值勤，并随公交车自始至终一路巡防，确保域内不发生任何安全隐患。

第二节　兵　役

一、募兵、壮丁

清末，实行募兵制。

1946年，国民党为补充兵员，强抽壮丁。西张地方按户以"二丁抽一""五丁抽二"的办法，以保为单位，对18岁至25岁的适龄壮丁统一抽签，抽中兵签者为应征壮丁，计25丁中抽一兵。抽中者，规定每役1兵给安家费400万元（折合当时大米10石），由乡按人口平摊。有些被抽中壮丁者，为逃避服役，可出钱代役，许多人家被弄得负债累累，怨声载道。境内有的壮丁为逃避抽丁，逃亡他乡，不知所终。也有些壮丁因受地主剥削生活贫困，卖身为丁。

二、志愿兵

1937年11月，日军入侵，西张沦陷。境内石塘村的周西保、周留德等青年投奔新四军参加抗日，1941年，在常熟东塘市与日军战斗中壮烈牺牲。

1947 年 7 月起，境内有部分青年相继参加区中队、县中队服役。

1951 年 3 月至 1952 年 12 月，人民政府分 3 批征集志愿兵。境内有 15 名适龄青年响应"抗美援朝、保家卫国"的号召，应征入伍。

三、义务兵役

1955 年 7 月，中央人民政府颁布《中华人民共和国兵役法》，（简称《兵役法》），将志愿兵役制改为义务兵役制。1978 年 3 月，第五次全国人大常委会批准了国务院提出的《关于兵役制问题的决定》，将义务兵役制改为义务兵与志愿兵相结合的制度。1955～2015 年，境内共有 349 名适龄青年应征入伍。

第四章　社会救济

第一节　"五保户"保养

1956 年，农村建立高级农业生产合作社后，对失去劳动能力，无依无靠的老人和孤儿实行"五保"（保吃、保穿、保住、保医、保葬），孤儿"保教"的社会保障制度。1958 年，成立人民公社后，"五保户"的给养经费由公社和大队集体负担。1963 年下半年，根据中央有关指示，对"五保户"的给养，由本人所在生产队负担。当时采用分散居住的方式供养。"五保户"的口粮、柴草等供应，由生产队负责提供，支付渠道从生产队年终决算时提留的公益金中列支。老人去世后，留下的财产归生产队集体所有。1963 年，全境有"五保户"8 户，有关生产队对五保对象不仅提供口粮柴草，还每月支付现金 3 元作零用钱。如果平时碰到实际困难，由生产队根据实际情况另作适当照顾。实际支付的金额也从生产队的公益金中列支。

1988 年，西张镇建成敬老院后，"五保户"集中供养。资金来源由五保户所在生产队及镇财政资助。

2000 年以后，敬老院资金由市、镇两级财政资助。

2015 年，双龙村全境有 5 名五保对象在凤凰镇敬老院供养，年终时村领导亲临敬老院对五保老人慰问。

第二节　临时救助

20 世纪 70 年代，西张公社规定三类人员为救济对象。一是遭遇天灾人祸的社员。二是 1957 年前参加工作，于 1961、1962 年下放的国营企事业单位老职工，因本人疾病，全家达不到当地生活水平的，经县民政局批准，按月发给原工资的 40%。三是临时发生困难的社员。1963 年，境内有 18 户农户获得民政部门的社会救济。

20 世纪 80 年代开始，境内各村对困难户在年终时直接以现金形式予以补助，对临时发生生活困难的社员，由村出具证明向民政部门申请给予社会救助。

2002 年开始，双龙村对境内患有重大疾病的村民或家庭失去劳动力的困难户，年终时村委会给予适当照顾，以示集体对贫困家庭的关爱。对农户家中遇有家庭成员死亡并生活较为困难的，村里也给予一定数额的现金照顾。

第三节　募捐

1997 年 3 月，境内各村在上级部门的发动下，开展奉献社会献爱心、向省内外受灾地区、贫困地区募捐衣、被、现金等活动。1998 年 8 月，长江流域发生特大洪涝灾害，境内各村又发动村干部、村办企业干部、职工赈灾捐款，募捐现金 8456 元，实物 325 件。2008 年 5 月 12 日，四川汶川发生大地震后，境内于 5 月 17 日至 5 月 20 日，为抗震救灾捐款 32.8 万元，其中 82 家私营企业捐款 22.8 万元，村民自愿捐款 7.2 万元，境内共产党员交纳用于抗震救灾的特殊党费 2.8 万元。偶尔，当境内村民家中遭遇特大灾难，家人不可抗力时，村里也会组织募捐，向受灾户伸出援手。

第四节　结对帮扶

双龙村党委十分重视关心全村老弱病残者、孤寡老人及高龄老人的生活疾苦，想方设法为他们排忧解难。村领导对这些需要帮扶的对象，自 2003 年开始，村两会领导班子成员都会常年与他们结对帮扶，定期上门走访，把党和集体的温暖送到他们的手中。2003 年，双龙村帮扶困难户 32 户，发放困难补助金 9.3 万元，并对新增 3 户困难户实行帮扶，帮助他们落实最低生活保障。2005 年，共结对帮扶 12 户贫困户，帮助他们解决生活和就业问题。2008 年，双龙村支付扶贫帮困及慰问金 10.8 万元，并与 6 名中小学生结对挂钩，帮助他们完成学业。2015 年，村党委、村民委员会 11 名党员干部，分别与 23 户低保、特困户结对帮扶，其中村党委书记章建新结对帮扶 3 户，其余 10 位两委班子成员每人结对帮扶 2 户。

第五节　老年人福利

2002年，双龙村为全村60周岁以上务农人员发放老年生活补助费每人每年100元，2005年以后，对全村老年人除发放中秋礼品及重阳敬老礼品外，还在年终时分别对60周岁以上的老人每人发给慰问金150元，70周岁以上的老年人每人发给慰问金200元，80周岁以上的老年人每人发给慰问金250元。另给80虚岁以上的老年人，全年增发大米100千克，食用油一桶（5千克）。

第五章　优抚·安置

第一节　拥军优属

20世纪50年代，每逢年节，境内各行政村干部都要到军属家中拜年，送去年货等慰问品。农忙季节，村领导还根据不同情况，委派专人帮助缺少劳动力的军属干些重体力活。20世纪60年代，各大队慰问军属时，都要组织由六七个人组成的慰问小组，敲锣打鼓到各军属门庭，代表大队送上一张毛主席像或一副对联，给予政治上的关怀。20世纪80年代，慰问时送鱼肉、果品等实物。20世纪90年代，对每户军属的慰问改为现金，优抚金由镇、村统筹，年终时一次兑现。1996年，西张镇建立"拥军优属保障基金"，用于现役军人的优抚金和军属、残废军人的困难补助。2005年后，对现役军人的年优抚金根据应征青年入伍时的不同文化程度，设置不同的优抚标准，且逐年提高。2015年，具有大专以上学历的现役军人，给予优抚费5.9万元。

第二节　复员退伍军人安置

20世纪50年代退伍的军人，都回乡务农。1965年开始，退伍军人由大队安排工作。20世纪70~80年代，服役军人退伍后，一般都安排在社办企业工作。1985年，为适应农村经济体制改革的新情况，实行"征兵、优抚、安置"三位一体的优抚安置方针，在发"入伍通知书"时，把优抚和工作安排一起落实。服役期满回乡后，再征询本人意见，根据接收单位的要求和本人专业特长进行安置。2004年开始，退伍士兵按照"以货币为主，就业为辅。强化配套服务，取消城乡差别，实行一体化安置"的办法安置。2015 年，退伍士兵就业安置以货币安置方式处理，给予一次性给付安置费 7 万元的办法安置。

第三节　残疾人员安置

1985 年前，境内的残疾人员一般都由家庭抚养，有的参加一些力所能及的劳动。生活困难的由政府和集体给予照顾补助。1986 年双龙毛纺总厂经上级有关部门批准，定为福利厂，全厂有职工 192 人，其中招收 20 余名（挂名）社会上的"四残"人员（盲、聋、哑、残）为企业职工，月基本工资 30 元。1990 年以后，上级政府对生活困难的残疾人员实施最低生活保障，每人每月发生活费 180 元。2010 年以后，对残疾人、重残一级、二级的，实行重残生活补助，月收入达不到 750 元的，补足 750 元。2015 年境内有 34 名重残者和 3 名精神智力残疾者享受生活补助金。

此外，市残联每年还帮助 4～5 名残疾人家中作无障碍改造，帮助他们提高生活质量。

第四节　城镇插队知识青年安置

1964 年开始，党和政府号召城镇知识青年下乡插队落户，时称接受贫下中农再教育。1969～1970 年，本县杨舍、塘桥等地有 32 名城镇知识青年在境内插队务农。20 世纪 70 年代，国家出台政策，插队知识青年可以以招工、病退、顶职、升学等事由回城。1978 年 10 月，全国知识青年上山下乡工作会议决定停止上山下乡运动，并妥善安置知识青年回城就业。1979 年底，所有插队落户的知识青年全部返回城镇，并由政府统筹安置到各企事业单位就业。

第十一编 教育·文化·体育·卫生

民国时，境内开始办私塾。1944～1947年，境内办石龙小学、房庄小学、石塘小学、鸳北小学。中华人民共和国成立后，积极开展扫盲工作，教育事业不断发展。境内有石龙小学、沈巷小学、石塘小学、鸳北小学、房庄小学等5所小学。1958年境内办农忙托儿所，小学附设幼稚班。1980年，境内有鸳塘小学、姚塘小学、袁市小学、石龙小学等4所小学，1984～2000年，该4所小学先后并入西张小学。

1969年，西张公社在境内办西张中学，1970年改为公办。2007年并入凤凰中学。

中华人民共和国成立前，境内群众文化生活贫乏。中华人民共和国成立后，文化事业不断发展。20世纪60年代初期，境内4个大队都成立文艺宣传队，电影、广播进村入户。20世纪90年代，境内4个村都建有老年人活动室。2003年后，双龙村建有文体综合活动室，每年举办节日文化活动。

中华人民共和国成立前，境内就有举石担、甩石锁、练拳等群众性体育活动，中华人民共和国成立后，群众体育活动蓬勃开展，内容和形式丰富多彩。

旧时，境内缺医少药，农民治病主要靠中医中药和民间秘方，中华人民共和国成立后，医疗卫生事业逐步发展。1969年，境内4个大队全部建立合作医疗卫生室，同时建立合作医疗制度。随着农村合作医疗事业的快速发展，群众看病的医疗保障水平逐年提高，境内卫生环境旧貌变新颜。1996年至1999年，双龙村、石龙村获省级卫生村称号。

第一章 教 育

第一节 旧 学

清代，农村教育主要设私塾，每塾有学生一二十名，无学制，单个教学，主要是启蒙教育，学习《百家姓》《三字经》《大学》《中庸》《论语》《孟子》等。清末至民国，境内较大自然村设私塾，共 10 余所。到私塾学习的大多是富裕人家子弟，贫寒人家子弟有时也可免费入学。私塾学堂的教育模式境内延续到 1940 年。

1944～1947 年，境内开始出现乡间小学。1944 年，石龙桥自然宅基创办了石龙小学。1947 年，五房庄自然宅基创办了房庄小学，石塘自然宅基创办了石塘小学，南京庄、北彭家自然宅基创办了鸯北小学。当时的乡村小学，依然是私塾改良后的旧学。其教学内容采用国民教育小学课本，教师由村上长者物色一些地方知识分子来校任课，每所小学 1～2 人，课程由教师自行决定。学生大多是自然村上的农家子弟，就近入学。当时学生对教师的称呼称先生，解放后才改称老师。教师的酬薪：一是来自学生所交的学费，每生每学期交一斗五升米左右（贫困生适当减免）；二是由村上财主捐助。教师年薪一般折合大米 3～5 石。解放后，境内民办初级小学由政府接管，转为公办小学。

第二节 学前教育

1944～1947 年，境内几个较大的自然村创办了石龙、鸯北、石塘、房庄等 4 所初级小学，均附设幼稚班，稚童入学年龄一般虚岁 6～7 岁，附在低年级教室内上课，学制半年，故又称半年级。每年春季招生，上幼稚班半年后，秋季升入一年级。1955 年，人民政府规定学龄儿童 7 周岁入学，此后，各小学停办幼稚班。

1958 年，各行各业大跃进。境内 4 个大队中有的以大队为单位，有的以自然村为单位举办托儿所及幼儿园，大多是季节性的。年龄小的入托儿所，年龄大的入幼儿园，聘农村知识女青年当幼儿教师，教唱歌、舞蹈和识字。公社妇联经常组织经验交流、会演、参观等活动。至 1961 年，境内有农忙托儿所、幼儿园 20 余所，入托幼儿达 200 余人。1966 年"文化大革命"开始，幼儿教育一度中止。1979 年，每个大队都依托所在村小学附设幼儿班，配备专职幼师，设置幼儿课程，规定学汉语拼音及 10 以内的加减法两部分，委托小学教师进行辅导。1976 年，幼儿入托入园率达33.5％，1978年达56.8％，1990年以后达95％以上，2015年达100％。

1983年，全境有幼儿园（班）3所，分别为袁市、双龙、石龙幼儿园（班）。大、中、小班9个，入学幼儿188人，有幼师6人。1984～2000年，境内乡村小学附设的幼儿园（班）随小学的合并陆续合并到西张镇上的中心幼儿园。

第三节　小学教育

中华人民共和国成立初，境内有小学4所，分别是石塘、鸳北、房庄、石龙小学。时有教师8人，在校学生250多人，共8个班级，分1、3年级或2、4年级复式上课。课程设置有语文、算术和描红（学写毛笔字）课。1954年，石龙小学扩编成完全小学，有4个班、6个年级。5年级课程增设历史、地理、珠算课，语文教育中增加汉语拼音的声母、韵母和"阴、阳、上、去"四声教学等内容，6年级课程增设政治、自然课。1959年，五大队（双龙村前身）创办沈巷初级小学。年末，境内共有5所小学，班级12个，在校学生688人，教职工25人，学龄儿童全部入学，在校生中有超龄儿童75人。

1959～1961年，国民经济三年困难时期，超龄儿童全部退学，学龄儿童缀学的也较多。1963年，在校学生减少到562人.同时，师生参加劳动和社会活动较多。

1966～1968年，时处"文化大革命"初期，境内各大队党支部组织瘫痪，学校处于无人管理状态，教学纪律松懈，原本正常的教育秩序被冲乱。1969年，贫下中农管理学校，实行大队办学。这期间，实行了一系列"教育革命"措施，一是精简课程。小学改设政治、语文、算术、常识4门课程。二是更换教材。1968年后由苏州地区编印教材，20世纪70年代初，由省、地区统一编选教材，按照"突出政治"、"删繁就简"的标准，摒弃传统的文化课知识体系，语文以毛主席语录、诗词、著作为主，其次是歌颂工、农、兵的短文及诗歌。政治按照各个时期的中心工作，教师学什么，学生就学什么，各年级内容基本统一。算术与生产劳动相结合，进行肥堆、肥仓体积和土方测量实用计算。三是缩短学制。1969年起，实行九年一贯制，小学5年，初中、高中各2年。1971年，试行春季招生（指小学一年级新生），试行一个学期后仍改为秋季招生。四是体制下放：1969年起，全公社的小学全部下放给大队办，由大队党支部领导。五是改革课堂教学形式。强调以"社会为课堂"，走出去，请进来，请工人、贫下中农、学生代表一起商讨，然后写教案。上课时请工人、贫下中农到教室听课，并在课后提出批评意见。成绩考核一度实行开卷考试。小学升初中由大队党支部推荐。

1972年下半年起，学校教育秩序一度好转，然好景不长。1973年以"黄帅来信"和河南"马振扶事件"为题，批判教育战线的"复辟回潮"，批判"师道尊严"，学校教学工作再度陷入混乱。

1976年10月，粉碎"江青反革命集团"后，各小学进行拨乱反正，学校工作恢复正常。1979年开始，小学贯彻实施《全日制小学暂行工作条例》和新颁《小学生守则》，建立与健全各项规章制度。1981年，试行教育部颁发的《全日制小学教学计划修订草案》，恢复地理、历史课，开设劳动课，改政治课为思想品德课，试行教育部颁布的《全日制十年制学校小学语文、数学教学大纲》，使用教育部编写的教材。1983年，小学恢复六年制，使用省编教材。1985～1988年，从低年级逐步过渡换用教育部编写的教材。1987年，执行国家教委颁布的全日制小学各科《教学大纲》。

1970年，西张公社改造扩建沈巷小学，定名为五大队小学，扩编为完全小学。1975年，石塘小学与鸶北小学合并，扩编为完全小学，定名为四大队小学。房庄小学扩编为完全小学，定名为七大队小学。石龙小学定名为六大队小学。1975年末，全境共有完全小学4所，25个班级，学生数1034人，教职工38人，学龄儿童全部入学。

1983年，生产大队改为行政村，原大队小学随行政村更名。境内四大队改名为鸶塘村，四大队小学随之更名为鸶塘小学；五大队改名为姚塘村（1987年姚塘村更名为双龙村），五大队小学随之更名为姚塘小学；六大队改名为石龙村，六大队小学随之更名为石龙小学；七大队改名为袁市村，七大队小学随之更名为袁市小学。

1984年，姚塘小学并入西张中心小学。1999年，鸶塘小学并入西张中心小学。2000年，石龙小学、袁市小学并入西张中心小学。至此，境内所有村级小学全部并入西张中心小学。

第四节　中学教育

民国时期一直到中华人民共和国成立后的1969年，境内没有中学。学生上普通中学大多到塘桥中学读书。1969年，沙洲县文教系统把普通中学的教育下放到公社，西张公社在境内的五大队（双龙村前身）1队、3队划出5亩多地建造西张中学，自此，境内学子得以就近上中学读书。1970年8月，西张中学改为公办，1976年，建设成全日制完全中学。

在西张中学建校之前，为解决农民子弟上中学读书的愿望，1958年6月，西张乡建办了西张农业中学（简称农中）。初建时校址设在西张东街，利用土改中留下的公房作校舍。当时设1个班，每期招收学生40～50人，学制2年，设语文、数学、农业常识、政治等4科，时有教师3人。1959年，农中迁移到七大队的袁市办学，利用原国营塘桥区农场的设施（房屋、基地）开展教学活动。1959～1961年，境内约有 20 名学子在西张农业中学学习。1962 年上半年中辍，1964 年复办。1966 年遭"文化大革命"的冲击，农业中学名存实亡。1969 年，创建西张中学后，农业中学停办。

第五节　成人教育

一、扫盲教育

1949 年冬，境内各村响应新中国提出的"扫除文盲"的号召，以境内小学为基地，掀起冬学高潮。

冬学教师由当地具有一定文化水平的青壮年义务担任，所在地小学教师积极配合，以识字学文化为主，兼讲时事政治。是年，境内有 150 余人参加冬学学习。这种冬学带有季节性的，春耕生产开始就暂停学习。1951 年冬，再次掀起冬学热潮，几乎村村都有冬学。1952 年春，冬学转变为民众夜校（民校）开始向常年化发展。1953 年，境内有 4 所民校，这种民校都是要求村民在晚饭后到校上学。民校既是文化学习场所，又是娱乐场所，还是开会布置工作的场所，很受群众欢迎。这时参加夜校学习的村民有 250 余人。1957 年，遵照毛主席"一定要扫除文盲"的指示，扫盲教育出现高潮。乡里设立扫盲办公室，配备专业扫盲干部，开展全民性"学文化、识千字"运动。识字内容为"石、斗、升、元、角、分、丈、尺、寸"等常用字及家禽、家畜，农时、农活及常用农具名称等，农户家用什物上都写上名称，以见物识字。小学生也有包教任务，包教家中的成年人识字。境内农民中的文盲、半文盲成年人，正是通过这一时段的民校学习，大多脱掉了文盲帽子。

二、业余教育

境内业余教育的主要阵地依然是民校。1959 至 1965 年，民校业余教育的内容除了学文化外，还讲授农业科学技术。如讲解农药"二二三"乳剂，"六六六"粉剂的使用方法及防治害虫对象，讲授家庭卫生常识，摒弃不讲卫生的陋习，远离疾病等新的内容，很受群众欢迎。境内村民上民校的积极性很高，晚饭后到民校去上学成了大多数青壮年农民的生活习惯。1965 年，境内的石塘民校、石龙民校、房庄民校都获得公社授予的"三好民校"的奖牌。

"文化大革命"期间，业余教育名存实亡。

1981 年开始，业余教育改为工农教育，公社成立工农教育委员会，开展对各大队、生产队农技员讲授农业科学技术，对社、队办企业中的骨干有针对的作业务培训。如开设企业管理、会计及统计、写作常识等讲座。境内参加工农教育学习的有

150 余人。1984 年，工农教育更名为成人教育。除常规的传授农业科学技术外，主要抓乡镇企业、村骨干企业干部的文化学习和技术培训，境内先后参加成人教育学习的有 180 余人次。

1990 年，西张镇业余党校成立，每年定期培训党员干部和中青年骨干，帮助他们掌握现代管理常识和技能。1995 年，镇党校与苏州大学联合办经济管理及经贸管理两期大专班，为期 4 年。境内先后有 50 余人次的党员干部及中青年骨干参加学习，其中有 26 人取得了大专学历证书。

2000～2015 年双龙全境大学生、技校毕业生一览表

表 11-1

年份	本科生 （人）	大专生 （人）	中等技校生 （人）	年份	本科生 （人）	大专生 （人）	中等技校生 （人）
2000	6	8	7	2001	4	9	6
2002	5	18	11	2003	12	15	7
2004	10	14	12	2005	15	22	9
2006	22	24	15	2007	13	19	8
2008	21	27	16	2009	27	36	19
2010	22	28	10	2011	31	21	7
2012	29	23	9	2013	23	25	12
2014	27	28	14	2015	25	31	13

第二章　文　化

第一节　群众文化

中华人民共和国成立前，境内农民逢婚、丧事，就请演奏道教音乐的班子吹拉弹唱。文化活动集中在春节及农历正月半。大年初一后，调狮子、打莲湘、唱春、说好话、贴财神等接踵而至。年初五以后，舞龙灯、猴子耍把戏、"小热昏"、"卖拳头"等开始热闹起来。农历三月廿二的河阳山永庆寺有灯会、走高跷、摘肉香、卖伤膏药等，热闹非凡。集镇上茶馆店里，平时常聘请评书、弹词艺人登台表演，境

内几个较大的自然村有时也请滩簧、锡剧等小型剧团演出。

中华人民共和国成立后，境内文化事业不断发展，文化设施逐步增添、改善，那些带有封建迷信和腐朽没落色彩的文化逐渐消失，代之以进步、文明、健康的新文化，而且遍及乡村。以后虽有"文化大革命"的 10 年曲折，但经拨乱反正，迅速得到恢复发展。改革开放以后，文化事业蓬勃发展，文化生活丰富多彩，时代气息浓郁，整个文化进入了一个新的时期。

一、歌咏

清末，农民爱好唱山歌，主要有耥稻山歌、挑担号子等。其内容大多是古代故事、男女爱情，有些人能自编自唱。妇女喜爱江南小调，如《杨柳青》《无锡景》《十二月花名》《孟姜女过关》等等。每当夏季乘凉，男女围坐一起摇着蒲扇，你一曲，我一曲，尽情欢唱。20 世纪 30 年代，随着电影事业的发展，电影插曲流行起来，其中有《渔光曲》《马路天使》《何日君再来》《红娘》等，青年男女都喜爱唱。1931 年"九一八"事件后，抗日歌曲在农村流行起来，最早的有《打倒军阀》，以后有《松花江》《义勇军进行曲》《黄河颂》《毕业歌》等。歌曲逐步从纯娱乐性发展到具有教育性。1949 年，中华人民共和国成立以后，《解放区的天》《团结就是力量》《咱们工人有力量》等歌曲人人会唱。而且逢会必唱。以后歌曲内容随着各项政治运动而变化，土改时大唱《谁养活谁》。三年困难时期，《人民日报》发表了《歌唱祖国》《我们走在大路上》等歌曲，人们争相传唱。1966 年"文化大革命"开始，歌曲的内容集中在歌颂领袖，其中《语录歌》妇孺皆学。"文化大革命"中，文艺就是纯政治性的。20 世纪 80～90 年代，歌曲的变化很大，流行歌曲风靡一时，青年男女到处传唱。1995～2015 年，境内举行节日文艺联欢会 10 次，参加节日大合唱 4 次，歌咏比赛 6 次，累计有 900 余人次参加，观众达 1 万余人次。1997 年，西张镇举行庆祝香港回归的演唱会上，观众达 5000 余人，境内各村专门组织合唱表演队参加活动。1999 年，开始流行音乐茶室，境内双龙路上曾有 2 家酒店设有卡拉 OK 餐厅。2013～2015 年，境内流行歌曲有《走向复兴》《最炫民族风》《我们的中国梦》《江山颂》《美丽中国走起来》等，体现新时代特征。

二、舞蹈

清代，农村舞蹈主要是民族形式的龙灯舞、狮子舞、高跷、秧歌舞等等，每遇传统节日或庙会进行表演。民国年间，"西洋"舞传入中国，城市中可以看到这种舞蹈，农村只在学生中教，且遭到地方人士反对。1949 年后，秧歌舞蹈风靡一时，"打莲湘""腰鼓队""扭秧歌"是宣传队伍中不可缺少的项目，不少青年能自编自演。幼儿舞蹈更是逗人喜欢。1966 年"文化大革命"开始，舞蹈内容强调政治性、严肃性，其中最流行的是跳"忠字舞"，对于娱乐性较强的舞蹈都斥之谓"封资修"。80年代，农村出现了交谊舞。以后迪斯科、霹雳舞等相继出现，有的青年爱之入迷。90年代后，随着群众文化事业的发展，舞蹈日趋商业化，西张镇上先后办起了"红太阳""天云""亚细亚""鑫汇"等歌舞厅，不少企业也办了简易舞厅，跳舞成了人们业余娱乐活动。1999年，境内不少企业和单位，每逢节日和有关庆典活动，都爱在歌舞厅举行舞会，既陶冶了情操，又活跃了气氛。2010～2015年，广场舞开始在境内流行。几乎是每天晨昏，境内西街德盛购物商场前的广场及双龙花园（湖滨社区）前的休闲广场上，数十人的跳舞人群在电声音乐的伴奏下翩翩起舞，舞姿放松随意，时间可长可短。舞者惬意，观者阅目。

三、地方戏剧

清代，农村戏剧主要是昆剧。一般在祭祖、斋神、祝寿、结婚、出丧等场合演出。20世纪20年代，农村出现了"滩簧"（常锡文戏、锡剧），最初系坐唱，四五个人扮几个角色，只唱不表演。以后登台表演，受到群众欢迎。然而，滩簧往往带有很多低级庸俗的东西。1949年，中华人民共和国成立以后，群众文艺活动有了飞跃发展，原来看戏的变成了自己登台表演，长寿、翻身等几个小乡都有文工团，演出锡剧、话剧、歌剧等。为配合政治运动，不少剧目自编自演。20世纪70年代，群众文艺轰轰烈烈，境内人人学唱样板戏，编演锡剧，把样板戏的剧目移植到锡剧中来，如《沙家浜》《红灯记》等，当时称"锡夹京"双龙、石龙、鸳塘、袁市的文艺宣传队都排练了《红灯记》《沙家浜》等样板戏，春节期间到各个村巡回演出，深受群众欢迎。双龙、石龙两个村的文艺宣传队还应邀到妙桥、鹿苑等外公社去演出，很有成就感。20世纪80年代以后，电视机逐渐普及，锡剧演出日趋减少。20世纪90年代后，只有县级以上专业剧团来村里演出。

2012年，为充实村民文化生活内容的多元化，以满足人们休闲活动的需要，双龙村投资20万元，成立双龙文化艺术团，经常为村民演出当地民众喜闻乐见的传统锡剧地方戏，剧目有《珍珠塔》《玉蜻蜓》《双推磨》等，很受群众欢迎，获得好评。

第二节　文化设施

20世纪80年代以前，境内几乎没有文化设施，遇上请文艺团队演戏时，均由村里组织人员临时搭台。"文化大革命"时，鸳塘、石龙、袁市等村用砖头砌个土墩，作为文艺活动之舞台。

20世纪90年代，鸳塘、双龙、石龙、袁市都有老年活动室，以棋牌娱乐为主，实行自我管理，自我服务，设施与管理费用，由各村支出。四村合一后，这些老年活动室仍然继续活动，方便了老年人的精神文化生活，设施与管理费用，还是统一由双龙村承担。

2011年，双龙村为丰富村民的文化生活，投资350余万元，在村部北面建了10间2层楼房，辟出1层楼面作为老年活动室和书场，装潢精美，设施齐全。每年都要邀请苏州、常熟、张家港等市级及其他地区的评弹团队演出6～8场。听众免费入场，还免费供应茶水。费用大多由村里民营企业赞助。村里上了年纪爱好听书的村民及外村、外乡镇（如塘市、塘桥等地）也有不少老年听客均竞相到双龙书场听书，常常座无虚席。另外还建起了棋牌室、排练室、健身室、多功能活动室等文化活动阵地，由专人负责，全天候开放。多年来，每逢节假日，村民都喜欢到这里来娱乐活动。棋牌室几乎天天爆满，成为许多老年人最喜欢的场所。在村部大楼内，还设有图书室、影视室、乒乓室等文体活动场所。

这些活动阵地清洁卫生，设施齐全，室内活动面积达500余平方米，免费提供茶水，受到村民欢迎。

第三节　电　影

20世纪50～60年代，西张街上有常熟县、沙洲县的农村放映队前来放映露天电影，一般每年8～10次。20世纪70年代，公社成立电影放映队，除在公社大礼堂放映影片外，还受各大队的约请下乡去放映，场地轮流更换。放映费用由大队负担。也有生产队去请的，在生产队仓库场上放映，放映费用由生产队负担。每次电影放映前，村民早早吃过晚饭，就带着凳子前往观看，常常是人山人海。每次放电影前，电影队要放映结合宣传当前中心工作和当地好人好事为主的幻灯片。放映的影片有故事片《南征北战》《古刹钟声》《上甘岭》，有舞台艺术片《梁山伯与祝英台》《追鱼》《红楼梦》《天仙配》等。"文化大革命"期间，放映《红灯记》《沙家浜》《智取威虎山》《红色娘子军》《白毛女》《杜鹃山》等样板戏和《地雷战》《地道战》《南征北战》《铁道游击队》等故事影片。20世纪80年代后，电视机进入村民家庭，村民观看电影渐渐淡化。观众以外来人员居多。这种定期下村（小区）放映的形式，延续至今。

第四节　民间娱乐

一、舞龙灯

境内亦称调龙灯，龙灯用竹篾扎骨架，分成龙头、龙身、龙尾三个部分。龙身共有 10 多节，呈圆柱状，用绳相互连接，外套用棉布缝成的龙衣，敷以重彩，勾勒出鳞片，栩栩如生。每节龙身下面安装一根竹竿，内燃活动蜡烛，龙头、龙身和龙尾各节均有 1 人执掌，另有 1 人高擎"夜明珠"作为前导，上下左右舞动。在锣鼓伴奏下，整条龙灯整齐地、有节奏地舞动起来，或窜，或翻，或滚，威武雄壮。

二、舞狮

舞狮是境内旧时民间的文艺活动之一。每逢节日，都有舞狮表演。舞狮由 3 人联合表演，1 人做狮首，1 人做狮身，1 人手擎绣球戏逗"狮子"。传统节目有狮子伏蛰、狮子滚绣球、狮子登高、狮子同语、双狮摔跤、母狮训幼等。表演动作有添毛、抖毛、搔痒，或跳或立，翻滚腾空等。解放后，舞狮活动渐偃。

三、放风筝

境内放风筝历史久远。每年春节后到清明，男女老少争相竞放。风筝形态有龙、凤、鹰、燕、鸽、蜂、龟，还有蜈蚣、蜻蜓、月亮、板门、蝴蝶等。风筝多以竹篾为骨，扎成各种形状，表面糊上面筋纸或其他有韧性的薄纸。大型风筝用白细布，较大的风筝有用藤篾制作的鹞琴，风吹之下鹞琴发出悠扬悦耳之声。2014～2015年，每年五月江苏省风筝协会连续两年在凤凰生活广场（地处境内）举办风筝节，双龙村选派 3 名代表参与风筝活动。

四、斗蟋蟀

蟋蟀，亦称蛐蛐，境内俗称"财积"。雄蟋蟀善鸣、好斗，斗蟋蟀是双龙地区解放前常见的民间娱乐活动。相传、早在晋唐时期，皇宫内就有养蟋蟀、斗蟋蟀的嗜好。

旧时，从白露到霜降期间，境内民间盛行斗蟋蟀，喜欢这种游戏的人历来不在少数。斗蟋蟀也叫"斗花"，是一种赌博形式，"花"是金钱的代名词，即一枝"花"相当于一钱银子或一斗大米，以"花"枝数多少来表示蟋蟀输赢的大小。据说最早以馒头作为赌资，赢着得几个馒头。后来发展到金钱的输赢交易。每枝"花"的价钱不断提高。

斗蟋蟀一般都放在茶馆里进行。斗蟋蟀的工具，叫"斗栅"。它是用木片竹丝制成，长八九市寸，宽三市寸的船型扁匣，四面排嵌竹丝，中间设有横断活匣片，一分为二、两端的小活门，可以开启。届时，斗蟋蟀的场所架起高台，备好酒食，参斗者先行报名登记，由中间人根据蟋蟀的体重，安排交锋对象，确定赌价，以纸做筹码，围观者纷纷压上赌注，然后，参加者登台相斗。约斗的蟋蟀，先从蟋蟀盆内提进"过笼"中，再从"过笼"过入"斗栅"。蟋蟀开斗时，双方由"牵手"执"蟋蟀草"撩拨逗引，使两只蟋蟀相互"交须"，即两蟋蟀的触角相碰，于是，一场激烈的搏斗立即开展。蟋蟀有"地煞星"的诨名，凶悍者能把对手咬得齿歪嘴断，或把对方摔到栅顶，负伤者只能拼命逃窜。实力悬殊的，只需一个回合即见输赢。有时双方旗鼓相当，咬得难分难解，接连倒翻几个筋斗，尤威风不减，经几番苦斗，方能分出胜负。

"文化大革命"开始后，斗蟋蟀在境内绝迹。

五、斗黄腾

黄腾学名棕头鸦雀，亦称黄鸟、黄豆鸟。境内俗称"黄腾子"，黄腾子身似小雀，毛黄，短顶硬，活泼好动，性烈善斗，故有"天煞星"的绰号。

旧时，春暖花开时节，经过一冬精心饲养的黄腾鸟剽悍矫健，鸟主就寻伴开展斗鸟活动。一般都由茶馆老板组织，同鸟主一起商议鸟中的输赢等级、地点、日期，于是便张贴广告，周知四方。斗鸟日期一到，各处养鸟爱好者提着鸟笼，到茶馆汇集。

一对斗完，再来一对，以次轮斗。斗鸟中的得胜者有花相赠，称"送花"。黄腾鸟高台夺魁的奖品是花枝。每枝花是由十余朵大红绢花扎在一起的花架，很是漂亮。奖花又分二种，一种叫"单花"，是"优胜夺魁奖"花枝架较大，花又多；另一种叫"拆花"，双方不分输赢的都有奖，即"和解奖"。20世纪80年代，民间养鸟复又兴起。90年代中期，市杨舍镇成立雀鸟协会，并组织过两次华东地区雀鸟大赛，斗黄腾列为大赛的主要赛事之一。境内也有养鸟爱好者携鸟前往参与斗鸟。

六、唱滩簧

旧时，江南地区有个习俗，春秋两季都要祭社，以祈求风调雨顺，五谷丰登。届时，为酬神祈福而邀请戏班子前来演出昆、沪、锡、越剧等系种，称"社戏"。在双龙地区的社戏活动中，最受人欢迎的是常锡文戏，旧称"滩簧"。

滩簧的小调有"西湖栏杆""十八摸""夜夜啼""小二郎""梳妆台""相思""叹五更""望郎归""织妇怨""小白菜""半夜门未关"等一百余种；滩簧剧目的折子戏有"战秦琼""沙滩救主""寒江关""追韩信""辕门斩女""枪挑小梁王""风波亭""昭君和番""貂蝉拜月""跳粉墙""战马超""醉打蒋门神""西门庆""林冲雪夜上梁山"等三百余个。

滩簧鲜明的反封建礼教色彩，引起反动统治阶级和封建卫道士们的严重不安。清道光年间，苏州府有"永禁演唱滩簧"的府令。各县、乡、教、图纷纷立碑示禁。咸丰年间再次重申禁令。因此，唱滩簧长期处于不合法的地位。

尽管官府严厉取缔，滩簧仍然在秘密演唱中得到发展，创作了许多喜闻乐见的节目。在对子戏中有一个基本戏目称"四庭柱一正梁"。"四庭柱"是《借黄糠》《小分离》《朱小天》《拔兰花》,"一正梁"是《庵堂相会》。唱滩簧在境内不乏好手,尤其是双龙村6组徐家巷自然宅基上的徐品声老角色演唱相当有名。他在戏台上最擅长表演的角色是包公,他在举手投足、张口扬眉间把包龙图刚正不阿的风度表演得淋漓尽致,常常赢得观众长时间的拍手叫好。因他表演的包丞相的形象大家太熟知了,已获得普遍认同,所以他在当地的知名度很高,大家都管他叫丞相或滩簧丞丞,而其真正的姓名却被湮没了。

滩簧的唱腔方面,滩簧是基本调,演唱曲调全凭师傅口授,随着个人拜师收徒,分散演唱,久而久之便形成不同的派系特点,概括为"江阴刚、无锡急、宜兴和、苏州糯"。境内为"苏州糯"。

七、说书

起源于苏州,流行于长江三角洲地区。解放前,境内西街茶馆店里常年都有说书活动。说书有"小书"和"大书"两种。

苏州弹词称"小书"表演,通常以说为主,说中夹唱。唱时多用三弦或琵琶伴奏,说时也有采用醒木作为道具击节拢神的情形。演唱采用的音乐曲调为板腔体的说书调,即所谓"书调"。因流传中形成了诸多音乐流派,故"书调"又被称之为"基本调"。早期演出多为一个男艺人弹拨三弦"单档"说唱,后来出现了两个人搭档的"双档"和三人搭档的"三人档"表演。双龙地区的乡村百姓十分喜爱听书。1964年成立的沙洲县评弹团的李志红不仅能弹得一手好琵琶,而且创作的弹词开篇"一粒米",成为老少皆闻的节目,所到之处,无不都是弹唱《一粒米,啥稀奇》的这一开篇;其祖父首创的弹词《杨乃武与小白菜》更是闻名江南。

苏州评话又称"大书",是采用以苏州话为代表的吴语方言徒口讲说表演的曲艺形式。通常一人登台开讲,道具是一把折扇,一块醒木。内容多为金戈铁马的历史演义和叱咤风云的侠义豪杰。

苏州评话的传统节目有五十多部。一类说历史故事,属讲史类,如《西汉》《东汉》《三国》《隋唐》《岳传》《英烈》等,为"长靠书"。一类是"短打书",讲英雄好汉、义士侠客的故事,如《水浒》《封神榜》《济公传》《彭公案》《施公案》《包公案》等。

过去,境内的老年人有每天下午或晚上到书场、茶馆听书的习惯,尤其喜欢听大书。

2007年以后,双龙村每年请评弹演员在老年活动室、村部会场说"小书"和"大书",很受群众欢迎。

八、唱春

唱春之说由来已久，在境内民间，关于唱春的起源，有这样一种传说：明正德年间，武宗皇帝带领几名亲随乔装打扮，外出按察民情，至一山区，不幸遇上盗贼，银钱被劫，失去盘缠，回不了京城。这时，随行大臣中有一位冯阁老，自告奋勇，手提小锣，沿途卖唱，以解决皇上一行人的生活经费。这便是民间传下来的冯阁老卖唱的故事。江南地方民间歌谣也有冯阁老纳贴送官春，江南唱到紫禁城，一直唱到"五朝门"的说法。

唱春，顾名思义，即在贺新春时进行的演唱。旧时，一般在春节或者农闲时，唱春人为了索取赏钱，便挨家说唱。境内唱春，起先有二个演唱（双档），后多为一人演唱（单档），身背褡裢（称乾坤袋、龙袋），一手持春锣（二斤重，象征"二京"，意为明代先建都南京，后又迁都北京，故谓"二京"）；一手持绘有龙凤图案的敲板（或无图案的素色板，板长13寸，寓意13省，明代的行政区划起初设12省和一个直隶，后改设13省），边走边唱。唱春调有"孟姜女调"、"四季调"，内容通常按月分为十二段，也可按四季分成四段，每段一般七言四句，也有超出七个字的，除第三句外，常押平声。其曲调集江南民间山歌、小调之大成，调门多达数十种。常用的曲调有老调、新调之分，老调音韵婉转，清雅流畅，新调则节奏明快，抑扬欢乐。

唱春者所到之处，视不同店铺或各家各户的具体情况，不同对象，随机应变，切景切情，编词颂唱。如走到药店，便用药名串联成词，祝其招财进宝，大展宏图；若主家出面的是为老人，则祝其寿比南山，福如东海；倘使遇到新婚人家，便祝他们夫妻恩爱，早生贵子；一般的则祝贺全家欢乐，来年好运。

中华人民共和国成立后，唱春者逐渐减少。20世纪80年代起，农村里有些地方每逢砌房造屋，男婚女嫁，又有唱春者闻讯上门说唱，以庆贺为名，收取赏钱。21世纪以来，唱春已不再流行。更由于唱春者年龄大，后无传人，已不见唱春了。

九、元宵锣鼓

旧时，境内在元宵活动中，除了调龙灯、舞狮子、元宵灯会活动外，还有敲锣鼓助兴庆贺的习俗，人们称其为元宵锣鼓。元宵锣鼓也是民间的一项曲艺项目，属于打击类音乐。元宵锣鼓与民间的风俗活动和喜庆活动密切相关，它普遍应用于春节、元宵节及庙会活动中。

中华人民共和国成立后，人们欢庆翻身解放，元宵锣鼓敲得更热闹了。土改时，农村中流传着这样一段顺口溜："东庄红旗飘，西庄锣鼓敲，敲锣鼓打鼓为什么？土地改革完成了。"以后，每当村里有青年结婚、老人祝寿、慰问军烈属、欢送新兵入伍、欢迎老兵退伍返乡、欢送职工光荣退休等，敲打元宵锣鼓是一项不可或缺的仪式。20世纪六七十年代，境内各单位、生产队几乎都置办元宵锣鼓，每当毛主席发表最新指示，城乡锣鼓喧天，共同庆祝。

元宵锣鼓的乐器有大铜锣（简称大锣）、小铜锣（又叫小锣）、钹（又叫闹钹）、皮鼓（简称鼓）四样，只要四个人配合敲打。它具有热烈欢快、声音洪亮、铿锵有力、节奏感强、曲目多样等特点。可以在迎送队伍中边走边敲打；在大型的庆典活动中，在广场上由多支锣鼓队同时敲打，再配以招展的红旗、轰鸣的鞭炮，有力烘托了庆典活动的宏大气势。21世纪后，由于电声乐器和音响设备的发展，元宵锣鼓弃置不用。

十、小热昏

小热昏艺人的说唱，以滑稽、夸张为特色，采用"新闻调""叫货调""三跷赋""小锣鼓""杨柳青"等各种曲调以及各地方言，伴之以小锣、莲花板等击拍。街头巷尾五花八门的新鲜故事和自编自演的各种笑话，从他们口中吐出来，总能逗人发笑，令人捧腹。等到观众情绪高涨时，他们便开始卖梨膏糖，然后再唱再卖，反复多次。艺人有"三分卖糖、七分靠唱"之说。作为民间艺人，均颇具表演才能，口齿伶俐，说唱俱佳，表情丰富，口若连珠。他们在推销梨膏糖时，有这样一段幽默发噱的顺口溜："梨膏糖，甜堂堂，除病强身连成双。小孩吃了我的梨膏糖，夜里勿做出尿郎；老人吃了我的梨膏糖，走路勿撑拐拉棒；姑娘吃了我的梨膏糖，个个找到好对象；木匠吃了我的梨膏糖，斧头勿砍脚板上；聋子吃了我的梨膏糖，悄悄话也能听清爽……"经他这么一宣传，场上气氛马上活跃起来，观众们纷纷掏钱买糖。

中华人民共和国成立后，境内鸳塘、双龙、石龙、袁市的各个自然村，常常有"小热昏"艺人在晚上进行说唱卖梨膏糖。有个艺名叫"徐屋檐"的在四方最出名，不仅人长得极高，而且噱头特别好。

"文化大革命"开始后，"小热昏"绝迹。

十一、捉迷藏

捉迷藏是一种充满童趣的游戏，也是简便易行、最为普遍的一种游戏。在双龙境内，捉迷藏被称之为"躲猫猫""盘猫猫"。这种游戏情趣盎然，能够激发儿童的探索精神，无论是躲藏者，还是始终都没有发现躲藏者的寻觅者，两者都会产生一种成功的喜悦。正因为如此，捉迷藏成为儿童们最喜欢玩的游戏之一。

常见的捉迷藏，大致有以下两种形式：一种是捉猫猫，躲藏者藏身于室内屋角、柜中或室外树丛竹林等隐蔽处，寻觅者在对方躲藏时须回避或用手蒙住自己的双眼，等对方藏好了便直接前去寻找。另一种是用手帕或毛巾把双眼蒙起来，然后，在事先商定的一定范围内，摸索寻找对方，在"方丈之间，互相捉戏"。

十二、荡秋千

昔日，荡秋千有明显的季节性，民间都习惯在清明节前后玩这种游戏。其实，冬去春来，暖日洋洋，和风吹拂，春光明媚，人们都乐于到户外活动、娱乐，一架秋千优哉游哉，荡来荡去。旧时，皇家、贵族、富绅都在花园内设置华丽精美的秋千架，普通老百姓则往往在空地上竖个简易木架以作消遣，农家孩子玩秋千，通常都是以树杈作架。

荡秋千原是成人游戏，旧时尤为青年女子所喜欢，现在则成了以儿童为主的游戏了。

21世纪后，境内双龙花园小区，袁市、石龙等居民生活小区的健身活动场地上，均设有钢结构秋千架，经常有村（居民）前去荡秋千娱乐。

十三、老鹰捉小鸡

首先在参与游戏的儿童中选出老鹰和鸡妈妈，然后鸡妈妈站在前面，两手平举，其余小鸡依次站在鸡妈妈后面，各抓住前面儿童的衣服。老鹰在鸡妈妈的前面左窜右窜寻机抓住小鸡，鸡妈妈左拦右拦保护自己的小鸡，小鸡也左躲右闪，逃避老鹰的抓捕。老鹰抓住一只小鸡，该人就出队，直到小鸡全部抓完，游戏结束。也有因鸡妈妈保护小鸡得力，老鹰始终抓不到小鸡，最后筋疲力尽而失败。今各幼儿园盛行这个游戏。

十四、击鼓传花

可以在室内进行，也可以在室外进行，传花者可围成一个圆圈，蹲下后传花。也可站成一个长方形或正方形队，站着传花，形式多样。击鼓者将眼睛蒙住，手中拿着鼓或能发音的器具，击鼓开始，传花者按顺序传递，击鼓声停，传花也停，这时花落在谁手中，谁就要到圈中表演节目，唱一首歌、或讲一个小故事、背一首诗，或学猫、狗、羊叫，引得大家哄堂大笑，使游戏进入高潮。此游戏今在儿童中流行，成人中已不再有这种游戏。

十五、抽陀螺

也叫抽猢狲。先要自制一个陀螺，可取一段木质硬一点的树，直径5厘米，高6厘米，大一点的也可以，但高与直径的比例一般在6：5左右，太高了则重心不稳，不易抽打。选好树段后，把树断削成圆锥形，自制的陀螺就做成了。再找一根木棒，长度和粗细以称手为好，然后找一根一米左右长、铅笔粗细的纱绳，再把绳子结在木棒的顶端，像一根鞭子样。抽猢狲时，先用绳子绕在陀螺上，左手拿着陀螺，把陀螺放在地上，同时右手握着木棒向后用力抽拉，即脱下绳子，陀螺在地上转动，但此时陀螺转得很慢而且不稳，似乎将要倒下来的样子，这时必须赶快用手里的鞭子去抽它，而且一定要抽准，这样陀螺就很快平稳地急转起来。不断地抽打，陀螺就不停地在地上转动，即使你把陀螺抽得跳起来，等到落地时还在转动，但有时也因为你抽得不当，被你抽死了的，即不转不滚倒在地上了。如果玩得很有兴趣，可以不断地重复开头的顺序，抽陀螺也可以几个朋友一起玩，或者轮番抽一个陀螺，也可以各抽一个陀螺进行对撞，看谁的陀螺厉害，撞不倒，转的时间长。

十六、挑花线

挑花线是境内女孩子们最喜欢的游戏之一。玩具只要一根四五尺长的扎底线即可。玩时两人一组，先由一人把线连成可以绕在双手手掌上，挑起各种花样图案的线圈。然后你挑我挑，分别变化成"桃花窗""直轮框""牛眼镜""进栏圈""乱柴巢"等等花样格式，直到线圈乱掉无法挑为止。谁挑的花样多、时间长，谁就胜利。此游戏过去在农家中盛行。

十七、捉菜花猛猛

旧时，每当春天油菜花盛开时，靠采食花蜜、花粉生活的土蜂"菜花猛猛"就开始活动了。掏"菜花猛猛"便成为境内孩童们的乐事。

"菜花猛猛"喜独居，个头比蜜蜂大，不会产蜜，钻在农家椽子和土墙的洞孔中，捉"菜花猛猛"时只要轻轻用竹梢子掏，如果洞中藏有"菜花猛猛"，即发出嗡嗡声响，一会儿就爬了出来，孩子们即把"菜花猛猛"放入瓶中。"菜花猛猛"分白头、黑头两类，白头尾部没有蜇针，不会蜇人；黑头尾部有蜇针，一不小心就会被黑头蜇上一针，十分疼痛，然而，农家孩子还是相聚一起，比谁捉的"菜花猛猛"多。

21世纪后，因生态环境及农房建设的变化，"菜花猛猛"缺乏适宜的生存环境，逐渐减少。如今，"菜花猛猛"已经难觅踪影，从人们的视野里消失了。

十八、捉萤火虫

萤火虫在境内叫做"夜夜龙"。20世纪70年代前，每年夏天，一到天黑，境内田野上总有一些萤火虫带着荧光，在眼前飞过。萤火虫喜欢趋萤光觅伴，孩子们只要在玻璃瓶里放上几只萤火虫，其他的萤火虫看到亮光后，便会从岸边草丛飞过来，孩子们即赶紧用蒲扇轻轻将萤火虫拍落在地，小心将萤火虫放入瓶子中。晚上睡觉时，孩子们将瓶子挂在蚊帐里，瓶子里的萤火虫整夜发出亮光，很能讨孩子们的喜欢。

21世纪以来，因生态环境的变化，境内已难以看到萤火虫了。

第五节　古文化遗址

1985年，境内临近西张街坊之庵浜南岸，有一块农田（时属五大队第1生产队，现名双龙村1组），西张公社在建房时发现有古代石器及陶器等器物碎片出现。经苏州市博物馆和沙洲县文化馆试掘，文化层厚约1米，出土文物有石器、陶罐、石锛、石斧、石钺等。经专家鉴定为一距今约5500年的新石器时代聚落遗址。该遗址散落分布于东西长1500米、南北长500米的狭长地带，总面积75万平方米。因镇区建房，遗址破坏严重。

第三章　体　育

第一节　体育设施

中华人民共和国成立前，境内就有举石担、甩石锁、练拳、跳绳、踢毽子等群众性体育活动。新中国成立后，群众性体育活动蓬勃开展，内容和形式丰富多彩。中华人民共和国成立后至20世纪80年代初期，境内各自然村一般以打谷场为活动场地，备有自制的木篮球架和石锁、石担等活动设施。1986年后，境内多家社队办企业开设乒乓球室。2012年，境内有标准化篮球场2片，设在双龙花园及龙腾花苑。全境有综合活动场地4处，约3200平方米，乒乓球室4个。

21世纪初，开始普遍设置室外健身器材，有肩关节康复轮、下肢训练器、平推训练器、坐蹬器、秋千、腰背腰肢组合器、云梯、伸背架、蹲腿器及健身路径等。以上健身器材主要分布在双龙花园、石龙等社区居民的生活小区。

长期以来，境内开展体育活动，常常与学校操场共用。境内学校体育设施齐全，几所小学坚持逐年建设完善体育设施。其中石龙小学操场，面积3800平方米，1990年，建有篮球场和200米跑道一条；袁市小学操场3500平方米，1988年建有篮球场和200米跑道一条；鹅塘小学操场3500平方米，1995年，建有篮球场和200米跑道一条。境内每年春季都要举行小学生运动会。

第二节 体育活动

一、武术

境内历史上有以武术为主的民间体育，用以防身健体，保家安国。20世纪20年代前后，境内乡间农民业余习武有甩石锁、举石担、打沙袋及习练步拳、六合刀等。袁市村五房庄习武练拳小有名气，地痞恶棍不敢进村欺压百姓。

二、足球

西张的足球运动起步较早。得益于全国农业劳动模范、全国优秀乡镇企业家、江苏贝贝集团公司（原西张橡胶厂）总裁奚也频对足球事业的高度重视和有力支持。20世纪80年代初，奚也频以贝贝橡胶总厂为依托，研制成"贝贝牌"标准型儿童足球，并于1994年组建了一支由15人组成的江苏贝贝儿童足球队，队员均是从西张境内小学生中选拔的10～12周岁的小学生，聘请国内足球界的元老作规范化训练。此外，自1983年起至2001年的18年中，江苏贝贝橡胶集团连续资助了18届全国儿童足球比赛，1997年，经大世界吉尼斯总部认证，确认"贝贝杯"赛事为"最长期由独家资助的全国儿童足球比赛"而被载入大世界吉尼斯纪录大全。2001年7月，在西张举办的第18届"贝贝杯"全国儿童足球赛上，江苏贝贝队夺冠。自1994～2001年的7年间，境内先后有20多名小学生被选入贝贝足球队并创有佳绩。如境内袁市社区的姚双燕从小踢贝贝足球，现为江苏女足主力队员，曾在2009年全国城市运动会上获"女足团队冠军"。

2015年，足球运动是全凤凰镇中小学必设的体育运动项目。

三、篮球

20世纪70～80年代，境内各村都有业余篮球队。双龙村、石龙村组建的农民篮球队，成绩比较突出。他们平时利用农闲或田间劳动收工后，经常性的到球场练习传球、运球、投篮等基本技术。每年春天、秋后，总要受邀到塘桥、塘市、妙桥、鹿苑等地去参加球赛，每次都能取得较好成绩。1988年，西张镇举行首届农民运动会，双龙村、石龙村的篮球队在比赛中分别获第三、第四名，在以后的历届全镇农民运动会上都能看到双龙村篮球队的身影。

四、乒乓球

作为国球，境内喜爱者众多，尤其是中小学生最甚。2015年，境内双龙花园、村部大楼内及入驻境内的多家企业置有乒乓球室、供乒乓球爱好者活动。也有的乒乓球爱好者在家里独自对着墙体拍打乒乓球，自娱自乐。

五、拔河

这项运动在境内解放前就有流传。旧时农民在田头挑担后稍作休息时，往往有人提议来个"拔河"比赛，一对一的比试。以扁担为器材，中间结上杂草作个记号，两人对着互拉，可单手也可双手，谁能把扁担上的记号拉到自己立足处为胜。解放后，从小学到中学，境内村民在学生时代大多参加过拔河运动。1988 年以后，在历届西张镇农民运动会上，拔河比赛总是一个不可缺少的项目，比赛器材是一根粗大的绳索，中间系上花结为记号。参赛的拔河队各有 5～7 人或更多人员组成。比赛开始，双方同时用力向己方拉扯，直到花结被拉到己方阵地为胜。境内四个村均曾组建过男子或女子拔河队参加比赛。2003～2015 年，西张镇并入凤凰镇以后，未举行过全镇农民运动会。

六、跳绳

跳绳是境内一种娱乐兼健身，且儿童、成年人皆宜的健身运动，能锻炼一个人的反应能力和协调能力。跳绳有单人自跳及多人合跳两种。单人自跳时，自己手摇绳索，手脚并用，可慢跳也可加速快跳，还能跳出好多花样。如绳子可往前摇，也可往后摇。每跳一次可摇动绳子一下或两下，甚至摇动三下，以增加跳绳的难度。多人共跳时，由两人在两边相对而立，专门同时摇动同一根绳索，然后多人依次陆续进入绳圈内参跳。也可以在单人跳绳时候，旁人进入其绳圈参与共跳，成为两人合跳或三人合跳。

七、踢毽子

在 20 世纪 50～60 年代，境内踢毽子十分流行。是境内儿童最为喜爱的传统游戏之一。这种游戏既能娱乐，又能健身，不仅为儿童的喜爱，一些成年人也常以踢毽子锻炼身体，其中不乏踢毽高手。

踢毽子可以开展比赛，比赛方法大致有这样三种：一种是比单位时间内踢毽次数的多少，多者为胜。也可以连续踢毽次数的多少，直到毽子落地为止，多者为胜；另一种即两人对踢或多人依次共踢一毽，未能接踢而使毽子落地者为失败；还有一种是比踢毽子花样的多少，花样多者，难度大者为胜。

21 世纪后，境内小学生还以踢毽子为体育锻炼项目来健身。

第四章 卫 生

旧时，境内没有专门的医疗卫生机构，就近有几名中医走方行医，其医术大多出于祖传或秉承师门，群众尊称他们为"郎中先生"。

他们有的于药店坐堂门诊，有的在家自行开业。村民患病治疗主要依赖中医，患者大多登门求治，所有费用由患者自己承担。

中华人民共和国成立后，人民政府重视医疗卫生事业，关心人民健康，贯彻"预防为主，面向农村"的方针，1956年，建立了西张联合诊所，1958年，改建为西张公社卫生院，从此，境内村民就医状况有了很大改观，卫生院内有中医，也有西医，病人根据自己需要可直接去医院门诊也可延请医生出诊。1969年，在"培养乡村卫生员，建立农村卫生室"的号召下，境内4个大队先后都建立了卫生室，群众的大卫生观念逐步树立，医疗预防措施、人身保健制度等日臻完善，特别是在创建国家卫生城市中措施有力。1996年，双龙村被江苏省爱国卫生运动委员会评为江苏省卫生村。

第一节 医疗卫生

1969年，境内4个大队先后建立合作医疗卫生室，每室配备农村医务人员1~3人。因这些医务人员未进正规医务学校学习，全是土生土长的农民，故当时称作"赤脚医生"。其中配有1名女"赤脚医生"，兼任计划生育和接生等妇幼工作。每年，县卫生局、公社卫生院对"赤脚医生"进行分期分批培训，每期3—6个月。1978年，境内共有大队卫生室4个，"赤脚医生"8人，其中女医生4人，已领到乡村保健医生合格证的8人。1983年，公社、大队改为乡、村建制，大队卫生室更名为村卫生室，"赤脚医生"改称乡村保健医生。

1969年，公社开始建立农村合作医疗制度，实行队办队管，由大队自筹资金，自己筹办，自己管理。其基金每人每年3元（社员、生产队、大队各1元），个人出资部分在年终分配时统一扣交。社员有病一般在卫生室诊治，较重的或疑杂病症到公社卫生院或县医院，报销比例为医药费的50%~100%不等。1976年成立西张公社合作医疗管理委员会，实行队办社管，农村合作医疗由社队联办，制订合作医疗章程。章程规定：凡公社社员、市镇居民，只要按时交纳合作医疗基金，遵守合作医疗章程，都可以参加社队联办的合作医疗。基金由个人和集体共同负担，个人年交费50元，公社负担25元，大队负担25元。村民有病先到村卫生室看病、医药费全报销。急病主要去西张卫生院，重病转塘桥医院、县医院看病，报医药费用的50%。私自投医，自购药品或冒名顶替的不属报销范围。

2004年，四村合并后，原4个村的卫生室全部归并到双龙村卫生服务站，有医务人员（乡村保健医生）9名，可给病人输液，共有病床18张，主要医疗设备有听诊器、血压计、高压消毒锅，注射用器，尿液分析器、分析仪，离心机及冷藏冰箱等。年末双龙村卫生室被评为张家港市先进卫生服务站。

2003年，张家港市实施新型农村合作医疗保险制度，合作医疗基金由村民交纳及市、镇两级财政给予补贴等三方面构成。村民交纳基金费的标准，2003年时，个人年交费为50元，以后逐年增加。2015年个人交医疗费基金为210元。市、镇两级给予的医疗补贴费也逐年增加。村民就医费用报销分门诊费及住院费的区别确定，报销比例为60%～90%不等。

2012～2015年双龙村参加新型农村合作医疗一览表

表11—2

年份	参保人数（人）	个人交费（元/全年）	市财政补贴（元/人）	镇财政补贴（元/人）
2012	3388	150	225	225
2013	3382	150	225	225
2014	3400	170	250	250
2015	3391	210	295	295

2012年，双龙村新建村卫生服务站，使用面积700平方米，有医务人员5名，其中有2名主治医师。以门诊为主，医疗设备有听诊器、血压计、高压消毒锅，显微镜、全科诊断仪、B超、冷藏冰箱、病床（15张）、输液椅（12张）及多台电脑、打印机、空调、电视机等。

2015年，双龙村卫生服务站升级为双龙村卫生服务中心。

为方便因拆迁安置到湖滨社区双龙花园的村民就近看病，凤凰镇在湖滨社区设有医务室。村民就医费用的报销额度与双龙社区医务室相同。

2006～2015年双龙村卫生室医疗一览表

表11—3

年份	医务人员	房屋（平方米）	床位（张）	主要医疗设备（件）	已建健康档案（人）	妇女病普查（人）	年报销总额（万元）
2006	5	500	15	23	968	862	88.5
2007	5	500	15	23	982	880	95.5

续表 11—3

年份	医务人员	房屋（平方米）	床位（张）	主要医疗设备（件）	已建健康档案（人）	妇女病普查（人）	年报销总额（万元）
2008	5	500	15	23	1038	938	102.2
2009	5	500	15	23	1028	965	105
2010	5	500	15	23	1038	978	106.5
2011	5	500	15	23	1088	1060	108.2
2012	5	700	15	23	1062	982	107.5
2013	5	700	15	23	1042	980	132.6
2014	5	700	15	23	1342	974	145.8
2015	5	700	15	23	1314	1002	150.6

第二节　妇幼保健

一、新法接生

中华人民共和国成立前，妇女分娩由接生婆接生，极不卫生，产妇死亡率较高。中华人民共和国成立后，经过宣传教育和改造旧产婆、培训新法接生员，新法接生的比例逐年增加。同时，将过去传统的家庭分娩逐步改变为住院分娩。公社卫生院设有妇产科，能开展平产和难产手术。2015 年，境内产妇全部住院分娩。

二、妇女劳动保护

境内妇女劳动保护始于 20 世纪 50 年代，农业合作化后，对参加农业生产劳动的妇女实行"三调三不调"，即：经期调干（活）不调湿（活），孕期调轻（活），不调重（活），哺乳期调近（活）不调远（活），由生产队统一安排，深受妇女欢迎。20 世纪 70 年代后期起，越来越多的妇女进入社队办企业工作，各个企业视工种不同，分别制定妇女劳动保护措施，妇女健康得到了保障。

三、妇女病普查

1962 年，境内对 1052 名妇女进行普查，建立登记册，对 345 名子宫下垂患者进行手术治疗和综合治疗。此后，以预防宫颈癌为主，每年进行普查，一年查三分之一，计 438 人。三年查完一轮，以此循环。1977～1979 年，对全境 135 名子宫下垂病人进行重点检查。1980～1983 年，进行宫颈刮片防癌检查。根据普查，境内各种妇女病的发病率逐步下降。1984 年，妇女病的发病率下降为 1.8%。1985～2015 年，妇女病普查每年进行一次，普查率 100%。

四、儿童保健

1984 年，实行计划免疫，即对儿童免费提供接种"四苗"（卡介苗、百白破疫苗、小儿麻痹糖丸、麻疹疫苗），用"六病"（结核病、百日咳、白喉、破伤风、麻疹、脊髓灰质炎——小儿麻痹症）的预防与治疗。

第三节　疾病防治

一、预防接种

中华人民共和国成立以后，人民政府重视疾病的防治，广泛开展预防接种工作。1950～1961 年，境内普遍接种或重点接种了牛痘、鼠疫、霍乱、白喉、百日咳、伤寒等预防疫苗，天花等随之绝迹。1962～1965 年，连续 4 年进行全民性的霍乱菌苗预防注射，每年注射人数占境内总人口的 75％～80％。1967 年～1969 年，预防接种工作停止。1970 年恢复。1973 年，境内普遍接种牛痘疫苗。1977 年，首次接种卡介苗。1978 年开始，对 2～8 个月的婴儿实行计划免疫，接种卡介苗、百白破疫苗（百日咳、白喉、破伤风三联苗）、麻疹疫苗和服小儿麻痹糖丸等；对 1～7 岁的儿童，增加接种流行性脑膜炎。乙型脑炎疫苗，有效地预防了各种传染病的发生和流行。1980 年，境内再次普遍注射霍乱菌苗，全境注射人数达 300 余人次。1986 年后，预防接种由村卫生室向医院集中，接种率占境内总人口的 85％～90％。

二、传染病防治

境内历史上危害最烈的传染病有霍乱、副霍乱、天花、流行性脑膜炎、疟疾等。

霍乱、副霍乱　1939 年夏秋之际，境内石塘发生霍乱，并快速传染。一两个月内 9 户人家接连发病，病人 13 人，死亡 10 人，其中 1 户死 3 人，2 户死 2 人，3 户死 1 人。村民纷纷远离疫区，免遭传染之灾。中华人民共和国成立后，开展爱国卫生运动，加强食品卫生管理，重点接种霍乱疫苗，有效地预防霍乱疫病的发生，至2015 年末，境内未再发生霍乱疫情。

天花　旧时，该病危害甚烈，一旦感染，轻者变成麻脸，重者不治身亡，大多是十不救五。中华人民共和国成立初，全民普种牛痘，天花不再发生。1954 年起，天花绝迹。

疟疾　该病为境内夏秋季节多发性传染病（旧时称作"三日头"），中华人民共和国成立前，流行甚广。中华人民共和国成立后，进行预防和药物治疗，初步得到控制。1962 年，全境开展对有疟疾病史的人服用抗疟药，预防复发，服药人数达

1800 余人次。以后又进行休止期根治，疟疾发病率明显下降。1975 年发生 12 例，1990 年发生 2 例，1992 年起，境内未见发生。

流行性脑膜炎　简称"脑膜炎"，主要在春季流行，新中国成立前缺医少药，得病后死亡率高。中华人民共和国成立后，1965 年春，该病在境内流行，发病 18 例，以中西医两法治疗，全部治愈。期间，公社卫生院及上级卫生部门组成防疫组，下乡发动群众开展以做到"四基本"（开窗通风、勤晒衣服、勤洒扫、隔离病人）为主要内容的卫生工作，并对病人及时治疗，不久即控制疫情。1979 年起，每年对 12 岁以下儿童接种流行性脑膜炎疫苗，有效控制该病发生。2015 年末，流行性脑膜炎在境内绝迹。

麻疹病　常发生在每年的冬春季节。患者一般是儿童。20 世纪 70 年代开始为儿童注射麻疹预防疫苗，1978 年起又纳入计划免疫范围，发病率直线下降。20 世纪 90 年代以来绝迹。

病毒性肝炎　境内流行的有甲、乙两种，以甲型为多见。20 世纪 70 年代前发病率较低，以后逐年上升。1979 年、1980 年达到高峰。1979 年，发病人数 171 人。1980 年，发病人数 129 人。1990～2015 年，境内肝炎发病少有出现。

第四节　爱国卫生运动

一、除害灭病

1952 年 5 月，全境开展以除"四害"（老鼠、蚊子、苍蝇、麻雀。后改为老鼠、蚊子、苍蝇、臭虫）为主要内容的群众性爱国卫生运动，以后每年夏秋季节广泛开展。1958 年"大跃进"期间，捉雀、捕鼠、挖蛹、灭蚊都搞群众运动。1962 年以后，发动城乡人民开展以除害灭病为中心，以城镇"三管二灭"（管水、管粪、管饮食、灭蚊、灭蝇）和农村"两管五改"（管水、管粪、改厕所、改畜圈、改水、改灶、改环境卫生）为主要内容的爱国卫生运动。1976 年开始，除害灭病工作进一步加强。1980 年以后，把爱国卫生列入文明村（单位）建设的重要内容。1990 年以后，爱国卫生在境内形成制度。1994 年开始，各个行政村分工 1 名副主任专门管卫生工作，爱国卫生列入双文明建设考核内容。

二、环境卫生整治

中华人民共和国成立以后，配合除害灭病，发动群众搞好环境卫生。境内清除垃圾、疏通阴沟，填平洼地，消除积水，铲除杂草，消灭和控制蚊、蝇孳生地，达到室内室外环境整洁。

1958年，公社分工1名副社长抓卫生工作。全境取缔公共地方露天粪坑，设置公共厕所4座。1962年，境内的卫生工作得到加强。农村以季节性的环境卫生、消灭蝇蛆为重点，经常进行检查评比。1988年开始，全境各个生产队建蓄粪池，对粪便进行无害化处理。1990年以后，环境卫生工作纳入文明村镇建设内容。全境建公厕12座，（其中冲水式公厕8座）公共场所设立垃圾箱230只，建立垃圾收集房48座。

1990年以来，境内各村普遍开展道路硬化建设，2015年，4个片区村级公路全部铺设了混凝土路面，自然村内道路硬化率达100％，水泥道路通到村民家门口。村委会组建有50多人的全天候保洁队伍。

三、饮水卫生

1970年以前，境内群众大多饮河水，少量饮井水。70年代后，由于农药化肥大量使用，河水污染严重，部分农户自己开挖独户水井。一些生产队开挖公井，解决农户饮水卫生问题。1983年，境内共有水井800余眼，1992年发展到1200余眼。1993～1994年，全境4个村都建有自来水塔，给村民提供深井自来水。1998年，全境有95％的农户饮用自来水，其余的人口饮用井水。2015年，境内村民100％饮用张家港市给排水公司提供的优质标准的自来水。

四、食品卫生

1960年，贯彻食品卫生"五四制"（即实行"四不"：腐败变质食品原料和成品不采购，不验收，不加工，不销售；"四隔离"：生熟食品隔离，成品与半成品隔离，食品与杂物、药物隔离，食品与天然水隔离；把牢"四道关"：食具一洗、二刷、三冲、四消毒；"四定"：环境卫生定人、定物、定时间、定质量，划片包干，分工负责；"四勤"：饮食人员勤洗手和剪指甲，勤洗澡、勤洗衣服），加强了饮食卫生的管理工作。1976年开始，卫生部门每年对境内各村农民街饮食服务人员进行一次健康检查，全年60余人次。1979年，境内宣传贯彻国务院颁发的《中华人民共和国食品卫生管理条例》，对食品卫生进行监督检查和对业务人员进行培训，参加培训人员共48人。1980年开始，由县防疫站对饮食卫生合格的单位发给卫生合格证，境内有18家单位取得卫生合格证。1990年以来，对饮食业人员每年都要进行身体检查，全境的食品卫生工作逐步走上正轨。2015年，全境有28家饮食部门和140多家企业和单位食堂取得卫生许可证，领证率达100％。

第五节　省级卫生村创建

1993年末，西张镇党委、镇政府提出创建卫生镇，具体为"一年创张家港市级、二年创苏州市级、三年创江苏省级"的奋斗目标，境内各村从村情实际出发，分别组建了创建工作领导小组，开展全民健康教育和大环境整治。同时多方筹资，抓硬件建设，落实长效管理措施。至2001年末，全境累计投入1100余万元，改变了原来脏、乱、差的状况，使创建呈阶梯式前进。1996年，双龙村获评省级卫生村称号。1999年，石龙村袁市村获得省级卫生村称号，2002年4月，鸳塘村获得江苏省卫生村称号。

一、组织管理

村民委员会主要领导兼任创建负责人。1994～1999年，境内各村每年召开爱国卫生工作会议4～5次，各个责任部门职责分工明确，列入本部门年度工作目标。1995年，成立创建卫生村领导小组。创建领导小组现场办公25次，认真解决创建中存在的重大问题和疑难问题48个，保证了创建工作的顺利开展。

二、健康教育

各村健康教育领导小组分别有6人组成，属创建领导小组领导，负责制订教育计划。村健康教育领导小组在有关职能部门配合下开展"爱卫月"、"科普宣传周"、"世界环境日"、"世界无烟日"、"计划免疫日"、"爱牙日"等专题宣传活动，还组织中小学校师生、卫生室医护人员开展村头宣传和市民卫生知识应知应会咨询服务。各村健康教育入户率100％，应知应会及格率98％以上，工厂企业、学校等单位健康教育普及率100％，健康行为形成率90％以上。健康教育领导小组对境内各农户分发家庭卫生宣传材料2000余份，要求各农户为创建省级卫生村的目标，积极参与大环境整治活动，积极参与灭鼠、灭蟑、灭蝇、灭蚊等爱国卫生活动，自觉做好改水、改厕、垃圾袋装化，室内窗明几净，室外无垃圾、杂物乱堆乱放等基本家庭卫生要求，不断提升村（居）民的家庭文明卫生程度。村创建领导小组对村（居）民家庭卫生每月一查一评，并张贴"整洁卫生"、"尚卫生"、"不卫生"三种不同标志，对"不卫生"的家庭要求在一个月内整改达标，否则摘掉"文明新风户"的牌子，取消个人文明职工评比资格，从而有效提升村（居）民家庭的总体文明水平。

三、环境卫生

按照既坚持高标准、高起点，又讲实效的指导思想，村容改造和环境卫生工作重点放在填平补缺、改造配套、整治建设、美化完善功能和严格规范管理等五个方面。

队伍　卫生保洁及管理专职人员1995年有12人，1996年增加到20人。工资报酬及福利列入村财政预算。村里与各企业签订门前"五包"委托管理书，签约率达100％。

基础设施建设 1996年，新建、改建公厕，清除露天粪缸，增设环卫设施。至2000年底，全境有公共厕所5座，单位厕所100％有自流式冲洗设施，各村公共场所设立垃圾箱16只，设立公用果壳箱4只，垃圾堆放处理场2处。1996年起，境内各村先后投入200万元扩建混凝土路面4.2万平方米，埋设路面下水道3800米，村道路硬化率达100％，下水道管道体系通畅。多渠道筹集改水改厕资金200万元，采取打井建塔，联网供水，延伸管道方法，使辖区农村自来水普及率达到省级卫生村的要求。1996年，全境农户卫生户厕普及率达35.5％。1995～1999年，先后投资240余万元用于绿化美化，村级道路全部植树绿化，在道路两旁栽上雪松、香樟、桧柏、月季、黄杨等；1999年，全境绿化面积达7.15万平方米，绿化覆盖率达10.3％，人均公共绿地10.5平方米，达到了春有花、夏有荫、秋有果、冬有绿。村农民门店、单位都安装了霓虹灯、彩灯。

管理 对卫生管理区域分段划片，定人定岗，定时保洁，定期消杀，垃圾清运率100％；垃圾集散地无污水溢流，无蝇蛆；公厕统一编号，责任管理制度上墙，并设监督电话，接受群众监督。并采取综合治理和专项突击检查相结合，管理监督人员实行全天候服务。

对辖区建设工地，严格施工占用公地审批制度，围栏作业，禁止乱倒生活及建筑垃圾。农民街实行分摊经营，明码标价，证照齐全，严禁无证摊、露天摊、流动摊、店外店。按照规范化内容实施管理。一是宣传教育。以画廊、黑板报、图片展览等形式认真宣传《食品卫生法》，强化凭证合法经营的法制观念。二是业务培训。1995～2015年，每年专门召开食品行业卫生管理会议，举办分行业相关知识培训班，组织书面考试，达到食品卫生行业的证照齐全要求，使饮食卫生持之以恒。三是狠抓检查管理。1995～2015年，每月进行行业卫生检查，对不符合卫生要求的单位进行相应处罚，并限期整改，对个别整改不力的联合执法。配齐防蝇设备、餐具清洗消毒设备等，各饮食、食堂等部门都安装了风幕机，采用热能消毒，设公用餐具。配备油气灶、餐具电子消毒柜。

理发业统一配备理发工具及紫外线消毒箱、头癣患者专用理发工具箱、毛发收集桶及毛巾消毒用具，使用一次性胡刷和刮胡刀。旅店业床上用品按每床3套配备，做到一客一换，常住客每周一换，设置公用专用消毒间，操作规程上墙。卫生室严格执行无菌操作制度，做到一人一针一筒。

1996年开始，全境食品生产经营单位都认真贯彻执行《食品卫生法》，不生产销售霉烂变质食品。出厂食品有生产日期，保质期标志，销售单位的食品存放和索证工作等健全规范，执行良好。1995～2015年，全境无食品中毒事件发生，无肠道传染病暴发和流行。

第十二编　精神文明建设

　　中共十一届三中全会以后，全党工作的重点转移到以经济建设为中心上来。为了在各个领域拨乱反正，恢复被"文化大革命"所破坏的社会风气、社会秩序，创造一个有利于发展国民经济、建设社会主义物质文明的良好环境，中共中央提出了"要在建设高度物质文明的同时，建设高度的社会主义精神文明"、"要坚定地确立两个文明一起抓的指导思想"。遵照中共中央的指示精神和上级党委的部署要求，境内自1981年10月起，在全境范围内开展了群众性精神文明创建活动。

　　1981年10月，全境范围内开展"五讲四美三热爱"（讲文明、讲礼貌、讲卫生、讲秩序、讲道德；心灵美、语言美、行为美、环境美；热爱祖国、热爱社会主义、热爱中国共产党）活动，11月，开展创建文明新村活动，并拓展到创建文明工厂、文明学校、文明商店（摊位）、文明车间和五好文明家庭。1989年1月，开展评选"新风户"活动；1990年6月起，境内各村参加全镇"新风杯"夺杯竞赛活动，从而形成了全方位、多层次、系列化的精神文明建设新格局。1994年，张家港在创建成国家卫生城市的基础上，又提出了创建全国文明城市的新目标。1997年3月，全境掀起创建文明村的热潮。2004年至2013年，分别开展五星文明家庭创建和公民道德、社会公德、思想品德和争做文明市民教育活动。2013—2015年，全境开展了践行"中国梦"和社会主义核心价值观的教育活动。从1981年到2015年，经过34年的成功实践，全境经济建设快速发展，群众性精神文明建设健康持久深入发展，走出了一条两个文明协调发展的成功之路。自1996年起，双龙村分别获得江苏省卫生村、江苏省文明村、苏州市文明村、苏州市先锋村、苏州市建设社会主义新农村示范村等荣誉，多次被评为张家港市文明村。

第一章 宣传教育

第一节 宣传活动

一、"五讲四美三热爱"活动

1981年3月，在全境范围内全面开展以讲文明、讲礼貌、讲卫生、讲秩序、讲道德和心灵美、语言美、行为美、环境美为主要内容的"五讲四美"文明礼貌活动，并把这一活动与社会治安综合治理、为民办好事、学雷锋树新风结合起来，推进文明村的创建。1982年3月，全境组织开展了第一个"全民文明礼貌月"活动。并将每年3月定为文明礼貌月，组织村民参与讲文明、讲礼貌活动。1983年1月，又将"热爱党、热爱祖国、热爱社会主义"和"五讲四美"结合起来，统一称为"五讲四美三热爱"活动。活动内容有三项：即整治环境大搞卫生；移风易俗树立新风；助人为乐文明礼貌。1983年3月至1984年3月，全境连续两年开展"全民文明礼貌月"活动，推进"五抓五治五变"（即抓思想道德建设，治旧变新；抓文化科学建设，治愚变智；抓环境卫生建设，治脏变净；抓社会秩序建设，治乱变安；抓生产发展，治穷变富）。使全境村民受教育面达到95%以上，全境出现了爱国、爱党、爱社会主义的人多了，讲文明礼貌、讲环境卫生的人多了，先公后私、关心集体的人多了，尊老爱幼、助人为乐的人多了，见义勇为、拾金不昧的人多了，家庭和睦、邻里团结的人多了的新气象。

二、学英雄、学先进教育活动

20世纪80年代初，全境在学生、青年中开展学雷锋树新风活动。每年3月5日前后，举行为民服务"一条街"活动，开展义务修理、义务理发、科技及法律咨询，便民义诊，无偿献血，义务植树，打扫街道，清理垃圾，黑板报连展和为敬老院孤寡老人、残疾人员及军烈属"送温暖、献爱心"，为贫困人员捐款捐物等活动。1986年后，开展了"四有"（有理想、有道德、有文化、有纪律）教育，组织听取"两山"（老山、凉山）英雄事迹报告。1996年，组织党员、干部开展向孔繁森、曹克明学习活动。1999年，组织开展了"学沙钢、学梁丰、学习沈文荣"的活动。2015年在凤凰镇党委的倡导下，在全镇范围内开展了"外学汪明如（张家港籍全国道德模范）、内学章建新（双龙村党委书记）"的活动，以先进典型的高尚精神和感人事迹感召全境人民积极投身两个文明建设。

三、"三爱"（爱祖国、爱集体、爱社会主义）教育活动

1989 年开始，全境各中小学每周举行升国旗仪式，接受爱国主义教育。每年"九一八"国耻日，各个学校都要开展各类歌咏、演讲比赛，教育青年"勿忘国耻、爱我中华"。1995 年，全境深入开展爱祖国、爱集体、爱社会主义教育活动。在深入开展"三爱"教育活动中，还组织村干部和中小学生参观沙洲中路步行街、张杨公路、保税区、沙钢集团等标志性工程及重大建设项目。通过现场参观和展开讨论，广大干部群众、中小学生增强了对改革开放成果的感性认识和热爱家乡、建设家乡的自豪感与责任感。1997 年 7 月 1 日，中国政府恢复对香港行使主权。全境以此为契机，紧密围绕"颂祖国、庆回归、迎七一"这一主题，开展庆祝香港回归系列活动。1998 年，为纪念中共十一届三中全会召开二十周年，全境广泛开展了"二十年改革、二十年巨变"主题教育，组织开展了文艺晚会，演讲比赛，专题党课，图片、黑板报汇展等活动。

四、文明市民教育活动

1992 年，全境开设 4 所市民学校，组织市民学习《张家港文明市民读本》。举行知识竞赛、演讲比赛，参加 205 人次。

1993 年，全境开展学习《张家港文明市民守则》和《张家港市民行为规范》。其中《张家港文明市民守则》的内容为"六要"（要热爱祖国、建设港城、同心奋斗、勇于争先；要团结友爱，助人为乐，言行文明，自尊自重；要家庭和睦，邻里相亲，计划生育，拥军优属；要尊师重教，敬老爱幼，相信科学，移风易俗；要讲究卫生，美化环境，义务植树，爱护花木；要遵纪守法，维护公德，诚实守信，优质服务）、"十不准"（不准粗言秽语，相骂吵架；不准随地吐痰，乱扔果壳、烟蒂、纸屑；不准闯红灯，妨碍交通；不准乱停车辆，挤占道路；不准乱设摊点，无证经营；不准乱搭乱建，影响村容；不准乱倒垃圾，乱堆杂物；不准乱涂乱贴，私设广告、标语；不准损坏绿化，侵占绿地；不准擅自挖掘，破坏设施）。《张家港市民行为规范》的内容为"五讲十不"（讲文明、讲礼貌、讲卫生、讲道德、讲秩序；不随地吐痰、不乱丢杂物、不损坏绿化、不损坏公物、不乱贴乱画、不吸游烟、不骑车带人、不乱停车辆、不燃放烟花爆竹、不说粗话脏话）。

1999 年，以"争做文明人，共建文明城"为主题，开展文明市民守则、文明市民公约以及"三德（社会公德、职业道德、家庭美德）、三礼（礼貌、礼仪、礼节）"常识教育。2005 年，文明市民教育与公民基本道德教育同步实施。

通过文明教育活动，境内村民的精神风貌产生了质的蜕变，助人为乐、见义勇

为的人、事经常出现；2004 年 6 月，境内 29 组（陶家湾）村民陶卫文报名参加捐献骨髓志愿者队伍，并提供了血样；2008 年，境内 7 组（西巷）村民邓龙兴热情捐资助学、捐资扶贫济困；2011 年，境内 15 组（石塘）女村民陈秀华始终坚持悉心照料植物人丈夫；2014 年，境内 30 组（潘家宕）村民潘正东路见车祸发生及时将伤者送往医院抢救，被公安部门认定为见义勇为事迹；2015 年，境内 21 组（王家巷）村民王建飞勇救落水妇女等。

五、"中国梦"与社会主义核心价值观教育活动

2012 年 11 月，中共中央召开第十八次全国代表大会，提出了实现中华民族伟大复兴的"中国梦"的宏伟目标及社会主义核心价值观的精辟阐释。"中国梦"的具体内容是：到中国共产党成立 100 年时，全面建成小康社会的目标一定能实现。到新中国成立 100 年时，建成富强民主文明和谐的社会主义现代化国家的目标一定能实现。中华民族伟大复兴的梦想一定能实现。社会主义核心价值观的具体内容是：富强、民主、文明、和谐、自由、平等、公正、法治、爱国、敬业、诚信、友善。双龙村党委认真组织全体共产党员，村组基层干部，广泛开展学习"中国梦"与社会主义核心价值观的具体内容，把践行"中国梦"这一伟大复兴工程与公民为建设富强、民主、文明、和谐国家的目标，创建自由、平等、公正、法治的社会而必须遵循的爱国、敬业、诚信、友善的操守紧密结合起来。

人民有信仰，国家才有力量。通过"中国梦"与社会主义核心价值观教育活动的深入开展，全境村民的政治信仰在很大程度上得到提高。全境村民发自内心的对伟大的中国共产党更加热爱，对中国共产党领导的社会主义建设事业更加热爱。全境村民对社会的正义感、幸福感与满意度实实在在是大幅度提高了。

第二节　道德建设

一、公民道德教育

2001 年 10 月，中共中央印发《公民道德建设实施纲要》（以下简称《纲要》）后，根据西张镇党委要求，全境 4 个行政村均召开学习、贯彻《纲要》动员会议，举办公民道德建设启动仪式，要求村民小组和单位按照"重在建设，以人为本"的方针，认真抓好《纲要》精神的贯彻，并在全村精心策划和组织开展了公民道德教育，"六个一"系列活动。

传唱一首歌　编创《道德模范之歌》，并制作成音带进行全民传唱。使"爱国守法、明礼诚信、团结友善、勤俭自强、敬业奉献"20 字公民道德基本规范真正记到

村民心里。

读好一本书　将《文明新风三字歌》顺口溜作为《公民道德建设实施纲要》的乡土教材广泛发放。

展出一套漫画　经电脑设计成形象、生动的漫画册，用于全境宣传橱窗展览。

建好一批公民道德文化墙　在文明小区及交通要道能见度好的建筑墙和围墙上，用漫画形式展示公民道德规范内容。

上好一堂课　结合课堂教育，在小学生中开展中华人民共和国《国旗法》、文明礼仪、道德风尚、法律法规的教育；利用市民学校，在村民中开展道德规范教育；对党员、干部进行党的宗旨和公民道德教育。

推出一批文明典型　通过"文明使者"评选和组织宣讲巡回演讲的方式，使文明道德发扬光大。

在全境上下普遍举行公民道德规范知识竞赛，并将公民道德规范内容贯穿于寓教于乐的群众性歌舞、表演、读书等群众文化系列活动、文化广场活动及各种联谊会之中。

2015年，双龙村开设道德讲堂。村党委、村村民委员会利用道德讲堂平台，经常邀请全村各层次的代表，每次35～40人，开展道德建设宣传教育活动，推动"知行合一"的道德实践，营造"崇德尚善"的浓厚范围。

二、诚实守信教育

2001年，全境全面启动诚信社会、诚信企业和诚信市民为主要层面的创建活动，大力营造"诚信为本、操守为重"的社会风尚，全方位塑造诚实守信文明双龙新形象。全境充分利用市民学校为阵地，分层面、针对性地组织市民学习《公民道德家庭读本》，把诚信融入"五星文明家庭"和"五星文明职工"的评选活动中，进一步强化了市民的诚信意识，规范了市民的诚信行为，促进了市民诚信习惯的养成。2005年至2015年，坚持突出公民道德、社会公德、思想品德和争做新市民教育活动，从而培育了一大批诚实守信、助人为乐、遵纪守法、孝敬老人、勤劳致富的村民。

第二章　创建活动

第一节　文明新风户、星级文明家庭评选

一、文明新风户评选

1989年7月，市委、市政府下发《关于深入开展创建文明新风户活动通知》后，西张镇选择一村（双龙村）、一居（西张居委会）、一厂（西张服装厂）、一校（西张中心小学）、一场（集贸市场）等五个不同层次的单位开展评选文明新风户的试点工作，并将这一活动与评选文明职工、文明学生、文明个体工商户等结合起来。是年11月，双龙村有83户家庭被评上文明新风户，村干部隆重向首批获评家庭授牌，增强了村民当上文明家庭的荣誉感。自此，境内各村积极响应认真开展文明新风户评选。

新风户评选标准为"十要十没有"：要爱国家、爱集体，自觉执行粮油种植计划，没有欠交税款、规费和合同定购任务的行为；要遵纪守法，没有赌博、传看淫秽物和小偷小摸行为；要自觉遵守《文明市民守则》，没有不文明、不道德行为；要自觉搞好家庭内外环境卫生，积极消灭"四害"，没有乱倒垃圾、乱堆杂物、乱拉电线和无证养犬等行为；要移风易俗，没有参与关亡（请巫婆讲述亡者在阴界的情况）、扎库（用纸和竹篾或芦苇秆糊制、烧给亡者的房屋、电器、床柜等阴间"生活用品"）、算命、做道场、非法建庙等封建迷信活动；要邻里相亲，团结互助，没有打架、相骂等邻里纠纷和搬弄是非、侵害他人权益的行为；要家庭和睦，夫妻恩爱，没有虐待老人、夫妻吵架等行为；要自觉遵守婚姻法和计划生育规定，没有无计划生育、大月份引产和早婚早恋、未婚同居、非法同居、未婚先孕、轻率离婚等现象；要执行土地管理法，没有违法占地、违章搭建、取土毁田、乱建坟墓等行为；要自觉实行《中华人民共和国义务教育法》《中华人民共和国兵役法》，没有逃学流生和逃避服兵役等行为。

工厂企业文明职工评选标准为"十个要"：要爱集体、爱企业、爱岗位，不做有损企业的事，不说有损企业的话；要忠于职守，按质按量按时完成任务；要遵守市民守则，没有不文明、不卫生行为；要遵守劳动纪律，不旷工、不迟到、不早退、不串岗、不干私活；要增强质量意识，没有质量事故；要遵守安全操作规程，确保安全生产，不发生人身、设备事故；要廉洁奉公，增产节约，节省水电；要自觉遵

守婚姻法和计划生育规定，没有早恋早婚、未婚先孕、非法同居、未婚先育等不文明、不道德行为；要遵纪守法，不参与赌博迷信活动，敢于同丑恶现象作斗争；要遵守市民守则，维护社会公德，敬老爱幼，尊师爱徒，言行文明，家庭、邻里和睦。

评选工作要经过家庭（个人）自评、群众互评、评议小组初评、单位领导班子审定、出榜公布、挂牌或摘牌等程序。评选活动与福利待遇和奖金挂钩。对被评上新风户的家庭，除给予精神鼓励外，均给予一定的物质奖励；对未评上新风户的家庭，则处以不得享受或减少享受年终福利待遇的处罚。各个工厂企业对被评上文明职工的，均给予上浮10％至30％不等的年终奖金。自1989年至1998年，全境各村每年都要开展文明新风户评比活动，评上文明新风户的占全境总户数96％。

二、星级文明家庭评选

2005年5月，五星家庭评选活动在双龙全境展开。村党委专门成立了由一把手负总责的"五星文明家庭"评选领导小组。五星文明家庭的评选方法和程序与文明新风户的评选程序基本一致。"五星"包括遵纪守法星、勤劳致富（义务奉献）星。文明卫生星、友善和睦星、诚实守信星。2005年末，全境4个村共评出五星文明家庭1732户，其中五星文明家庭标兵48户，五星孝敬和睦家庭48户。并对评为五星文明标兵的家庭和五星孝敬和睦的家庭，进行授牌表彰和给予物质上的奖励。

2015年3月，在践行"中国梦"及核心价值观的具体实际中，双龙村两委（村党委会和村民委员会）根据上级文件精神，决定在全境农户中，在原开展"文明新风户"评选的基础上，进一步深化活动内容，开展"八星文明新风户"的评比活动，"八星文明新风户"共设"勤劳节俭星""孝敬和睦星""诚信友善星""洁美环保星""书香文化星""见义勇为星""慈善关爱星""风尚模范星"等八个星级，村民家庭符合其中一项星级标准，即可申报评比。每年6月底为初评，11月为年终总评，经评议领导小组组织有关人员对"八星文明新风户"验收达标后，有村民委员会将评比结果公示，对当选"文明新风户"的农户授牌授星。对不符合标准的农户进行摘牌摘星。同时以多种有效形式宣传"文明新风户"的典型事迹，以起到"表彰一户，辐射一片"的作用。2015年11月全境获评星级文明新风户77户，村领导对获评家庭授予"星级文明新风户"的奖牌，并给予物质上的奖励。通过"八星文明新风户"的评比，激励村民弘扬时代正气，充实社会正能量，积极向上，踊跃投身到创建新时期文明家庭的活动中来。把弘扬社会公德、倡导尊老爱幼、家庭和睦、勤俭持家、邻里团结、见义勇为等社会美德，作为村民践行社会主义核心价值观的具体行动。全境村民受教育面达95％以上。

第二节　文明村创建

1986 年，境内各村开展创建文明单位活动，要求企业、各文明小区做到物质文明建设和精神文明建设同步发展，村主要考核"五好"（经济发展好、村容村貌好、村风民风好、村民素质好、党员干部带头好）。1988 年，城乡考核标准统一为领导班子、干部素质、村容村貌、村风民风、遵纪守法、生产业务等六个方面，后增加违反计划生育"一票否决"的内容。1990 年，创建双文明单位都要制定创建规划，与"新风杯"考核相结合，年中、年终各考核 1 次。创建活动由各单位精神文明建设领导小组具体负责，单位一把手任组长。年初，由各创建单位制定创建规划，提出全年两个文明建设的具体目标和措施，排出重大活动日期和责任人，以利检查。督促、落实。年终，各创建单位按标准对照检查，自我评分，书面总结。村党组织提出考核推荐意见报镇市审批，经上级批准后命名，并颁发"双文明单位"奖牌。

1995 年，文明村镇创建工作纳入双文明单位的创建活动之中。

1996 年，西张镇以提高农民素质和建设社会主义新农村为目标，按照经济国际化、农村城市化、城市现代化、社会文明化、城乡一体化的发展思路，认真开展了创建文明村镇活动。创建文明村镇活动的工作重点是对村（居）民进行思想道德和法制观念教育，以提高村（居）民素质。是年，双龙全境在组织开展"三五"普法教育初期，连续 2 次召开动员大会，举办各类培训班 4 期，发放法制教育宣传材料 2500 份、法律书籍 1000 多册、法制宣传图片 100 余张，进行法制板报联展 3 次、法律咨询 30 余次，受教育群众达 5000 多余人次。1996 年，创建工作的着力点放在解决农村环境卫生的薄弱环节上。是年，双龙村通过省级卫生村考核验收，鸳塘村、石龙村、袁市村于 1999 年通过省级卫生村考核验收。

1998 年末，西张镇党委根据市文明委决定，将创建文明村镇与创建村级文明单位、镇级"新风杯"竞赛活动并轨。

2001 年，张家港市委员会、张家港市人民政府授予双龙村"文明村"，苏州市委员会、苏州市人民政府授予双龙村"文明村"；2002 年，张家港市委员会、张家港市人民政府授予双龙村"经济强村"，苏州市委员会、苏州市人民政府授予双龙村"经济强村"。2002～2003 年度，双龙村被评为苏州市文明村。

2004 年，全境广泛开展以"清洁家园，清洁村庄、清洁河道"为主题的大环境整治，并列入为民办实事工程。2007 年，双龙村成为苏州市社会主义新农村建设示范村。2008 年至 2015 年，双龙村分别被评为江苏省文明村、江苏省社会主义新农村建设先进村、江苏省卫生村、苏州市先锋村、苏州市村级经济发展百强村。

第十三编　社会风土

　　双龙全境处在虞西地区，历史悠久。方言属吴语系虞西话种类，民俗风情较为丰富，尤其是方言俚语及风俗习惯大多与农耕相联系。如气象谚语、农耕谚语、岁时习俗、生活习俗等无不体现了双龙地区具有地方特色的民俗风情。中华人民共和国成立后的半个多世纪以来，境内农民的生产生活方式发生了翻天覆地的变化，这些习俗有的已逐渐消失，有些至今仍存在于现实民间，耳熟能详，继续传承，成为境内民俗风土文化不可或缺的一个重要组成部分。

第一章　方　言

　　境内方言属吴语系统虞西话，全境语音，比较一致。解放后，随着人际交往日益频繁，不同年龄人的语言有着明显的差异。老年人仍然有浓重的乡音，而青年人则吸收了很多普通话的成分，尤其是上小学及幼儿园的孩童，大多说普通话。某些方言词语正逐渐为普通话词语所替代。

第一节　主要常用词

一、称谓

　　境内方言中，丈夫妻子无对称词，一般均称对方名字，或在爹、娘前冠以长子、长女名字。对岳父母随妻称呼，对公婆也随夫称呼。对同一亲属辈的称呼以年龄大小为序，如"大伯、二伯、小伯"等。对外谈自己的亲属时常在称呼前冠以"我里"，如"我里阿公"、"我里媳妇"等。对小辈习惯呼名字，对同辈亦有直呼其名的。对孙一辈称"妹妹""弟弟"，为习惯的亲昵称呼。

亲属称谓表

表 13-1

称谓	当面称呼	对外称呼	称谓	当面称呼	对外称呼
父亲	爹爹、好爹、阿爸、阿爹	老子（其余同当面称呼，以下简写同）	外曾祖父	太公、外太公、老太公	妻太公、公公
母亲	姆妈、姆娘	娘（同）	外曾祖母	太太、太婆、外太婆、老太太	外太太、妻太婆
祖父	公公、爷爷、老爹、老公公	同	叔父	叔叔、爷叔、阿叔、大叔、小叔	同
祖母	奶奶、亲娘、亲婆	同	婶母	婶娘、娘娘、大婶娘、小婶娘	同
曾祖父	太公、老太公	同	舅父	舅、娘舅	同
曾祖母	太太、太母、太婆、老太太	同	舅母	娘妗、舅母	同
外祖父	公公、好公、外公	同	姑父	姑夫	同
外祖母	好婆、外婆	同	姑母	伯伯、阿伯、好叔（视同男子而称呼）	姑娘（同）、舅舅（视同男子而称呼）
伯父	老伯伯、大伯、二伯	同	夫嫂	嫂嫂、姊姊、阿姊	大娘
伯母	大娘、娘娘、鞋娘	同	夫弟妇	呼名字、妹妹	弟新妇、婶子
姨母	阿姨、娘娘、舅舅（视同男子而称呼）	同	夫姐	姐姐	姑娘、大姑娘
姨父	姨夫、娘姨夫、阿姨夫	同	夫姐夫	阿哥、姑夫	姐夫、姑夫
岳父	爸爸、爹爹、阿爹、伯伯	丈人、爹爹	夫妹夫	呼名字	仔妹婿
岳母	姆妈、娘、娘娘	丈母、丈母娘、姆娘	妻兄	阿哥	大舅子、老婆舅、阿舅、老舅
公	爷爷、老爹、公公	阿公、公爹爹、老头子	妻弟	阿弟、呼名字	阿舅、小舅子、老婆舅
婆	姆妈、娘、姆娘	婆婆、阿婆	妻姐	姐姐	阿姨、妻阿姐

续表 13—1

称谓	当面称呼	对外称呼	称谓	当面称呼	对外称呼
丈夫	呼名字或某某爹	男人、男客、老头子、官人、小官人	妻妹	呼名字	阿姨
妻子	呼名字或某某娘	女人、老婆、娘子、堂娘娘、老太婆	妻嫂	嫂嫂、阿嫂	阿舅娘子
夫弟	呼名字、弟弟、叔叔	阿叔、叔子	妻弟妇	呼名字	阿舅娘子、老婆舅母
大兄	阿哥、哥哥、大大	老大、伯子	弟	弟弟、阿弟	兄弟（同）
哥	哥哥、阿哥、大大	同	妹	妹妹	仔妹（同）
姐	姐姐、阿姊	同	—	—	—

二、词汇

　　境内方言口语词汇十分丰富，具有生动性、形象性和通俗性，在吴语系中颇具特色。这里，遴选 500 多条，按词语（包括词和词组）的性质和意义分 8 类编排，名词性的词语按种类分列。

(1) 名词类

忽险：闪电

冰牌：雹

星移场：流星

昨尼：昨天

上昼：上午

早起里：清早

夜快：傍晚

难：现在

灶胡：厨房

汁勺：汤匙

眼线：缝衣针

轮盘：车轮

棉满：棉袍

迷露：雾

大后尼：大后天

蓬尘：尘土

后尼：后天

胡昼：下午

逆里：白天

坑缸：粪池

窗盘：窗

筲箕：洗米箩

家生：家具、工具

针窠：顶针儿

绢头：手帕

尼子：儿子

白席：草凉席

拐拉棒：拐杖

小干：小孩

细娘：女小孩

新官人：新郎

膝馒头：膝盖

骷郎头：头

额角头：额

眼乌珠：眼珠

酒瘛：酒窝

手撑跟：肘部

大膀：大腿

馋吐水：口水

牙苏：胡子

肩呷：肩膀

饭迟：锅巴

拾脚：瘸脚

死血：冻疮

馒头：有馅包子

大包子：无馅包子

米糁：饭粒

偷瓜畜：刺猬

众生：泛指畜禽

猪奴：猪的统称

老虫：鼠

蚂米：蚂蚁

赚节：蟋蟀

癞团：癞蛤蟆

癞团乌：蝌蚪

长生果：花生

香瓜子：向日葵子

沿衣头：扁豆

斜菜：荠菜

杏芹：小芹菜

墨事：东西

人情：礼金、礼物

勿色头：倒霉的事

饭怪：因妊娠引起的饮食反应。

(2) 代词类

嫩：你

嫩得：你们

厚得：他们

里海：这边

一干子：一个人

两家头：两个人

几家头：几个人

过搭：那里

俚个：这个

过个：那个

过海：那边

里搭：这里

习梗：这样

鞋搭、鞋里：哪里

(3) 量词类

一部（汽车）：辆

一管（笔）：支

一只（牛）：头

一只（猪）：头

一谢（雨）：阵

一局：较短的一段

一笃（痰）：口

一忽：觉

一注（生意）：笔　　　　　　　　　　　　（去）一趟：次

(4) 动词类

归：收拾整理　　　　　　　　　　　　　斜：快跑

钵：给　　　　　　　　　　　　　　　　窜：拉屎；泻肚子

梭：寻找　　　　　　　　　　　　　　　荡：洗（冲洗杯碗）

畔：人躲起来　　　　　　　　　　　　　掉：换

千：削　　　　　　　　　　　　　　　　情：开心；高兴

朵：鸟禽等立于高处　　　　　　　　　　撸：往上爬

量：买（米）　　　　　　　　　　　　　热：装（进口袋）

揎掇：怂恿　　　　　　　　　　　　　　打棚：说空话

痒车：晕车　　　　　　　　　　　　　　壳涨：准备

有去：可以　　　　　　　　　　　　　　打呸：打算

白相：玩　　　　　　　　　　　　　　　出松：溜走

过人：传染　　　　　　　　　　　　　　弄乖张：开玩笑

落：洗澡　　　　　　　　　　　　　　　吹风凉：乘凉

翻嘴：吵架　　　　　　　　　　　　　　勿来个：不行的

着港：目的达到　　　　　　　　　　　　结毒：结怨

难为：耗费　　　　　　　　　　　　　　做假痴：装聋作哑

吼司：发愁；担心　　　　　　　　　　　塌漏：弄脏

钝：挖苦

(5) 形容词

内：内行；熟练　　　　　　　　　　　　狠：本事大

邹：脾气不好　　　　　　　　　　　　　印：冷

精：世故深；瘦肉称精肉　　　　　　　　情：高兴

木：呆　　　　　　　　　　　　　　　　厌：小孩顽皮好动

膨：凸出　　　　　　　　　　　　　　　奥糟：脏

出客：漂亮　　　　　　　　　　　　　　豪嫂：抓紧、快

济糟：脾气不好　　　　　　　　　　　　呃塞：天气闷、湿度大

粒漆：如芒刺背，奇痒；心烦不安

派拉：泼赖凶狠　　　　　　　　　　　　做人家：节俭

落脉：悠闲　　　　　　　　　　　　　　曹荐：尖钻

促客：奸刁狡猾　　　　　　　　　　　　落槛：大方

舒齐：宽绰有余；安排就绪　　　　　猴极：性子急躁

练简：老练顽强　　　　　　　　　　孟门：蛮横

激棍：厉害　　　　　　　　　　　　价乌：差劲；马虎

坦气：大度　　　　　　　　　　　　厌气：闲闷无聊

（6）副词类

加尼：更加　　　　　　　　　　　　杭尽：许多

定见：果然　　　　　　　　　　　　险关：险些、差一点

大面：基本上　　　　　　　　　　　等歇：等会儿

板定：必定　　　　　　　　　　　　勿罢：不止

陌生头里：突然　　　　　　　　　　海还：许多

贴正：刚好　　　　　　　　　　　　作兴：也许、可能

欺得：亏得　　　　　　　　　　　　勿辛：难道

（7）连词类

一头……一头：一面……一面

搭：和；同；与；跟　　　　　　　　讲譬说：假如

难墨：于是；然后好理、勿然：否则

个墨：那么　　　　　　　　　　　　勿墨：或者

（8）叹词类

嗨：喂（呼唤）　　　　　　　　　　噢：好，好的

阿依呀：表示惊诧　　　　　　　　　阿唷哇：呼痛

三、语法特点

形容词和动词的重叠形式，例如：

热同同（热烘烘）　　甜咪咪（甜津津）　　酸济济（酸溜溜）　　臭血血（臭烘烘）

绿澄澄（绿油油）　　黑出出（黑沉沉）　　白瞒瞒（白茫茫）

方言中叠音多，加上叠音后加重了词义的份量

红喜喜（绯红）　　黄光光　　青韭韭　　紫茵茵

白嘹嘹　　细悠悠　　长爽爽　　矮端端

温磊磊　　冷世世　　干梅梅　　湿搭搭

潮扭扭　　重敦敦　　辣蓬蓬　　咸磊磊

壮笃笃　　瘦乖乖　　酥梅梅　　火宅宅

笨式式　　呆顿顿　　阴各各

普通话中有些前偏后正的双音节形容词，方言中前字重叠，例如：

墨墨黑（墨黑）　　雪雪白（雪白）　　碧碧绿（碧绿）

煊煊红（煊红）　　腊腊黄（腊黄）　　梆梆硬（梆硬）　　笔笔直（笔直）

普通话中有些单音节形容词，方言中也在前重叠两个音节，增强表达效果，例如：

削削薄（薄）　　蛮蛮粗（粗）　　蛮蛮大（大）

绝绝细（细）　　刷刷滑（滑）

同一形容词形容不同事物时，叠字也相应起变化。例如：

白瞒瞒：雾气茫茫　　　　　　　　　　白塔塔：颜色退尽，暗淡无光

第二节　俗语俚语

几胡：多少

推板：不好、差劲

触祭：吃东西（贬）

坏伯嚣：出坏点子的人

围圆：指事物很多、很大

腾空：无根据

穿绷：事情败露

险关：危险的很

做亲：结婚

死蟹：无用、无法

巴家：会当家

打棚：说空话、开玩笑　交关、海还、

上路：说话办事有条理、有规矩、像样

洋盘：衣着言谈洋里洋气；假充内行

说非：闲扯、谈不着边际的话

巴（读布）细：十分细心，仔细

寻吼思：寻事

一歇歇：时间很短

耐末好哉：不好了

轧闹猛：凑热闹

鸭屎臭：丢脸，出丑

打过门：给人暗示

勿入调：不规矩、不理想、不好

朝南话：打官腔，说空话

着港：有着落

杭尽：很多、好多

登（读等）样：样子漂亮

小乐惠：小小的享受

豁令子：暗示

卸肩胛：推卸责任

坍肩胛：不负责任

调枪花：耍花招

眼眼调：刚好、正好

靠牌头：依仗靠山、后台

勿连牵：不像样

会白相：会玩手段；会玩

夹手账：经别人转手的事和账

趁脚跷：乘人家纠葛说风凉话

无趣相：自讨没趣，不客气

恶死做：不要脸、耍无赖

别苗头：跟人比高低；看苗头

做手脚：作伪、作弊

讨惹厌：惹人讨厌、麻烦

关心境：触及切身利益和伤心痛苦的事

无话头：不好商量；好得无可挑剔

无讲头：没有共同语言；人家把话讲绝了

勿识相：看不出苗头、做蠢事

搭弗够：力不能及；交情不够

测生头里：突然

眼皮子浅：气量小的人

乌拉不出：说不出的苦恼、后悔

掮水木梢：接受人家不肯办的事结果吃亏受罚

隔壁打水缸：指桑骂槐

拆空老寿星：哀叹事情失败，无法挽回

莳秧照上垜：照上面或旁人的样子做

板板六十四：脸色呆板，办事一眼三板

狗面亲家公：一时好的似亲家，一时翻脸不认人

摊得开协得笼：说话办事光明正大

临临上轿穿耳朵：事到临头才做准备

横竖横，拆牛棚：横下一条心干下去

带害乡邻吃麦粥：连累人家倒霉

救了田鸡饿了蛇：好了一个，坏了一个

三只鸭子六道游：人少去向多

道士念经夜来忙：白天不出力，晚上装着忙

立勒河里等潮来：等待观望，不主动想办法

新箍马桶三日香：办事缺乏持久性

生就毛皮制就骨：本性难改

乌不三，白不四：不干不净

夹忙头里膀牵筋：忙当中突然发生麻烦事

急惊风请着慢郎中：急事情碰着办事慢的人

只有廿九，无不三十：事情只研究，不落实

天开眼：得到应有的报应

吃喷头：做事碰壁、挨骂

投五投六：忙碌

野野豁豁：无边无际

老 K 失匹：精明人失误

假面光鲜：弄虚作假、装装门面

青肚皮猢狲：没有记性

细磨细相：办事细致、缓慢

极出乌拉：发急；用尽全力硬做

半二勿三：办事半途而废

吭手筛箩：手足无措

袋袋碰着布：没钱

第三节　谚　语

一、农事谚语

开店独行，种田合帮。

生意人勿离店头，种田人勿离田头。

种田呒取巧，只要功夫到。

种子年年选，产量节节高。

三九，四九，沿河插柳。

要得秧苗好，隔年秧田先垄好。

若要秧苗精，落谷要稀疏。

秋前不搁稻，秋后要懊恼。

一月加工盖条被，二月加工还个礼，三月加工剥它皮。

小雪大雪，种麦歇歇。

麦秀风来摆，稻秀雨来淋。

麦老要抢，稻老要养。

养猪不赚钱，回头看看田。

一日早，十日追勿到。

插秧要抢先，割麦要抢天。

宁莳隔夜田，不栽隔夜秧。

十成熟，八成收；八成熟，十成收（指油菜）。

清明种玉米，小满种山芋。

白宕种菜花，十亩一山笆。

寒露无青稻，霜降一齐倒。

冬至栽竹，立春栽木。

三分种，七分管。

烂耕烂种，减产祖宗（麦子）。

冬壅金，春壅银，春施腊肥银变金。

种田三件宝：猪灰、河泥、红花草。

基肥看田底，追肥看苗势。

万物土中生，高产先养根。

麦要压，菜要削，深锄棉花浅锄麻。

黄根保命，黑根送命，白根长命（水稻）。

人勤地生宝，人懒地生草。

好种出好稻，稗子出稗草。

稻靠河泥麦靠粪，黄豆无灰收勿成。

三月沟底白，青草变成麦。

六月风潮，稻像油浇。

七月风潮，稻像火烧。

干断麦根，挑断担绳。

清明杨柳朝北摆，今年又是好庄稼。

六月不热，五谷勿结。

人在岸上热得跳，稻在田里哈哈笑。

桃三、杏四、梨五年，枣子当年就赚钱。

二、气象谚语

雨打正月半，一年不好看。

逢春落雨到清明。

二月初八东南风，谷雨以后干松松。

五月南风水连天，六月南风河塘枯。

雨打黄梅头，小麦逐个推；雨打黄梅脚，戽断老牛脚。

梅里西风时里雨，莳里西风不下雨。

梅里寒，井底干，莳里寒，没竹竿。

夏至有风三伏热，莳里西风不下雨。

夏雨连夜落，明日转天晴。

夏雨隔丘田，乌牛湿半肩。

九月南风毒如药，十月南风吹火着。

霜降西南风，四十五天暖烘烘。

干净（无雨）冬至邋杂（有雨）年。

霜下东风一日晴，霜加南风连夜雨。

一场春雨一场暖，一场秋雨一场寒，十场秋雨穿棉袄。

东北风，雨祖宗。

东风紧，不到明，就有雨来淋。

雨后见东风，雨势来得凶。

西风夜静。

黄昏起风一歇歇。

西风腰里（中午）硬，东风两头（早、晚）尖。

一日南风三日曝，三天南风冷气到。

落得早，勿湿草。

天亮蒙蒙落勿大。

雨前麻花落不大，雨后麻花不得晴。

夜雨天明止，朝雨午后停。

风静天热，雷雨来临。

乌云接日头，半夜雨不愁。

风云相斗要下雨。

逆风生云，必有雨淋。

久晴西风雨，久雨西风晴。

朝看东南，夜看西北。

九里无雪，伏里干热。

雪里夹雷，百日放晴。

一朝有霜晴不久，三朝有霜天晴久。

霜后暖，雪后寒。

朝怕南云涨，夜怕北云堆。

早霞不出门，晚霞行千里。

早看天顶穿，暮看四脚悬。

天上鱼鳞斑，明天晒谷不用翻。

天上勾勾云，地上雨淋淋。

乌头风，白头雨。

一块乌云在天顶，再大风雨也不紧。

春雾晴，夏雾热，秋雾凉风冬雾雪。

三朝迷露发西风，不发西风就是雨。

雾里日头，晒开石头。

黄梅迷露，雨在半路。

黄昏无露水，半夜风雨声。

久晴大雾阴，久阴大雾晴。

迷露不收就是雨。

小暑一声雷，四十九天倒黄梅。

逆风阵（雷阵雨），来得快；顺风阵，消得快。

西南阵，经过落三寸。

东北阵，小娘阵，丁丁东东落一阵。

直雷雨小，横雷雨大。

雷声当顶响，有雨不会长；雷响四边天，阴雨要相连。

日出猫咪眼，落雨不到晚。

日出日落胭脂红，不雨就生风。

朝看东南晓，午前保证好，晚晓西北角，夜半不会落。

日晕三更雨，月晕午时风。

星月照烂地，连夜落不住。

月光发毛，大雨必到。

黄昏星，雨淋淋，久雨见星光，来日雨更旺。

早鲎（虹）日头夜鲎雨，南鲎出来下大雨。

鲎高日头低，早晚披蓑衣；鲎低日头高，明日天气好。

桐子树花开，断霜雪。

烟囱不出烟，定是阴雨天。

早晚烟扑地，苍天要落雨。

烟绕屋，有雨落。

燕子高飞晴天报，燕子低飞雨将到。

河里鱼打花，天上有雨下。

黄鳝抬头有没潮，泥鳅跳水来风暴。

蜘蛛结网兆天晴。

雨里闻蝉声，预告晴天真。

喽蛄唱山歌，有雨也不多。

鸡啾风，鸭嘎雨，猪撩风，狗狂雨。

久雨麻雀叫，天气必晴好。

鸡宿早，明早好（晴）。

蚂蚁挡道，雨在今朝。

乌鸦燥叫，大风必到。

蚯蚓叫，有雨到。

基石出汗蛤蟆叫，不久必有大雨到。

上看初二三，下看十五六。

发尽桃花水，必定早黄梅。

朝立秋，凉秋秋；夜立秋，热秋秋。

头九冻破地，九九不盖被。

两春夹一冬，无被暖烘烘。

三、社会生活谚语

初学三年，天下去得，再学三年，寸步难行。

立得正，坐得正，哪怕和尚尼姑合板凳。

家和万事兴。

婆媳亲，家道兴。

老爱小，小敬老，家庭和睦赛金宝。

刀在石上磨，人在苦中炼。

不听老人言，一世苦黄连。

生姜老的辣，甘蔗老头甜。

坐吃山空海要干。

家有千金，不如日进分分。

吃饭防噎，走路防跌。

少吃多滋味，多吃坏肚皮。

冬吃萝卜夏吃姜，一年不要请医生。

多吃开水吃热菜，不得疾病少受害。

笑笑长寿命，气气生了病。

乡邻好，赛金宝。

物要防烂，人要防懒。

猪眠长肉，人眠拆屋。

人要脸，树要皮。

一分生意，万分情意。

蜡烛不点不亮，锣鼓不敲不响。

敲锣买糖，各值一行。

严是爱，宠是害，不管不教要变坏。

棒头上出孝子，筷头上出忤逆。

秧好稻好，娘好囡（女儿）好。

开门出来七件事，手里无钱上心事。

肚皮吃的青筋起，不管爷娘死勿死。

平时勿烧香，急来抱佛脚。

眼泪簌落落，两头掉勿落。

乡下锣鼓乡下敲，乡下狮子乡下调。

第四节　歇后语

肉骨头敲鼓——昏懂懂。

香火赶脱和尚——喧宾夺主。

橄榄核垫台脚——活里活络。

蛳螺壳里做道场——团团转。

江西人钉碗——自顾自。

黄鼠狼给鸡拜年——不怀好意。

牛吃稻柴鸭吃谷——各有各福。

三亩竹园出只笋——独枝（子）。

针尖对麦芒——针锋相对。

毛豆子烧豆腐——一块土上人。

弄堂里拔木头——直来直去。

城头上出棺材——远兜远转。

戴着笠帽亲嘴——碰勿拢头。

十五只吊桶打水——七上八下。

六十岁养儿子——无望。

引线头上顶芝麻——勿容易。

豁嘴拖鼻涕——顺路。

癫痢头撑洋伞——无法（发）无天。

石头上掼乌龟——硬碰硬。

六月里着棉鞋——好日（热）脚。

嘴上涂石灰——白说白话。

驼子跌跤——两头勿着实。

外甥打灯笼——照旧（舅）。

飞机上吊蟹——悬空八只脚。

小和尚念经——有口无心。

杀只鸡给猢狲看——以儆效尤。

关云长卖豆腐——人硬货勿硬。

田鸡跳勒戤盘里——自称自赞。

老鼠躲勒书箱里——咬文嚼字。

麻雀搜糠——空欢喜。

瞎子吃馄饨——肚里有数。

陌生人吊孝——死人肚里得知。

城外头开米店——外行。

哑子吃黄莲——有苦说不出。

壁洞里吹喇叭——响在外头。

竹篮子打水——一场空。

青竹头掏屎坑——越掏越臭。

癫痫头做和尚——巧头。

老鼠钻了风箱里——两头受气。

瞎子打秤——勿勒心浪。

吊死鬼擦粉——死要面子。

风吹杨树头——两面三倒。

船头上跑马——走投无路。

秀才碰上兵——有理说勿清。

驼子躺在棺材里——死不服贴。

老虎头上拍苍蝇——不识厉害。

泥菩萨过河——自身难保。

青石屎坑板——又臭又硬。

蜻蜓吃尾巴——自吃自。

顶起石臼做戏——吃力勿讨好。

牯牛身上拔根毛——毫不在乎。

老鸡婆生疮——毛里有病。

拾着鸡毛当令箭——像煞有介事。

鼻头上挂鲞鱼——休想（嗅鲞）。

第二章　风俗习惯

第一节　岁时习俗

春节　农历正月初一，俗称"年初一"。当家人早上开门，即燃放爆竹，俗称开门炮仗，有祈求"高升"的意思。早餐吃团圆面，以取"团圆吉利"之意。当日不扫地，不洒水，不借火。以筲箕盛满大年夜的剩饭，以大块锅巴覆盖，上插冬青柏枝，柏枝上挂着染红色的长生果和橘子，中竖小秤一支，旁竖甘蔗两株，叫做饭山，企盼米粮如山，万年长青，称心如意，节节高升。是日，街头遍布年画摊，乡人围观选购。旧时出门相遇熟人，互祝"一年未见，恭喜发财"，并相互拱手作揖。新中国成立后，逐步变成点头致意或相互握手，恭贺新禧。各茶馆均售橄榄茶，不论自饮或敬客，茶水中必加青橄榄一枚，称"元宝茶"，预祝进宝发财。入夜，各家提早就寝，同时燃放关门炮仗。正月初二日，各家开始走亲戚，拜年贺喜，俗称"跑亲眷"。年初三，初四都是跑亲眷的主要时日。

农历正月初五日，是财神（路头）生日，视为财神日。凌晨，鞭炮齐鸣，家家户户焚香点烛，迎接财神。生意人家于是日均要供奉五路财神佛马，举行祭祀，俗称"烧路头"，希望财神光临，以冀生意兴隆、财源茂盛之意。各商店晚间设宴，招待同业人员及亲朋邻里。商店老板往往就在此时宣布店员去留，常常弄得店员伙计几人欢喜几人愁。

从正月初一至初十这些天，在日子的前面都冠以"年"字，即表示新年。

元宵节　农历正月十五为元宵节，又称"上元"，上元之夜叫"元夜"。是日，境内习惯上称作"正月半"，家家吃兜财馄饨，户户迎接灶神下界。旧时正月半还要"照田财"，为盼新的一年有个好收成。有的农家傍晚以柴草置田角焚烧一下，希望"田财娘娘到吾俚来，吾俚的稻曡喧天高"。少年孩童则预先扎好柴把，于夜间在田头点火游玩嬉耍。20世纪90年代后，"照田财"已经很少出现，而吃"兜财"馄饨及"接灶"的习俗依然存在。

清明节　"清明时节雨纷纷，路上行人欲断魂"，民间把这一天作为祭祀先人的日子。民间有"抄前七月半，落后过清明"之说，境内农家则习惯于清明节之前五六天或节后三四天祭祀先人过清明。而家中如有新亡者，祭祀时必须在清明之日，并且添放杯筷，谓"新清明"。

端午节　农历五月初五是端午节，也叫端阳节。旧时，各家总在门楣上挂上菖蒲艾叶之类，以辟邪驱鬼，室内用苍术、白芷等中药烟熏，驱除虫蛇。民间还有饮雄黄酒的习俗，并用雄黄酒书"王"字于小孩额部，涂抹于耳朵，手心，说是夏天可不被虫子叮咬。端午节家家吃粽子，以示对爱国诗人屈原的纪念。

夏至　每年阳历6月21日前后交夏至，夏至这天，是全年中白昼最长的一天。旧时境内农家有"夏至日勿伴工，冬至日勿请客"的说法。此时农家新麦子已收获并磨成新面粉。正好在这一天可以在家中裹馄饨享用，故境内家家户户在夏至日有吃馄饨的习俗。旧时境内还打趣说"夏至勿吃馄饨，死后没有坟墩"。

七夕　农历七月初七，谓"七巧节"，传说中的牛郎织女在这天夜间渡鹊桥相会。旧时农村妇女傍晚时带孩子看"巧云"，年轻女子喜欢用凤仙花捣烂后敷在指甲上，以毛豆叶裹好，用线扎住叫染红指甲，此习俗20世纪90年代后已少见。

七月半　农历七月十五，道家称"中元节"，又称"鬼节"。境内农户均有"过七月半"的习俗，所谓过七月半，就是在七月十五前后几天中，各家各户会陆续在家中祭祀祖先，怀念亡灵。若有新亡者，要在七月半当天祭祀，并添放杯筷，谓"新七月半"。

中秋节　农历八月十五，三秋恰半，故名"中秋节"，境内称八月半。节前亲友之间互赠月饼。新婚或未婚的女婿多以月饼、烟酒敬送岳父、岳母。是日，境内村民都设家宴，合家团聚，吃月饼、鲜藕、红菱、糖烧芋头。至夜，明月当空，人们欢坐庭中，观赏月华，称"中秋赏月"。有的人家还要斋灶尊敬灶家老爷，还要在庭院中烧"天香"敬神。

潮头生日　农历八月十八，是一年中江潮最大的一汛，故称"潮头生日"。是日早晨，许多人家到塘河提水，冲刷猪圈、鸡舍，以期牲畜兴旺。如今已不流行了。

重阳　农历九月初九，两九相叠为重，九又是最大阳数，故称"重阳"。人们吃重阳糕，以示登高避灾之意。旧时，街上糕团店，会以米粉、红糖蒸糕，洒上红绿果丝和糖汁桂花，切成小块，插上五彩三角小纸旗，供应市场。

腊八节　农历十二月称腊月，十二月初八俗称腊八节，相传为释迦牟尼成道日。民间常用糯米或新粳米加上花生米、芋艿、百合、瓜子仁、红枣、莲心、豆类等煮成粥食用，有甜有咸，取寒冬腊月辟邪保健之意。近年双龙村附近的河阳山永庆寺连续数年在腊八节当天清晨，将烧煮好的腊八粥施舍给善男信女，以示慈悲。

冬至　这一天为头九的开始，所谓"连冬起九"。旧时有"冬至大如年"之说，有些人家相聚喝冬令酒。是日开始，农家相继祭祀祖先。

灶神节　农历正月十五、六月二十四和十二月二十四为灶神三节。正月十五，于灶上设果蔬酒肴，焚香点烛，燃放炮仗，恭迎灶神回家理事。六月二十四，在灶头供设果酒，焚香点烛，顶礼膜拜，名曰斋灶。十二月二十四，传说灶神上天庭朝见玉帝汇报全家一年善恶诸事，在灶头上焚香点烛，供上酒果，还另加一种胶牙糖（即麦芽糖），使灶神食用后嘴巴被粘封，不在玉帝前多嘴，名曰"送灶"。

除夕　农历十二月的最后一天，腊尽岁底，称"除夕"，俗称"大年夜"，每家都要过年。一般在腊月二十开始就筹办年货，农家杀鸡宰鸭，购买鱼肉蔬菜及果品。近年大型超市大多布置"年货大街"，物品应有尽有，供顾客随意挑选。除夕前，家家户户都要洒扫门庭，有的张贴年画、春联，辞旧迎新。是晚合家欢聚吃"年夜饭"。席上一般备有黄豆芽，称"如意菜"，象征万事如意；青菜，称"长庚菜"，祈延年益寿；芹菜，取节俭之意；鱼，意为年年有余，生活富裕，此外还备有鸡鸭大肉、瓜果糕点等，十分丰盛。饭后，长辈给儿孙一个红纸包，包中放有钱币，称"压岁钱"。入夜，鸣放鞭炮，阖家欢娱嬉笑直到深夜，称为"守年岁"。如今各家各户则收看中央电视台的春节联欢晚会，直到深夜十二点，听除夕钟声。解放前，每逢年关，是穷人的鬼门关。除夕这一天，地主富豪、商家店铺，都派遣人员手持灯笼，彻夜逼租讨债。穷人无钱还债，只能躲在外头，直到年初一清晨才敢回家。解放后，尤其是改革开放以来，除夕之夜境内一片祥和景象，是为辞旧迎新之夜，也是一年中最热闹之夜。

中华人民共和国成立以后，人民政府提倡移风易俗，旧时习俗有的已渐渐废止，有的则保留至今，并革除了其中封建迷信等不健康的色彩，赋予了新的内涵。

中华人民共和国成立后，国家以公元纪年，先后规定了以下节日和纪念日：

1月1日，元旦

3月8日，国际劳动妇女节

3月12日，植树节

5月1日，国际劳动节

5月4日，"五四"青年节

6月1日，国际儿童节

7月1日，中国共产党诞生纪念日

8月1日，中国人民解放军建军节

9月10日，教师节

10月1日，国庆节

2007年，国务院规定：清明节、端午节和中秋节为法定节日。

1988年，苏州市人大十届三次会议通过决议，确定每年农历9月9日（重阳）为老年节。

第二节　婚嫁习俗

说媒　这是封建婚姻中的一个重要环节，是男女双方联姻的开始。每对婚姻有媒人2个，一为男家媒人，即说媒；一为女方所请亲戚做媒。说媒收媒人钱。清末民初，有的以说媒为职业，为了赚钱，往往假话骗人。1950年，贯彻执行《中华人民共和国婚姻法》，实行自由择偶，一夫一妻，男女平等的婚姻制度，废除"父母之命，媒妁之言"的封建包办婚姻，代之以介绍人。

相亲　沿袭已久。古代，全由父母包办，主要看家财房屋、人品长相，又有请人代相。民国年间，男女始可亲自相亲，但大多仅见一面。中华人民共和国成立后，提倡婚姻自由，相亲吃饭成为规矩。

恋爱　在封建婚姻时代，被认为是非法，遭到社会舆论的指责。中华人民共和国成立后，才真正实行自由恋爱。

订婚　又叫定亲、攀亲。解放前，订婚十分隆重，有一套习俗。先有媒人将女方庚贴送往男方家，压在灶头香炉底下。男方请算命先生"排八字"，看男女双方命相是否相配。如果命不相配，这段婚事就此告吹。如果相配，男方就发"求帖"，女方回"允帖"，然后男方发"请庚帖"，女方回"庚帖"，俗称换帖子。中间都有媒人来回跑动。有时为了简便，男方一次发出求贴和请庚帖，女方一次发回允帖和庚帖，这4个帖子，男女各执2个，是婚约的法律依据，谁毁约谁就是赖婚，要赔偿损失。在一切手续办妥后，举行订婚仪式。男女双方都要办酒席，宴请至亲近邻。彩礼由媒人送到女方，至此，婚约正式成立生效。

中华人民共和国成立后，一般也有订婚形式，但已没有换帖子等繁琐手续。男女青年相识一段时间，决定订立婚约关系。双方协定，定个日子，有男方办一二桌酒席，女方邀请几个小姊妹（一般一桌人）到男方家吃一顿，这叫"跑动"；另外男女双方向亲戚、邻居、单位同事分送喜糖喜烟，宣告婚约建立。《新婚姻法》规定，订婚无法律效力，只要一方否认，就可解约。但由于建立婚约前后总有经济往来，一方提出解约，另一方就提出偿还经济损失，由此往往发生一些民事纠纷。

结婚 近百年来，结婚形式有了很大变化。清代，男女达到十七八岁就开始议婚。经媒人说合，男方请算命人择吉，然后向女方发出"道日帖"，同时送去全部聘礼。结婚那天正日，大办筵席，宴请亲戚近邻"吃喜酒"。赴宴者都在前一日送礼，称"送人情"。一些富户还请戏班鼓乐队，进行吹唱，造成一派欢乐喜庆的气氛。下午由媒人领着新郎，抬着花轿，挑着装有猪腿、毛鸡、青鱼、红枣、皮蛋、糕点等物的盘担，在陪客等人的陪同下，到女家迎亲。女家由妻舅（新娘的兄弟）将新郎迎接进门，并向长辈见面行礼，长辈都出"见面钱"表示回礼。然后宴请新郎，并由媒人与女方议定时间起妆。嫁妆、新娘到男家时，燃放爆竹，嫁妆先放在堂前，让人观看，后搬进新房。

清代迎亲只有一顶"花轿"。娶亲队伍到了女方，由妻舅出接，轿子进入堂屋。此时，女方为讨吉利，提出名目繁多的要求，男方都应给予满足，然后发子孙包（即新马桶），由妻舅背着新娘上轿。到了夫家，丈夫出门迎接，吃团圆，接到堂前参拜天地，由喜娘陪伴新郎新娘踏着青布袋送入洞房。然后新郎新娘出房举行"拜三朝"，向祖宗、长辈行见面礼，长辈要出见面钱。接着吃花圆席（花烛酒），闹新房，直到深夜才"上金门"（关房门）。第二天下午新郎陪新娘回娘家，称"回门"，但当晚必须回家。

结婚以后，逢满月、端阳节、中秋节，新娘都要回娘家，男方都要备礼送行。

中华人民共和国成立后，乡间男女结婚，男方需备彩礼，选好日子，一般在"五一""国庆""元旦""春节"等节日。然后，男女双方到乡（镇）政府申请登记领取结婚证，男女双方都办喜酒，新郎由介绍人陪同上岳父母家迎亲，然后回家恭候新娘，女方随之"发嫁妆"。妆奁多为家具、被褥、家用电器等。新娘于下午化妆打扮后，告别父母、亲人，在介绍人前导和同村几个青年女子陪同下，乘坐车、船至夫家。男方在门口放爆竹欢迎。婚礼开始，入席宴饮，新娘向公婆及长辈见面行礼，公婆、长辈出"见面钱"表示回礼。宴后，亲朋参观新房，说笑助乐。结婚第二天，新妇偕夫回娘家谢亲，俗称"回门"，必须当天返回。满月后，回娘家探亲，可小住数日，其后，有丈夫上门迎接回家。进入八九十年代，有些青年男女举行旅行结婚。

20世纪50到80年代，政府先后多次举办集体婚礼，境内也有多对男女青年参加。婚礼由乡镇领导主持，有关部门和亲朋代表致贺词，新郎新娘代表致答词，还有文娱节目，仪式简单热闹隆重。

离婚　清代，妇女无要求离婚的权利，只能饮恨终身。有的只能用逃婚来达到离婚的目的。有权势的男方要求离婚则很便当，一纸休书，即算离婚。有的甚至可将妻子卖给别人。民国年间，谁提出离婚谁就要负责对方的损失。解放后，男女方都可以提出离婚，经调解无效，双方协议离婚或由法院判决，发给离婚证书。男女双方有继承财产的权利和抚养孩子的义务。

抢亲　一般发生于订婚之后，因男方无力操办婚事或女方有毁约之意，双方不肯相让，就发生抢亲。抢亲有个规矩：新郎的手未触及新娘，其他人不得先动手；放了2个爆竹后，任何人不得阻拦。如抢亲不成，原婚约就不宣而解。另外，还有抢寡妇。妇女丈夫死后满"五七"就可被人抢走。抢亲是强行结婚的方式，后果往往不好，有的逃婚，有的甚至自杀造成悲剧。中华人民共和国成立后已经绝迹。

扳钮亲　将已有婚约关系的男女推向房中，把房门反扣上，强迫这对男女同居，造成既成事实，建立夫妻关系。用这种方式一般有两种原因：男方经济上贫困，无钱操办婚礼，先做事实上的夫妻再说；还有一种是建立婚约后，女方有毁约之意，用此种方式，生米煮成熟饭，勉强女方就范。解放后这种做法已属非法，现已绝迹。

入赘　俗称招女婿，就是男到女家落户。旧时，上门女婿往往受人轻视，特别是受女方宗族歧视。入赘后有的要改名换姓，所生子女随母姓，承担赡养岳父母的义务，有财产继承权，但一般不再继承生父母家财产。解放后，废除了封建宗族制，招婿完全合法，不再受人轻视或歧视。

叔接嫂或伯接弟媳妇　男娶先兄或亡弟之妻，俗称"叔接嫂"，"伯接弟媳妇"，一般都是穷苦人家经济困难所致。也有个别怕寡妇外嫁财产归外姓所有，或怕外姓继父虐待子女，或怕再嫁对带去的子女被人讥讽为"拖油瓶"等所致。解放后不再受人歧视。

童养媳　是封建婚姻的突出表现。大多因家庭贫困，把女儿送给人家当童养媳。也有的因订婚、结婚费用过大，从小领个女孩，长大成亲，以减轻负担。童养媳受到社会的歧视，特别从小失去母爱，心态变异，行动拘束，得不到婆婆的欢心，往往受到严重的虐待。解放后，童养媳才告绝迹。

垫房 妻子死了再娶，称为垫房，但因不是原配夫妻，某些场合必须回避。死后安葬，垫房的棺木只能摆在次位。解放后，这些习俗都遭废除。

纳妾 中华人民共和国成立前，地主、资本家和社会绅士纳妾很多，而且是自认为荣耀之事。有的因妻子不生男孩，纳妾为传宗接代。妾的社会地位很低。清代可以出钱买妾，在家庭中，呼妾为姨娘，即使亲生儿女也如此称呼。妾所生之子也贬低一等，称"庶子"。中华人民共和国成立后，即被废除。

中表婚姻 中华人民共和国成立前，中表成亲的很多。姑妈的女儿嫁给内侄称"还娘囡"（姑表亲），舅舅的女儿嫁给姑表兄叫"堆金花"。中华人民共和国成立后，中表因是血缘近亲，因此禁止成婚。

交换婚姻 中华人民共和国成立前，因家境贫寒娶不到媳妇，由父母做主双方互换女儿给儿子成婚，互不给聘金，婚事简单，俗称"姑娘换嫂嫂"。中华人民共和国成立后亦已绝迹。

冥婚 有两种：一种双方有婚约，男方突然死亡，女方愿意去夫家守寡，"从一而终"，以示贞洁。在殡殓之前，女的抱着夫君的"牌位"结婚，俗称"抱牌位做亲"。另一种是婚约双方都死亡，经双方父母同意合葬成夫妻。中华人民共和国成立后，此俗绝迹。

第三节 丧葬习俗

送终 老人或病人弥留之际，家属必须守候在床前，包括配偶、子女和晚辈，守候在现场看着老人或病人咽气，本地人称为"送终"。

烧出门衣裤 人刚死，家属用黄纸将死者头脸盖上，放高升。并把死者床上的蚊帐取下，扔到门前屋上。同时烧"出门衣裤"，即把死者生前穿过的衣裤、鞋帽摊放在大门内侧地上，袖管、裤管内塞上豆箕或稻草，套上死者穿过的帽子、袜子和鞋子，点火焚烧。门外则烧蓑衣头（如今各家都无蓑衣，则用雨披替代），表示这户人家刚死了人，正举哀。

浴尸 人刚死，子女就要用热水替死者擦一次身，用热毛巾把死者未合拢的眼睛、嘴巴合上，称浴尸，这一习俗至今未变。

挺尸 浴尸后用被子把死者脸面盖好，等亲属邻里到场后，将死者扛到大屋正堂挺在门板上，死者头边置放一张板凳，板凳上点一盏灯，称作"头边火"。还放一碗饭，一个油棉蛋，插上一双筷子。

报土地 旧时，境内死了人，家属要请道士念"上路经"，并有子女手提灯笼，到附近的土地庙为死者烧"回头香"，焚烧纸马，叩头祈祷，算是为死者向阴曹地府报到了，俗称"报土地"。

买水　由道士或仵作（当地称"土工老人"）领着死者家属或子女，带上盛水用的器皿、高升、零钱，到附近的河边祭拜河神，放高升，烧纸钱，将零钱投入河中，用盛水器皿舀点水，带回家中，称作"买水"。

穿衣　在入殓之前，替死者穿衣，件数只能逢单。穿衣之前，先将衣服一件件穿在儿子或女儿身上，称"筒衣裳"，然后脱下筒好的衣服，有土工替死者穿上。旧时还有称衣服的习俗，用无砣秤将筒好的衣服称一下，土工问：几乎重？孝子回答"一木梢"，表示"仙"，意思是死者亡灵很快会成仙。

入殓　入殓前，请理发师为男尸理发。女尸则由女儿跪在死者头前梳头理发。尸体入棺由长子抱头，次子或女儿抱脚，其他人抱住腰部，把尸体放入棺材正中，没有偏差，棺内放置材褥材被，死者手中拿一根"锡杖"，传说能敲开地狱之门，可避免牢狱之灾。尸体四周用石灰包塞紧，以防尸体移动。一切准备就绪，进行盖棺，棺材盖上钉四只大钉，俗称"子孙钉"。实行火化后，这些习俗随之消失。

出殡　旧时，实行土葬，棺材在家中停放三天，五天或七天后出殡，称"搁三朝"，"搁五朝"，"搁七朝"。出殡前先选好墓地，挖好墓穴，穴内用干柴燃烧，称"热坑"。亲戚子媳穿着白衣一一向死者跪拜。亲友、邻里到灵前吊唁，丧家号哭，孝子在灵台一侧，向前来吊唁的亲友跪谢。宾客前来吊唁时，除行礼致哀外，还要按俗例随带"奠仪"助丧，境内称之谓"折白份"，丧家有专人登记在册，并发给吊唁者一根光边"白束腰"及黑纱臂套，称"利布"。吊唁结束后，在棺木前进行最后一次家祭，家属、亲友、邻里对亡者遗像进行最后一次跪拜，随即出殡。途中有第一人撒纸钱，俗称"买路钱"。长子或长孙抱着牌位随后。棺材入穴后，儿女孙媳等再次跪拜后即填土堆坟。长子或长孙抱着用红毡毯裹好的牌位及其他送葬人随即回丧，近家门处烧一堆火，送葬者逐一跨过火堆，分发一片糕或一颗糖，以示吉利。

服孝　古代服孝有严格的规定，民国时已大为简化。父母死了，儿女媳妇等做几件白长衫，下不缝边；婿称半子，缝边。困难人家则租借几件白衫。一般农户做"白捆头"，"白束腰"。儿女媳妇的束腰为毛边，女婿一头为尖，一头为毛边；亲友都是光边，一头平，一头尖，并涂红点。未婚儿媳也一端涂红点。"五七"后，一般不再穿白服，改穿白鞋，婿、孙、外甥穿青鞋。多数人家一年除服。民国以后"服孝"之俗改为用臂戴黑纱代替，解放后沿用此例。

做七　旧时，死者出殡后第29天，"五七"第一天。是日早上，由已出嫁的女儿把一桌酒菜送到死者（父母）家中，放在堂前祭祀亡灵，俗称"羹饭"。然后由儿女登上屋檐高喊"××回来吧"，连呼三声，然后请道士念经，有的做道场，保太平贴符。解放后，一度绝迹，20世纪80年代后又悄然兴起。

做"五七"当天，主家要请纸作用芦苇、彩纸扎成房屋模样，有厅有堂，有门有窗，有庭有栏，有井有灶，无一不备，俗称"扎库"。尔后把这座冥库置于空旷场地，连同亡者牌位一同焚化，称作"化库"，使死者在阴间有房屋可住，有物件使用。

中华人民共和国成立后，殡葬仪式逐步改革，封建迷信逐步废除，提倡厚养薄葬，丧事从简。20 世纪 60 年代末境内开始推广火化，1972 年后，境内普遍实行火化，1975 年后，境内全部实行火化。火化后亡者的骨灰盒存放到安息堂或公墓坟安葬。

20 世纪 80 年代以后，遗体火化已成为境内民众的共识并成为自觉行为，这是丧葬习俗变革的一大进步，但有些旧俗依然存在。遗体送往火葬场火化时，吹打手、鼓乐队、道士、亲属挚友一路上吹吹打打，散发纸帛。灵车、大客车、轿车一路远送到火葬场火化。丧葬习俗中除遗体火化，死后不再用木质棺材盛放遗体及落葬环节有所不同外，其他基本礼仪程序与旧时相仿。

第四节　交往习俗

生育　旧时，乡间生育习俗有：产妇临盆前月余，母亲备益母草、红糖、糕点前往女婿家探望怀孕女儿，称作"催生"。分娩后，亲友送礼品慰问产妇，俗称"送汤"。

孩子满月　外婆家要送礼品及四季衣服等，以示庆贺，是日，还要请理发师为小孩剃头，吃剃头团圆，头发用红布袋裹好，挂在床头。

百日　孩子出生后 100 天，要吃百日面，庆贺孩子过"百日关"。20 世纪 70 年代，政府提倡只生一个孩子后，富裕人家办得隆重，特为孩子照相留念，办酒宴请亲朋。

满纪　孩子满一周岁（境内称"满纪"），有的要办周岁酒，外婆家要送衣服。20 世纪 90 年代小孩做生日，有的亲友在电视台点歌，以示祝贺。

取名　小孩名字，大多由父母取名。中华人民共和国成立前，男孩不少用富、贵、福、禄等取名，有的以猫、狗取名，很多按父母的希望取名。女的大多用花、草、雪、月等字取名。有的相信迷信，若金、木、水、火、土五行中缺一行，即在名中以这一行为偏旁的字取名。大家族以名中某字顺序排辈分。中华人民共和国成立后，不少习俗仍然遗留下来，有些名字还带有政治色彩和时代特征，如卫东、卫国等。

寄命　旧时，有些人家生了小孩请算命者排八字，如与父母之中一人相冲，就要按规定肖属找一人将孩子寄命，保佑孩子平安长大。寄命礼仪较为隆重。孩子要把团圆糕粽。鱼肉果品办成盘，连同一只红封袋，内装年庚八字，俗称"寿布"，一起送到寄父母家，寄父母要给孩子送衣服，并每年送年夜饭。孩子结婚，要到寄父母家祭祖，俗称"赎身"。有的人家为避灾难，将孩子寄命给观音、关帝圣君等。

建房及乔迁　建房是一件大事。旧时，先要请阴阳先生"看风水"选择地基，进行"破土",斋土地,然后动工兴建。上正梁是建房中的要举,先选好黄道吉日,女主人的娘家要做好团圆、糕粽、馒头,前来"抛粮"。上梁时间大多选早上日出卯时。上梁时,燃放爆竹,用长梯搭上正梁,木匠拿着糕团、馒头,边步步登梯,边唱着"脚踏楼梯步步高"等吉利语,到梁顶,把糕团从东、南、西、北方位顺次抛下,人们在四周抢"抛粮"。这种风俗"文化大革命"期间一度停止。20世纪80年代又盛行起来。有的还用数十张拾圆、五拾圆、壹佰圆的人民币系在一颗小树上,称"摇钱树",以示财势。上梁之日,主人家要办竖屋酒,请匠人师傅。同时,亲朋好友都来吃酒贺喜,并赠送贺礼。

学徒拜师　中华人民共和国成立前,年轻人学做生意或学手艺都要拜师。境内泥瓦工、木工、裁缝等在拜师时要送礼金,行跪拜礼。有的要设酒筵,请师傅、师兄赴宴。满师后,学徒再设谢师酒。解放以后,无拜师礼仪。但逢喜庆事及传统节日,学徒须向师傅馈赠礼金或礼品。旧时学生意或学手艺,学徒跟师傅间的劳动报酬结算有"学三年"、"帮三年"的规矩,三年内学徒不得工资,三年以后开始有工资收入。20世纪80年代后,学艺者一次性付给师傅酬金。学徒期根据学艺到位状况随机确定。

祝寿　中华人民共和国成立前,富者50岁就举行祝寿,以后每10年举办一次。一般60岁祝寿。祝寿大多放在春节,大办筵席。女儿要办"寿盘"送礼,内有团圆糕粽、寿星寿烛、鱼肉果品、衣服鞋帽等,非常隆重。解放后礼仪较为简单。20世纪80年代起,祝寿活动逐渐增多,且大办酒席,收受贺礼,以示气派。

参军、入学　中华人民共和国成立以后,青年人参军入伍和考取中专和大专院校都属于喜事,亲戚朋友常备礼品庆贺,主家设宴款待,以示谢意。

吃"会酒"　旧时,农民遇到买田、造屋、讨媳妇、嫁女等大事,由于经济困难,请人出面牵头"搭会",每"会"8~10人不等,总金额300~1000元左右。收交会钱有的一年1次,有的一年2次。每次聚会缴钱有收头会者负责通知,收会者须办一桌会酒。二会开始稍加低息,有的无息。收会次序除头会外,有的抽签排定,有的共同商定。"搭会"实质上是一种民间的互助形式。此俗一直延续到20世纪80年代,现已少见。

第五节　生活习俗

一、装扮

发型　清代,男女发型都按满族规定,男子后半头留发编长辫,前半头剃光。少女梳独根长辫,妇女梳圆型发髻,插钗或套网络。辛亥(1911年)革命,反对清制，剪长辫留短发，发型增多。男子多数剃光头或平顶头。学生中梳西式分头。孩子剃"桃子头""荷叶头"或扎独角、双角小辫。女子仍梳辫留髻。女学生梳刘海式齐耳短发。

中华人民共和国成立初，发型无多大变化。20世纪80年代开始，男女发型多姿多彩，烫发盛行。男子多为短发，亦有留港式长发。大鬓角、大包头、西式三七分头。女子有刘海式、童花式、波浪式、披肩式、游泳式、爆炸蓬松式、瀑布式等数十余种。进入21世纪，境内女青年盛行染黄发、画眉毛、涂唇膏。中老年则以染黑发遮盖白发。旧式发髻已不多见。

首饰　历代相传，男女兼有，妇女尤甚。清末民初，境内少数乡绅富户，在瓜皮帽前方用玉片作"帽珍"，腰间挂"玉珮"，手上戴金银戒指。民国年间，男子除戒指以外，其他首饰逐渐革除，出现金质或银质的挂表表链佩戴胸前。富户妇女有金质簪、钗、耳环、戒指、镯、项链等。小孩有手镯、锁片、项圈、响铃等，多为银质。大多数的农民无力购买首饰或很少有首饰。抗日战争期间，社会混乱，首饰少见。

中华人民共和国成立后，一度不尚金银装饰，"文化大革命"时期绝迹。20世纪80年代开始，金银首饰逐渐盛行，遍及乡村。多为金质的戒指、项链、耳坠、手链、镯子、鸡心、锁片等。也有翡翠、白玉、玛瑙、珍珠、宝石等各种首饰。进入21世纪以后，境内有钱女子戴白金钻戒，佩玉器，挂白金项链的比比皆是。

镶牙　20世纪二三十年代曾盛行一时，爱好装饰的男女青年都镶1牙或2牙，有金质、银质、嵌宝诸种。40年代逐渐减少。中华人民共和国成立后，作为装饰性的镶牙已经绝迹。

二、饮食

主副食　境内向以大米为主食，麦为辅食，习惯于早餐食粥，中晚餐吃米饭。副食品有南瓜、豇豆、黄豆、蚕豆、山芋等等。但在解放前，一般农户，农忙时一日三餐，冬季及农闲季节一日二餐。贫苦人家到了"荒春三，苦七月"，青黄不接时，常常无粮下锅，只能以瓜菜充饥。解放后，农户均能实现一日三餐，粥饭中掺入瓜菜渐少。1959年以后的三年困难时期，多数农户口粮紧缺，仍以瓜菜副食品代粮。1973年以后，大多数农户粮食宽余，常以馄饨、包子、团子、糕饼之类作为花色，调节口味。

菜肴　中华人民共和国成立前，贫富差距极大。富户人家食有鱼肉等荤菜，讲究烹调。普通农家都以素为主，多半是食用自己种植的蔬菜、瓜类、豆荚及自己腌制的咸菜、咸萝卜等。平时喂养鸡鸭生蛋、捕捞蛳螺蚌蚬改善生活，有的出售换取零用钱。春季多数农户煮晒各种菜干，夏季自制甜酱或咸酱，一作食用，一作调味，或酱渍黄瓜、生瓜。不喜辛辣。中华人民共和国成立后，干菜、豆制品、荤菜增加，家常菜亦多炒炸。1980年以后，大半人家每天都有荤菜。酱瓜、咸菜、菜干和腌制的鱼、肉、鸡等仍为传统菜肴。亲友来访，一般添几个荤菜，远道至亲或贵客来家则沽酒卖肉，杀鸡款待。

宴席菜肴 中华人民共和国成立前，一般人家以每桌8碗（俗称老八样头）或10碗菜为准。富户则有四汤四炒，有冷盘、热炒、点心、水果、大菜（鱼肉、鸡鸭）等。解放后，提倡节俭，一度宴席简便。进入20世纪80年代，兴冷盘、热炒、大菜（整鸭、整鸡）、甜菜（圆子、八宝饭、果汤）、点心（炒面、春卷、烧买等）。每桌菜一般在16道以上，热炒有海参、鱿鱼、虾仁、鱼肚、鲜贝等。桌数视各家情况而定，少则几桌，多则数十桌。

丧事菜肴 中华人民共和国成立前，以豆制品为主，全部素食，俗称"吃素饭"、"吃大豆腐"。解放后，逐步荤素兼用，1980年以后，菜增至十几道，与一般宴席相似，但必有一碗大豆腐，不设甜菜、点心。

点心 民间传统点心有发糕、春饼、春卷、定胜糕、糍团、馄饨、馒头、粽子、年糕等。

酒 境内居民喜欢饮家酿米酒（俗称老白酒）和黄酒，少数饮烧酒。女性多数不饮酒。冬春，不少农户用糯米做甜酒酿，老少妇孺皆喜食。20世纪80年代后，酒成为大众饮料，有汽酒、啤酒、各种果子酒、黄酒以及低度、高度烧酒，品种繁多，价格差距甚大。

茶 解放前农家一般作为敬客之用，平时不大泡茶叶茶。部分农民有早晨上茶馆喝茶的习惯。农村，夏天多喝大麦茶。逢婚丧喜庆，买一点茶叶，以红茶居多。解放初，农家仍无居家饮茶的习惯。20世纪70年代后期，境内农家普遍饮茶。20世纪90年代后，讲究茶叶质量，绿茶居多。

三、特色用具

八仙台 树质，正方形，高80来厘米，台檐雕刻，红漆，制作讲究，可坐8人，多作为办酒宴席之用。

条台 农家大半都有。木质或树质，长方形，高约50厘米，当饭桌，夏季纳凉作躺床。沿用至今，但无新制。

浴锅 境内农村洗澡都用浴锅。通常在侧厢、柴屋，置直径1米左右的生铁浴锅，四周砌锅台。另置一扁圆形木块（俗称木乌龟），作为坐垫之用。比较讲究的人家，在浴锅边装有布帘。浴者或蹲、或坐、或仰卧水中，轻松舒适。夏季每天傍晚前在浴锅内提满浴汤水，随后锅下生火加温，全家依次洗浴（先男后女），其间可换水、加温。冬季一月左右烧一次浴汤，左邻右舍亦来洗浴。浴锅在境内一直沿用到20世纪90年代，进入21世纪，村民大多住上公寓房，建有卫生间，不再用铁浴锅洗澡。

四、日常生活忌讳

店铺晚上关门，因关门与停业同义，故称"打烊"。

肉铺卖猪舌，"舌"与"蚀"谐音，故叫"赚头"。

病人服药忌称"吃药"，称"吃人参"，煎药称"煎人参"。

农村人29岁，称"小30"，49岁称50岁，69岁称70岁。忌9，怕过不了9这一关。

书信忌用红笔写，红笔书写意为绝交、遭火灾不幸等。

头上忌戴白花，戴白花意戴孝。

新蚊帐第一次使用，不能开口说话，认为开口后挡不住蚊虫。

产妇及小产未满月女子不能串门或走亲戚。

新结婚的女子未满月不能串门。

酒席上向人敬酒忌反手倒酒，反手为不敬。

送礼物忌送钟，因送钟谐音"送终"。

探望病人宜上午，认为下午不吉利。

商店及农家忌向外扫地，向外扫为散财。

串村走户不能站在门槛上，意不吉利。

父母过世未满月，子女不能理发，否则为不孝，带了重孝不能随便串门。办丧事时向人家借了台凳在归还时要贴红纸。

请客就餐时小辈不能坐上首，吃罢饭后碗不能倒合在桌上。

梯子称步步高。

绳子称万里长。

放下去称顺顺好。

煤称利市。

钉称万年销。

榔头称兴工。

拉断绳子称伸腰。

第六节 宗教习俗

境内佛教、道教、天主教三教并存，其中佛教、道教居多，天主教极少。旧时，境内并不存在具有相当规模的庙宇及教堂，三教信徒烧香、诵经、做礼拜等都得到邻近的河阳山永庆寺、鹿苑滩里的天主教堂等处去顶礼膜拜。

一、佛教

据史料记载，佛教传入境内有1700余年。佛教是村域内群众普遍信仰的宗教。

尤其是中老年妇女居多。佛教信徒每逢农历朔、望日，纷纷前往庙宇焚香磕头，口宣佛号"南无阿弥陀佛"。祈求降福、消灾、延寿。为表示对佛的敬畏，表示信佛的虔诚，佛教信奉者以吃素作为清规。吃素名目繁多，如吃初一、月半素，如来诞辰素，观音生日素或吃长素等。境内信奉佛教者虽多，然真正皈依佛门者则无，故而对佛家学说、佛学概义皆无由知之。中华人民共和国成立前，境内曾有出家和尚一人，是为生活所迫，中华人民共和国成立后还俗。佛教的功课主要是诵经念佛。念佛者主要念"南无阿弥陀佛"、"大慈大悲救苦救难观世音菩萨"等语。念经者常念《金刚经》《华严经》《地藏经》《心经》、《莲华经》等经卷，经义都是劝人为善，慈悲为本。善男信女笃信诚则有灵，笃信对佛虔诚可降福、消灾、延寿，可保佑家人平安。旧时，境内还有认神、佛为干爹的习俗，如：在本姓后边另加一个"关"姓者，表示认了关帝庙"并天大帝"关羽为干爹之故，希冀一生平安。

中华人民共和国成立至20世纪70年代间，佛像被毁，庙宇被拆或移作他用，僧尼还俗参加生产，佛教信仰在民间日趋淡化，在相当长一段时间内已无公开烧香念佛的活动，尤其是在"文化大革命"时期基本绝迹。20世纪80年代后，实行改革开放，重新落实党的宗教政策，佛事活动得以复苏，老年男女不仅频繁参加当地的佛事活动，还由佛婆牵头，每年多批组织善男信女去往杭州、苏州、湖州、南通等地名刹古寺进香拜佛。往名刹古寺时，全家吃素以示敬佛之诚心。家中遇有生病络痛或家道不顺时，有的也要延请佛头择日在家中讲经宣卷。近年，境内烧香念佛之风盛行，且有超过旧时之势。

二、道教

道教是中国汉民族的传统宗教。据史料记载，道教传入境内有1500余年。奉老子为教祖，信奉天神、地祇、人鬼。境内民众普遍信奉道教。

从事道教职业的人称为道士。道士具有写、念、唱、演、吹、打多门技艺。有大道士和小道士之分，大道士即谓"法师"，由法师带领多名小道士在民间为民做斋醮、祭祷等法事。法事分"清事"和"亡事"两种，"清事"为祈求上天释罪，"做醮"保太平；如民间建造房屋完成后，为谢张、鲁两班先师，要请道士"谢红"，消灾打醮祈求平安。"亡事"是为亡魂超度，祈求亡灵脱离地狱苦难，得以早日升入极乐世界，俗称做道场。其做法大多为设台建醮作法，诵经礼拜，画符捏诀，吹打演唱。道士头戴羽冠（道巾）身穿道服（海青），道冠道服均为黑色，法师做法事时外罩彩色道袍，式样是开胸大袖，五色绣花或洒花，有绣龙凤、宝塔等。在做法事时，众道士身穿法衣（道服）。手握法器，步罡踏斗，巡道各边，俨然仙风道骨。疏头通罢，万事大吉。法事完成，道士各归家门。平时起居服装悉如常人。

中华人民共和国成立后，提倡科学，破除迷信，道教活动基本停止，政府并不提倡，只在民间稍有活动。20世纪80年代后，道教开始恢复活动，特别是涉及人员伤亡、建房、病恙、保太平等方面延请道士者较多。20世纪90年代后，不仅尚在世的老道士重操旧业，且有年青人拜师学艺。

三、天主教

天主教是罗马公教在我国的名称，明代末年，有外国传教士将天主教传入我国。天主教与基督教一样，奉耶稣为救世主，经典为《圣经》。天主教在境内信奉者聊聊，仅有数户水上船民或与水上有关联的居民。天主教的宗教活动主要有7件圣事，即洗礼、坚振、告解、圣餐、终傅、神品和婚配。逢圣诞节、圣母升天日、耶稣升天日等教内规定节日，教徒集中在教堂进行瞻礼活动。平时逢星期日，都到教堂做礼拜。若逢教徒家中有婚丧忌辰，都要请一批教徒诵经，大都诵《圣经》。教徒若有不顺心、烦恼之事等。可到"天主"面前去忏悔，以求解脱。"文化大革命"中，天主教活动停止。20世纪80年代后，党和政府落实宗教政策，天主教合法，其宗教活动恢复。

第七节 历史陋习

赌博 旧时，境内赌博成风。赌具有麻将牌、纸牌、牌九牌、扑克牌、骰子等。以钱物作输赢。茶馆大多设赌场，邀人入局，聚赌抽头。解放后，人民政府三令五申，严禁赌博，一度基本消失。20世纪80年代后，沉渣又起，蔓延之势趋甚。

迷信 中华人民共和国成立前，境内居民大多相信鬼神命运，算命、占卜、驱鬼等迷信活动盛行。如婚配要排生辰八字，丧葬要超度亡灵，选择屋基、墓地要讲阴阳风水，家人生病要请神汉驱鬼、请巫婆"关亡"等。中华人民共和国成立后，人民政府宣传破除迷信，崇尚科学，且采取一系列措施，封建迷信活动大多被废除，尤其"文化大革命"期间已基本绝迹。20世纪80年代后，那些迷信职业者又重操旧业，算命、关亡、看风水、讲经、送勿色头、做法事等迷信活动又悄然复苏，且由暗到明。

吸毒 中华人民共和国成立前，境内有极少数富户子弟及游手好闲之徒，为猎奇、为寻求精神刺激，不计后果地去吸食毒品海洛因（俗名白粉）。国民政府虽有禁烟令，然只是官样文章。汪伪时期的戒烟所，实为烟馆，公开出售毒品。吸毒成瘾者，往往造成倾家荡产，夜宿柴堆，衣食无着。新中国成立后，人民政府严令禁绝，吸毒者戒除毒瘾重获新生。

缠脚 清代，妇女流行缠足，"三寸金莲"成为美称，大脚姑娘遭人鄙视。解放前境内中老年妇女大多是小脚伶仃的缠脚老太婆。1919年，五四运动爆发后，缠足才逐渐停止。20世纪20年代以后，境内妇女不再缠脚。

第十四编 人物·荣誉

双龙地区，人杰地灵。古往今来在这块风水宝地上，孕育了不少英才、志士，为民族和国家作出了贡献，也为家乡乃至国家赢得了荣誉。新民主义革命时期，境内是中国共产党建党较早的地区，又是苏南敌后斗争的重要战场，涌现了一批革命先驱。解放后，境内更是英才济济，专家、学家、英雄模范、先进人物及各类专业人才大批涌现，他们在各条战线上艰苦奋斗，为祖国的社会主义建设事业谱写光辉的篇章。为反映时代特征，彰显双龙村的发展历程，展示名士英才，兹将获得苏州市级以上先进个人、革命烈士以及获得张家港市级以上劳动模范、中级技术职称以上知识分子、副镇（乡）级以上干部等均收入本编，以励后人。

第一章 人物传记

张伟（1919—1979）　常熟虞山镇人，著名西医，20 世纪 70 年代后，定居双龙村一组。

张伟出生于 1919 年，常熟虞山镇南门（坛上）一商户人家。张伟从小勤奋好学，8 岁进学堂读书，15 岁拜常熟集善医院西医王成熙（同音）为老师学习西医技术，后又从师石梅见山医院的名西医顾见山学习西医。经过两位杏林大师的言传身教，加上张伟的聪慧好学、刻苦钻研，他的西医医术日渐精通，特别是诊断病人病情，往往能一次确诊，对症下药，药到病除。1937 年，张伟在常熟自开诊所，为民众看病，在常熟南门一带小有名望。后被常熟人民抗日救国会自卫队（简称"民抗"）大队长任天石获悉，相邀去梅李任天石部做西医。1939 年，张伟被恬庄自卫队队长杨春华劫持到恬庄，要求张伟做自卫队的西医官，给部下自卫队员治病。张伟知悉杨春华已投靠日军，又出卖情报滥杀民众，心中不愿为其做事，但迫于杨的淫威，只好口头答应，并向杨提出条件，一是不加入队伍，二是在恬庄开一个私人诊所。张伟一面为杨春华部的伤员治病，一面租了恬庄前东街的陶宅开了一个西医诊所，为老百姓治病。治病时他认真负责，诊断细致，从不敲诈欺哄病人，碰到穷苦病者，还送医送药。恬庄一带的百姓都称张伟是个好医生。

1952年，张伟在塘桥联合诊所工作。1957年到塘桥地区医院西医科当医生。1958年调西张人民公社卫生院工作，为西张地区的老百姓治病。由于医术高明、服务态度好，深受百姓的欢迎和信任。1967年"文化大革命"中，曾因"历史问题"受到批判、攻击，一度剥夺看病资格，但绝大多数病人相信张伟的医术，都要求张伟看病，张伟在诊治病人中临床经验丰富，判断能力强，在上世纪六七十年代医疗器械缺失的情况下，能及时确诊病情，使西张地区的不少突发病、疑难杂症患者获得了康复和第二次生命，百姓中有"张仙人"之称。张伟不但医术高明，还医德高尚。在自己病重期间，还背着药箱出诊为患者治病，从不推辞。张伟于1979年病逝，享年60岁。

徐关奇（1923—1987）　双龙村45组（北京庄）人。中华人民共和国成立后，积极参加土地改革运动，1952年，任长寿乡副乡长，1953年，加入中国共产党。1953～1956年，任中共塘桥区委副教导员。1957年，撤区并乡，任西张乡党委书记。1958～1965年，任西张公社党委书记。徐关奇在主政西张期间，遭遇自1959～1961年连续三年国家经济困难时期，社员普遍缺粮少食。徐关奇深知"民以食为天"的至理，带领社员垦荒挖废，利用十边隙地，扩种南瓜、黄萝卜、豆菽等瓜菜类作物，以瓜菜充饥，度过口粮紧缺年代。1966年，徐关奇调任沙洲县多种经营管理局副局长。1983年退休。1987年病逝。

邓俊达（1926—2000）　双龙村7组（西巷）人，出身农民家庭。1950年，邓俊达积极参加土地改革运动。1953年4月，加入中国共产党。1953～1955年，任长寿乡副乡长，参加并领导了境内的农业合作化运动。1954年春，邓俊达在长寿乡的戴巷村、太平桥村组织农民办起了双凤初级社，并担任社长。1955年7月，任塘桥区副区长。1957年，撤区并乡，任恬庄乡党委书记。1958年任常熟县恬庄人民公社党委书记。1962年5月，恬庄人民公社更名为港口人民公社，邓俊达任沙洲县港口人民公社党委书记。1971年，调任沙洲县农业生产资料公司书记、经理。1978～1979年任沙洲县外贸局局长。1986年退休。2000年病逝。

张煜生（1928—1988）　双龙村13组（石塘）人，出身农民家庭。1949年2月，中共地下党组织在石塘村一带活动，向贫苦农民宣传中国革命是为着广大受压迫、受剥削的劳苦大众翻身求解放的革命道理。受中共红色宣传的影响，作为进步青年的张煜生于1949年10月，加入中国共产党，从此走上革命道路。1950年，积极参加石塘地区的土地改革运动。1950～1955年，任常熟县塘桥区中塘乡农会主任，领导了当地的土地改革和农业合作化运动。1956年，任塘桥区副区长。1957年撤区并乡，任凤凰乡党委书记。1958 年 9 月至 1965 年 7 月，任凤凰公社党委书记。1959 年 12 月，张煜生因抵制浮夸风而被作为右倾保守主义者而列为批判对象，并受到行政降级、工资降薪处分，保留党委书记职务（1961 年得以纠正）。1965 年，调任沙洲县粮食局副局长。1969 年，调任沙洲县鹿苑粮管所主任。1973 年因患严重心脏病作病退处理。1988 年病逝。

张掌福（1929—2007）　双龙村 13 组（石塘）人。出身农民家庭。1949 年 2 月，中共地下党组织在石塘村一带活动，向贫苦农民宣传中国革命是为着广大受压迫、受剥削的劳苦大众翻身求解放的革命道理，石塘村有一批进步青年，受中共红色宣传的引导，踊跃投身到新民主主义革命的洪流中，张掌福就是其中的一个。1949 年 8 月，张掌福加入中国共产党，从此走上革命道路。1950 年初，西张境内建立第一个中共基层党支部，张掌福任党支部书记。随后积极参加并领导了境内的土地改革、农业合作化运动，1952 年冬，张掌福任塘桥区副区长。1957 年 9 月撤区并乡，任鹿苑乡党委书记。1958～1968 年任鹿苑人民公社党委书记。1967 年文化大革命中受造反派冲击，一度靠边站。1969 年调任国营江苏省常阴沙农场党委书记。1989 年离休。2007 年病逝。

周掌生（1935—2008）　原籍张家港市西张镇石塘村（现属双龙村 15 组），9 岁迁居塘桥镇青龙村外婆家。1955 年入伍，1958 年复员回乡务农。1969 年，任塘桥公社综合厂党支部书记兼厂长。在办好原有企业的同时，另行创办毛纺车间和并线车间，并培养出一大批生产技术骨干。1976 年，毛纺车间从综合厂划出，另辟新址成立毛纺厂（华芳实业总公司前身）。该厂 1993 年创汇 500 万美元，创利税 1300 万元。并线车间也相继从综合厂分离出来，扩展成为张家港第三毛纺厂。1985 年至 1986 年间，周掌生利用本厂经营所创利润新建 6500 平方米的厂房，由他投资 600 万元，上海针织品绒厂公司投资 180 万元。张家港对外贸易公司投资 10 万元，组建成工贸合营张家港市光达针织绒厂。1987 年，该厂陈旧设备全部淘汰，用国内一流的上海二纺机厂生产设备更新，产品 70％出口到日本、韩国等国家和中国香港地区。1992 年，又引进意大利、德国和韩国等国家的先进设备与国内一流设备相配套，建成功能全、档次高、能适应国内外市场需求的专业毛纺企业。1993 年，该厂有职工 1720 人，固定资产 5300 万元。全年生产全毛、混纺、腈纶针织绒 2000 多吨，产值 1.7 亿元，外贸收购额 1.4 亿元，创利税 700 万元。1988 年，兼任塘桥企业集团有限公司常务董事。1993 年，评为高级政工师。1987 年至 1990 年，周掌生先后被评为江苏省劳动模范和全国农业劳动模范。2008 年 2 月因病去世。

第二章　人物简介

顾泽芬（女）　1945 年 12 月出生，居住双龙村 53 组（石龙桥）。中共党员，大学文化。1981～1986 年，任中共沙洲县乘航镇（乡）委员会书记等职务。1986～1988 年，任中共张家港市（沙洲县）第四届委员会常委、纪委书记。1988～1991 年，任中共张家港市第五届委员会常委、纪委书记。1991～1996 年，任中共张家港市第六届委员会常委、纪委书记，1996～2001 年，任中共张家港市第十届委员会副书记。1998～2002 年，任张家港市第八届政协主席。2006 年退休，定居张家港市杨舍镇。

钱炳华　1951 年 3 月出生，中共党员，西张双龙村 2 组（上场）人。1970 年 12 月应征入伍。1976 年 3 月退伍后，在西张公社通讯报道组工作。1981 年 9 月，抽调沙洲县委办公室政策调研室工作，任副组长、组长。1986 年 2 月，任沙洲县委新成立的政策研究室副主任、主任。1991 年 2 月，任张家港市人大常委会办公室主任。1993 年 3 月，任张家港市委研究室主任。1995 年 2 月，任张家港市委研究室主任兼市经济体制改革办公室主任。1996 年 8 月，任张家港市委研究室主任。在此期间，参加了全市大量的调查研究和市委主要文稿的起草工作。在市委研究室工作期间，当选为张家港市委委员。曾被评为张家港市劳动模范、苏州市优秀共产党员、苏州市人民满意的公仆等。2002 年 12 月，任张家港市副处级干部。2003 年 6 月，任张家港保税区党工委委员，主管外事工作。2006 年 10 月，任张家港保税区管委会副调研员。2011 年退休。

邓云良　1952 年 3 月出生，双龙村 7 组（西巷）人，1968 年 3 月应征入伍，1969 年 5 月加入中国共产党。1968～1969 年 9 月，任坦克二师警卫连卫生员，1969 年 9 月至 1972 年 3 月，空军第十三航校飞行学员。1972 年 4 月至 1993 年 10 月，空军航空兵 145 团任飞行员、中队长、大队长、团长等职务。其间于 1987 年安全飞行 1500 小时荣立二等功 1 次。1973、1975、1979、1982、1985 年因军事训练及领导工作成绩突出、单位安全工作成绩突出等因素 5 次荣立三等功。1987 年，荣获空军特级飞行员称号。1977 年，当选江西省第五届人民代表大会代表。1993 年 10 月，转业到张家港市。1993 年 10 月至 2007 年 3 月，任沙洲职业工学院党委副书记、纪委书记。2012 年退休，定居张家港市杨舍镇。

章建新　1956 年 3 月出生，中共党员，大学文化，双龙村 10 组（西巷）人。1975 年在西张公社路线教育工作队工作。1976～1978 年，在西张公社五大队农科队工作。1978 年 5 月至 1980 年 3 月，任五大队综合厂助理会计。1980 年 4 月至 1983

年 4 月，任五大队塑印厂厂长。1983 年 5 月至 1991 年 2 月，任双龙村经济合作社副社长。1991 年 3 月至 1994 年 2 月，任双龙村党总支副书记。1994 年 2 月至 2004 年 5 月，任双龙村党总支书记。2004 年 6 月至 2007 年 9 月，任双龙村党委书记。2007 年 10 月至 2016 年 3 月任凤凰镇人大副主席兼双龙村党委书记。2016 年 4 月退休。章建新于 1994、1995、1996 年连年受张家港市委嘉奖，获评优秀共产党员。2009 年，获评苏州市建设社会主义新农村带头人。2016 年，获评江苏省劳动模范。

徐仲高　1960 年 8 月出生，双龙村 45 组（北京庄）人。1991 年 2 月入党，大学文化。1980 年 8 月参加工作。1986 年 2 月，任西张乡经联会生技科副主任。1991 年 5 月，任西张镇农工商总公司副总经理。1992 年 10 月，任西张镇党委副书记、西张镇农工商总公司副董事长、总经理。1996 年 12 月，任张家港市经济委员会党委副书记、副主任。1998 年 4 月，任港口镇党委书记、港口镇农工商总公司董事长。2001 年 3 月，任港区镇党委书记、港区镇农工商总公司董事长。2002 年 11 月，任张家港市人民政府副市长、党组成员，兼任张家港市保税区党工委副书记、管委会副主任。2007 年 12 月至 2008 年 6 月，任中共张家港市第九届委员会常委、张家港保税区党工委副书记、管委会副主任。其间先后兼任中共金港镇委员会书记、金港镇资产经营公司董事长。2008 年 6 月至 2012 年 2 月，任张家港市委常委、保税区党工委副书记、管委会副主任（正处级）。2012 年 2 月，任中共张家港市第十届委员会常委，任张家港市人民政府常务副市长，兼任张家港市人民政府党组副书记、市机构编制委员会副主任。

宋金月　1963 年 5 月出生，双龙村 1 组（西街）人。1983 年，毕业于太原机械学院特种机械系炮弹火箭弹设计专业，获工学学士学位。1986 年 4 月，毕业于南京理工大学（研究生院）飞行器动力工程系导弹战斗部专业，获工学硕士学位。1986 年 4 月，进入上海航天局第八设计部工作。1990 年，获评高级工程师（教授级）。1993 年，获国务院政府特殊津贴，任导弹引战配合副主任设计师，完成引战配合计算机仿真应用系统的研究工作。2003 年 8 月，进入上海申航进出口公司工作，任信息部副经理。2007 年 2 月，任信息部经理。2007 年 1 月，任公司总经理助理，负责 ERP 应用开发与实施工作。先后完成海关电子账册应用、电池出口管理、业务结算、ERP 财务系统改造等。2016 年 4 月，任上海航天科学技术开发有限公司技术总监。

陶卫文　1968 年 8 月出生，双龙村 29 组（陶家湾）人，农民。几十年如一日地辛勤劳动，支撑着他的一片农家生活小天地。2004 年春，当他获悉白血病患者可以通过移植骨髓的现代医学技术得到治愈时，他随即产生了捐献骨髓的想法，希望能帮助白血病患者获得新生，能帮助患者家庭消除痛苦。2004 年 6 月，陶卫文报名参加捐献骨髓志愿者队伍并提供了血样。2005 年 5 月 20 日，陶卫文接到市红十字会通知被告知与常州一名大学生白血病患者史某的血液配型成功。是年 8 月 17 日，在苏州大学附属第一人民医院血液科病房经过 4 个多小时的采集，陶卫文的造血干细胞流进了患者的体内。在谈起捐骨髓的想法时，陶卫文平静地说："这是我应该做的，我只是顺手扶了人家一把。"2005 年 8 月，中华人民共和国卫生部、中国红十字总会、中国人民解放军总后勤部卫生部给陶卫文颁发 1996～2005 年无偿捐献造血干细胞奉献奖奖牌。2003～2015 年的 13 年间，陶卫文还向苏州市中心血站、张家港市血站、步行街献血屋等处采血机构 26 次累计无偿献血 5200 毫升。2010 年 12 月，中华人民共和国卫生部、中国红十字总会、中国人民解放军总后勤部卫生部给陶卫文颁发荣获 2008～2009 年度全国无偿献血奉献奖铜牌奖荣誉证书。2013 年，苏州市精神文明建设委员会、苏州市献血领导小组、苏州市红十字会给陶卫文颁发荣获 2011～2013 年度苏州市无偿献血先进个人奉献奖铜奖奖牌。

第三章 人物名录

第一节 革命烈士

双龙籍革命烈士名录

表 14—1

姓名	出生年月	籍贯	参加革命年月	牺牲时所在单位职务	牺牲时间、原因、地点
周良保	1919.8	石塘村	1940.7	新四军某部战士	1943 年 7 月在无锡县甘露与日军战斗中牺牲
周西保	1920.2	石塘村	1938.10	新四军某部战士	1941 年在常熟东唐市与日军战斗中牺牲
周留德	1920.3	石塘村	1940.3	新四军某部战士	1941 年在常熟东唐市与日军战斗中牺牲
钱定保	1933.3	石龙村吉家巷	1954	解放军 9162 部队战士	1957 年在福建同安县军事训练中牺牲

续表 14—1

姓名	出生年月	籍贯	参加革命年月	牺牲时所在单位职务	牺牲时间、原因、地点
吴仁芳	1953.2	石龙村吴家宕	1974.10	民航北京管理局后勤部队汽车队驾驶员	1975 年 10 月 5 日在首都机场因公牺牲
徐建良	1957.2	石龙村北京庄	1976.1	安徽当涂某部舟桥团战士	1980 年 11 月在安徽当涂送老兵复员途中因公牺牲

第二节　先进人物

双龙籍张家港市级以上劳动模范、苏州市级以上先进人物名录

表 14—2

姓名	性别	获得荣誉时间	荣誉称号	授予单位	获得荣誉时工作单位及职务
邓宗宝	男	1952	苏南区劳动模范	苏南区政府	翻身乡郑家巷河湾里农民
徐汝兴	男	1956	江苏省优秀教师	江苏省教育厅	禄荡小学教师
钱关伦	男	1987	苏州市劳动模范	苏州市政府	双龙村支部书记
周掌生	男	1987	江苏省劳动模范	江苏省政府	塘桥光达针织绒厂党支部书记
邓云良	男	1987	空军特级飞行员	南京军区空军	空军航空兵 145 团飞行大队长
周掌生	男	1990	全国农业劳动模范	农业部	塘桥光达针织绒厂党支部书记
钱炳华	男	1996	张家港市劳动模范	张家港市政府	张家港市委研究室主任
张金法	男	2000	张家港市劳动模范	张家港市政府	袁市村党支部书记

续表 14－2

姓名	性别	获得荣誉时间	荣誉称号	授予单位	获得荣誉时工作单位及职务
邓龙兴	男	2001	江苏省"讲理想、比贡献"活动先进个人	江苏省科协、省经员委、省发展计划委员会	双龙村大裕橡胶制品有限公司经理
章建新	男	2006	苏州市劳动模范	苏州市政府	双龙村党委书记
		2016	江苏省劳动模范	江苏省政府	
郭永康	男	2014	张家港市劳动模范	张家港市政府	双龙村村民委员会主任

第三节　知名人士

双龙地区获中级技术职称以上知识分子名录

表 14－3

姓名	性别	出生年月	籍贯	毕业学校	工作单位	职务	职称
周三保	男	1937.11	双龙村 15 组（石塘）	南京地质学校	云南国土资源职业学院	教务主任	副教授
周福宝	男	1939.5	双龙村 15 组（石塘）	上海师范大学	上海科技报	南汇记者站站长	高级记者
徐耀良	男	1939.5	双龙村 34 组（五房庄）	江苏师范学院	西张中学	教师	中教高级
夏锦尧	男	1941.8	双龙村 1 组（西街）	南京大学	中国人民公安大学	侦查系主任	教授
钟达兴	男	1942.10	双龙村 54 组（钟家塘湾）	南京农学院	西张农科站	农技员	高级农技师
周声保	男	1942.12	双龙村 38 组（祁村）	复旦大学	沙洲职业工学院	教师	副教授
周瑞保	男	1943.7	双龙村 38 组（祁村）	南京林学院	贵州省林业厅	办公室主任	高级工程师
蒋梅珍	女	1944.2	双龙村 5 组（河湾里）	南京工学院	江阴市建筑设计院	设计员	高级工程师
庄正良	男	1948.11	双龙村 58 组（陈巷）	江苏师范学院	西张中学	教师	中教高级

续表 14—3

姓名	性别	出生年月	籍贯	毕业学校	工作单位	职务	职称
夏志尧	男	1949.10	双龙村 1 组（西街）	华东电管局党校专科	张家港市供电局	副总经理	政工师
周洪保	男	1950.10	双龙村 37 组（新宅基）	常熟师范专科	西张中学	校长	中教高级
周卫杰	男	1958.7	双龙村 57 组（吉家巷）	上海海运学院	江苏海事职业技术学校	教师	副教授
陈建江	男	1960.7	双龙村 23 组（南京庄）	南京大学	南京市环保局	环评处调研员	高级工程师
沈梅芬	女	1961.6	双龙村 3 组（后沈巷）	苏州大学	苏州大学附属第一人民医院	神经外科总护士长	主任护师
顾建平	男	1962.3	双龙村 23 组（南京庄）	苏州大学	海门市科学技术协会	党组书记、主席	高级农艺师
周桂兰	女	1962.3	双龙村 23 组（南京庄）	苏州大学	凤凰中学	教师	中教高级
张明国	男	1963.1	双龙村 13 组（石塘）	苏州大学	张家港市人民政府	副秘书长	高级物流师
顾建飞	男	1964.9	双龙村 23 组（南京庄）	苏州大学	塘桥中学	副校长	中教高级
陈玉祥	男	1966.3	双龙村 23 组（南京庄）	西南交通大学	济南铁路局济南机务段	党委书记	高级工程师
肖丽英	女	1969.6	双龙村 19 组（鸳塘里）	清华大学	清华大学	机械工程系设计工程研究所副所长	副教授
宋利东	男	1971.11	双龙村 51 组（陈巷）	吉林大学	张家港市康乐医院	院长	副主任医师
钱爱民	男	1972.3	双龙村 57 组（吉家巷）	南通医学院	苏州大学附属第二人民医院	医生	外科学博士、副主任医师
张国胜	男	1972.9	双龙村 57 组（吉家巷）	扬州大学医学院	张家港市第三人民医院	急诊科主任	副主任医师
钱静珠	女	1980.6	双龙村 34 组（五房庄）	南京师范大学	南京工业大学	教务处实践科主任	副研究员
徐通达	男	1981.9	双龙村 45 组（北京庄）	北京大学	中科院上海植物研究中心	研究员	博士生导师

双龙籍副镇（乡）长级以上干部名录

表14—4

姓名	性别	籍贯	出生年月	职务	工作地点
黄永涛	男	双龙村34组（五房庄）	1920.1	1956年4月任翻身乡（中乡）民兵中队长。	张家港市
张祖德	男	双龙村13组（石塘）	1920.2	1950年1月至1950年12月任翻身乡农会主任，翻身乡乡长。	张家港市
周纪生	男	双龙村16组（棒槌巷）	1920.11	1955年8月至1956年3月任长寿乡党支部书记。	张家港市
周昇保	男	双龙村16组（棒槌巷）	1923.3	1953—1957年任长寿乡（中乡）乡长。	张家港市
张凤林	女	双龙村43组（张家宕）	1928.5	1956年4月至1957年9月长寿乡妇联主席。	张家港市
沈永兴	男	双龙村3组（后沈巷）	1928.5	1950年1月至1952年任长寿乡副乡长。	常熟市
周掌兴	男	双龙村15组（石塘）	1932.3	1958年任常熟县乘航人民公社社长、党委副书记。1992年离休。定居常熟市虞山镇。	常熟市
庄冠飞	男	双龙村50组（后蔡塘）	1933.8	1956年4月至1957年8月任长寿乡副乡长。	无锡市
周云生	男	双龙村57组（吉家巷）	1934.6	1988—1991年任西张镇经济委员会副经理。	张家港市
肖庆芝	男	双龙村46组（肖家塘湾）	1935.2	1983年任凤凰公社经委副主任。	张家港市
陆德元	男	双龙村2组（上场）	1936.3	1986—1990年任西张镇镇长。	张家港市
邓元生	男	双龙村7组	1937.7	1994—1996年任西张镇农工商总公司副经理兼副业公司经理。	张家港市
朱亨保	男	双龙村14组（石塘）	1938.4	1957年入伍，1973年任营教导员（正营级）。1982年转业，定居张家港市杨舍镇。	张家港市
邓德元	男	双龙村7组（西巷）	1939.6	1958年1月入伍，1978年任南疆军区边防十三团代理团长。1984年转业，定居常熟市虞山镇。	常熟市

续表 14—4

姓名	性别	籍贯	出生 年月	职务	工作 地点
黄永兴	男	双龙村 53 组 （石龙桥）	1940.7	1984 年任张家港市工商局副局长等职务。	张家港市
许保洪	男	双龙村 58 组 （陈巷）	1941.7	1959 年入伍。1986 年转业至张家港市，任烟草专卖局局长。	张家港市
郑 刚	男	双龙村 5 组 （郑家巷）	1942.2	1958 年 11 月入伍。1982 年转业到江阴县邮电局工作，任局党委书记。定居江阴市。	江阴市
顾兰英	女	双龙村 41 组 （五房庄）	1942.5	1970 年 7 月至 1979 年 3 月任西张公社党委副书记。	张家港市
徐坤兴	男	双龙村 56 组 （庄家水渠里）	1946.4	1965 年 9 月入伍。1976～1982 年任 67 军军直坦克司令部军务参谋（副营级）。1989 年转业，定居张家港市。	张家港市
徐利兴	男	双龙村 45 组 （北京庄）	1947.6	1987 年 8 月至 1990 年 1 月任凤凰镇党委副书记、经联委主任。1990 年 2 月任张家港市计划委员会副主任。兼任张家港市政府驻北京办事处主任。	张家港市
季留兴	男	双龙村 57 组 （吉家巷）	1947.11	1964 年 8 月入伍。1987 年转业到张家港市。1991 年任鹿苑镇党委副书记。	张家港市
徐银芬	女	双龙村 45 组 （北京庄）	1950.8	1992～1994 年任张家港市总工会主席。	张家港市
邓金刚	男	双龙村 7 组 （西巷）	1950.9	1996～2001 年任西张镇农工商总公司总经理、资产经营公司、总经理。	张家港市
钱永法	男	双龙村 47 组 （吉家巷）	1954.7	2003～2006 年任凤凰镇副镇长。	张家港市
郑惠祥	男	双龙村 5 组 （郑家巷）	1955.2	2003～2007 任凤凰镇人大副主席。	张家港市
顾建忠	男	双龙村 23 组 （南京庄）	1959.7	无锡市滨湖区人民政府副区长，无锡市农机局副局长。	无锡市
周佩杰	女	双龙村 57 组 （吉家巷）	1962.06	1996 年 11 月至 1998 年 8 月任西张镇副镇长。	张家港市
顾春明	男	双龙村 19 组 （鸳塘里）	1963.2	1994 年 12 月至 2004 年 12 月任西张镇、凤凰镇副镇长。	张家港市

续表14—4

姓名	性别	籍贯	出生年月	职务	工作地点
沈正华	男	双龙村13组（石塘）	1964.10	1982年入伍，1994年转业。2005年任张家港市交通局副局长。	张家港市
吉鲁平	男	双龙村47组（吉家巷）	1966.3	2015年任张家港市经济技术开发区财政局局长。	张家港市
彭炜	男	双龙村20组（南彭家）	1968.9	2015年7月任张家港市规划局局长、党组书记。	张家港市
彭烨	男	双龙村20组（南彭家）	1970.8	2009年任保税区物流贸易局局长。	张家港市
钱晓东	男	双龙村51组（陈巷）	1971.11	2015年11月任张家港市哲学社会科学界联合会主席。	张家港市
钱晓波	男	双龙村19组（鸯塘里）	1973.7	2014年6月任凤凰镇政府副镇长。	张家港市
邓敏	女	双龙村7组（西巷）	1974.8	2012年5月至2016年任凤凰镇人武部部长。	张家港市
黄旭东	男	双龙村34组（五房庄）	1977.12	2012年10月任凤凰镇组织人事和社会保障局副局长、非公企业党工委书记。	张家港市

第四章　集体荣誉

双龙地区各行政村获苏州市级以上荣誉一览表

表14—5

获得荣誉单位	荣誉称号	授予时间	授予单位
双龙村	江苏省卫生村	1996年	江苏省爱卫会
石龙村	江苏省卫生村	1999年	江苏省爱卫会
袁市村	江苏省卫生村	1999年	江苏省爱卫会
鸯塘村	江苏省卫生村	2002年	江苏省爱卫会

续表 14-5

获得荣誉单位	荣誉称号	授予时间	授予单位
双龙村	最佳经济效益乡镇企业	1994 年	农业部
	全国乡镇企业出口创汇先进企业	1998 年	农业部、对外贸易经济合作部
	全国出口创汇先进乡镇企业	2001 年	农业部、对外贸易经济合作部
	江苏省"讲理想、比贡献"竞赛活动先进集体	2001 年	江苏省科学技术协会、经济贸易委员会、发展计划委员会
	1998~1999 年度苏州市文明村	2000 年	苏州市人民政府
	2002~2003 年度苏州市文明村	2004 年	苏州市精神文明建设指导委员会
	2003~2004 年度江苏省文明村	2005 年	江苏省精神文明建设指导委员会
	实践"三个代表"、实现"两个率先"先锋村	2006 年	中共苏州市委员会
	苏州市建设社会主义新农村示范村	2007 年	中共苏州市委员会、苏州市人民政府
	苏州市级经济发展百强村	2011 年	中共苏州市委员会、苏州市人民政府

志 余

一、文件辑录

关于原姚塘村更名为双龙村的通知

张地名〔1987〕2号

西张镇人民政府：

七月十六日的报告悉。

经市政府审查批准，同意你镇原姚塘村更名为双龙村。

张家港市地名委员会办公室

1987年9月25日

中共张家港市西张镇委员会文件

西党〔2002〕54号

关于撤并鸶塘村、袁市村
新建双龙村及章建新等同志职务任免的通知

各村、厂、市镇单位党支部（总支）：

根据鸶塘村、双龙村、袁市村户代表会议决议和市政府张政组〔2002〕21号文件批准，同意行政区域相邻的鸶塘村、袁市村和双龙村合并，建立新的双龙村，同时撤销鸶塘村、袁市村的村名和村民委员会。

经党委研究决定：

建立新的双龙村党总支部，撤销原双龙村党总支部、鸳塘村党支部、袁市村党支部设置。

新建双龙村党总支部，下设以下七个党支部：

……

章建新同志任双龙村党总支部书记；

郑兴、许建江两位同志任双龙村党总支部副书记；

彭正才、郭永康、肖耀良、徐正丰、邓龙兴、朱根良六位同志任双龙村党总支部委员。

……

原双龙村党总支部、鸳塘村党支部、袁市村党支部成员的职务均免除，不再另行发文。

特此通知

中共张家港市西张镇委员会

2002 年 10 月 22 日

张家港市西张镇人民政府文件

西政〔2003〕10 号

关于公布双龙村村民委员会组成人员通知

各行政村：

根据市政府张政发〔2002〕21 号，原鸳塘村、双龙村、袁市村合并，组建成立新的双龙村，新的双龙村按照《村民委员会组织法》，依法进行选举，产生了新的一届双龙村村民委员会，现将结果公布如下：

主　任：郭永康

委　员：朱根良　肖耀良　沈亚新　钱金良　彭建龙

村民代表：132

西张镇人民政府

2003 年 3 月 7 日

中共张家港市凤凰镇委员会文件

凤委发〔2004〕29 号

关于建立双龙村党委及章建新等同志任职的通知

凤凰、港口办事处，各村、厂、市镇单位党支部（总支），机关各部门：

按照市委、市政府并村的工作要求，接市政府张政发〔2004〕23 号、市委张委组〔2004〕82 号及市委张组干〔2004〕57 号文件，对行政区域相邻的石龙村与双龙村合并，建立新的双龙村。同时撤销石龙村的村名及村民委员会，建立新的双龙村村民委员会。

建立中国共产党张家港市凤凰镇双龙村委员会。

双龙村党委下设 8 个党支部：

……

章建新同志任双龙村党委书记；

郭永康、许建江同志任双龙村党委副书记；

钱德明同志任双龙村党委专职委员；

徐正丰、彭正才、邓龙兴、郑刚等同志任双龙村党委委员；

郭永康同志为双龙村村民委员会负责人；

许建江同志为双龙村村民委员会副负责人；

钱正刚同志为双龙村村民委员会主任助理；

陈静康同志为双龙村主办会计。

撤销原双龙村党总支部、石龙村党支部。原双龙村党总支部、石龙村党支部成员、村民委员会成员、村经济合作社成员的职务均自行免除。不再另行发文。

特此通知

中共张家港市凤凰镇委员会

张家港市凤凰镇人民政府

2004 年 5 月 8 日

二、文章选录

双龙村的强村富民发展之路

张家港市"三会"凤凰镇"三会"

张家港市凤凰镇双龙村早在上世纪八十年代，用勤劳、智慧和果断，大力发展村级集体企业，壮大村级集体经济，提高村民收入水平和生活水平，取得了令人瞩目的成绩。如今，在建设"强富美高"新征程中，双龙村人不忘初心，继续负重拼搏，扎实苦干，交出了令人满意的答卷。双龙村先后荣获江苏省社会主义新农村建设先进村、江苏省创建文明先进村称号。

凝心聚力谋发展
夯实"农民富"基础

"农民富"是壮大村级经济的基础。进入新世纪，双龙村迎来了新的发展机遇和挑战。2004年，双龙村与鸷塘、石龙、袁市三个村合并，升格为党委村。范围扩大了，资源丰富了，但发展的任务也更重了，目标也更高了。面对新的形势和发展要求，双龙村党委一班人深刻认识到，要让百姓富，必须先抓好村级经济发展。因而，双龙村转变思路，多措并举，全村经济总量不断攀升，村级可用财力不断增长，成为凤凰镇各行政村中名副其实的领头羊。2015年，全村实现工业开票销售收入48.06亿元，入库税金9600万元，村级可用财力1393.85万元，农民人均收入超3万元。

一是全力以赴抓招商。鼓励民间资本、外来资本到村里办企业，是做大做强村级经济的基础。多年来，双龙村牢固树立与企业同舟共济的理念，为投资人提供各项优惠条件，协调各方关系，营造了良好的企业发展环境，引进了许多投资大、效益好的企业。目前全村共有工业企业380多家，其中销售超亿元企业有6家，形成以手套、毛纺、塑料、科技照明、纺织服装等产品为主的产业结构。村级可用财力由当初的几百万元一跃发展到如今的1400多万元，拥有村级经营性资产1.8亿元、产权房12万平方米。递增村级经济实力，拓展了村级资产性收入渠道。

二是加大投入促转型。鼓励优势产业手套行业的企业通过加大技改投入，做大做强企业规模。大裕橡胶公司1993年成立以来，一直致力拓展行业高端市场，成功开发出了用于医疗等行业的一次性检查手套，产品在美国等地迅速打开了市场，并通过不断的提档升级，拥有了一批20多年的老客户。其它的如思淇手套、宏裕乳胶等企业也积极引进先进技术和装备，实现了从手工操作到全自动生产的跨越。目前双龙村手套产业，已经成为全国重要的手套生产基地，年产各类手套达60亿支。另外，在进一步发展优势产业的同时，双龙村也注重优化产业结构，引进了一批优势企业，其中金盟织染2015年开票销售达10多亿元，成为村级经济的又一支柱企业。

三是拓展渠道保增长。双龙村充分依托紧邻凤凰韩国工业集中区的区位优势，不断加大投入实现载体升级，确保村级集体收入稳步增长。近年来，通过新建标准型厂房、建设"打工楼"出租、投资商铺门面房等举措，改变了原来仅仅依靠土地厂房租金的单一发展模式，实现了村级经济多元发展。2012年，双龙村和金谷村强强联合，"抱团"发展，成立西张镇村投资发展公司，主要从事房地产投资和商业开发，从事湖滨社区房产开发，购置商业门面2385平方米对外招租，有效突破了发展村级集体经济的土地、资金、项目等瓶颈制约，发掘村级经济潜力。同时，通过"房东经济"途径，推动村级经济长效发展。根据双龙村地处镇区的优越环境，该村历年投资建设了商业门面房8900平方米，新市民宿舍楼22320平方米，确保村级财力有稳定收入。另外，依托"腾笼换凤"，对现有规模小、产出低的小企业实施关停，对有发展前景的企业统一搬入工业集中区，腾出土地用于商业开发，进一步做大"三产"这块蛋糕。

实实在在惠民生
点点滴滴暖民心

"做好经济工作，最终目的还是要为村里的老百姓谋福祉"。章建新老书记的这句话一直是双龙村每一位干部的座右铭。

一是村民增收有渠道。村属企业的发展，使双龙村绝大部分有劳动能力的村民在家门口实现就业，有了一份稳定的工资性收入。外来人员在本村就业，又为村民增加了一份房屋租金收入。村级集体经济的壮大，村民二次分配的金额也逐年增加。如今，双龙村村民人均年收入超过全镇平均水平，在凤凰镇行政村中处于领先地位。另外，对考上大学本科的学生给予1000到5000元不等的奖励，特别困难的家庭年终每户给予3000元补助，80岁以上老人每年发放200斤优质大米和10斤食用油，还为全体村民统一购买了"港城惠民"商业保险等一系列惠民措施，也充分体现了双龙村一心为民的理念。

二是扶贫帮困有举措。依托村级经济的不断发展，双龙村坚持加大民生福祉，每年村里都要拿出近百万元对各类困难户、困难学生进行资助。随着社会老龄化程度的不断扩展，村原有的老年活动室因面积小、设施陈旧，已不能适应老年人的需要。针对这一情况，村委投资350万元，易地新建了建筑面积1520平方米的集老年书场、室内健身、棋牌娱乐、医疗服务等功能为一体的老年活动中心，还邀请各地评弹团著名演员演出评弹、评书节目，每年惠及村民 4 万余人次，丰富了老人们的文化生活。另一方面，在双龙村的带动下，大裕、宏裕等村属企业举办大型慈善嘉年华活动，活动募集到的善款全部当场发放给村里的年度困难家庭，至今已成功举办了 7 届。双龙村的公益事业得到了蓬勃的发展，该村投入 14 多万元，为全体村民集体购买"港城惠民"商业险，发放老人、老党员生活补助金 50.5 万元，受到社会广泛好评。

三是城乡一体有思路。双龙村临街靠镇，大部分土地位于二区控制范围内，受政策限制，农户不能翻建和新建住房。几年前，双龙村通过对上争取，征得同意后对吉家巷小区，采用自拆公建的方式，新建了 90 套住房，受到了村民的欢迎。另外，双龙村还加大拆迁力度，提高村民集中居住率。尤其是在凤凰镇新城建设中，双龙村拆迁涉及到十几个村庄的农户。为妥善安置村民顺利过渡，解决因动迁面广量大而带来的临时安置矛盾，经过双龙村两委班子成员集体讨论决定，征得上级党委政府同意后投资 900 万元新建了 8500 平方米临时安置房，解决了动迁临时安置难题。同时，开展大环境综合整治，投入 61.6 万元，进行道路硬化工程，共浇筑砼路面 7700 平方米。投入 35 万元，对全村大环境管理市场化运作，顺利通过省级卫生村复审，居住环境得到极大提升。

不忘初心促转型
继续前行谱新篇

"让村级经济再上新台阶，让百姓生活更上一层楼"。双龙村新书记许建江如是说。"十三五"时期，双龙村新班子接过接力棒，在充分发挥双龙村现有优势的基础上，进一步转变思路，创新办法，积极融入凤凰镇"三镇五区"建设大局，为实现村级发展和村民致富双丰收而不断努力。

一是开创发展新局面。一方面，双龙村积极整合现有资源，对现有的 300 亩存量土地，进行合理规划，通过拆旧建新等方法，计划在未来三年时间内，新建 2.5 万平方米标准型厂房，进一步增加村级收入来源。另一方面，积极发展三产服务业，考虑到目前继续引进一般性的企业对村级发展助力不大，计划在条件允许的情况下，在凤凰新城区内投资建设 1 万平方米的商业综合楼，承建凤凰镇公益配套设施等。另外，进一步加大资本运作，适度投资一些科技含量高、成长潜力足的高新技术企业等，实现村级资产的保值增值。

二是打造百姓新生活。一方面，双龙村积极探索普惠共享的发展模式，依托股权固化改革，积极探索农民对集体资产股份的占有、收益、有偿退出及抵押、担保、继承权等，引导村民组建股份合作社，打通村民致富新渠道。另一方面，进一步加大民生实事投资，在全面提升村民物质生活的同时，加大对农民文化生活的投资，让村民在家门口就能享受到和城市里一样便捷的各种文娱活动，进一步提升村民的幸福感和满足感。

三是树立干部新形象。强村富民，干部是基础。一方面，进一步弘扬一心为民、大公无私的章建新精神，全面发挥双龙村党委班子的领导核心作用，始终引领双龙村勇立潮头、不忘初心，树加快发展之志、谋加快发展之策、鼓加快发展之劲、求加快发展之效。另一方面，进一步完善规章制度，在用"风气正、作风正、行为正"的三正理念建设村班子的基础上，不断强化组织建设，规范民主管理，落实各项民主制度，加大村务公开，自觉接受村民监督，创造性地开展工作，让群众认可、让百姓满意。

（原载《江苏老区》杂志 2016 年第 11 期）

"双龙"出海记

卢润良　曹乾石

龙年岁首，张家港市政府颁发的 1987 年度"出口大户"特别奖中，双龙村的一连串数字使人惊叹不已。这一年，全村出口各种手套 1.5 亿支，成为目前江苏省医保产品最大的出口基地。这一年，全村完成外贸收购额 1200 多万元，名列张家港前茅。

几年前，双龙村开始办企业。首先诞生的是乳胶气球厂。那五彩缤纷的各色气球，有的钻天，有的入地，引得宝宝们欢喜不已。双龙气球很快成为热货。

不久，双龙发现附近气球厂林立，对手云集，非及时转产不可。他们根据外贸信息，乳胶麻面手套有一定的销路，何不试试！村内有人讽刺"乡下狮子乡下舞，癞蛤蟆别想吃天鹅肉。"这当儿，双龙村的干部有胆有识，敢于冲破小农经济和闭关自守的传统观念。他们分析了有利因素：原来生产乳胶气球，已经累积了不少有关技术资料；有化工部乳胶工业研究所这个技术顾问；有省、市外贸部门牵线搭桥。他们马上添置设备，切磋工艺。1983 年初出了样品，经乳胶工业研究所测试，达到部分国际标准和部颁标准；又经各大医院临床使用，性能及耐用程度比国内使用的光面手套好。在广交会上，一下被外商看中。订了两万多套。

不久，国外出现了"一次性热"，手套用了一次就甩脱。后来因艾滋病的蔓延，"一次性热"更是达到了高峰。手套生意激增。双龙村趁热打铁，以最快速度安装了两条全自动生产线。

一次性手套成功了，1986 年秋交会上，被外商一抢而空。可双龙没有就此止步。去年，他们又看了外商对 PVC 手套和 PE 手套需求量大，就回来马上试制。

产品越俏销，他们越注重质量，一丝不苟搞验收，堵漏洞。一个检验员把一盒次品手套放错了地方，结果，把仓库的几十箱手套逐一全部重新验收，直到找到为止。4 年来，全厂共出口手套 5.5 亿支，没有一支退货。而且，麻面手套和 PE 手套成了省、市优质新产品，PVC 手套还荣获省"金牛"奖。

他们不论批量大小，都按时交货，满足客户需求。有一次，一批手套出口加拿大，货箱已运至张家港口岸仓库。外商突然提出要换包装。他们急外商所急，特派 20 多名职工，冒着盛夏酷暑，驱车赶往 20 多里外的仓库，连夜将几百箱外包装作了更改。

双龙人做外贸生意，不光是诚心，也很精明。他们不断增长外贸知识，不做吃亏生意。一条进口乳胶流水线，由于正品率达不到合同要求，他们就和外商据理力争，索赔了几万元。有个商人明知产品符合标准，却千方百计压价，他们就不硬拉生意。那个外商到别的大厂转了一圈后，还是回来订了 500 万支乳胶手套。

质量、信誉、热情、友好，使双龙这个小村子一下子增加了开放度。加之双龙人几次到过香港考察，广告做到了香港，这更使双龙名声大振。美国、英国、尼泊尔、巴基斯坦……新老客户，频频往来。这个江南水乡的小村子，正在向着更广阔的海域奋进。

（原载《人民日报》市场版 1988 年 3 月 28 日第一版）

舞龙头的人

——记双龙村党总支部书记钱关伦

沈石声　曹乾石　朱建培

相传三国东吴赤乌年间，西张还是浩瀚大海边的一个偏僻海湾。每到傍晚，夕阳的余晖照着蓝色的海水，波光粼粼之中闪烁着万千条金龙。

沧海桑田，海退路起。如今的西张镇旁有一个双龙村，在发展外向型经济的热潮中，她真的腾飞了：去年一举办成两家合资企业，外贸收购额达 4178 万元，成为我市出口创汇队伍中的一条生气勃勃的"巨龙"。

舞龙头的人叫钱关伦，他是村党总支部书记。他的名片上还赫然印着众多的头衔：双龙实业总公司董事长兼总经理、中外合资光龙塑胶有限公司董事长、工贸合营张家港市橡塑制品厂董事长。他还是苏州市劳动模范。

从跑田岸到跑口岸

今年 44 岁的钱关伦是个走过坎坷道路的人。1962 年初中毕业后，因经济困难而辍学，曾贩小鸡、捉黄鳝、外出掼砖坯，也当过代课教师、大队农技员、公社副业技术员、粮管所助征员、供销社营业员。1974 年春他被调到公社里当农技员，到五大队（即双龙村）蹲点，分工他负责临街的第一生产队。他起早摸黑，苦干巧干，年年整治得稻穗麦穗像狗尾巴那样沉甸甸的，路过的人无不夸几句。随着现场会的传播，小关伦也就小有名声。

名声再大，也只是个高产穷队。1980 年 10 月，党委调钱关伦回五大队任党支部书记。早期的商品经济熏陶，培养了他的经济头脑；多年的农技生涯，则练就了他艰苦奋斗、注重实干的作风。他带着这些"本钱"，决心让双龙村脱贫致富。那时村里的 3 个小工厂都不景气。钱关伦经过一年的调整和准备后，决定上乳胶厂。这叫虾有虾路，蟹有蟹道，农技员出身的钱关伦办厂起家，靠的是他结识的一位农技员介绍的亲戚。于是我市乡镇企业中最早的一家乳胶手套厂诞生了。这是 1983 年的事。

办厂不比种田轻松。1983 年 7 月，手套正品率只有 7％，听说高温易出现次品，土设备降不了温度，钱关伦拎了只吊桶去吊井水，让 2 名工人运到车间去降温，一天下来，那口井硬是给他吊了个底朝天，正品率果然上去了。他从中得到启发，很快搞了土降温设备。和稻麦生长有规律一样。办厂也有它的规律。钱关伦逐渐搞懂了信息、技术、质量、市场、信誉等概念。还懂得了独辟蹊径的道理。经过大量的调查分析，对比研究，他决定向当时还是冷门的外贸进军。1983 年秋，他率领 2 名技术员带了样品疾驰南下，参加了广交会。珠江两旁的旖旎风光，花城夜市的五光十色，钱关伦顾不上欣赏，他关注的是那几打乳白色手套样品的命运。终于，一位巴基斯坦客商订购了 2 万多打。钱关伦胸中荡漾着当年丰收那样的喜悦。广交会带给钱关伦的不仅是生意上的成交，更重要的是使他受到改革开放意识的冲击，他脑中又增添了出口、创汇、引进、竞争、海关、商检、口岸等名词。

他很快地从跑田岸转向了跑口岸。

让属龙的下海，让属虎的上山

跑口岸得有实力，要有人才。他选人才的标准是：靠真本领。产值占到村总产值近一半的乳胶总厂的厂长换了好几届，最后调上了 33 岁的邓卫云。

创办乳胶厂的有功之臣周小弟，经营上高人一手，工厂管理上稍逊一筹。钱关伦就调他担任农工商联合公司经理，销售产品，组织原辅材料，一年下来。20 多个工人竟然赚到了 80 多万元。

工厂发展了，双龙村招用了来自苏北、安徽、河南、四川等地的职工1100多名。钱关伦认为，敢于外出谋生的都是当地的优秀分子。他挑选人才的眼光又转向了他们：看文化、看水平、看表现。扬州青工韩春友高中毕业后，只身来到西张，在车间劳动任劳任怨，认真负责，钱关伦把他提为总管物资进出大权的计量负责人，成为场厂内的好当家。如皋姑娘夏映玲不愿清闲当军属，辗转来到双龙村，又符合关伦的三个条件，被提为车间主任。外村青年许建林在部队是个优秀的驾驶员，1985年到双龙村开车，关伦看他认真负责又机灵，不时出些好点子。1987年冬，乳胶厂扩大了，他被任命为经营副厂长。近两年来，从外来职工中提拔了厂级领导3人，中层干部4人，班组长28人。

钱关伦任人唯贤，知人善任，让属龙的下海，让属虎的上山。双龙村怎不龙腾虎跃呢！

双龙腾飞

在打好基础后，钱关伦开始舞龙头了。他的舞法新奇别致。是的，初到双龙的人，没有一个小时的详细询问，是搞不清他的"龙身"体系的。你看，总公司下属两个公司和3个总厂；乳胶总厂，塑印总厂，地毯总厂统领7个分厂，每个总厂下都有手套分厂；共计12条手套生产线中，有乳胶，PVC、PE三大类，乳胶手套中又有光面、磨面之分。

这不是乱了套吗？干吗搞那么多分厂？干吗不合并搞专业化生产？然而，钱关伦的奥秘恰恰就在这"乱"之中。原来他对下早已实行承包，并在开拓新品、出口创汇等方面制定了奖罚条例，尤其鼓励搞引进和联营，合资项目，明确规定谁家搞起来归谁管，充分调动了部门负责人的积极性，大家各显神通，这家与上海口岸结了亲，那家与江苏口岸联了姻；这家与香港老板搞合资，那家又拉到美国客户来投资。这就形成了现在的格局。当然，供水、供气、供电是统一的，各家付钱就是了。举个例子。塑印总厂的主产品原是塑料包装印刷，一年下来冒出了一个生产PE手套的合资企业，设备全是进口的；又引进了生产保鲜袋自动生产线，效率提高50倍；生产塑料垃圾袋生产线，产品全部外销。此外，还搞了一家与上海瑞金宾馆联营的食品厂，生产法兰西面包。今年，这几家子厂个个兴旺。

对内搞活，对外更活。钱关伦在许多口岸公司与科研部门都有亲密伙伴与顾问，他还赢得了一批国外客户的信任，从中，他广泛、及时地搜集到了大量信息。因而，他总能比别人多看几步棋。从开始生产手套到生产系列手套产品，从工贸合营到中外合资，他总是超前一步。如今，他那获得省优产品的康康牌手套已在国际市场上站稳脚跟。并又开发出其他一次性产品：垃圾袋、保鲜袋、围裙、雨衣、鞋套等。各总厂的发展看似乱套，实际都受钱关伦总决策的指挥。

今日的钱关伦与往日的农技员已不能同日而语。1988 年，双龙村荣获农牧渔业部和经贸部颁发的出口创汇大户"飞龙奖"与新产品出口"青龙奖"，真正在龙年得到"双龙奖"。去年 11 月，省委书记韩培信视察了双龙村后，高兴地题了"双龙腾飞"四个大字，他题出了双龙现状，也象征着双龙的未来。送走了省委书记，钱关伦又开始勾勒今后的发展蓝图……

（原载《苏州日报》1989 年 4 月 10 日第一版）

三、民间歌谣

双龙地区的民间歌谣，大多为劳动人民传唱，积年流传，且多结合劳动工种，即兴唱歌或见景生情，即兴咏唱。如妇女做针线时唱做针线歌、农民莳秧时唱莳秧歌、船工摇船时唱摇船歌、带小孩时唱儿歌、乘凉时唱乘凉歌等。旧时歌谣大多是口头传唱，很少文本。

兹录几首流传于双龙地区的民间歌谣于下：

一把芝麻撒上天

一把芝麻撒上天，肚里山歌万万千，
南京唱到北京转，回来唱唱两三年。

唱唱山歌散散心

唱唱山歌散散心，大家当我快活人，
口咬黄连心里苦，黄连树下穷开心。

望望家中勿出烟

望望日头望望天，望望家中勿出烟，
别人家"家小"喊吃饭，吾俚个"堂客"勒郎借油盐。

黄梅要唱莳秧歌

黄梅要唱莳秧歌，两手弯弯莳六棵，
六棵秧苗结稻谷，桑树头上结绫罗。
黄梅要唱莳秧歌，两腿弯弯泥里拖，
背朝日头面朝水，手拿仙草莳六棵。

莳秧歌

手把青秧莳野田，面朝黄土背朝天，
鸟叫一声六棵齐，退步反倒是向前。

天下只有三吃苦

天下只有三吃苦，摇船、打铁、牵豆腐。

做天难做四月天

做天难做四月天，做人难做半中年，
秧要日头蒜要雨，蚕要温和麦要寒。

做针线歌

乌鹊窝，扁罗都，阿娘养个姊妹多，
大姐又会挑花线，二姐又会织绫罗。
织个绫罗三丈三，送给哥哥做长衫。

抛梁歌

一股香，七寸长，拜拜张班、鲁班去抛梁。
脚踏富贵地，手攀楠木紫扶梯。
脚踏楼梯步步高，手折花树采仙桃。
采个仙桃何处用，今日上梁献蟠桃。

对歌

啥个鸟飞来节节高？啥个鸟飞来带剪刀？
啥个鸟飞勒青草里？啥个鸟飞勒太湖梢？
叫天子飞来节节高，燕子飞来带剪刀，
野鸡飞勒青草里，野鸭飞勒太湖梢。

阴天歌

正月阴阴好过年，二月阴阴好种田，
三月阴阴麦勿莠，四月阴阴大荒年。

照田财歌

正月半，照田财，田财娘娘到吾俚来，
别人家的稻垒荸荠大，我俚个稻垒喧天高。

渔歌

网船上婆娘苦凄凄，夜夜睏块冷平基，
日里张鱼拖虾网，夜里还要捉田鸡，
捉着三条小鳑鲏，一早上街换麦粞。

夜夜龙

夜夜龙，萤火虫，
亲娘绩布携灯笼，公公挑水贩胡葱，
儿子打铁做郎中，新妇（媳妇）挎包捉牙虫。

亮亮高

亮亮高，板板桥，桥又小，桥又高，
叫我里小倌哪能跪？只有我来驮则跑、抱则跑。

乘凉歌

亮月亮，白叮噹，张家场上好白相，
拾只钉头，打把锄头、打把枪，戳杀观音烂肚肠，
肚肠戴勒枪头上，老鹰衔去做道场，
道场做得勿好看，乡下娘娘勿要看，
城里娘娘倒要看，道场看得一身汗，
转去揩揩奶奶再来看。

逗儿歌

啊胡啰，牵豆腐，牵个豆腐水流流，
养个儿子棒柱大，步槛肚里直钻过。

儿歌

点点罗罗，虫虫做窝，

猫猫吃饭，老虫（鼠）唱歌，

蓬蓬飞呀嗬！

山歌（十只螺）

一螺巧，二螺执。

三螺拖棒槌，四螺全勿识。

五螺富，六螺穷。

七螺长工，八螺相公。

九螺骑白马，十螺坐官厅。

四、侵华日军在双龙境内暴行录

1937年7月7日，日本发动了全面侵略中国的战争。8月13日，日军开始进攻上海。11月12日，上海失守。11月19日，日军下令进攻无锡。从福山港起岸的侵华日军突破国民党军队的防线后，沿羊福公路迅速向西推进。11月20日傍晚，一小队日军入侵西张地区。在金谷村小桥头宅基上，将21户平民的计56间半草屋和60余亩的稻壘（垛）烧毁，用烟火作为进攻的信号。当晚，日军驻扎在西张街上。21日早晨，日军转向西街出栈桥，上午到达境内沈巷自然村（今属双龙村4组）。农民沈世根的新婚妻子正在家中舂米，躲避不及，被两名日本军人发现，当即兽性大发，拉扯新娘。妇人因拼死反抗日军强奸，遭日军枪杀。当时正躲在沈巷外婆家的西巷（今属双龙村10组）小孩章根书（1927年11月生），从墙缝中目睹了这起惨案的全过程："那天上午，两名日本兵一人站岗，一人实施强奸，因新娘拼死反抗，与日本兵扭打了三四分钟，强奸未遂。日本兵遂即枪杀了该女子，子弹从右腹穿入，女子当即倒地，日本兵扬长而去"。2015年8月章根书老人回忆起这起惨案时，犹悲愤不已。当时，侵华日军经糖坊里（今属双龙村5组）西去。由于天气连夜下雨，道路泥泞，日军将尚未脱粒的稻禾铺在路上防滑，烧毁了糖坊里农民收上场未脱粒的10余亩地的两个稻壘（垛），并抢走了一条耕牛。日军一路向西经徐家巷（今属双龙村6组）、李家巷（今属双龙村27、28组）转向袁市埌（今属双龙村31组）。为传递行军的信号，日军将袁市10余户农民的40余间房屋及收割上场未脱粒的50余亩田的稻壘（垛）烧毁，以烟火做引导。中午时分，日军过周百集桥进入朱家湾、大坟头、黄家新桥、程家宕、全昌桥等地（以上地名今属凤凰镇魏庄村）。然后进入今江阴市赤岸。

日军侵略中国，视中国人民为草芥，奸淫掳掠、杀人放火、随心所欲、为所欲为。一路行进，如入无人之地，此实乃国家之大耻、中华民族之大耻。为牢记历史、珍爱和平，根据中共张家港市委党史地方志办公室 2010 年 7 月编纂的《毋忘国耻：抗战时期张家港地区人口伤亡和财产损失调研实录》一书记载的史实及证人追忆，本志特此收录。

五、杂记

民国廿三年　1934 年夏秋之间，西张及周边地区方圆二三十公里范围内，连续 70 余天未下雨，每日烈日当空，热浪狂袭。造成境内河塘全部干涸，稻田龟裂。张市塘、三丈浦塘等外塘断航，村民在河底挖潭取水。这年的大旱在境内民众的记忆中刻骨铭心。所以后来凡遇晴热干旱，往往提及像民国廿三年，甚至连口渴时也说似民国廿三年无水喝。"民国廿三年"成了境内的一句口头禅。

卫星团子　1960~1961 年，境内社员生活十分困难，粮食紧缺，不少大队提倡吃"卫星团子"，作为改善社员生活的一项内容。所谓"卫星团子"即以红花草（农田绿肥）放在开水里煮熟，切细放入盐，拌以少许米粉，捏成菜团，再把菜团在预先调拌成糊状的米浆中翻滚一下，让菜团外面裹上一层浆糊，放在蒸笼里蒸熟，即成卫星团子。因 1 斤米粉可拌做菜团上百个，也是放了高产卫星，所以叫做"卫星"团子。

早请示晚汇报　"文化大革命"期间，（1967 年 8 月至 1968 年 2 月），境内掀起学习太仓县沙溪公社洪泾大队女社员顾阿桃忠于毛主席、忠于毛泽东思想、忠于毛主席无产阶级革命路线的群众运动。从机关学校到社员家庭，均要实行"早请示，晚汇报"，即早晨起身要面对毛主席像举着语录本高喊："敬祝毛主席万寿无疆！"尔后背诵几条毛主席语录。每天吃中饭前及晚上睡觉前亦是如此，周而复始。

全民睡防震棚　自 1976 年 7 月 28 日，河北省唐山、丰南一带发生 7.8 级强烈地震后，是年 8 月中旬开始，省、市、县相继发出地震紧急预报，境内各大队及市镇各单位纷纷在露天搭建简易防震棚，各大队的干部挨家动员，一些老年人思想不通，即由其子女采取措施安排。家家备好干粮，至夜大门敞开，全民住露天防震棚，历时月余，直至解除警报，境内群众才搬进屋里居住。

六、"双龙"村村名由来的考证

1983年，在体制改革的进程中，实行政社分设。人民公社管理委员会被撤销，恢复乡政府建置，人民公社管理时期的生产大队改变为由乡人民政府管理的行政村。现同属双龙村的第四大队以自然村鸶塘里而命名为鸶塘村；第五大队以姚塘河而命名为姚塘村；第六大队以古桥石龙桥而命名为石龙村；第七大队以自然村袁市垠而命名为袁市村。这4个行政村中，姚塘村的农、副、工三业及社会事业的发展均领先于其他3个行政村，尤其在工业发展方面，姚塘村的村办企业当时正开始崛起，以乳胶工业为支柱产业的橡塑制品需要提升产品档次、需要扩大销售、需要走出国门、需要向外商展示村办企业具有强劲生命力的风采。为了这些，时任姚塘村党总支部书记的钱关伦和当时主管全村工业的姚塘村综合厂负责人章建新总感觉到：在村级对外活动中，姚塘村的村名不够响亮，也少贴切于村情。一条小小的北姚塘河，在本地区名不见经传，在大世界上更是够不上沧海之一粟。岂能以它作为我村的冠名？那么以什么名称来给我村命名呢？两人多次商议，苦思冥索，最终共同认为，人民公社成立之时，我村是由当时的双龙第五高级社的编制入社而定名为西张人民公社第五大队的。"双龙"这个名字好，不仅听起来响亮，且具现代气息，我们村的村名还是以"双龙"来命名为好。然而村名的更改岂能儿戏，岂能随心所欲的朝更暮改？一个村名的变更，必须要走过许多程序，最终需经江苏省民政厅批准后方能冠以新名。为此，钱关伦、章建新不畏艰辛，怀着"我们的目的一定要达到，我们的目的一定能够达到"的坚定信念，五六次向镇上、县（市）及省相关领导（部门）反复递交"村名变更申请书"，阐说其理，动之以情。终于在1987年9月经由张家港市人民政府报江苏省民政厅批准：姚塘村更名为双龙村。双龙人的心愿得以如愿。

1988年，双龙村成立双龙实业总公司，响亮地提出"让双龙走向世界，让世界了解双龙"的口号。是年11月13日，时任江苏省委书记的韩培信在视察双龙村时，欣然题词曰"双龙腾飞"。

至此，不禁要问，高级社时的"双龙"之名何以来的？这地区既不具以龙冠名的自然形胜可以借鉴，也没有以龙冠名的古建古物可以套用，怎么会凭空产生"双龙"之名？通过追溯，答案终于有了。那是1954年春，党和人民政府号召农民走农业合作化的道路。境内有个名为鸶塘里的自然村，二十多户农户响应党的号召，酝酿建办初级农业生产合作社。时由共产党员朱堂保牵头，带领肖洪元、顾锡观、肖掌福、朱金保等骨干，夜间经常聚集在一起商讨办社实事。领导班子搭建后，商议要给初级社起个名字。有的说叫"鸶塘"初级社，有的说叫"新春"初级社等，意见不一。后来朱金保提议，我们是不是可以叫做"双龙"初级社。因为听说乡干部邓俊达已经在东面戴巷、杨树头那里办起了一个名叫"双凤"的初级社，我们叫"双龙"正好与"双凤"比翼双飞。听了朱金保的提议，大家都说好。于是"双龙"初级社之名就定了下来，"双龙"也就产生了。

1956年，在农业合作化高潮中，常熟县开展并社、扩社、升社工作，初级社转办为高级农业生产合作社。双龙初级社扩大规模，与相邻（近）的自然村南彭家、北彭家、王家巷、南京庄、姚塘岸、三家村和西巷合并为一个高级社，沿用"双龙"的名字。1957年，长寿乡与栏杆乡合并为西张乡后，继续调整高级社规模，双龙高级社与沈巷高级社合并为"双龙五社"。1958年10月成立人民公社时，双龙五社也就定名为西张人民公社第五大队。2002年，在村级行政区域调整的进程中，鸳塘村、袁市村并入双龙村，2004年，石龙村并入双龙村。不论是"三村合一"或"四村合一"后的撤并村，一直沿用"双龙村"的村名。

七、村规民约

（2017年8月25日村民大会通过）

第一章 总 则

为了推进新农村民主法制建设，维护社会稳定，全面提升双龙村村民自我管理、自我教育、自我约束的能力，根据国家法律、法规和有关政策的规定，制定本村规民约。

第二章 村民的权利和义务

一、权 利

1. 年满十八周岁的本村在籍村民，都有选举权和被选举权，但依法被剥夺政治权利者除外。

2、村民委员会是村民自我管理、自我教育、自我服务的群众性自治组织，其领导班子成员的产生，由参加选举的村民一票直选。

3、村民享有法律、法规赋予的其它基本权利。

二、义 务

1. 村民必须依法对未成年的子女履行抚养义务。同样，对无生活来源的父母必须依法履行赡养义务。

2. 凡符合服兵役条件的村民，都有服兵役的义务，应积极主动参加兵役登记，体检和应征。

3. 村民均有保护耕地的义务。使用土地建房应服从统一规划和调整。在领取《建房许可证》之后，按批准的地点和面积施工建房。

4、村民应尽法律、法规规定的其它义务。

第三章　社会治安和管理

一、治　安

1. 严禁非法制造、经销、买卖、私藏管制刀具、火枪等凶器和危险品。

2. 不得以各种借口煽动群众到机关、学校、企业、村民委员会办公地、他人住宅起哄捣乱、闹事、寻衅滋事、扰乱社会秩序，不得违法违规上访。

3. 不准侵入他人住宅和限制他人人身自由，不准侮辱妇女。

4. 不准损坏道路、绿化等公共设施。

5. 严禁赌博和小偷小摸，反对迷信活动。

二、管　理

1. 村民要遵守社会公德，村民之间要相互尊重、相互理解、相互帮助、和睦相处，建立良好的邻里关系。

2. 提倡勤俭节约，反对婚嫁、丧葬大操大办。

3. 自觉执行计划生育政策，更好地落实计划生育基本国策，促进家庭幸福和社会和谐。

4. 村民各家各户门前，院内要保持清洁，清除废弃堆积物，不留卫生死角。严禁乱倒垃圾、秽物，严禁秸秆焚烧。

5. 村民不得利用出租房进行无证废品收购；出租户要完善好出租房屋的卫生设施并加强日常管理，严禁违规群租。

第四章　附　则

1. 违反本村规民约的，除触犯法律由有关部门依法处理外，双龙村村委会可作出如下处理：

（1）予以批评教育；

（2）责令其恢复原状或作价赔偿；

（3）取消享受或暂缓享受本村的各种优惠待遇，同时在本年度取消文明家庭、各类先进等评比资格。

2. 本村规民约由村民大会表决通过后生效，由村委会负责实施，并报上级政府备案。

3. 本村规民约由村民大会授权村委会负责解释。

编后记

编史修志是双龙历史上的一个空白。古往今来，人们对乡土大事仅凭口传心记，最终随岁月流逝，或湮没，或传讹。

2015年7月，中共双龙村委员会，双龙村村民委员会鉴于编纂地方志的重要，决定编写本村第一部志书——《双龙村志》。是月，成立了编纂委员会，组建编写机构，落实编写人员，随即启动《双龙村志》的编写工作。

小小一部志书，实质上是一项宏大的文化工程，其时间跨度长、门类多、内容涉及广，质量要求高。编纂人员通过去张家港市档案馆、图书馆查阅资料；通过走访干部、群众；通过去凤凰镇人事、公安、民政、社保、土管、交通、水利、财经、武装等诸多部门查阅资料；通过参阅《常昭合志》《常熟县志》《沙洲县志》《张家港市志》《西张镇志》及有关兄弟镇、村的志书，获取了大量有价值的方志编撰资料。于是编写人员通过一年半时间的撰著，至2016年12月，完成了《双龙村志》初稿文字部分的编纂。2017年开始，编者在原有初稿的基础上，根据市委党史地方志办公室的审阅意见和建议，对初稿中"纲目设置"部分，按方志体例的要求，循着自然、经济、政治、文化、社会五个部类的排序，作了适当调整。同时对初稿中全部编章的文字记述，同样按地方志行文规范的要求进行了修改，对部分章节的内容作了增删调整，力求增强志书的人文性、可读性。《双龙村志》初稿形成后，在广泛征求多方面意见的基础上，又几经增删，数易其稿，历时8个月，终于使《双龙村志》得以付梓。

在《双龙村志》出版之际，一直十分重视和关心支持村志编纂工作的张家港市人大常委会主任、原张家港市委常委、张家港市人民政府常务副市长徐仲高，凤凰镇人大原副主席、中共双龙村委员会原书记章建新以及中共双龙村委员会书记、双龙村村民委员会主任许建江等领导怀着满腔热情，从百忙中挤出宝贵时间，分别为《双龙村志》命笔作序，深表感谢。《双龙村志》的整个编纂过程中，始终受到张家港市委党史地方志办公室领导和专家学者的热情关心和诚恳指导，受到双龙村党委、村民委员会的热情关怀和全力支持，编者表示衷心的感谢！

　　《双龙村志》全书 14 编 47 章 157 节近 40 万字，是境内有史以来的第一部正式出版的地域性方志，门类繁多，涉及面广。由于编者水平有限，加上时间紧迫，在本志编纂过程中难免有谬误、疏漏和不尽人意之处，敬请各界有识之士、专家学者及广大读者予以批评指正。

编　者

2017 年 8 月